梦山书系

深度教学研究丛书　　郭元祥＼主编

学习发生论
——深度教学的学习机制研究

伍远岳　著

海峡出版发行集团
THE STRAITS PUBLISHING & DISTRIBUTING GROUP｜福建教育出版社

生的学科素养，促进学生精神的发育和成熟，永远是课程教学改革的根本追求。

从 1999 年开始，我有幸参与了我国面向新世纪的新一轮基础教育课程改革的诸多工作，欣慰于新课程背景下我国中小学课堂在 21 世纪头十年所发生的生动变化。《国家基础教育课程改革纲要（试行）》提出的"改变课程实施过于强调接受学习、死记硬背、机械训练的现状，倡导学生主动参与、乐于探究、勤于动手，培养学生搜集和处理信息的能力、获取新知识的能力、分析和解决问题的能力，以及交流与合作的能力"这一改革目标，引起了中小学课堂一系列可喜的变化。自主学习、探究学习、小组合作学习等成为比较流行的教学方式，学习方式的多样化基本呈现出来了，课堂变得生动了，学生学习的主动性也增强了。但在对国家级课程改革实验区的视导中，我发现中小学课堂同时呈现出表面教学、表层教学、表演教学的"三表"问题。我强烈地感受到，要切实达成课程改革的目标，教学需要聚焦学生发展，克服表面教学、表层教学、表演教学的局限性，提升课堂的教育涵养，通过深度教学，引导学生深度学习，实现教学的育人功能，真正实施发展性教学。2006 年开始，我提出并开展深度教学的理论和改革实践研究，2009 年开始陆续发表关于深度教学的研究成果。[①] 十五年来，我和我的团队陆续从教学价值观、课程知识观、学习观、教学过程观、教学评价观、教学资源观等方面，试图建立起深度教学的理念体系和实践策略。

二

教学问题绝不是单一的教学方式和方法、模式的问题，也不仅仅是知识的处理问题。正如当代美国著名的分析教育哲学家谢

---

① 在发表于 2009 年第 11 期《课程·教材·教法》杂志中的《知识的性质、结构与深度教学》一文中，我首次明确阐述了"深度教学"的概念。

夫勒（Scheffler I.）认为，教育中的知识问题表现为五个方面。第一个问题是"知识的认识论问题"，即"什么是知识"。教育和教学"必须要寻求清晰地、逻辑地表述知识的标准"。第二个问题是"知识的价值论问题"，即"什么知识是值得信赖的或最重要的"，这个问题涉及"知识的分类和知识的价值标准"。第三个问题是"知识的发生学问题"，即"知识究竟是怎样产生的"，回答这一问题需要给出知识发生的过程和机制，以及"知识对促进心智发展提供多种模式"。第四个问题是"知识的方法论问题"，即"应该怎样指导学生去发现知识"，这一问题的答案就是"提供适用于探究、整合知识的有关方法的理念"。第五个问题是"知识的教育学问题"，即"如何最佳地教知识"，这一问题要回答"怎样进行理想的教学来促进知识的转化"。[①] 其实这五个问题，也是教学改革要思考的根本问题，即教学的认识论、价值论、发生学、方法论和教育学等五个层次的问题。

理性的教学改革，必然要确定性地回答教学的价值观、知识观、学习观、教学过程中教师与学生的关系、教与学的关系及其教学方式与组织形式、教学时间、教学空间、教学环境与资源等基本问题。四十年来，我们对"教师中心"持有一致的反对观点，转而走向了"学生中心""学习中心"，从强调学生的主体地位和自主发展的角度看，这种转变无疑是有价值的、积极的。但从教学改革思维方式上看，这种转变并没有本质的区别，依然是"点状思维"和"中心思维"，依然没有处理好教与学、教师与学生、知识与素养等方面的关系。其实教师与学生、教与学的关系是一种对偶关系、手性关系，是谁也离不开谁的关系，是动态生成的对偶关系、手性关系。对偶关系，即成对耦合的关系，相互

[①] Scheffler I.. Conditions of Knowledge: on Introduction to Epistemology and Education [M]. Scott: Foresman & Company, 1965: 5.

耦合，成为一体。手性关系，即相映异构的关系，相对又相辅，相离又相连。① 为了凸显学生的主体地位，激发学生主动参与、自主学习，各种从教学时间分配、教学先后程序转换的教学模式，极易出现割裂教与学之间动态耦合、相映异构关系的各种问题。严谨的教学改革，必须澄清教学价值观、课程知识观、学习观、教学过程观、教学环境观，实现教学价值重建、教学结构重组、教学程序重设、教学文化重构。

2010 年以来，"深度学习"的概念在国际上兴起。其实，深度学习的概念刚开始本身不是一个教育概念，而是一个人工智能的范畴，其源于 30 多年来计算机科学、人工神经网络和人工智能的研究。2006 年，加拿大多伦多大学计算机系辛顿教授（Hinton G.）在《科学》（*Science*）上发表了《利用神经网络刻画数据维度》（*Reducing the Dimensionality of Data with Neural Networks*）一文，探讨了应用人工神经网络刻画数据的学习模型，首先提出了深度学习的概念和计算机深度学习模型，掀起了深度学习在人工智能领域的新高潮。在人工智能领域，深度学习其实是一种算法思维，其核心是对人脑思维深层次学习的模拟，通过模拟人脑的深层次抽象认知过程，实现计算机对数据的复杂运算和优化。人工智能专家们认为计算机和智能网络的这一深层的自动编码与解码过程，是一个从数据刻画、抽象认知到优选方案的深度学习的过程。由于人脑具有深度结构，认知过程是一个复杂的脑活动过程，因而计算机和人工智能网络模拟从符号接受、符号解码、意义建立再到优化方案的学习过程也是有结构的；同时，认知过程是逐层进行、逐步抽象的，人工智能不是纯粹依赖

---

① 手性关系，是化学概念，是指一种物质内部存在对映异构的特性。许多事物都存在手性关系，恰如人的左手与右手之间的关系一样，是一种相似、相映、相对、异构、相离、相连、成对、耦合的状态。

于数学模型的产物，而是对人脑、人脑神经网络及抽象认知和思维过程进行模拟的产物。应该说，到目前为止，深度学习是计算机和智能网络最接近人脑的智能方法。

来自脑科学、人工智能和学习科学领域的新成就，必然引起教育领域研究者的深刻反省。计算机、人工智能尚且能够模拟人脑的深层结构和抽象认知，通过神经网络的建立开展深度学习，那人对知识的学习过程究竟应该是一个怎样的脑活动的过程和学习过程？学生的学习有表层与深层等层次之分吗？从作为符号的公共知识到作为个人意义的个人知识究竟是怎样建立起来的？知识学习过程究竟是一个怎样的抽象认知过程？信息技术环境支持下深层次的学习如何实现？十多年来，这些问题引起了许多教育研究者特别是教育技术学研究者浓厚的兴趣，深度学习、深度教学的研究日益引起人们的重视。也正是在辛顿的"深度学习"概念明确提出后，教育学领域特别是教育技术学领域的深度学习研究日益活跃起来。2010年来，在中小学深度学习研究方面最有影响的当属加拿大西蒙菲莎大学（Simon Fraser University）伊根（Egan K.）教授领衔的"深度学习"（Learning in Depth，简称 LID）项目组所进行的研究，其成果集中体现在《深度学习：转变学校教育的一个革新案例》（*Learning in Depth：A Simple Innovation That Can Transform Schooling*）等著述之中。[①] 该研究探讨了深度学习的基本原则与方法，分析了深度学习对学生成长、教师发展和学校革新的价值与路径，并在加拿大部分中小学进行实验研究，其核心成果聚焦课堂学习和教学问题，即使是关于教师教育中深度学习的研究，也聚焦于教师的学习过程和学习

---

① Egan K.. Learning in Depth：A Simple Innovation That Can Transform Schooling [M]. London，Ontario：The Althouse Press，2010.

方式。① 近五年来，欧美一些学者也开展了深度学习的研究，如弗兰（Fullan M.）、奎因（Quinn J.）等，认为深度学习的根本宗旨不仅仅是变革教和学的方式本身，而是追求在引导学生从理解世界（Understanding the World），到进入世界（Engage the World），再到改造世界（Change the World）。② 最近五年来，深度学习研究的新理论、新范式不断涌现，如"无边界学习""可见学习"等。伊根、弗兰、奎因等所开展的深度学习研究项目都超越了单一教育技术学视野的研究，不仅仅是关于教学设计、学习技术和学习环境开发的研究，而是基于建立新的学习观和知识观，对教学活动与学习过程作出了新的阐释。

三

深度学习的根本问题不是技术问题，而是涉及教学的价值观、知识观、学习观、过程观、资源观、评价观等教学的发展性问题。从深度学习走向深度教学，一方面是教与学的一致性决定的，另一方面是当前中小学课堂教学普遍存在的局限性决定的。教与学的关系既不是对立关系，也不是对应关系，而是一种具有相融性的一体化关系，离开了教无所谓学，离开了学也无所谓教，教与学一致性是教与学的相融属性。学生真正意义上的深度学习需要建立在教师深度教导、引导的基础之上。从本质上看，教育学视野下的深度学习不同于人工智能视野下的深度学习，不是学生像机器一样对人脑进行孤独的模拟活动，而是学生在教师引导下，对知识进行的"层进式学习""沉浸式学习"和"高阶思维的激发、投入与维持"。"层进"是指对知识内在结构的逐层

---

① Egan K.. Learning in Depth in teaching education [J]. Alberta Journal of Educational Research, 2013, 59 (04)：705-708.

② Fullan M., Quinn J., McEachen J.. Deep Learning：Engage the World, Change the World [M]. Corwin Press, 2018：117.

深化的学习，"沉浸"是指对学习过程的深刻参与和学习投入。离开了教师的教学和引导，学生何以"沉浸"？包括反思性思维、批判性思维和创造性思维在内的高阶思维的激发、投入与维持，把教学引入深层认知、文化实践和意义建构的境界。因此，深度学习只有走向深度教学才更具有发展性的意义和价值。

我们所倡导并开展的深度教学研究，是针对我国基础教育课程改革中出现的"三表"教学的问题提出的。在教学价值观上，深度教学主张"发展性教学价值观"，强调教学必须提升课堂的教育涵养，实现育人功能，发展学生的学科素养，特别是学科思想和思维、学科关键能力表现的发展。在课程知识观上，深度教学主张确立"知识的教育学立场"，认为"知识是有待发育的精神种子"，强调教学必须表达知识的科学属性、文化属性、社会属性及其育人价值，提出了"符号表征、逻辑形式、意义系统"的三维知识结构观，要求教师根据知识的依存方式和内在条件处理知识。在学习观上，提出了"学习是学生精神发育过程"的主张，建立了"三境界五层次"学习结构观，倡导"学习的充分广度、学习的充分深度、学习的充分关联度"。在教学过程观上，认为教学过程是一种从文化认同、文化体验，到文化反思、文化自觉的文化实践过程。深度理解、意义生成、能力转化、拓展迁移、反思感悟是教学过程的关键节点。在教学方式上，提出了"U型学习""课堂的画面感""任务导向、问题导向、成果导向""文化回应、经验回应"等教学策略。在教学评价观上，建立了"学习的意义感、学习的自我感、学习的效能感"等评价理念，并结合学生学习过程，加强对学生学习质量的过程监测，诊断和消除学生学习过程中的"疑点、断点、盲点"。当然更为重要的是，让学生的理解进入深层，让学科想象可见、让高阶思维发生、让文化得以浸润、让价值观成为灵魂，实现学生学科素养在知识结构化、思想体系化、能力表现化、经验连续化中得到真切的促进。

十五年来，我和我的团队成员通过"进课程、进科组、进课堂"（3K）研究方式，扎根实验区和小学、初中、高中等实验校，深耕课堂，以期形成关于教学改革"扎根中国大地的思维、扎根教育实践的思维、扎根教育历史的思维、扎根教育逻辑的思维"。教学改革涉及技术和程序等问题，但教学改革绝不是一个技术性问题，而是一个意义问题、价值问题、文化问题，乃至人的生成方式问题。深度教学的实践研究，我一直主张理论研究者对中小学教师课堂教学"有效介入"与"有限介入"相结合、"中立性介入"与"引导性介入"相结合，通过诠释和解释来"参与教学实践"，通过批判与反思来实现"知识动员"，通过预测与预见来发挥"专业引领"，多一些观察、理解与倾听，少一些"破坏性介入"和"颠覆性介入"。① 客观地讲，十五年来的研究与改革实践表明，深度教学对发展学生的学科素养，提高教学的发展品质，全面提高学生的学业质量，对促进教师的课程意识和教学研究能力，切实实现课程育人功能，具有重要价值，且都取得了优良的效果，研究成果于 2018 年获得国家级教学成果二等奖。为了向广大中小学教师、校长、教研工作者和教学理论工作者真实地展示我们十五年来的研究心得，我们不揣冒昧，推出这套"深度教学研究丛书"和研究辑刊。

"深度教学研究丛书"包括 10 册。既有深度教学的理论建构，也有深度教学的实践策略；既有深度教学的学科实践，也有深度教学的区校行动研究；既关注深度教学的课例评研，也有深度教

---

① 伽达默尔说：对历史文本的诠释和解释，就是对历史的参与。教育理论研究者如何参与教育实践，这对我的研究很有启发。我一直把深度教学的扎根研究，理解为对教学实践的参与，力求达成教学理论与教学实践的"生动循环"。

学研究中的教学领悟。本丛书包括郭元祥著《深度教学——促进学生素养发育的教学变革》，杨钦芬著《教学的超越——教学意义的深度达成》，伍远岳著《学习发生论——深度教学的学习机制研究》，姚林群著《语文何以滋养生命——语文深度教学研究》，邓阳著《从科学知识到科学素养——科学课程深度教学研究》，董艳著《全喻数学——小学数学深度教学研究》，郭永华主编《探索学科育人之路——惠州大亚湾深度教学改革》，刘国平主编《学科育人——深度教学的行动研究》，李新著《学科想象及其生成——促进想象力发展的深度教学研究》，郭元祥著《深度教学十问》。

深度教学理论和实践研究十五年来，得到了华中师范大学原党委书记马敏教授、华中师范大学原校长现任西安电子科技大学校长杨宗凯教授、华中师范大学副校长彭南生教授、夏立新教授、李鸿飞教授等校领导的关心，以及华中师范大学教育学院李玲书记、雷万鹏院长等领导，和董泽芳教授、王坤庆教授、涂艳国教授、杜时忠教授、陈佑清教授、王学编审等同仁的支持；得到了华东师范大学课程与教学研究所所长崔允漷教授、福建师范大学教育学院院长余文森教授、中国教育学会教育学分会课程学术委员会理事长张廷凯研究员等同行的鼓励；得到了华中师范大学学校发展处、武汉市教育局、武汉市武昌区教育局、武汉市江岸区教育局、无锡市梁溪区教育局、无锡市江阴市教育局、常州市金坛区教育局、广州市荔湾区教育局、广州市越秀区教育局、广州市番禺区教育局、深圳市龙岗区教育局、深圳市宝安区教育局、惠州市大亚湾经济开发区宣教局、云南省牟定县教育局等单位的大力支持。感谢广东省惠州市大亚湾经济开发区中小学、广州市第一中学、广州南海中学、广州市八一实验学校、广州市番禺区新英豪中英文学校、深圳市华中师范大学龙岗附属中学、深圳市华中师范大学宝安附属学校、无锡市江阴市临港实验学校、无锡市梁溪区东林小学教育集团、无锡市梁溪区东林中学教育集团、江苏省华罗庚中学、云南省楚雄州牟定第一中学、武汉市武昌区南湖第一小学、武汉市武昌区三道街小学、湖北省武昌实验中学、武汉市外国语学校（高中部）等实验研究基地学校的校长和老师们的辛勤工作。感谢研究团队成员姚林群、伍远岳、邓阳、朱桂琴、崔鸿、胡典顺、杜芳、陈秀玲、邵贵明、龙泉、杨钦芬、刘晶晶、李新、杨莹莹、刘艳、董艳、王海玉、郭希连、谢虎成、胡革新、郭永华、廖剑辉、刘国平、屈佳芬、唐丽、张利荣、夏宇彤、陈进红、范敏、黄祥军、胡戈、余国卿、唐静、钱艳玲、习景峰、孔玲、朱蓉、周明、廖红梅、徐勤等专家学者的辛勤工作。

　　本丛书的出版得到了福建教育出版社的大力支持，特别是福建教育出版社成知辛主任、丁毅编辑为本丛书的出版，劳心劳力，一并致谢！

　　理论总是有缺憾的，但实践是生动的。深度教学理论与实践研究永远在路上！

华中师范大学教育学院二级教授、博士生导师

2019 年国庆节于武昌桂子山

目　　录

第一章
从教的科学走向学习科学

教学包括教和学两个部分，二者相对独立。然而，在实际教学中，仍存在重教轻学的问题，忽视对"学习是如何发生"这一问题的思考。当前，我国基础教育课程改革强调学习方式的变革，课程教学改革的焦点亦逐渐从教师如何教转向教师如何促进学生学习。教学研究应注重教的科学和学的科学，以满足基础教育课程改革的需求。

第一节　从教走向学：教育改革的重要转向

教与学的关系是贯穿教学始终的一对主要关系，各种教学理论和教学改革基本上都是围绕教与学关系的调整展开。从教走向学已成为当前世界教学改革的共同走向，推进教与学关系的根本性变革，实现教为主向学为主的转变才是教学改革的根本方向。

一、教学研究的历史梳理

教学理论是教育学理论的重要组成部分。它既是一门理论学科，也是一门应用科学，既研究教学的本质和规律，也研究如何利用和遵循规律以解决教学实际问题。要真正理解教学，就需要厘清教学的历史演进轨迹。

（一）启蒙时期的教学思想

我国是世界上最早有文字记录教学思想的国家之一，历史上涌现了一批教育家，如孔子、孟子、董仲舒、朱熹等人，他们在总结教育实践经验的基础上，对教学目的、过程、内容、方法和师生关系进行了探讨，提出了因材施教、有教无类、言传身教、教学相长、知行合一等教学原则。我国古代教学思想主要有三大特点：一是以儒家教学思想为主线，自汉武帝独尊儒术以来，儒家思想主导教育领域，教学思想发展均以儒家教学思想为主线。二是强调修身养性与道德教化，我国古代教学目的在于培养内圣外王的君子，即通过读书、思考、行动提升自我，修炼人格，从而达到齐家治国平天下的境界。三是主张学思行结合，即不孤立地看待学习，强调学习和思考等活动的联系，无论是孔子提出"学而不思则罔，思而不学则殆"，还是《学记》中的"教学相长"，抑或是《中庸》的"博学之、审问之、慎思之、明辨之、笃行之"，这些观点均体现了教、学、思之间的关联。

西方古代的教学思想源自古希腊和古罗马，古希腊教育家代表人物苏格拉底提出"产婆术"教学法，通过讥讽、助产术、归纳和定义让学习者发现真理，古罗马教育家代表人物昆体良在《雄辩术原理》一书中提出了班级授课的初步构想、主张教师采用启发诱导和提问解答的教学法来进行教学活动。13世纪，欧洲文艺复兴运动兴起，这场运动也对教育领域产生了深刻影响，人文主义者从古希腊、古罗马文化中找寻符合资产阶级需求的教育主张，强调尊重儿童天性、重视人文教育、改革教学方法等，在文艺复兴影响下，西方形成了结合人性与理性的人文主义教育思想。西方古代的教学思想具有以下特点：启发式教学占主导地位，教学内容全面，注重道德教化及身心全面发展以及强调教学应根据儿童身心发展规律。

（二）传统教学论的形成与发展

传统教学论形成于教育家的实践经验总结与理论思考，从其三个阶段的发展上看，传统教学论的理论性和科学化水平已有显著提高，从想象描述到有了理论依据，并形成了独立的体系。传统教学论以教师、课堂和教材为中心，强调教师在教学过程中的决定性作用。

1. 传统教学论的萌芽

在传统教学论形成以前，人们也在思考着教学相关问题，"倘若把它解释为教学手段与教学方法的研究、'教授之术'（Lehrkunst）的研究，那么，这种研究尽管零碎，但自古以来就存在了"①，不过在这一时期，教学的相关研究更多是一种经验式的探讨，即教育家基于自身的教育实践形成对教学问题的观点和看法，其本质上是经验的积累与描述，停留在感性认识阶段，缺乏系统的理论反思。这一时期的教学思想和经验，主要零散见于教育家们的哲学、政治著作和语言记录中，如我国古代的《论语》《学记》，西方的《理想国》《论演说家的培养》等。

2. 传统教学论的形成

传统教学论的产生源于近代社会对人才培养提出的新要求和新的教育标准，在这个阶段，教学研究的主要任务是将教学方法体系化和理论化，实现从经验式积累到系统理论思考的转变。拉特克是教育史上第一个倡导"教学论"的人，也是最早探索新的教育方法的人；1632 年，夸美纽斯在进一步发展拉特克教学论的基础上，出版了《大教学论》，该书标志着独立形态教学论的产生，成为了现代教学研究的奠基之作；裴斯泰洛齐提出的要素教育论和教育心理学化的主张是学校教学法的重要基础，教育心理学化思想对后续传统教学论的发展产生了重要影响。

3. 传统教学论的完善

赫尔巴特受裴斯泰洛齐教育心理学化思想的影响，将心理学引入教学研究，他首次建立了以心理学为基础的教学理论，用统觉、统觉团来说明教学过程，并创立了明了—联合—系统—方法的教学形式四阶段论。其学生在这一基础上发展出了预备—提示—联合—总结—应用的五段教学法，赫尔巴特及其学生所建立的传统教学论体系提升了教学论的理论水平。20世纪 40 年代，马克思主义教学论问世，苏联教育家凯洛夫首次将马克思主义的认识论引入教学过程，将教学过程分为感知、辨认、概念化、巩固、加强和检验六个基本环节，遵循着从直观到抽象再到实践的过程。

（三）现代教学论的形成与发展

---

① （日）佐藤正夫. 教学论原理［M］. 钟启泉，译. 北京：人民教育出版社，1996：1.

传统教学论在其发展过程中，暴露出许多缺陷。为了克服这些缺陷，一批教育家开展了新教育运动和进步主义教育运动，这也是现代教学论产生的重要基础。相较于传统教学论的理论思考，现代教学论将自然科学研究中广泛使用的方法引入教学论研究，研究方法更为科学合理。同时，现代教学论研究范畴的复杂性、综合性需要从不同学科、不同方面、不同层次加以研究，"学科间的相互融合渗透使现代教学论得以广泛吸收多学科的研究成果和科学方法"①，从而综合性地揭示其内在的、深层次的教学规律。

1. 现代教学论的萌芽

现代教学论发端于 19 世纪末 20 世纪初，主张"尊重学习者的个性与主动性，培养具有弹性的灵活思维力；掌握民主主义生活的原理，谋求生产活动与教育的结合，以取代僵化、传统、守旧的教育"②，新教育运动和进步主义教育推动者积极参与教育教学改革实践，创立了多所新学校，如雷迪创立的阿伯茨霍尔姆学校，德莫林创办的罗歇斯学校，约翰逊创办的有机学校等。

2. 现代教学论的形成

杜威的教学理论建立在实用主义和经验自然主义的哲学基础上，他确立了三个教育哲学命题："教育即经验的不断改造""教育即生活""教育即生长"。这使得教学不再围绕传统的"教师、教材、课堂"三中心，而是转移到"学生、经验、活动"新的三中心。杜威的实用主义教学思想为整个教学理论与实践带来了一场革命，从根本上打破了传统教育封闭保守的状态，标志着现代教学理论的形成。

3. 现代教学论的多元化发展

----

① 刘树仁. 现代教学论发展趋势探析 [J]. 松辽学刊（人文社会科学版），2001（04）：1-4.

② 蔡宝来. 现代教学论的产生、发展及构建 [J]. 现代教育论丛，2001（03）：20-24.

20 世纪中叶，科技革命迅猛发展，人力资源和智力开发成为世界各国教育关注的重大课题，各种教学流派应运而生。布鲁纳的认知结构教学论、奥苏贝尔的有意义学习理论、赞可夫的发展性教学理论、巴班斯基的教学过程最优化理论、瓦根舍因的范例式教学理论以及 21 世纪初发展起来的建构主义、后现代主义的教学论，各种观点异彩纷呈。其中，布鲁纳、赞可夫、瓦根舍因三位学者的教学理论充实了教育学的内容，提高了教育学的科学化水平，被视为现代教学理论的三大流派。

(四) 20 世纪以来我国教学理论与实践的发展

中国现代的教学论发展既与西方教学论的引进密不可分，也与中国学者的本土化探索紧密相连，其发展可划分为两个时期六个阶段，20 世纪中叶作为两个时期划分的时间节点。在新中国成立之前的教学理论与实践探索可分为三个阶段，一是引进模仿期 (1901-1919)，1920 年代以前我国教学论的发展主要表现为从日本引进以赫尔巴特为代表的传统教学论[①]。二是探索融合期 (1919-1927)，由"仿日"到"学美"转变，1919 年杜威来华宣讲，适逢新文化运动在全国广泛展开，杜威教学论中对人的个性和天赋的推崇，与五四运动所传递的科学、民主和自由的思想相呼应，被中国知识分子普遍地接受和宣传，在国内掀起了一股学习美国教育的热潮。三是本土化探索期 (1927-1949)，伴随引进教学论的积累及中国教育自身发展的需要，以陶行知、陈鹤琴、晏阳初等为代表的知识分子积极投身教学论本土化探索。陶行知在实践探索中，提出了"教学做合一"，主张以"教学法"取代"教授法"，进一步指出"事怎样做就怎样学，怎样学就怎样教；教的法子要根据学的法子，学的法子要根据做的法子"[②]。可见，20 世纪上半叶中国教学论发展的基本轨迹是在引进的基础上日趋中国化。

---

① 蔡宝来. 现代教学论的产生、发展及构建 [J]. 现代教育论丛，2001 (03)：20-24.

② 陶行知. 陶行知文集 [M]. 太原：山西教育出版社，2021：13.

中华人民共和国成立后，我国教学论的发展也经历了三个阶段。第一阶段是建国初的艰难探索（1949－1976），我国教学论在建国初期主要是引进、学习以凯洛夫为代表的苏联教学论，同时展开了当代教学论的初步探索。在全面学习苏联教学论的同时也出现了对赫尔巴特、陶行知等教育学家教学理论与方法的盲目批评。第二阶段是改革开放后的初步发展（1977－2000），在全面改革开放的背景下，中国教学论展开了反思重建、全面引进、综合创建三个方面的工作①。在此期间，我国借鉴国外教学理论成果，并就教学的理论和实际问题展开了一系列探讨，"教学论由一门学科发展成为一个庞大的、数量可观的学科群"②，在教学实践中也开展了大量的教学实验，如李吉林的情境教学实验、卢仲衡的数学自学辅导教学实验等，教学论在理论与实践探索中发展迅速。第三阶段是 2001 年以来的深化发展，随着我国新一轮基础教育领域的课程改革的启动，教学论与课程论学者围绕基础教育课程改革、教学方式变革、教学技术发展等方面展开深入研究，形成了一批具有实践性的专著和学术论文，促使教学论与课程论的融合发展。

二、学习研究的历史梳理

"学习是社会世界中存在的一种方式，而不是了解它的方式。"③ 从学习的空间维度来看，学习无处不在，并不局限于学校教育，从时间维度来看，学习伴随着人的出生到死亡，人终其一生都在学习。对学习的研究能够解释和说明人类学习过程的心理机制，揭示人类学习活动的本质和规律，对于研究学生如何学、教师如何教具有重大意义。

（一）学习概念及其演变

---

① 张传燧. 中国教学论发展的世纪回顾与前瞻——兼与蔡宝来先生商榷 [J]. 教育研究，2002（03）：43-48＋53.

② 张天宝. 从传统走向现代——中国教学论百年的回顾与反思 [J]. 教育理论与实践，2001（01）：27-32.

③ （美）J. 莱夫，等. 情境学习：合法的边缘性参与 [M]. 王文静，译. 上海：华东师范大学出版社，2004：9.

提及学习时，人们往往联想到上课、阅读、写作业等活动，然而这些只是学习的一种方式，"这种借助语言文字等符号体系获取间接经验的学习方式，并不等于学习的全部，掩盖了学习活动的本质特征"[①]。从学习的词源来看，在我国古代，"学"与"习"两个字一般是分开使用，分别指代不同的活动，"'学'是指人的认识活动，而'习'则是指人的实践活动"[②]。孔子最早将"学"与"习"二字联系起来，他在《论语》中说："学而时习之，不亦说乎!"此处的"学"和"习"仍然是指代不同的活动，尚未构成"学习"一词。最早直接使用"学习"一词的用法出现于《礼记·月今》的"季夏之月，鹰乃学习"，此处的"学习"指小鸟反复学飞，学习一词的内涵不断在此基础上丰富。在英语中，常用"learn"表示学习，该词源自 lisnojanan，本意是跟随或找到轨迹，在词语的演化过程中不断被赋予学习、理解等内涵。

随着人类学习活动的发展，心理学开始从科学的角度研究人的学习，各心理学流派对学习的看法各不相同，形成了对学习的多元化认识。例如行为主义认为学习是刺激—反应的联结，认知主义认为学习是认知结构改变的过程，建构主义认为学习是新旧经验相互作用的过程，人本主义则认为学习不是脖子以上的活动，而是整个人都参与其中，包括人的经验、情感、意义等。目前国内心理学、教育学理论中普遍认为："学习是指个体因经验而引起的行为、能力或心理倾向相对持久的变化过程，这些变化不是因成熟、疾病或药物引起的，也不一定表现出外显的行为。"[③]

（二）学习方式的变迁

学习方式是"学生在学习过程中为达到某种学习目标而采取的作用于特定学习对象的具体路径"[④]，虽然学习方式的行为主体是学生，然而学习

---

① 桑新民. 学习科学与技术——信息时代大学生学习能力培养 [M]. 北京：高等教育出版社，2004：48.

② 赵荷花. 学习的教学论研究 [D]. 长沙：湖南师范大学，2009.

③ 施良方. 学习论 [M]. 北京：人民教育出版社，2003：2.

④ 陈佑清. 教学论新编 [M]. 北京：人民教育出版社，2011：226.

方式的变迁更多是一种外源式变化，依赖于外部力量，如教育改革、教育理论、科技进步等要素。在不同的时代背景下，主流的学习方式也各有不同。自夸美纽斯提出班级授课制以来，教育领域逐步形成了以班级授课制为主的现代学校教育体系，这一时期学习的主要方式就是接受学习，即老师讲—学生听，这一学习方式能够让学习者高效地掌握系统知识，然而也容易忽视学习者的主体地位。随着接受学习的弊端日益凸显，人们开始探寻新的学习方式，发现学习、自主学习、探究学习、合作学习等学习方式进入人们的视野。在 20 世纪八九十年代，信息技术的快速发展推动了计算机支持下的协作学习的发展，人们可以借助网络共同学习，而后伴随新技术的发展，移动学习、游戏化学习、翻转学习等学习方式也开始流行。在学习方式多元化的同时，学者们开始思考学习效果的问题，深度学习逐步进入大众的视野，"深度学习处于高级的认知水平，面向高级认知技能的获得，涉及高阶思维活动"[①]。由此可见，随着教育改革的不断深入，学习方式也在不断变迁，并焕发新的活力。

（三）西方心理学对于学习的研究与认识

西方心理学对于学习的研究大致可分为行为主义、认知主义、人本主义和建构主义四个流派，每个流派都提出各自的学习观。

1. 行为主义的学习研究

行为主义研究者将学习视为在刺激与反应之间建立联结的过程，学习者的学习动力来自外部力量，如奖励或惩罚。20 世纪初，以动物行为研究建模的行为主义"刺激—反应"学习理论占据主导地位，研究者将注意力集中在了学生的行为上，忽视了学生做出反应或以某种特殊方式行动的原因，过分重视通过反复强化而获得的行为，忽视了行为主体对问题的理解及主体内在固有的逻辑能力。以行为主义学习理论为基础的教师中心取向的教学理论认为，教学过程只涉及教学操纵和结果操作两个因素；结果操

---

① 张浩，吴秀娟. 深度学习的内涵及认知理论基础探析 [J]. 中国电化教育，2012 (10)：7-11＋21.

作由教学操纵直接决定，学习的结果（或行为的持久变化）是由强化的历程所控制的，该理论的主要教学形式有斯金纳的程序教学和布鲁姆的掌握学习。

2. 认知主义的学习研究

在 20 世纪 50 年代，随着以计算机建模的认知心理学兴起，越来越多跨学科研究领域开始涌现出"认知科学"的概念。新的研究方法和工具的运用引起了科学家们对人类心理功能研究的关注。认知学习理论使教学摆脱了行为主义的消极影响，转向重视认知结构、学习的内部认知加工过程、学习策略和思维策略的培养，提出了以过程为中心、学生为中心、结构为中心的教学思想。教育者应该创造有利于概念理解和问题解决的开放式环境，提供符合学生认知水平的课程内容，并对学生的认知能力和发展水平进行扩展性和表现性的评估。具体的认知学习理论形式包括布鲁纳的结构教学观、奥苏贝尔的有意义接受学习理论以及加涅的指导教学理论。

3. 人本主义的学习研究

人本主义学习理论强调尊重与信任学习者，认为学习过程具有个人参与、自我发起、渗透性和学生自我评价四个要素。① 教育应激发并满足学生的自我实现和自我拥有，同时需符合学生个性发展的实际需求。该理论突出了教学的人文精神和对学生全人发展的关注，强调了情感和动机在教学活动中的重要性，它以学生的"自我"完善为核心，以情感作为教学活动的基本动力，以良好师生关系为基础，在教学中将重心从教师转向学生，将学生的思想、情感、体验和行为视为教学主体的新模式。该理论主要包括罗杰斯的自由学习观、非指导性教学观和马斯洛的需要层次理论。

4. 建构主义的学习研究

建构主义的学习理论源自皮亚杰、杜威和维果茨基等人的思想，兴起于 1980 年代末，可分为认知建构主义和社会建构主义，前者强调知识建构

---

① 施良方. 学习论 [M]. 北京：人民教育出版社，2003：385.

过程中的个人因素，后者强调知识建构过程的社会文化要素。建构主义的学习观强调学习的主动建构性、社会互动性和情境性，教学理论则强调有效的教学应该统筹考虑学习者、教育者、教学内容和环境等各个要素，应该将学生的学习与发展置于开放性的、与外界不断互动的生态化的系统中，其主要教学形式有支架式教学、随机通达教学和情境教学。

从学习理论的演化进程来看，学习的研究经历了一个从猜测到科学、从简单到复杂，从低级到高级，从静态到动态的发展过程，当前学习的研究已经形成了一个专门的研究领域——学习科学。

三、从"教"走向"学"的研究必要性

从研究"教"到研究"学"，"肇始于改革开放以来在教学理论研究层面对于学生在教学过程中的主体地位和能动作用的关注"[①]。随着人们对学生主体性的关注不断加深，发现教学实质上是围绕学生的学习展开，学生学习的重要性日益凸显。

（一）教学设计的实质是学习活动设计

教学的目的在于"学"而非"教"，即"教"只是手段不是目的，教是为了促进学生更好地"学"而存在和设计。学生独立、能动的学习活动是教学过程中的本体性或目的性活动，而教导则是引起学生能动参与学习活动、促进学生有效完成学习过程的条件性活动或手段性活动。也就是说课堂教学过程的中心应是学生的"学"，而非教师的"教"；教师的"教"仍然是必要的，但教是为学习服务的，是教学过程的条件手段。[②] 教学设计实质上是教师对在课堂上的教学行为做出的一种事先筹划，是对学生达成教学目标、表现出学业进步的条件和情境做出的精心安排。其根本在于结合教学内容与学生学情设计学生的学习活动，创设一个有效的教学系统，从而为学生学习的真正发生创造条件。

（二）有效学习发生是教学的基本目的

---

① 陈佑清，余潇. 学习中心教学论 [J]. 课程·教材·教法，2019 (11)：89-96.
② 陈佑清. 学习中心教学论 [M]. 北京：教育科学出版社，2019：34.

学生能动、有效地学习，是所有教学活动中的主体和目的；教学是引导学生能动学习和促进有效学习的条件，是为了学生的学习服务。[①] 学生在经历一段时间学习后取得一定的进步或发展，这样的教学就是有效的。20 世纪 70 年代后期，有效教学开始从关注教师的教学行为转向关注学生的学习行为，因为只有当学生感知、接受、配合并展现出有效的学习行为时，教学效果才能显现。教学的目的不在于教师是否教完内容或教得是否认真，而在于学生学到了什么、其行为表现如何或学习效果如何。因此，需要从引导、促进学生行为的有效性来分析和判断教学的真正效果，学生是否有进步或发展是教学效益的唯一衡量标准[②]，教学的目的在于让学生更有效地学习。

（三）对学习的研究是教学的根本依据

从教与学发生的时间顺序来看，传统教学论主张先教后学，其基本假设是：教是学发生的前提条件，学生的学习是跟随教师的教而实施的，课堂上基本没有学生独立、自主学习的时空。然而，先教后学也容易导致教师的教脱离学生学的实际情况，进而导致教学缺乏针对性和无效，教师无法真正把握学生学习的问题和困难所在。[③] 学习是教的前提，教要基于学、为了学而进行，若不以学论教，以学定教，无异于舍皮求毛，舍本而取末，对学习的研究是教学有效的根本保障。陶行知先生曾指出："事情怎样做就怎样学，怎样学就怎样教。"[④] 探究人类是如何学习的，分析学习发生的机制、条件和影响因素，是为了更好地促进个体的学习，而这正是当前教学应关注的焦点。

（四）学习质量是评价教学质量的关键

教学质量和学生学习质量直接相关，学生学习行为是评估教学质量的

---

① 陈佑清. 学习中心教学论 [M]. 北京：教育科学出版社，2019：116.
② 茅育青. 学习科学与教育技术 [M]. 杭州：浙江大学出版社，2013：40.
③ 陈佑清. 学习中心教学论 [M]. 北京：教育科学出版社，2019：114-115.
④ 陶行知. 陶行知文集 [M]. 太原：山西教育出版社，2021：13.

重要维度。学生的学习表现和成果是教学质量的最终体现，学生在教学中的感知、满意度和学习投入程度对教学评价至关重要，教学效果取决于学生的学习情况，如果学生的表现不佳，那么很难说这节课的质量较好。根据 2014 年联合国教科文组织发布的《全球教育监测报告》，教育质量需注重学习过程和学习质量。评价学生学习质量旨在促进学习和教学，而非单纯监控，教学评价应促进学生和教师的发展，但最终目标是促进学生全面发展。

四、从"教"走向"学"的价值阐明

当代教学价值取向的一个根本性转向是：从教书到育人，即从单纯教书到借由教书实现育人，强调要以学生发展为本，而"学习中心"是实现"以发展为本"的必要条件①。从以教为主走向以学为主，既是彰显学生的主体地位的体现，也是学生核心素养形成的关键。

（一）新时代教育的核心追求

为适应当代急剧变化、复杂多样的社会生活，客观要求建立学习型社会、终身教育制度和学习型组织，并将教会学生学习作为新时代人的发展的核心目标②。联合国教科文组织于 1972 年发布报告《学会生存——教育世界的今天和明天》，首次提出了学习型社会和终身教育的概念，并将终身教育作为学习型社会的基石。1996 年，另一份报告《教育——财富蕴藏其中》再次把终身教育置于社会的中心位置。教育应围绕学会求知、学会做事、学会做人和学会共处这四种基本学习进行安排。2015 年的报告《反思教育：向"全球共同利益"的理念转变?》以分析核心素养的本质和知识的特征为基础，强调了学会学习的重要性，指出，"学会学习从来没有像今天这样重要"。从"教"走向"学"，不仅能满足学生当前参与社会生活所需的知识、技能、能力和情感态度等素养目标，更是从学生未来乃至

---

① 陈佑清，余潇. 学习中心教学论 [J]. 课程·教材·教法，2019（11）：89-96.
② 陈佑清. 学习中心教学论 [M]. 北京：教育科学出版社，2019：28.

终身学习与发展的需要着眼，将培养学会学习的素养作为自身的核心目标。① 在此背景下，学习中心的教学成为各国课程改革的标志性词汇之一②，在我国新一轮课程标准修订中也不断凸显学生学习的重要性，在课程目标上强调核心素养导向，通过内容要求、学业要求和教学提示将"学什么""学到什么"和"怎样学"关联起来，为学生的学习提供了内容、方法以及学习效果的评价指导。

（二）促进学生核心素养的发展

从人本主义思潮与教育学、心理学的结合来看，"以教师为中心"的教育旨在为提高生产力与科技水平服务，学生（人）成了无差异的知识载体与促进生产力发展的工具。而"以学生为中心"这一教育理念产生于一定的生产力发展水平之上，社会生产相对过剩，精神文化的重要性凸显。学生（人）不再作为一种同质的群体出现在教育者面前，学习不仅为了促进社会生产力的提高，而且还为个性发展提供动力与智力支持。有利于培养"完整的人"，即"身躯、心智、情感、精神、心灵融会一体"的人③。为真正实现"面向全体、主动发展、全面发展"的综合素质教育思想搭建平台④。二是从学生的课堂学习上来看。在过去以"教"为中心的课堂中，学生的学习活动以听讲、看书、作业等符号性学习活动为主，因此学生能力的发展主要体现在知识的理解与记忆以及读写算和逻辑思维（分析、综合、判断、推理）等认知技能的发展上。新的以"学"为中心的课堂，注重学生自主学习能力与合作学习能力的培养，促进了学生的自主学习品

---

① 陈佑清. 学习中心教学论 [M]. 北京：教育科学出版社，2019：31.

② 雷浩. 为学而教：学习中心教学的研究 [D]. 上海：华东师范大学，2017.

③ 张俊超. 推进从"教"到"学"的本科教育教学变革——"院校研究：'以学生为中心'的本科教育变革"国际学术研讨会暨中国高等教育学会院校研究分会 2012 年年会综述 [J]. 高等教育研究，2012（08）：104-109.

④ 叶瑞祥. 简明学习科学全书. [M]. 北京：团结出版社，2017：303-304.

质、合作的意识与能力、个性化的表达与展示等方面的素质发展[①]，有利于学生核心素养的提升。

（三）学习者成为课堂真正的主人

教学对象是现实的学生，而不是抽象的人。忽视学生学习主体性的教学活动是机械的教学，而非人性的教学。目前我国的教学忽视了学生的主动性，也忽视了学生全面发展。[②] 从"教"的科学走向"学习科学"研究的重点已经从研究教师"如何教"转向研究学生"如何学"。这意味着以学生的发展为教学的出发点和最终目标。尊重学生的存在，尊重并落实学生学习的主体性地位，全面理解学生，由衷热爱学生，尊重学生的身心发展规律，尊重学生的选择权，教学密切联系学生的生活实际。[③] 这种做法从根本上改变了传统的师生关系，解除了教师和学生之间的上下级等级关系。学生与教师应相互尊重、相互信赖、相互帮助、相互支撑。学生的尊严得到尊重，人格得到保护，地位得到保障，学生真正成为了课堂的"主人"，拥有学习的权利和地位，同时拥有学习的自由和空间。

第二节　学习：从活动到科学

学习是人类存在的一种方式，人类所积累的经验依靠学习而不断传承和更新。20世纪80年代，随着信息技术的迅速发展和知识时代的到来，"学习型社会"和"终身学习"的概念得到了广泛认可和推崇，全世界对于"学习"的研究日益重视，使得"学习"逐渐成为社会、教育、科技等领域研究的焦点，学习从一种活动逐渐发展为一门科学。

一、作为活动的学习

人们在理解学习时，往往将其视为人类的一种活动，并且形成了学习

---

① 陈佑清. 建构学习中心课堂——我国中小学课堂教学转型的取向探析 [J]. 教育研究，2014（03）：96-105.

② 常华锋. 生本教学论 [M]. 北京：首都师范大学出版社，2018：23.

③ 常华锋. 生本教学论 [M]. 北京：首都师范大学出版社，2018：19.

的"活动说",主张"学习"就是一种活动。

(一)学习活动的内涵

当前,对"作为活动的学习"获得一致的认同,但对于"学习是何种活动"这个问题仍存在一定的分歧,主要有三类看法,一般活动、社会活动和条件活动(目标活动)。具体而言,一般活动说将学习视为一种活动,但未对学习的本质做进一步界定,如"学习是个体对环境或生活条件的一种适应活动"①,涉及阅读、听讲、研究、实践等具体活动,以获得知识或技能。社会活动说强调从社会层面理解学习活动,将学习看作人类社会活动之一,"人的学习实质是通过人际交往,借助语言传递工具,利用人类智能器官,掌握社会历史经验,形成智能的社会活动"②。目标活动说认为学习是围绕或达到一定目的展开的活动,由于对目标的定位有所不同,相应的学习活动也有多重解释。第一种将目标定位在经验的获得,认为"学习活动应包括学习的主体、客体和学习活动的结果这三个基本要素,即学习是个体与环境接触而获得经验的活动"③;第二种定位在达成完美生存目标,认为"学习是个人和社会以语言为媒介,通过获得一切必要的新经验,以适应环境的变化和对付预期的变化,使个人与社会迈向更完美的生存目标的活动"④;第三种定位在实现学生全面发展的知行统一的活动,认为"学习就是人们在生活、实践、做人的活动中获得经验,并使身心得到全面发展的'知行统一'的活动"⑤。

(二)学习活动的特征

从学习活动的组织上看,学习活动是由教育者依据一定的目的与计

---

① 王逢贤. 学与教的原理 [M]. 北京:高等教育出版社,2000:39.

② 刘兆吉. 高等学习教育心理学 [M]. 北京:北京师范大学出版社,1995:162.

③ 叶瑞祥. 学习学概论 [M]. 广州:广东高等教育出版社,1993:26.

④ 谢德民. 论学习:学习科学与学习指导的探索 [M]. 北京:人民出版社,1993:101.

⑤ 王泽普. 学习学概论 [M]. 重庆:西南师范大学出版社,1993:3.

划，精心选择并制订，具有有组织、有计划、高效性的特点；从学习活动的内容来看，学习者学习的多是前人的经验，具有间接性和被动性的特点。

1. 具有计划性和组织性

学习者是在教育者的组织、指导下进行学习的，学习的主要内容和形式由教育者组织、计划、安排，学习时间也是限定的、阶段的，相较于其他活动而言，具有较强的计划性。教育者是学习者学习活动的主要组织者，能保证在有限的时间内，采取特殊有效的方法，帮助学习者学会学习，完成掌握前人经验和建构自己的认知结构与知识结构，达到教育与社会的要求。[①]

2. 以掌握间接经验为主

学习内容十分广泛，即可通过直接经验的方式获得个体经验，也可在与他人交往中获得大量人类社会历史经验（间接经验）。学习活动并不像人类认识客观世界那样都要从实践开始，而是活动的组织者基于现有的经验、结论、理论以及自己的感性经验所设计的具有目的性的活动。学习活动的组织在很大程度上是验证性的、见习性的，是为了促进学习者对理论知识的进一步理解，从学习者的整个学习过程来看，学习者以学习间接经验为主。

3. 具有一定被动性

就学习的动力性而言，人类不仅仅是为了被动适应环境而学习，更重要的是积极地认识环境、改造环境，在与周围人的交往过程中进行学习。目前学习者的学习不仅是为了适应当前环境，而且要为适应未来环境，为创造未来打基础、做准备。然而，并非所有学习者都能意识到当前的学习与未来生活实践和社会发展之间的关系，因而学习者对待学习活动的态度表现出一定的被动性和强制性。

---

① 王有智. 学习心理学 [M]. 北京：中国社会科学出版社，2010：11.

4. 高效的学习模式

学习活动是在教育者的组织下进行的，教育者是经过教育和训练的专业工作者，他们按照一定的教育目的和要求，根据一定的计划，系统、有组织地进行教育工作，这样的学习活动比学习者在日常生活中的学习更为有效。有了教育者的指导和传授，学习者能在很大程度上避免反复探索的麻烦，能在较短的时间内取得更有效的学习成果。

二、作为科学的学习

随着不同学科领域对学习的深入探究，一个全新的、脱胎于认知科学的、受到人工智能领域研究浸润的、跨学科的研究领域——学习科学应运而生。

（一）学习科学的内涵

《剑桥学习科学手册》从整合的学科角度来界定学习科学，认为："学习科学是一个研究教与学的跨学科领域，包括认知科学、教育心理学、计算机科学、人类学、社会学、信息科学、神经科学、教育学、设计研究以及其他领域。"[1] 而学习科学所研究的学习是广义上的学习含义，即涵盖人类的种种学习行为，包括正式和非正式的学习。"国际学习科学学会"将学习科学界定为跨学科的研究领域，其研究对象是真实世界中的学习，探讨如何最好地促进正规或非正规环境中的学习[2]，认为学习科学是"围绕人的真实学习，将有关学习的社会境脉的研究，拓展至包括课堂、学校、社区、博物馆、企业和家庭在内的正式与非正式的学习和教学情境，并试图揭示社会、组织和文化的动力学"[3]。尽管学者对学习科学的定义各有不同，但他们在一定程度上存在共识。第一，学习科学是一门跨学科的研究

---

① （美）R. 基思·索耶. 剑桥学习科学手册［M］. 徐晓东，译. 北京：教育科学出版社，2010：1.

② 周加仙. "教育神经科学"与"学习科学"的概念辨析［J］. 教育发展研究，2016（06）：25-30＋38.

③ 高文. 学习科学的关键词［M］. 上海：华东师范大学出版社，2009：19.

领域。与其他学科不同，学习科学基于多个学科展开研究，旨在更好地理解认知和社会化过程，以产生最有效的学习。第二，学习科学的目标是利用知识重新设计学习者的学习环境，从而促使学习者更有效、更深入地学习。总的来说，学习科学的主要研究内容是"人类如何学习，以及怎样促使学习真正发生"。

（二）学习科学的特征

1. 运用科学的研究方法

传统的学习研究多是机械、教条地采用自然科学的科学观和方法论，与以往学习研究不同的是学习科学持有本体论意义上的严格方法论和假设检验体系，包括建构主义认识论影响下的研究方法论和方法系统，以及基于设计科学、实验和技术的多样化的实证手段。它能将参与者观察与设计和完善设计的方法结合起来，通过基于设计的研究将设计与研究联系起来，在实践的过程中通过研究设计来改进设计。"学习科学的研究者越来越致力于寻找一种整合的解释方法，而不是从某个单一的角度，来对人类的学习作出整体性的解释；与此相适应，研究方法也需要适应这种整合的观点，而不仅仅是控制某些变量后对局部变量的观测。"[①] 目前，学习科学家们正在追求对不同情境下的学习发生机理的合理解释和科学建模，以便为技术支持的适应性学习及研究提供更为直接的理论基础，如广泛考察了儿童在非学校环境中学习、学徒在工作中学习、在缺乏正式学校教育的非西方社会里学习又是如何发生的等等。[②] 按照克罗德纳（Kolodner，2004）的观点："学习科学是一门设计科学、一门集成科学、一门社会认知科学、一门描述性科学和一门实验科学。"[③]

2. 具有跨学科的交叉性

---

① （美）J. 莱夫，等. 情境学习：合法的边缘性参与 [M]. 王文静，译. 上海：华东师范大学出版社，2004：1-3.

② 冯锐，任友群. 学习研究的转向与学习科学的形成 [J]. 电化教育研究，2009（02）：23-26.

③ 赵建华. 学习科学与教学系统 [J]. 外语电化教学，2006（8）：9-16＋35.

学习研究的实质是关于人的研究，人是一个复杂的社会成分。过去诸多学习理论模型都是在脱离复杂学习境脉后得出的"纯洁"理论，一遇到真实的学习场景都会失去应有的解释力、公信力和指导力。因此，学习科学家们开始将学习置于多学科背景下，从脑科学、社会文化学、生态学、知识工程与人工智能等视角构建学习理论和学习模型。学习科学整合心理学关于认知和学习的心理过程的研究，课程与教学论关于教材组织和教学过程的研究，教育技术学关于如何建立动态系统以支持学习的研究，同时综合其他相关学科（社会学、文化人类学、知识论等）的视角，旨在建立心智、脑与教育之间的桥梁，全面研究学习活动的认知过程、社会情境和设计方式，从而给学习、教育以及政策制定提供科学的指导。[①] 萨莎·巴拉（Sasha Barab）指出："学习科学是一门综合性的多学科研究领域，它利用人类科学中的多种理论观点和研究范式，以实现对学习、认知和发展的属性和条件的理解。"[②] 学习科学整合多个学科领域向学习及其相关问题展开多层次研究，为人们全面深入地认识学习、理解学习、促进学习奠定了坚实的基础。

3. 立足真实情境研究学习

人的自然学习是在情境中实现的，认知的功能与生活环境相适应。因此，有效的学习应该关注在自然情境下学习者个体的认知积储过程，扎根于社会文化境脉，探究个体的、社会的认知过程。学习科学关注的是真实世界里的认知而非实验室中的研究性学习，知识的理解和创新逐渐成为其研究重心，为此，"它吸收了有关人的科学的多种理论视野和研究范式，以便弄清学习、认知和发展的本质及其条件"[③]。学习科学所倡导的情景化

---

① 王运武. 学习科学与技术 [M]. 北京：科学出版社，2018：7.

② Saywer, K.. Introduction: The New Science of learning [A]. The Cambridge Handbook of The Learning Sciences [C]. Cambridge University Press, 2006. 5-6.

③ Gopnik, Meltzoff & amp; Kuhl. The scientist in the crib: Minds, brains, andhow children learn [M]. New York, NY, US: William Morrow & amp; Co. 1999：279.

学习与绝大多数学校所倡导的情景化学习不同，学校的学习任务大多脱离真实情境，只告知规则却缺少实操，而学习科学的情景化关注的焦点在于活动系统：包含学习者、教师、课程材料、软件工具以及自然环境在内的复杂的社会组织。① 学习科学基于学习者需要完成的任务，即基于目标情境搭建脚手架。基于目标的情境使认知技能和领域知识在情境中的整合运用成为可能，这样不仅有利于学习者在该情境之下学习他们所需要的基本技能，还可以学习何时以及如何运用这些技能。情境化学习的本质思想是既关注完成任务，又关注执行任务所需的潜在能力。②

4. 具有全新的研究内容

相对于传统学习研究，学习科学更注重探索学习的复杂性。其旨在通过跨学科研究不同场景的学习活动，全面理解导致最有效学习的个人认知和社会认知，以帮助教育者设计课堂和其他学习环境，使人们能够更深入、更有效地学习。随着多学科视点聚焦于人类学习机制、原理、规律和方法，并相互融合形成一致认识，学习科学的研究内容必然发生变化。它不仅研究学校课堂等正式学习场景，还包括家庭、工作和同伴间的非正式学习。研究对象不仅涵盖学生，还有老师、家长、普通人和各行各业的从业者、专家等。学习科学的目标是更好地理解产生最有效学习的认知和社会过程，重新设计课堂和其他学习环境，使人们能够更深入、更有效地学习。③ 学习科学探讨如何利用新途径和方法发掘人类的学习潜力，促进深入和持久的学习，例如构建适用性学习环境（如软件设计、角色扮演），通过技术改善学习绩效（如模拟仿真学习、计算机支持的合作学习），探讨不同学习环境下的技术支持。

---

① （美）R. 基思·索耶. 剑桥学习科学手册 [M]. 徐晓东，译. 北京：教育科学出版社，2010：79.

② （美）R. 基思·索耶. 剑桥学习科学手册 [M]. 徐晓东，译. 北京：教育科学出版社，2010：66.

③ R. Keith Sayyer. The Cambridge Handbook of The Learning Sciences [M]. Cambridge University Press，2006：10-11.

三、作为科学的学习之教育价值

学习科学重新揭示了学习的本质和规律，已成为教育研究的热点，揭示了教育彻底变革的时代已经来临，而首先需要改革的便是学习、课程和教学。

（一）推动了教育改革

在整个社会从工业化信息时代向信息化、知识化时代转型的大背景下，教育改革需突破"以教为基点"的范本，转向以质变为目的、建构"以学为基点"的教育新范型。与社会转型相匹配的教育改革应是跨越式的和转向型的，它所建造的，应该是以"可持续学习""终身学习"为核心的，面向社会所有群体、构建充满创新机遇、可持续发展的教育平台。学习科学视角下的教育改革，不仅强调要关注完善现有的教学体制，更应该关注如何构建持续发展的教育范围。学习科学围绕真实学习环境的多个领域的相关成果，力求构建旨在获取有组织的知识和技能、促进理解的学与教的结构和过程的科学模式，建构新的学习与教学环境，[1] 能为新时代所倡导的培养知识经济时代具有创新思维精神的人才的教育改革提供理论与实践支撑。

（二）推动现代科学技术在学习中运用

近年来，随着新媒介、新技术在人们生活、学习和工作中的不断渗透，学习科学的研究者们开始更多地关注由新媒介、新技术而引发的人们的认知、学习方式、学习环境的变化，从而探讨有效提高学习效率的方式。技术支持的学习成为了学习科学家研究的热点，近十年来，诞生了大量学习软件和辅助学习技术手段，如 MOOCs、微课、翻转课堂、教育游戏、移动学习等新型的教育模式与教育技术。学习科学研究促进了信息技术、人工智能等现代科学技术在学习中的应用，开启了新的"人机结合"

---

① 叶瑞祥. 简明学习科学全书［M］. 北京：团结出版社，2017：56.

学习模式，正在引发新一轮"科技＋"学习革命。[①] 这些技术的发展为学习交互，甚至是因材施教的学习交互提供了保障，在技术的支持下，学习不再有固定的时间、空间、内容限制。学习者可以根据自己的需求，在任何时间、任何地点学习任何自己想学的内容，获得自己所需的指导，极大地改变学习体验和学习方式。

（三）为教学理论提供更坚实的理论基础

自 20 世纪末以来，一些重要的学习科学发现已被广泛应用到课堂教学中的理论和设计原则，比如，长时程增强（LTP）的研究表明，学习复杂内容的时间不宜过长，应该穿插有趣的身体活动。[②] 另外，脑科学研究发现每个大脑间存在很大差异，因此学习应该是"个性化"的。近年来，借助人工智能和信息化技术，美国已开始为学生提供在线智慧学习系统，根据学生个体情况推送不同学习的策略，实现个性化学习。[③] 可以看出，学习科学对于人类学习的研究可为教学实践提供科学理论指导。首先，要强调科学实践，教学中应重视培养学生设计实验和实施实验的能力，鼓励他们亲身参与科学活动并研究现实问题。其次，重新定义"科学能力"，不再仅仅指掌握大量的科学知识，而是指跨学科融合不同领域知识的能力，以及在新情境中应用科学知识的能力，并将按单元划分知识点的教学规范转变为融合不同学科和知识点的交叉知识能力培养模式的教学要求。[④] 最后，改进课堂教学，促进学生的学习，这些学习科学研究成果所揭示的规律正是课堂教学变革的重要基础，通过这些研究让教学革新有据可循，让

---

① 谢昱，高洁. 世界主要国家和地区学习科学研究进展及启示 [J]. 创新人才教育，2022（03）：75-80.

② （美）E. 詹森. 基于脑的学习：教学与训练的新科学 [M]. 梁平，译. 上海：华东师范大学出版社，2007.

③ 谢昱，高洁. 世界主要国家和地区学习科学研究进展及启示 [J]. 创新人才教育，2022（03）：75-80.

④ 谢昱，高洁. 世界主要国家和地区学习科学研究进展及启示 [J]. 创新人才教育，2022（03）：75-80.

课堂教学更贴近人的真实学习过程。

（四）促进人们教学观念与学习观念的更新

学习科学聚焦于"认知、设计和社会环境"三大主题，旨在探究"学习究竟是什么"和"人是如何学习的"这两大问题。随着学习科学对人学习的探究，人们对人类学习的各个方面的理解愈加科学化，并将这些理解应用于"有效的学习环境"的设计①，从而在一定程度上更新了人们的教育观念与学习观念。通常情况下，知识是在一定的社会文化情境中通过社会活动协商建构的，知识不能独立产生、不能独立存在，而是与社会实践的场景、任务和行动密不可分。知识作为学校教育的主要学习内容，其学习过程也不能脱离社会实践，脱离实践情境的知识学习一方面容易降低学习效率，另一方面是知识的学习窄化为符号的学习，忽略符号之下的教育性资源受学习科学的影响。教育者和学习者对学习的认识发生了根本性变化，即学习不只是获取符号知识的过程，而是在真实任务情境中探究问题解决的过程，在真正参与学科实践中，进而构建相关知识。

第三节　学习科学研究的兴起

学习科学作为新兴学科，是在认知科学基础上发展而来的。虽然认知科学取得了丰硕成果，但并未显著改进现实学校教育的实践或有效提升教育质量。因此，认知科学家希望从学习绩效角度出发，开创专门研究人类学习的新领域。由此，学习科学成为 20 世纪学习研究三部曲中最为精彩的历史篇章之一。

一、学习科学的产生背景

20 世纪 70 年代，伴随认知科学及相应的人工智能理论与信息技术的

---

① 柴少明，赵建华. 面向知识经济时代学习科学的关键问题研究及对教育改革的影响 [J]. 远程教育杂志，2011（02）：3-10.

成熟，学习科学是在教育改革与发展的实践召唤下，用基于设计的研究来促进真实的、复杂学习的背景下诞生的。

（一）知识社会的到来

随着互联网技术的快速发展，人类社会正在步入崭新的信息时代，实现从工业社会向知识社会的转型。在知识社会中，知识正成为经济发展的基础和经济增长的内驱力，具有先进技术和新知识，尤其是拥有知识创新能力的人，也因此成为生产中的决定性要素，成为国家最重要的战略资源。在生产力持续增长和革命性跳跃的不确定环境中，经济制度不仅应有资源配置的效率，而且还应有适应性效率。这种模式即"学习经济"，它指的是一种"能够学习的经济制度"，即能适应科学技术的发展进行自我调整的经济制度。在学习经济的理念之下，个人学习与组织学习的重要性日益增加，个人和组织的学习力就是一种竞争力与进步的驱动力。学习经济理念的兴起，为终身学习的发展，注入了新的活力，正是在学习经济的背景下，人们开始从多个角度审视学习，研究学习，学习科学也由此诞生。

（二）认知科学受到质疑

1980 年代以后，认知科学的"长期战略"受到了质疑，因为这一战略定位于"还原说"，一方面试图将人类复杂的行为问题与基本的信息加工及其组织联系起来，将复杂的行为简化为一系列简单的行为；另一方面，在探讨信息加工的神经机制时，试图表明人类思维可以还原为神经生理学。认知科学的相关成果并不能真正地解释人的学习过程，一些认知心理学研究者开始反思，并提出认知心理学应该更加现实主义化，主张用生态学的方法取代信息加工的方法，强调研究自然情境中的认知。部分认知科学家开始关注真实情境下的学习，包括课堂内的正式学习和课外的非正式学习。他们希望通过在心智、大脑和教育之间建立桥梁（Mind, Brain, and Education），将脑科学的最新成果（从基因到行为）应用于教育和学习过程。① 到了 1990 年代，研究情境认知、情境学习以及情境化人工智能的热潮在认知科学领域掀起，认知科学家试图突破信息加工的限制，更多地关注社会、历史、文化等外部因素对智能系统内部复杂的信息加工和符号处理的影响，并力求将模拟人工智能研究推向一个新的高度。

（三）传统学习理论无法满足现实需求

在知识社会中，知识成为经济和社会发展的主要生产要素和驱动力，拥有先进知识、技能和创新思维的人才成为经济生产的关键。培养具有批判性思维和创造性思维、能够生产和创造知识的人才，是教育领域最关注的议题之一，然而现行的教育体制尚不能满足社会发展的需求。"心理学的学习理论为教学提供了新的理论基础、见解、方法和手段，构成了学习环境设计的重要理论来源……学习理论并没有为有效学习环境的设计提供行之有效的简单处方。"② 心理学虽然为教学提供了大量的学习理论，然而这些理论成果与教学实践之间还有一定的距离，尚不能真正化为实践指导，以满足教学实践的需求。且认知科学关注的对象和研究方法与人在真实世界中的学习相距甚远，所发现的认知规律是将人从其社会和自然世界中抽象出来的结果，对于提升现实学校教育实践和教育质量并不十分理想，需要研究者在真实情境中研究学习与教学问题，关注更为复杂的情境。

（四）对学习本质的研究逐渐深入

在传统认知科学领域，致力于教育和工作场所绩效研究的学者们感受到认知理论与真实世界之间的差异，并直面当时认知科学的狭隘视角。③脑科学、建构主义心理学等研究成果为研究学习提供了新的思路，脑科学研究深入人的大脑，从生理机制提供了人类基本认知和高级认知功能的工

---

① 尚俊杰，庄绍勇，陈高伟. 学习科学：推动教育的深层变革 [J]. 中国电化教育，2015（01）：6-13.

② 焦建利，贾义敏. 学习科学研究领域及其新进展——"学习科学新进展"系列论文引论 [J]. 开放教育研究，2011（01）：33-41.

③ 郑太年. 学习科学与教学变革 [M]. 上海：上海教育出版社，2019：27.

作机制，使人的学习研究不再是从动物到人的推演或者是心理学家的理论思考。作为建构主义心理学的重要理论，情境理论关于认知与学习的研究已成为一种重要的学习理论，能够促进有意义的学习并促使知识转化到实际生活情境中。情境理论的研究与实践模式的发展越来越受到心理学、人工智能、人类学等领域研究者的关注，情境化运动蓬勃发展，跨越了心理学学习理论研究的范畴，朝着跨学科研究和促进不同领域专家对话互动的目标蓬勃发展。

回顾学习理论的研究历程，可以看出理解人类的学习是几个世纪以来，尤其是 20 世纪以来学者们一直致力探讨的问题。由于这些问题的复杂性以及人们对自身研究的滞后性，再加上研究工具和手段的不足，相关问题的研究长期发展缓慢，无法满足教育实践的需求。然而，自 20 世纪 90 年代以来，西方学术界开始高度重视学习理论，学习理论正在经历最为本质和革命性的转变，人类已进入学习科学的新时代。

二、学习科学的建立

学习科学的萌发始于 20 世纪 70 年代末对人类学习本质的多学科探究。随着心理学领域内认知革命的结束，认知科学家们思考传统认知科学的局限和困境，吸收认知论、社会学、人类学及脑科学等学科的研究成果和方法，开展了对学习科学这一新领域的研究。

（一）破茧期

20 世纪初，杜威经验主义的教育思想盛行，人们开始意识到教育需打破学校的桎梏，重新回归生活经验；20 世纪 30 年代后教育科学化运动兴起，致力于将人类还原为动物，将教育研究困于实验室。尽管教育科学研究取得长足进展，但对于学生学习实践和孩子们学习生活的改善并不明显。因此，再次回到学校，回到课堂去研究学习的呼声此起彼伏。①

在传统认知科学领域里涌现出一批具有远见的学者与一些人工智能专

---

① 尚俊杰. 学习科学导论 [M]. 北京：北京大学出版社，2023：23-24.

家共同开创学习科学这一新领域，从而摆脱传统认知科学的限制。著名的LOGO编程语言发明人西蒙·派珀特（Seymour Papert）是其中的杰出代表之一，他提倡"在制作中学习"（learning by making）。1968年，他发明了LOGO编程语言，该语言可以让学习者在学习编程和数学知识的过程中培养问题解决能力和创造能力，以LOGO编程语言为代表的教育技术开发为学习科学的诞生奠定了前期的实践基础。①

1986年，著名信息技术企业施乐公司的首席执行官戴维·卡恩斯（David Kearns）以及著名学者约翰·布朗（John S. Brown）和詹姆斯·格里诺（James Greeno）共同发起创建了著名的施乐公司学习研究所（Institute for Research on Learning）。该研究所关注社会文化背景，成立时的主要目标包括：一是从认知和社会两个方面的视角开展学习研究；二是将人工智能领域的教育研究成果引入产业界并应用；三是形成一个新型跨学科的研究机构。②

1987年，美国西北大学率先承担起学习科学这个新兴学科的建设任务，在安达信顾问公司的资助下成立了世界上第一个直接以学习科学命名的专业机构。著名的认知科学家尚克（R. C. Schank）受聘领导新成立的学习科学研究所（Institute for Learning Science，ILS），其在人工智能方面的研究转变推动了学习科学的诞生。西北大学学习科学研究所主要利用认知科学和人工智能的前沿理论与技术成果，创建各种基于计算机的学习环境等方面的相关工作，并对现实中人类的学习、记忆以及计算机环境下的学习进行研究。③

伴随着认知科学的发展和人工智能理论与计算机技术的日益成熟，1970－1980年期间，许多认知科学研究者开始利用人工智能技术设计并开

① 尚俊杰. 学习科学导论［M］. 北京：北京大学出版社，2023：24.
② 陈家刚，杨南昌. 学习科学新近十年：进展、反思与实践革新——访国际学习科学知名学者基思·索耶教授［J］. 开放教育研究，2015（04）：4-12.
③ 王运武. 学习科学与技术［M］. 北京：科学出版社，2018：5.

发学习软件，以促进人类学习。研究者发起了"教育中的人工智能国际会议"（International Conference on Artificial Intelligence in Education），讨论相关问题，该会议至今仍在举办。一批走在前沿的认知科学家和计算机科学家经过努力后，与教育心理学、认知科学、计算机科学、社会学等其他领域的科学家共同开创了一个新的研究领域，即学习科学。在那个时候，学习科学家们仍然与人工智能学术团体联系紧密，学习科学还处于起步阶段。

（二）正式诞生

1991 年是学习科学发展史上的一个重要节点，这一年涌现的诸多成果标志着学习科学作为一个专门的研究领域正式登上了时代的舞台。学习科学家们在这一年创办了第一份专业的学习科学刊物，创建了世界上第一个学习科学专业，举办了第一届国际学习科学会议。1989 年，尚克、柯林斯（Allan Collins）和奥托尼（Andrew Ortony）讨论创建一份将认知科学应用于学习的杂志。1990 年，美国创办了国际上学习科学领域的第一份学术刊物《学习科学杂志》（*Journal of the Learning Sciences*），克罗德纳（Janet Kolodner）被选为杂志主编，第一期《学习科学杂志》于 1991 年 1 月面世。此后，《学习科学杂志》和学习科学领域一样茁壮成长，取得了令人瞩目的成就，在短短的十几年时间里，该杂志在众多教育与心理研究类刊物中脱颖而出，并在社会科学引文索引中超越了许多老牌专业刊物，位列教育与心理科学类杂志的前列。

同年，美国西北大学在原学习科学所的基础上，整合教育学、心理学、信息科学、计算机科学等学科的研究力量，创建了世界上第一个学习科学专业，主要培养研究生及以上层次的研究员，以对真实环境中的教与学进行科学探索并切实推动学习实践的进步。继美国西北大学之后，斯坦福大学、印第安纳大学等其他著名大学纷纷成立了学习科学专业和专门研究机构。斯坦福大学将学习科学专业的名称定为"学习科学与技术设计"，在专业建设的思想上和美国西北大学有所不同，具有自身特色。他们认为，学习科学家要致力于系统化研究和设计各种心理过程、社会过程和技术过程，这些过程为发生在多种情境中且终身持续的学习提供有力支持。

　　学习科学界的第一个专门学术会议"教育中的人工智能国际会议"于1991年召开，在此次会议中学习科学的研究者们意识到他们的研究领域与简单将人工智能应用于教育有所不同。学习科学更注重真实情境中的学习，致力于开发更符合学习者需求的软件，不再将人工智能技术视为不可或缺的组成部分。因此，这些专家学者在会议现场发起了第一届国际学习科学会议（International Conference of the Learning Science）。会议结束后，人工智能共同体和学习科学共同体开始分道扬镳。[1] 随后，在1996年，学习科学专家在美国西北大学单独召开了第二届国际学习科学会议，从那时起，国际学习科学会议每两年召开一次，为学术研讨提供了一个专门的国际交流平台。与此同时，国际学习科学协会也举办了计算机支持的协作学习会议（Conference of Computer Support for Collaboration Learning，简称CSCL）。

　　学习科学作为一个新兴领域，最终在2002年正式成立了国际学习科学学会（The International Society of the Learning Sciences）。该协会致力于进行跨学科的经验研究，探索如何利用各种手段包括技术在内，促进学习者在现实情境中的学习。[2] 该学会成立后，《学习科学杂志》和学习科学国际会议的主办权均归入该学会旗下，不仅实现了制度化运营，还有了更坚实的专业学术组织作支撑。学习科学家们也得到了更大的交流与发展平台，该学会一直致力于推动学习科学学科共同体的创建和发展，注重把握学习科学发展的前沿与潮流，满足学习科学发展的需求，并相继创办了《计算机支持的协作学习国际杂志》（*International Journal of Computer Support for Collaborative Learning*），组织了"计算机支持的协作学习国

---

[1]　陈家刚，杨南昌. 学习科学新近十年：进展、反思与实践革新——访国际学习科学知名学者基思·索耶教授 [J]. 开放教育研究，2015（04）：4-12.

[2]　王运武. 学习科学与技术 [M]. 北京：科学出版社. 2018：6.

际会议"（*International Conference on Computer-Supported Collaborative Learning*）。至此，国际学习科学学会两刊、两会的基本组织架构正式形成，国际学习科学学会的成立标志着学习科学共同体在组织上正式形成。如果说 1991 年第一份《学习科学杂志》、第一个学习科学研究所和专业、第一次学习科学国际会议都在为学习科学这一新领域做各种拓荒和铺垫的话，那么国际学习科学学会的成立则标志着学习科学领域在组织机构上的完备和成熟。①

三、学习科学的发展

自 20 世纪 90 年代，学习科学正式成为一个独立学习领域，在随后的时间里，其发展与建设规模正在全球范围内不断扩张，通过专业机构的建立、学术会议、学术杂志等方式不断夯实自身的标志性学术基础。

（一）专业机构的建立

1995 年，美国国家科学院系统所属的国家研究理事会（National Research Council）成立"学习科学发展委员会"（Committee on Developments in the Science of Learning）工作小组，主要追踪把握学习科学的最新进展，并把学习的基础科学研究取得的一系列研究成果应用到教育与学习实践中。② 1999 年该委员会发布了名为《人是如何学习的：大脑、心理、经验及学校》的研究报告，引起了世界各国对学习科学的关注。与此同时，随着认知神经科学的不断发展和脑功能成像技术的日趋成熟，用神经科学的研究方法来探究有关学习的认知和脑机制，成为了学术界新的研究趋势。人们开始重视学生的脑机制在外部环境的刺激下神经联结的情况、脑功能层的变化以及功能联结等微观层面的研究。③ 国际经济合作组织

---

① 郑旭东，王美倩，吴秀圆. 学习科学：百年回顾与前瞻［M］. 北京：科学出版社，2020：101.
② 王运武. 学习科学与技术［M］. 北京：科学出版社，2018：5.
③ 余燕云，杜文超. 教育神经科学研究进展［J］. 开放教育研究，2011（4）：12-22.

（OECD）在 1999 年启动了"学习科学与脑研究项目"，进行学习科学与脑科学的综合研究，目前已经报告了该项目两个阶段的重要研究成果，这些研究成果极大程度上推动了学习科学的发展。

2004 年，美国国家科学基金会（NSF）宣布拨款 1 亿美元创建跨学科的"学习科学中心"，并将给予持续的巨资支持，以致力于学习科学的基础研究和建立学习研究的国家网络，随后陆续成立了 7 个国家级跨学科跨学校的学习科学研究中心①，非正式与正式环境学习中心（Center for Learning in Informal and Formal Environments，简称 LIFE）便是其中重要的一个中心，著名学习科学家、美国国家科学院研究报告《人是如何学习的：大脑、心理、经验及学校》主编布兰思福特领衔该中心，致力于提高与正式环境和非正式环境中的学习的认知维度、语言维度和社会维度相关的神经过程和原理的理解，并将这些用于指导教育实践，创建学习环境。

（二）定期国际学术会议的开展

1991 年于"教育中的人工智能国际会议"上现场发起的第一届国际学习科学会议被视为是最早的学习科学年会，1996 年第二届学习科学年会召开后，便将其会议周期固定为每两年召开一次。直至 2002 年国际学习科学学会正式成立，将该会议的主办权归入到了自己旗下，该会议便成为了学会的常规项目。此外国际学习科学学会一直坚持推动学习科学学科共同体的创建与发展，而后又创办了一个与学习科学领域密切相关的国际会议，即"计算机支持的协作学习国际会议"（International），该会议举办的周期也是两年一届，主要是与学习科学会议间隔举办，这两会共同为《学习科学杂志》和《计算机支持的协作学习国际杂志》提供智力支持。②

---

① 韩锡斌，程建钢. 教育技术学科的独立性与开放——斯坦福大学学习科学兴起引发的思考 [J]. 北京大学教育评论，2013（3）：49-64＋190.

② 陈家刚，杨南昌. 学习科学新近十年：进展、反思与实践革新——访国际学习科学知名学者基思·索耶教授 [J]. 开放教育研究，2015（04）：4-12.

（三）专业学术刊物的出版

1999 年，学习科学发展委员会出版了《人是如何学习的：大脑、心理、经验及学校》，这是学习科学领域的历史性概括，极大地扩展了其影响力。然而，由于其报告性质，该书虽然系统总结了学习科学的新进展和新发现，并提出了一系列引人注目的新思想和新理念，却未系统阐述如何利用学习科学的基础研究成果设计更有效的学习环境。为弥补这一不足，圣路易斯华盛顿大学年轻的学习科学家索耶（R. Keith Sawyer）召集了 60 位学习科学领域内的学者，共同编写了《剑桥学习科学手册》，于 2006 年出版。2014 年，第二版问世，呈现了自首版以来学习科学的整体进展。

学习科学领域的著作还包括关于视频研究方法的《学习科学视域中的视频研究》。2002 年国际经济合作与发展组织出版了关于脑科学和教育神经科学的《理解脑：走向新的学习科学》（*Understanding the Brain：Towards a New Learning Science*）和 2007 年出版的《理解脑：新的学习科学诞生》（*Understanding the Brain：The Birth of a New Learning Science*），正式宣告了教育神经科学（Educational Neuroscience）的诞生[①]；同年，"国际心智、脑与教育学会"（International Mind，Brain，and Education Society，简称 IMBES）创办了教育神经学领域的第一本专业期刊——《心智、脑与教育》（*Mind，Brain and Education*），为教育神经科学的后续研究提供了新平台。[②] 2012 年，诺伯特·M. 西利（Norbert M. Seel）等人编写的《学习科学百科全书》出版，该书囊括了约 4000 条当前学习科学领域中权威的理论、观点和术语，并提供精准的解释和相关的文献索引，为学习科学研究者们的工作提供了有力的支持。2016 年，权威期刊《自然》（Nature）专门设立了电子期刊《自然合作期刊——学习科学》

---

① 周加仙. 教育神经科学：创建心智、脑与教育的联结 [J]. 华东师范大学学报（教育科学版），2013（2）：42-48.

② 姜永志. 整合心理、脑与教育的教育神经科学 [J]. 心理研究，2013（03）：3-10.

(npj Science of Learning），为学习科学搭建了一个标志性的研究平台。①

（四）高校课程与专业的开设

学习科学已经成为一门"显学"，许多大学都设有相关研究生培养项目。1997年斯坦福大学教育学院建立了"学习设计与技术"硕士和博士培养项目"学习科学、技术与设计"，旨在利用现代学习理论来设计基于技术的产品、环境和安排，从而促进有效学习。该项目直接面向学校、博物馆和其他社区教育机构、教育开发者和职业继续教育设计等各种实际教育场景，提供有效的技术产品和学习环境。② 匹兹堡大学和卡耐基-梅隆大学共同建立了学习科学实验室（the Pittsburgh Science of Learning Center），致力于促进对充满活力的学习科学的理解，即能够长时间持续、能够迁移到新环境以及有助于未来学习的学习。学习实验室将在新的实验环境下推进课堂学习研究，提供由计算机智能教练系统支持的七门课程，该系统已经被用于学校中的个性化教学。③ 波士顿大学领导的面向教育、科学和技术的学习优异中心（the Center for Excellence for Learning in Education, Science and Technology）将研究重点放在涉及学习行为和脑的过程，包括视知觉和认知、言语和语言、认知情感交互，记忆以及概念和规则的形成等方面，旨在基于这些过程知识寻找新的学习算法。与此同时，世界各国的政府机构、基金会和大学也开始大力资助学习科学研究项目和成立专门的研究机构，招收学习科学专业的硕士和博士研究生。我国的华东师范大学、北京师范大学等大学也陆续开展学习科学领域的研究，并招收该方向的研究生。

（五）国内学习科学的发展

我国当代学习科学的发展，是在几代学者积累的学科基础上，同时接

① 尚俊杰，裴蕾丝，吴善超. 学习科学的历史溯源、研究热点及未来发展 [J]. 教育研究，2018（03）：136-145＋159.

② 茅育青. 学习科学与教育技术 [M]. 杭州：浙江大学出版社，2013：43.

③ 茅育青. 学习科学与教育技术 [M]. 杭州：浙江大学出版社，2013：43.

轨国际学术发展的情境脉络，逐渐起步并融入到国际学习科学发展的生态中的过程。在我国，20 世纪 80 年代起便有很多学者在研究"学习学"。1986 年 9 月，由山西大学林明榕教授发起了一个小型的学习科学讨论会，会上成立了"全国学习学研究会筹备组"，标志着国内学习科学研究已由前期自发的、分散的研究逐步进入到自觉的、有组织的研究阶段，这可以看做我国研究学习科学的开端。[①] 2000 年，中国学习科学学会筹委会更名为中国高等教育学会学习科学研究分会，深入开展理论、应用、学术组织等方面的研究。20 世纪 90 年代起，我国学者高文、陈琦、桑新民等开始面向国内翻译介绍学习科学的论文著作，北京师范大学、东南大学、华东师范大学等高校也相继成立了"学习科学研究中心"，随后，清华大学、北京大学等众多综合性高校和师范院校越来越重视学习科学研究，纷纷成立了相关的研究机构。2011 年，计算机支持的协作学习会议（CSCL）开始在中国开展，首次在香港大学举行，后分别在广州、上海和北京等地举行会后会议。2017 年 9 月，以"连接未来：教育、技术与创新"为主题的 186 期双清论坛在浙江大学顺利召开，与会领导专家一致表示，要加强教育科学基础研究。[②] 目前，我国已逐渐形成了一定数量的学习科学研究队伍，部分大学已经迈出学科建设的步伐，开始了学习科学的硕士与博士培养，并开设有关学习科学的专业课程。

第四节　学习科学的新进展

　　学习科学诞生 40 年来，围绕"人是如何学习的，如何才能促进有效学习"这一研究主题进行了大量研究，产生了许多优秀的研究成果，为世界各国各地区制定教育政策、推进教育变革提供了理论依据。

---

　　① 郑太年. 学习科学与教学变革 ［M］. 上海：上海教育出版社，2019：28.
　　② 尚俊杰，王钰茹，何奕霖. 探索学习的奥秘：我国近五年学习科学实证研究 ［J］. 华东师范大学学报（教育科学版），2020（09）：162-178.

一、学习科学的研究主题

学习科学是一个跨学科领域，不同的研究者从不同的领域切入，对学习科学的理解不同，因而其研究方向各有侧重，但其研究的主要框架是围绕学习的发生过程建构起来的。主要聚焦于学习基础机制的研究、学习环境创设方法的研究两大方面。此外，还包括一些对于学习科学理论、研究方法论以及研究成果的实践推广等主题的探讨。[①]

（一）学习科学的理论基础研究

学习科学是一门跨学科融合的科学，融合了认知心理学、发展心理学、神经科学、人类学等多个学习领域，基于多种学科理论的日益成熟而发展起来的。最初由认知科学分化而来，认知科学忽略了真实世界的复杂性，无法解释学校学习与真实环境中推理的不同，因此，学习科学专注于研究真实情境中的推理和学习。尽管学习科学的研究重点与认知科学不同，但仍将认知科学中的知觉信息表征和处理、内省学习、问题解决和思维等概念作为核心概念。[②] 建构主义、脑科学和计算机神经科学的发展也对学习科学产生了重大影响：学习科学与建构主义一致，始终强调学习者的中心地位，强调应为学生创设一个环境，让他们能够应用、质疑和改变原有的知识及其结构；脑科学通过从分子水平、细胞水平等方面研究自然智能机理，建立脑模型，揭示人脑的本质，深入了解人类学习过程，为学习科学奠定了理论基础。

（二）学习基础机制研究

人类的学习过程研究一直是学习科学的重点，这类研究基本对应教育神经科学，其"研究内容聚焦于学习、绩效、教育、认知、学生等方

---

① 郑太年. 学习科学与教学变革 [M]. 上海：上海教育出版社，2019：37.

② 任友群，胡航. 论学习科学的本质及其学科基础 [J]. 中国电化教育，2007（05）：1-5.

面"①。自 20 世纪 70 年代以来，随着计算机技术的发展，认知科学领域的研究者开始利用人工智能技术设计开发学习软件。随着脑科学研究的深入，功能性磁共振成像（FM-RI）、脑磁图（MEG）等多种无创伤脑研究技术的问世，研究者可以对人脑高级功能进行多方面实证研究，不断揭示大脑的学习机制。有研究表明，尽管大脑的完成学习步骤所需的时间比计算机要长，但是它的计算能力却超过了最先进的典型人工智能算法，甚至可以与之媲美。② 学习基础机制的研究主要集中在关注人脑学习的神经机制和有效干预措施。研究者一方面关注人脑认知过程的处理机制及影响因素，另一方面开始探索不同的训练方式、干预措施或工具对人的认知能力发展的效果，以及在时间维度上学生认知能力的发展变化，旨在建立起基础神经机制与创新教学手段之间的联系，使基础机制的研究能够科学有效地应用于教学。与当前认知心理学对脑认知机制的实验室研究不同，学习科学视域下的脑认知机制研究更强调真实的学习情境与教育干预方案。③

（三）学习环境设计研究

学习环境指的是学习发生的物理、社会、心理和教育教学情境，对学习者的学习态度和成就有着重要影响。④ 研究学习环境不仅可以促进学生有效学习，也是研究人类学习方式的一种中介手段。⑤ 学习科学从建立之初就强调理论和实践相结合的方式来优化学习环境设计。自 20 世纪 80 年

---

① 张婧婧，于玻，周加仙. 教育神经科学核心主题的演变——基于 2007～2020 年《心智、脑与教育》杂志刊发的 335 篇论文分析 [J]. 现代教育技术，2021（05）：5-17.

② Bar-Ilan University. Researchers rebuild the bridge between neuroscience and artificial intelligence[EB/OL]. (2020-04-23)[2024-04-06]. www. sciencedaily. com/relea-ses/2020/04/200423082225. htm

③ 尚俊杰. 学习科学导论 [M]. 北京：北京大学出版社，2023：38-39.

④ 王美，任友群. 从教学设计走向学习环境设计：学习科学视角下的教学变革 [J]. 上海教育，2013（16）：60-63.

⑤ 郝建江. 国内学习科学研究的演进过程与主题聚类分析 [J]. 上海教育科研，2017（06）：18-22.

代以来，学习科学专注于人类学习研究，研究人们如何学习，研究场景从实验室转向了真实课堂，传统的实验室研究模式不再适用。学习科学研究者认为，不仅要了解学习是如何发生的，还要思考如何设计和实施学习和教学。① 因此，学习环境设计研究更注重将基础研究成果转化为应用于教育实践的干预方案，比如学习媒介、实体环境和学习交互设计等。因此，对学习环境进行设计研究可作为学习科学的切入点，推动教育变革。

(四) 学习科学的研究方法

学习科学的研究方法范式主要有四种：以逻辑为基础的思辨研究范式、以经验主义认识论为基础的实证研究范式、以现象学为基础的质性研究范式、以实用主义为基础的行动研究范式（也称为基于设计的研究范式）。② 除了采用相关学科领域已有的方法，学习科学的研究者越来越致力于寻找一种整合的解释方法，因此研究方法也需要适应这种整合的观点。学习科学关注多种情境（尤其是真实情境）下人类的学习与实践活动，所以通常采用能够对真实情境中与学习者学习相关的数据进行整体全面记录的研究方法。③ 例如，根植于民族志学、人体动作学、社会语言学等学科的"互动分析法"，记录和分析学习者之间的关系、历时性的变化、个体学习等；常用于家庭中、同伴间等非正式环境中学习研究和课堂上学习研究的可视化学习分析方法——"视频（录像）研究"；解释学习发生的生物学机制的"脑功能成像"④，通过检测相关脑区的激活情况，收集神经证据来对人脑神经基础机制的一些已有假设进行验证。

(五) 学习科学与教学变革

---

① 郭莉. 面向未来的创造性学习和知识建构：学习科学的思路和方法——访学习科学专家张建伟博士 [J]. 开放教育研究，2020（03）：4-10.

② 左璜，陈欢，刘选. "互联网＋"时代的学习科学研究：进展与前瞻——2016年第四届学习科学国际会议综述 [J]. 现代远程教育研究，2016（04）：3-10.

③ 郑太年. 学习科学与教学变革 [M]. 上海：上海教育出版社，2019：40.

④ 徐晓东，杨刚. 学习的新科学研究进展与展望 [J]. 全球教育展望，2010（07）：18-23＋29.

探讨人是如何学习的、如何设计有效的学习环境来促进学习是学习科学研究的关键问题，为教育实践提供理论指导是研究的主要目的。因此阐释学习科学的研究成果将为教育教学科学的重新设计课堂，变革教育教学方法提供新思路。教育神经科学为学习研究提供实践框架，在该框架之下学习过程被分为确定目标、理论学习、教学设计、课堂教学、课后反思以及经验分享阶段，为课堂教学的改善提供了具体的思路。① 在考察学习科学主流研究发展的基础上，杨南昌、刘晓艳采用"理解学习的整体框架"，详细分析了从个体认知维度、社会互动维度和学习环境维度融合学习科学，创新教学设计理论的多种可能途径。② 在总结和分析 20 世纪以来人类对学习研究所经历的三个主要发展阶段及学习科学与教学实践之间关系发展的三个阶段的基础上，梁林梅、李志构建了教师学习科学素养提升的关键概念图谱，总结、提炼了基于学习科学的有效教学策略。强调有效教学要关注起点、节奏、学习者已有认知水平、联系和反馈、课堂问答、学习者主动参与等问题。③

二、学习科学的研究热点

学习科学有关的研究领域是广泛的，既包括对认知科学、发展心理学、科学、数学等学科领域的学习研究，也涉及对有效教学、教学法和学习环境设计等领域的研究。概括而言，当前学习科学研究主要呈现如下四个特征和趋势。

（一）始终关注真实情境中的学习与实践

传统的认知科学关注的学习发生于实验室，远离了人类的真实生活实践，忽略了人在真实环境中学习的复杂性，学习科学从诞生之初就始终关

---

① 李刚. 国外教育神经科学促进教师教学变革的研究与启示：从观念到技术 [J]. 教师教育研究，2020 (06)：114-120.

② 杨南昌，刘晓艳. 学习科学融合视域下教学设计理论创新的路径与方法 [J]. 电化教育研究，2016 (11)：5-11＋24.

③ 梁林梅，李志. 从学习科学到教学实践变革——教师学习科学素养提升的关键概念与有效教学策略 [J]. 现代教育技术，2018 (12)：13-20.

注真实情境中的学习与实践研究,从而超越认知科学的实验室中学习。学习基础机制的研究侧重从微观的神经连接层面研究真实情境中教与学的过程,并基于研究结果从认知功能与结构相结合的综合视角,面向真实的学习情境,研究特定教育干预对学习过程的影响,如学生记忆、空间能力对其认知能力的影响,学习障碍的神经机制和有效的干预方法等。学习分析技术的研究则通过在线学习分析、视频课件分析等方式测量、收集、分析关于学习者及其学习情境的真实数据,以便了解和优化学习和学习发生的情境。由此可见,学习科学的研究领域与分支虽多但都聚焦于人是如何学习的这一主题,人在真实情境中是如何学习与实践、如何才能营造真实高效的学习环境一直是学习科学的关注重点。

(二)学习环境设计研究

学习环境是学习发生的场所,为学习的发生提供外部环境支持,然而在学习科学的研究中对学习环境的认识并不仅限于此,而是进一步追问"在一个学习环境中正在发生什么,以及学习环境是如何提高学生的学习绩效的"①,学习环境由学习发生的外围环境变为影响学习发生的重要变量,学习环境设计的重要性也得以显现。学习环境设计一方面体现在物理层面的硬件设计,另一方面体现为活动设计,二者共同促进学习的发生,从而促进高阶能力的发展——思维、素养和能力。② 基于学习科学的观点,学习环境的设计要超越传统技术中心的设计,更加关注学习的社会结构设计,注重激发学生的学习动机,促进深度学习发生。③ 比如,可基于知识建构的理论方法,将其有效应用于信息技术支持下的新兴学习环境的构建,如学习媒介设计、物理环境设计、学习交互设计等。也可加大对认知

---

① (美)R. 基思·索耶. 剑桥学习科学手册 [M]. 徐晓东,译. 北京:教育科学出版社,2010:11.

② 塔卫刚. 学习科学视野下学习环境设计研究 [J]. 现代教育技术,2018(06):5-10.

③ 郝建江. 国内学习科学研究的演进过程与主题聚类分析 [J]. 上海教育科研,2017(06):18-22.

导师制的研究，在不断深入中走向智慧学习环境的新境界。^① 总之，伴随着人工智能与信息技术的不断发展，学习环境也越来越智能化，基于大数据的学习行为、学习机制甚至学习本质的研究是学习环境设计关注的重要内容。

（三）学习分析技术的研究

随着学习科学的研究深入，研究者开始采用新的技术手段来监测课堂教学过程，在此过程中产生了数量巨大、种类庞杂的数据结果，而传统的学习分析技术无法满足数据处理的需求，急需新的学习分析技术来突破当前困境。学习分析（Learning Analytics，简称 LA）被首届学习分析与知识国际会议定义为："测量、收集、分析和报告关于学习者及其学习情境的数据，以便了解和优化学习和学习发生的情境。"[②] 相关研究热点一方面集中在如何更好地运用在线课程中的海量学习行为数据，勾勒学生的用户画像，把握学习者行为特征、预测学生的学习状态，以便在深刻理解"人是如何学习的"以及学习本质的基础上，对用于学习的硬件技术和智能技术（软件与方法）进行系统设计，构建以学习者为中心的学习环境，更好地支持学习者的知识建构、社会协商和实践参与。[③] 另一方面是研究教师的形象呈现，关注教师的动作、眼神等行为表现对学习者的影响，以帮助教学材料开发者设计出更贴合学习者的视频课件资源。[④]

（四）基于设计的研究

当前，学习科学所采用的研究方法大多直接来自自然科学或社会科学

---

① 郑旭东，王美倩，吴秀圆. 学习科学：百年回顾与前瞻［M］. 北京：科学出版社，2020：2.

② George Siemens, Dragan Gasevic, Caroline Haythornthwaite, et al.. Open learing analvtic: An integrated & modularized platform［EB/OL］.（2011-07-28）［2024-04-06］https：//solaresearch. org/wp-content/uploads/2011/12/Open Learning Analytics. pdf

③ 杨南昌. 学习科学视域中的设计研究［M］. 北京：教育科学出版社，2010：3.

④ 尚俊杰，王钰茹，何奕霖. 探索学习的奥秘：我国近五年学习科学实证研究［J］. 华东师范大学学报（教育科学版），2020（09）：162-178.

研究，这类研究方法的基本目的都是描述和解释自然和社会中的客观现象、基本关系与规律。然而学习科学不仅是为了解释和说明学习本身，更是为了促进和改进学习过程，传统的自然或社会科学研究方法并没有直接着眼于如何改进人的学习和教育。在此背景下，设计型研究法（Design-based Research，简称 DBR，也翻译为基于设计的研究）应运而生并成为学习科学的核心研究方法。[①] DBR 是以整体思维来综合把握学习实践的一种研究范式，由安·布朗（Ann Brown）和艾伦·柯林斯（Allan Collins）两位教授共同提出。该方法旨在通过真实教育情境中研究者和实践者长期的密切合作，借助于"分析—设计—开发—实施—修正—再设计……"这样一种迭代循环，来确保学习科学知识发现的同时也能达成教育实践变革的双重目标。[②] 基于设计的研究将学习科学的研究探索和实践改进整合于一体，真正实现研究为实践服务。

设计研究领域的另一个新进展是"基于设计的实施研究"（Design-based Implementation Research，简称 DBIR）理论和模型的提出和运用。在 DBR 的实施过程中，研究者发现，很多设计良好的干预措施，在应用到现实世界情境中时，并没有产生预期的效果。[③] 在 DBR 的基础上，威廉·R. 毗努伊勒（William R. Penuel）等提出了基于设计的实施研究，这种研究有四个关键要素：从多方利益相关者的角度关注实践中持续存在的问题、致力于迭代协作的设计、关注通过系统探究发展与课堂学习和实施

① Fishman, B., Marx, R. W., Blumenfled, P., & Krajcik, J. Greeting a framework for research on sysemic technology innovations. The Journal of the Learning Science, 2004, 13（1）, 43-47.

② The Design-based Research Collective. Design-based research: an emerging paradigm for educational inquiry [J]. Educational Researcher, 2003, 32（1）: 5-8.

③ 梁林梅，蔡建东，耿倩倩. 学习科学研究与教育实践变革：研究方法论的创新和发展 [J]. 电化教育研究，2022（01）：39-45＋62.

有关的理论以及关注发展在系统中持续变革的能力。^① 设计研究作为学习科学的原生方法论，一直是其研究的重要领域。例如，日本静冈大学的研究者运用基于设计的实施研究，帮助教师使用社会语义网络分析（Socio-semantic Network Analysis）工具来理解学生如何进行会话和参与协作学习。^②

三、学习科学研究的未来发展

学习科学在过去几十年中蓬勃发展，推动了教育研究的科学化进程，并引领世界教育教学模式的变革，未来学习科学会受到更广泛关注，因此把握学习科学的发展趋势对于未来的教学、研究和工作具有重要价值。

（一）学习科学研究的发展趋势

基于对《剑桥学习科学手册》《国际学习科学手册》和《学习科学导论》等文献的分析，并结合以及学习科学发展史上的研究热点，未来学习科学的研究内容与方法呈现如下趋势。

1. 学习作为一个复杂系统受到愈来愈多的关注和研究

学习是一种复杂的系统现象，学习和学习机制在不同层级中以半独立的自我管理系统的模式进行运转。个体层面的学习行为化证据也许会从自我管理的认知、情感和运动的系统机制中产生，而每一个系统在神经中枢上都有特定的体现。个体作为社会历史文化系统中的一部分，在影响这个系统的同时也被这个系统所影响。尽管我们经常在个体层面讨论学习，但学习也是群体层面的成就表现，因为个体总是群体中的一员。我们现在没有足够的理论、实践和分析工具去探究这些不同层级的系统机制是如何相互连接的。解决现实情境下复杂多变的多层级学习现象，并揭示神经机

---

① Penuel W. R., Fishman B. J., Haugan Cheng B., et al. Organizing research and development at the intersection of learning, implementation, and design [J]. Educational Researcher, 2011, 40 (7): 331-337.

② 王美，廖媛，黄璐，等. 数字时代重思学习：赋予学习科学重要使命——第13届学习科学国际大会综述 [J]. 开放教育研究，2018 (05): 108-120.

制、行为表现和社会文化方面的连接和属性，是学习科学家们所关心的要点。[①]

2. 研究内容越来越丰富具体

学习科学不仅是一门学科，也是一个开放的跨学科研究领域，需要从多学科视野对学习进行协作研究，以促进人类的学习与互动。已有的研究内容包括学习的生理机制研究；学习的动机、情绪和社会情境研究；正式与非正式教育情境中的学习研究；学科内容的学习研究；学习技术的研究以及技术支持的学习研究等。[②] 当下，脑科学和人工智能、大数据等新技术的发展也为学习科学未来可能的发展注入源源不断的活力。随着世界各地"脑计划"的推进，人类会揭示更多行为特征背后的神经机制，为制定更有效的干预策略提供依据。学习科学现有的研究表明学习境脉对于知识迁移的重要性，但却缺少学习和认知在整个生命周期中是如何变化的研究。为深入探究"人是如何学习的"这一研究主题，研究人员开始探索个体在一生中持续学习的方法。在未来的研究中，研究对象拓展到从婴幼儿、青少年、大学生到成人、老年人，从学生到不同职业群体，从卓越学生到特殊儿童。研究内容更加丰富，包括学习者认知能力变化（知识与推理、学习动机行为等）、学习环境变化（课堂、校外、社会等）、学习方式变化（游戏化、VR/AR、翻转课堂等）等各个方面，这些都是值得研究的基础课题。

3. 学习科学方法论的研究

在方法论方面，学习科学一直在发展一种独特的融合性方法，它将民族方法学和民族志研究方法相结合，定量研究的会话分析和实验研究进行对接，越来越多的不同研究方法之间的结合将会出现。学习科学领域的研

① 任友群，赵建华，孔晶，等. 国际学习科学研究的现状、核心领域与发展趋势——2018 版《国际学习科学手册》之解析 [J]. 远程教育杂志，2020（01）：18-27.

② 黄德群，贾义敏. 美国学习科学发展研究 [J]. 外国教育研究，2011（05）：91-96.

究者正在使用不同研究方法以获取科学知识，并呈现出量性和质性研究相融合的趋势。这种融合包含案例研究、会话分析、制品分析以及关于教学条件和学习情境的实验和准实验的研究。① 值得注意的是，设计研究方法仍然是学习科学重要且核心的研究方法之一。基于设计的研究在探索创建新型学与教环境的可能性、发展关于复杂场景中学与教的境脉化理论、建构累进性设计知识以及提升我们对教育革新的能力等方面表现出了独特的应用前景。然而，作为发展中的研究范式，基于设计的研究在研究的科学性、海量数据收集、处理问题的解决以及研究者的设计能力等方面有待进一步提升。更重要的是需要建立起设计研究的相关尺度和法则，以使研究主张更具科学的证实性，并由此得到更广泛的认同。②

4. 平等的学习机会研究

学习科学的未来发展，一定要考虑社会公正、公平和伦理道德问题，它们影响着学习科学在学科内容、认识实践、学习软件和平台等方面的设计。每一位学习者无论性别、健康状况、社会或经济地位、民族或文化背景、地域，都有享受优质的教育和学习机会的权利。要善用技术，防止有害应用，要保证对学习者的数据进行合乎伦理、非歧视、公平、透明和可审核的使用和用于研究的规范传递。③ 现阶段教育资源分配不平等的问题为学习科学的研究开启了更多的空间，去探讨相关的研究是否以及如何渗入到现有的权力体系以解决教育不公平问题。④

5. 引领未来教育

学习科学能够在教育教学科学与情境的基础上，形成教育工具、学习

---

① 任友群，赵建华，孔晶，等. 国际学习科学研究的现状、核心领域与发展趋势——2018 版《国际学习科学手册》之解析 [J]. 远程教育杂志，2020 (01)：18-27.

② 杨南昌. 基于设计的研究：正在兴起的学习研究新范式 [J]. 中国电化教育，2007 (05)：6-10.

③ 尚俊杰. 学习科学导论 [M]. 北京：北京大学出版社，2023：49.

④ 任友群，赵建华，孔晶，等. 国际学习科学研究的现状、核心领域与发展趋势——2018 版《国际学习科学手册》之解析 [J]. 远程教育杂志，2020 (01)：18-27.

环境与教学实践的新视野，并推动教学创新，以促进学生学习，让学生更好地参与未来社会。[①] 例如，学习场所的变化，未来教育场所会突破校园的界限，形成"人人皆学、处处能学、时时可学"的学习型社会。教师工作的变化，教师能借助各种新兴的智能技术提高工作的效率与质量，将更多时间投入到教学研究。学习者学习的变化，一方面学习者可更加自由地选择学习的材料、方式、时间，选择更具个性化的学习设计；另一方面智能技术系统也能提供更符合学习者个性的学习资料。学习评价的变化，未来学习评价可借助人工智能、大数据等技术，更客观、公正、细致地分析学生学习的过程，从而根据学生的个性特点、学习习惯等给予有效的对策建议。学习空间的变化，未来教育可结合线上线下打造混合式学习空间，调整教室布局，以便支持 STEAM 教育、创客教育等学习活动。

（二）学习科学的发展策略

学习科学取得了令人瞩目的成果，但我们需要思考未来可能面临的挑战，并提前部署应对措施，以保障学习科学的可持续发展。

1. 注重学习科学成果的发表与推广

学习科学是一门从实践角度研究学习的科学，要求不仅有严谨科学的研究报告，还要有与研究相关的产品原型设计，特别是那些通过多轮研究实验证明有效的学习产品或环境设计，应该加强成果的市场转化和推广，使研究成果可以直接应用于教育实践。[②] 在美国，学习科学项目在学校里推广很普遍，但国内学习科学的研究更倾向于理论研究，轻视实践应用，因此，很少有项目能在全国范围内得到推广示范。[③] 一些学习科学的成果看似美好，但实际操作起来困难；有些成果似乎只是在论证类似于"因材

---

① 桑新民，朱德全，吕林海. 学习科学与未来教育 [J]. 教学研究，2020（01）：1-22.

② 尚俊杰，裴蕾丝，吴善超. 学习科学的历史溯源、研究热点及未来发展 [J]. 教育研究，2018（03）：136-145＋159.

③ 卢立涛，梁威，沈茜. 我国学习科学研究述评——基于 20 年的文献分析 [J]. 教育理论与实践，2012（28）：56-60.

施教"的"通识语录"。① 这主要是因为理论与实践之间缺乏联系，大学和中小学之间缺乏有效的合作机制，学习科学的实际落地应用不够到位。因此，如何将学习科学的学术研究成果转化为教育实践者能够理解、接受并直接指导实践的有效教学策略与模式，这是一个值得深入探讨的领域。②

2. 促进学习科学相关研究课题的跨学科、跨国界合作

基于学习科学本身的学科特性，学习科学是一个跨学科的研究领域，但目前有影响的学习科学研究都是在与大学院系无关的跨学科机构里进行的。然而，大学里所有博士学位都是由学术性院系而不是由跨学科机构授予的。从学习科学的未来发展来看，如果学习科学的研究必须在院系从事某一单一研究，那下一代学者又如何在跨学科领域得到指导和训练呢？另外，从学习科学的跨国界合作层面上看，我国学习科学的研究相较于欧美起步较晚，有待拓展和深入的领域还有许多，且各国的文化信仰、经济发展水平各有其特征，不同国家、种族的学习方式亦存在区别。促进学习可续跨国界的合作能丰富各国自身的数据库，站在更加全面科学的角度分析人类学习发生的机制，以及怎样进行有效学习。可见，在学习科学未来的研究中，跨学科、跨国界的课题研究有待进一步合作与碰撞。

3. 加大对学习科学的支持力度

学习科学发展的近 30 年来，世界各国纷纷投入巨资筹建专门的学习科学组织机构、支持学习科学研究课题、设立学习科学专业，以此引领和推进本国教育教学模式的变革，并争取在国际竞争中处于领先位置。相对而言，我国一直关注教育科学研究，学习科学相关的机构建设、人才培养、经费支持等都处于起步阶段。当前我国学习科学研究人员主要是心理学(认知科学)和教育技术领域的人员，虽逐渐形成了一些有影响力的团队，但研究力量还是比较薄弱，未来期待有更多学科的优秀人才加入学习科学

---

① 张熙. 学习科学为学校教育创新带来什么 [J]. 人民教育，2019 (02)：44-48.

② 梁林梅，蔡建东，周雅格. 学习科学到教学实践变革——"转化者"的角色与作用分析 [J]. 现代教育技术，2020 (02)：28-35.

研究。另外，虽然现在也有不同领域的学者在合作，但是这样的跨学科合作研究团队还比较少，亟待加强，或许需要研究资助政策的突破。[①] 鉴于我国学习科学研究刚步入发展正轨，很多方面都需要人才和资金的投入建设，因此还需要国家从研究课题、学科建设、学术活动等各个层面提供更多的政策支持，加大对人才和资金的投入力度，以推动学习科学研究的进一步发展。

4. 注重提升教师学习科学素养

学习科学的根本出发点和落脚点是回答"人是如何学习的"，具体到教育教学实践中，就要围绕"学生如何学"来设计教师如何教。因此，未来的学校教师需要通过专业培训，构建起以学习科学素养为核心的教学知识能力体系，从理念意识和实践应用两个层面应对已经来临的新时代教育变革。具体的学习科学素养教师培训方案可以针对在职教师和师范生分别实施。一方面，借助现有的教师系统培训项目，实现从骨干教师到普通教师的学习科学素养普及。另一方面，依托现有的师范生培养课程体系，通过开设学习科学相关专业课程、开展教育实习，双管齐下，培养未来教师的学习科学素养。[②]

① 尚俊杰，王钰茹，何奕霖. 探索学习的奥秘：我国近五年学习科学实证研究 [J]. 华东师范大学学报（教育科学版），2020（09）：162-178.

② 尚俊杰. 学习科学导论 [M]. 北京：北京大学出版社，2023：51.

第二章
学习发生的基本原理

在探索学习的本质和过程中，不同的心理学流派提出了各自独特的理论和观点。行为主义心理学、认知主义心理学、建构主义心理学和人本主义心理学都对我们理解学习发生的基本原理作出了重要贡献，尽管它们的焦点和方法各有不同。行为主义心理学强调外部环境对行为的影响和学习的可观察性，认为学习是通过刺激和反应之间的联结形成的；认知主义心理学则转向内部心理过程，强调信息的接收、处理和存储对学习的重要性；建构主义心理学认为知识是由学习者在特定情境中通过主动探索和互动构建的，强调学习者的主动性和社会互动的作用；人本主义心理学则关注个体的自我实现和整体发展，认为学习是个体为了实现自我潜能和满足内在需求的过程。这些理论之间的关系并非孤立的，而是相互补充和交织的。通过综合这些理论的视角，我们可以获得更全面和深刻的对学习本质的理解，并在实践中更有效地促进学习的发生。

第一节　行为主义心理学

行为主义心理学是 20 世纪初起源于美国的一个心理学流派，也是后来对西方心理学影响最大的流派之一。为了更深入地理解行为主义心理学，有必要对其诞生的起源、发展脉络、核心观点以及实际应用进行详细梳理。

一、行为主义心理学产生的背景

1913 年，华生发表了题为《一个行为主义者眼中的心理学》的文章，正式宣告了行为主义的诞生，这标志着行为主义革命的开始，也掀起了心理学界的一场重大变革。华生创导的早期行为主义结合了美国当时的社会背景，同时融合了哲学、自然科学和心理学的思想。

（一）社会背景

行为主义心理学作为心理学的一个重要流派，深受其所处的社会背景的影响。行为主义兴起于20世纪初期，正值工业革命后的现代化时代，其兴起与工业化进程、科学方法的盛行、社会心理学的发展密切相关。20世纪初，美国经济迅速发展，社会生活水平也有了很大提升。行为主义在其发展初期受到了工业化进程的巨大影响，工业化导致了人口迁移、城市化和社会结构的变革，使得人们的生活方式发生了根本性的改变，在这种社会转型的背景下，人们开始对于人类行为的模式和预测产生了浓厚的兴趣，行为主义提供了一种客观、可预测的方式来解释和预测人类行为。同时，19世纪末到20世纪初，科学方法盛行，社会上普遍存在对于经验主义和实证主义的追求，人们对于用客观、可测量的方式来研究和理解世界的渴望促进了行为主义心理学的发展，这种科学方法的兴起使其更加严谨和可验证。此外，行为主义心理学的发展也受到了社会心理学兴起的影响。20世纪初，社会心理学开始成为心理学领域的一个重要分支，人们开始关注个体行为与社会环境之间的关系。在社会心理学的影响下，行为主义心理学逐渐意识到了个体行为与社会环境之间的紧密联系，这在其后的发展中产生了深远影响。

（二）哲学背景

华生是典型的反哲学斗士，虽然拒绝以任何哲学作为心理学的理论基础，但他的行为主义却受到了以机械唯物主义、实证主义和实用主义为代表的哲学理论的影响。机械唯物主义的哲学传统可以追溯到笛卡尔、洛克、拉美特利、孔德、休谟等心理学家。笛卡尔声称动物是无意识的，提出了"动物是机器"的观点和刺激反应的假设，揭示了反射和反射弧的本质，为华生行为主义的机械作用理论奠定了基础。洛克完全否定了个体意识的能动作用，认为人的心灵就像一块白板，上面没有任何记号、没有任何观念，通过经验在上面印上痕迹和记号，便形成了后天的知识和观念，这就是洛克的"白板说"①，也是华生行为主义心理学环境论的来源。拉美特利运用大量医学和生理学的知识，说明人和其他动物一样也是机器一般的物质实体，并指出人的行为和自动化与动物行为相同，恢复了人与动物之间的联系，为华生行为主义机械论铺平了道路。休谟的怀疑主义哲学观对华生影响深远。休谟坚决认为，知和不知的界限在于是否有经验的根据，如果没有，就是不可知的。② 实证主义产生于 19 世纪三四十年代的法国和英国，法国哲学家孔德认为唯一有效的知识是具有社会性的，可以客观观察到的知识，并由此导致了反对心灵主义和主观的方法论，主张排除内省。这种倾向波及心理学，促成了新的心理学的诞生。它拒绝谈论"意识""心理"或"心灵"，转而只注重看得见、听得到和摸得着的东西。华生的行为主义反对意识的价值，强调只以可观察到的行为作为心理学的研究对象，并以自然科学的客观方式作为心理学的研究方法，这充分蕴含了实证主义的思想。华生否认意识，主张心理学研究适应性行为，将意识和行为绝对对立起来，展现了实用主义哲学非理性主义的特征。③

(三) 自然科学背景

早期的行为主义受到了物理学、进化论和生理学等自然科学的影响，但行为主义心理学的产生进一步强化了自然科学的特征。生理学被认为是行为主义的亲密伙伴。谢切列夫提出了将心理学改造为客观科学的纲领，强调心理现象是在脑的活动、外部生活条件和内部状况的影响下发生和发展。他主张对心理生活的简单方面进行详细研究是转变心理学为实证科学的关键。华生也强调心理学应当是实证科学，关注客观的可见事实，逐渐从简到繁地研究心理过程，将意识排除在外。巴普洛夫的研究证实，可以用生理学术语和动物作为被试有效地研究高级心理过程。这种影响在行为

① 张祥龙. 西方哲学笔记 [M]. 北京：北京大学出版社，2005：3.
② 周晓亮. 休谟的怀疑主义和自然主义 [J]. 哲学研究，1995 (06)：49-58.
③ 彭聃龄. 行为主义的兴起、演变和没落 [J]. 北京师范大学学报，1984 (01)：15-23＋39.

主义发展中体现，将条件反射概念视为行为的基本元素或原子，为行为主义提供了可操作的具体单元，将人类的复杂行为简化为这些单元。别赫切列夫主张不研究意识，而是用严格客观的方式记录外部反应，试图建立"没有心理的心理学"。这三位生理学家都致力于使动物和人类的反射研究建立在可观察的客观基础之上，致力于让心理学成为一门实证科学，进而成为行为主义的生理学基础。

此外，西方近代科学一直以牛顿的科学方法为榜样，既注重实验，又重视归纳总结。华生行为主义运用刺激—反应间遵循机械因果论的法则，以达到控制行为、控制环境的目的。达尔文提出的生物进化论，认为自然选择使一切肉体和精神上的禀赋得以进一步完善，为机能主义心理学和行为主义心理学的发展奠定了充分的基础。华生受达尔文进化论的影响，主张行为作为有机体的一种外在反应活动，并在进化过程中为了适应环境而保存的一种反应倾向。在这个前提下，华生继续开展心理学研究的机能主义取向，强调行为是有机体对外部客观环境刺激产生外显的、可观察、可重复测量的反应对象，行为本身反映了有机体是否适应环境的需求及其效果如何，若要检验意识是否适应环境的要求，不仅要研究意识的适应机能，还需要检验行为是否也符合环境的要求。并且达尔文后续在研究人类和动物时采用了观察、比较等方法，这些方法后来也被华生广泛运用。

(四) 心理学背景

华生行为主义的先行者可以说是动物心理学，动物心理学直接导致了行为主义的产生。华生本人也提到过："行为主义是 20 世纪初期动物行为研究的直接结果。"达尔文的进化论认为生物最初是从非生物演化而来的，现存的各种生物是通过变异、遗传和自然选择等方式从共同祖先演化而来的。这个学说也涉及了生物从无生命到有生命，从低级到高级，从简单到复杂逐步演变的过程。[①] 之后，人们开始关注动物与人类心理发展之间的

---

① 王秋安. 自然进化论与达尔文的生物进化论探析 [J]. 湖北社会科学，2012 (09)：90-93.

联系，进行了动物心理学的研究。洛布提出了向性运动的概念，用来说明动物的行为，即动物对刺激的直接反应；桑代克发展了一种客观、机械的学习理论，重点在外显行为上，较少涉及意识或心理过程；摩尔根提出了肯齿律，认为应用较为低级的心理代替较为高级的心理来解释行为，华生也坚定地实行了摩尔根的肯齿律，确立了行为主义的立场。

机能主义研究者主张使用动物的行为来研究人类的行为活动。卡特尔认为心理学应侧重于行为而非意识，从而形成了一种客观的机能心理学，与华生的行为主义心理学有相似之处。安吉尔也指出心理学属于自然科学，主张采用客观方法进行实验研究，为华生的行为主义心理学提供了重要的基础。此外，内省心理学的危机与行为主义的兴起存在内在的联系。代表内省心理学流派的冯特的思想遭到攻击，导致心理学转向研究行动而非意识，华生顺应了这一发展潮流，提出了行为主义的理论。行为主义的产生正是受时代精神的影响，华生意识到需要一个新理论以应对时代的要求，并推动了行为主义这一新运动的发展。

二、行为主义心理学发展脉络

行为主义的发展大致经历了三个时期，以华生为代表的早期行为主义；以托尔曼、赫尔以及斯金纳为代表的新行为主义；以班杜拉为代表的新的新行为主义。

（一）早期行为主义

早期行为主义以华生、霍尔特、魏斯、亨特、拉什利等人为代表，其中以华生最具代表性。华生坚决反对以不可捉摸、不可接近的意识或心灵为心理学的研究对象，而主张心理学应以可以观察的人和动物的外显行为为研究对象。他主张心理学的任务是预测和控制行为，通过"S-R"公式（即"刺激—反应"）实现客观主义原则。他提倡用发生学的观点研究动作反应和行为习惯的形成及发展；采用条件反射法对各种情绪问题进行系统观察与实验；甚至对思维也试图设计实验装置来记录和验证理论假设。①华生的行为主义理论体系是建立在对心理学研究对象和方法客观化的认识基础之上，他对各种心理现象的诠释都是对其客观的"刺激—反应"的行为公式的具体应用和说明，其最终目的在于使心理学成为一门能够预测和控制人类行为的真正的自然科学。

（二）新行为主义

新行为主义以托尔曼的目的行为主义、赫尔的逻辑行为主义、斯金纳的操作行为主义为代表。托尔曼也赞成华生坚持以可观察的行为作为心理学合法的研究对象，并指出行为的产生不是天生的，而是通过学习获得的。托尔曼通过小白鼠迷津实验创造性地引入了中介变量的概念，即行为不再是外界刺激的直接函数，而是与一系列中间变量相关联，用公式表示为 S-O-R，这些中间变量与实验变量（自变量）和环境变量（因变量）相关联，虽不能直接被观察到，但却是引起一定反应的关键，是行为的决定因素。托尔曼提出的中间变量避免了华生的"刺激—反应"公式的片面性，深入探讨了个体的内部过程，即反应的内部心理过程，因此有助于解释行为的个别差异。②赫尔的行为主义也继承了托尔曼目的主义中间变量的概念。他一生致力于研究刺激和反应之间的联系以及其中的中介变量层次，将人类的行为视为自动的、循环的、可还原为物理学术语的东西，并提出了"假设—演绎"体系，旨在通过数学模式建立行为体系，以数量化的方式描述有机体本身无法直接观察和测量的因素。斯金纳的操作性行为主义与华生一致，坚持心理学研究只应处理可观察的行为，他认为，当刺激和反应之间的联系通过强化手段得以加强时，就获得了知识，因此强化是学习成果的关键因素，应充分重视强化设计对知识学习的重要性。可以说新行为主义既继承了早期行为主义的理念，又对其进行了发展。

---

① 于述民. 论华生心理学的地位与贡献 [J]. 山东师大学报（社会科学版），1999（03）：93-94.

② 曾宪源. E. C. 托尔曼 [J]. 外国心理学，1985（03）：51-52＋16.

（三）新的新行为主义

新的新行为主义在坚持行为主义基础的原则之上，从内部心理过程来解释人的行为，其中以班杜拉的社会学习理论最具有代表性。班杜拉将斯金纳的强化理论和加涅的信息加工理论有机结合，并强调认知因素在行为决定中的重要地位，由此确立了观察学习理论。他创造性地整合了"个人决定论"和"环境决定论"的观点，提出了三元交互论，即环境、行为、人的内部因素三者之间相互联结、相互决定。他认为即使没有外在强化、思维、认知等心理因素的调节作用，也应在行为方面得到认真对待，因为信息的获得或者行为自我调节能力的强化，不必是事事经过行为的检验才能做出复杂的行为反应，我们通过语言或者非语言的方式观察学习也能得到知识的提炼。班杜拉克服了之前行为主义者将研究对象定位于个体行为的弊端，创造性地融入了社会动因，这是对新行为主义的发展和深化。

总的来说，行为主义的三个阶段发展是相互联系、紧密结合的。早期行为主义奠定了基础，新行为主义和新的新行为主义则是在这基础上发展和深化。此外，行为主义学派对后期的认知心理学派的发展也起到了重要作用。

三、行为主义学习理论的核心观点

行为主义学习理论可以分为三类，分别是以巴甫洛夫和华生为代表的经典条件反射作用理论、以桑代克和斯金纳为代表的操作性条件反射理论，以及以班杜拉为代表的观察学习理论。

（一）经典性条件反射作用理论

经典性条件反射作用理论是联想学习的一种形式，强调刺激和反应（S-R）之间的联结，即刺激在前，反应在后。巴甫洛夫研究消化腺分泌的过程中，发现消化腺的分泌不仅受神经系统的控制，而且与所谓的心理活动有关。巴甫洛夫进行了大量的实验来验证他的理论，其中最著名的是关于狗的唾液分泌实验。他不断地重复呈现响铃声与食物的关联，观察狗在听到响铃声时是否会分泌唾液，并记录下它们的反应情况。通过这些实验，他验证了条件反射的存在以及形成的过程。他认为这种由心理活动引起的唾液分泌，也是一种脑的反射活动，是一种特殊的反射，他把这种反射称为条件反射，即在一定条件下建立起来的，并在一定条件下又能被消退的反射。在条件反射的形成过程中，无条件刺激和条件刺激的出现顺序非常重要，条件刺激必须先于无条件刺激出现，条件刺激是作为无条件刺激将要出现的信号，如果条件刺激出现在无条件刺激之后，它就会变得毫无价值。他认为学习的本质就是一种刺激代替另一种刺激，建立条件反射，形成习惯的过程。

此外，巴甫洛夫还进一步探讨了条件反射的泛化、分化和消退等问题，从而完善其经典性条件反射理论。巴甫洛夫的理论为后来的行为主义心理学奠定了基础，成为行为主义学派的重要支柱之一，他的研究为后来的条件学习和行为修改研究提供了重要的范例和启示。华生是第一个将巴甫洛夫的研究结果作为理论的学者，认为条件反射是一种学习过程，而不是基于内在的意识或认知。他强调了外部刺激和行为之间的关系，主张行为是通过刺激和反应之间的关联来学习和形成的，学习的本质就是刺激与反应的联结进而形成习惯的过程。对此他还提出了频因律和近因律两个学习规律，频因律指练习次数越多，S-R 之间的联结就越快；近因律是指新近的反应比较早的反应更容易保留。华生对于经典条件反射的理论观点强调了行为主义的立场。

（二）操作性条件反射理论

操作性条件反射理论强调行为是通过其后果来学习和形成的，强调了环境对于行为的塑造和控制的重要性，并在行为主义心理学领域产生了深远的影响。操作性条件反射理论和经典条件反射理论不同之处在于它们强调的是反应与刺激（R-S）之间的连接，即反应在前，刺激在后。桑代克通过饥饿猫打开迷笼的实验得出动物学习是从各种刺激和反应中选择导致成功的刺激—反应模式的过程，并认为学习的本质在于形成刺激和反应之间的连接。在此基础上，他提出了三条关于人类学习的法则，分别是准备律、练习律和效果律。

斯金纳认为行为是由其后果所决定的。如果某个行为带来了积极的后果，那么它就会被加强和增加；如果带来了消极的后果，那么它就会被削弱和减少，这一过程被称为操作性条件反射，强调了行为的塑造过程，并提出了强化的概念，指出任何能够增加特定反应出现概率的事物都可以看作是强化，强化是增强反应概率的手段。斯金纳将强化分为正强化和负强化两种类型，正强化是用于加强期望的个体行为，而负强化则是减少和消除不希望发生的行为，这两种类型相互补充、相辅相成，构成了强化的体系。此外，斯金纳将所有行为分类为应答性行为和操作性行为。应答性行为是由已知现象的刺激引发的响应性行为，是刺激—反应之间的连接，而操作性行为是由机体自发的反应受到行为结果影响的行为，是操作性强化的过程。斯金纳还通过实验证实了行为的存在，并在此基础上提出了一套完整的行为强化程序，这套程序也在教育、管理、言语行为、动物训练、心理治疗和社会控制等领域得到了广泛应用。

(三) 观察学习理论

相较于传统的行为主义学习理论将学习过程局限于个体的经验范围，班杜拉的观察学习理论强调了社会因素对个体学习过程的影响。观察学习是一种通过观察他人行为、认知其后果并根据这些后果调整自己行为的学习过程。与经典条件反射和操作性条件反射不同，观察学习更加侧重于认知过程和社会环境对行为的影响。班杜拉强调指出："尽管日常观察和实验室实验显示，提供实际或符号形式的榜样是传播和控制行为的一种非常有效的方式，但社会动因作为行为模式影响的源头重要性却往往被忽视。"[①] 观察学习强调个体通过观察他人行为及其强化结果来获得新的反应或校正现有的行为反应特点。个体通过模仿身边的榜样来学习新的行为，榜样可以是现实生活中的人，也可以是媒体中的角色或其他虚拟形象，观

---

① Bandura, A.. Social Learning and Personality Development [J]. Journal of Abnormal and Social Psychology, 1963 (3)：274-281.

察可能涉及模仿，但并不等同于模仿。班杜拉还深入探讨了观察学习的特点、类型以及心理过程，通过成人打娃娃实验和奖罚控制实验得出结论，即个体通过观察他人的行为后果来判断是否模仿该行为。如果观察到的行为带来了积极的后果，那么模仿的可能性就会增加；如果带来了消极的后果，那么模仿的可能性就会减少。此外，他提出学习过程包括四个环节，分别是注意过程、保持过程、复制过程以及动机过程。观察学习理论强调了社会环境对于行为的塑造和学习的重要性，拓展了行为主义心理学的范畴。

总的来说，行为主义将人的学习行为定义为可操作且可测量的。他们坚信学习是刺激与反应之间的连接，因此基本假设是：行为是学习者对环境刺激做出的反应。他们将环境视为刺激，将随之而来的有机体行为视为反应，并认为所有行为都是学习所致。

四、行为主义学习理论的实际运用

行为主义心理学主张心理学不应只研究人脑中那种无形、不可捉摸的像"鬼火"一样的东西——意识，而应该研究那些从人的意识中折射出来的可见、可触及的客观事物，即人的行为。在行为主义流派看来，行为就是有机体用以适应环境变化的各种身体反应的组合，这些反应主要表现为肌肉的收缩和腺体的分泌，有些表现在身体外部，有些隐藏在身体内部，强度不同。他们认为具体的行为反应取决于具体的刺激强度，因此他们将"S-R"作为解释人的一切行为的公式，进而强调行为的条件作用，即通过改变环境来使学习者的行为精确化，"它的理论目标在于预见和控制行为"[①]。虽然在今天看来，行为主义学习理论存在一定的缺陷，将人和动物的学习等同起来，并且只关注刺激和反应之间的联系，这或多或少也失之偏颇。但是其理论依然对当今一些学习方式有着启发作用。

经典条件作用理论首先可以用来解释教育中许多基本的学习现象，例

---

① 叶增编. 教学的心理学基础之比较——谈行为主义、认知学派、建构主义学习理论对教学的影响 [J]. 洛阳师范学院学报，2007 (06)：166-168.

如通过条件作用，人们可以学会将不同的事物联系起来，在教育中，这可以解释为学生通过将学习内容与实际经验或其他知识联系起来，从而更容易记住和理解学习内容。条件作用也可以解释为什么学生会对某些学科或教学内容产生积极或消极的情感。比如，当学生通过积极的学习体验获得成功时，他们可能会对该学科产生积极的情感，反之亦然。其次，它也可以在一定程度上控制学生的学习，例如一些简单学习行为的习得。此外，还可以运用于心理治疗上，例如，矫正学生的行为，如教学中教师可以将快乐事件作为学习任务的无条件刺激，从而给学生创造一种合作、舒适的环境。

操作性条件作用理论中提出的强化和程序教学法也被广泛应用，例如可以用强化对个体行为进行矫正，用程序教学法把不同难易程度的知识由易到难排列，让学生先掌握容易的知识，然后给予强化，循序渐进的学习方式就容易掌握总体的知识框架。观察学习理论首先可以运用在教学中。例如，教师可以通过外显的方式表现出希望学生习得的行为、情感和态度。还可以通过设置榜样来替代强化作用。观察学习理论也可以用来消除不良行为，引导个体向着积极的方向发展。虽然行为主义的影响已经减弱，但它的思想仍然渗透于心理学的各个领域和分支学科，对心理学的发展起到了重要作用。

第二节　认知主义心理学

20 世纪 50 年代后期，学习理论开始转向依赖于认知科学的理论与模式，摒弃了原先强调外显、可观察行为的方式。心理学家和教育工作者开始突出更复杂的认知过程，例如思维、问题解决、语言、概念形成和信息加工，他们试图用看不见的心理实体来解释人的行为。

一、认知主义心理学的起源

认知心理学是研究认知及行为背后心智处理的心理科学，包括思维、决定、推理以及一些动机和情感的程度。通过认知心理学的科学研究，我们可以更深入地了解感知和思考的过程，找出认知偏差的根源。

（一）认知主义心理学产生的渊源

认知心理学的兴起被称为心理学发展历史上的第二次革命。要探究认知心理学的产生，需要考虑其悠久的历史和哲学渊源。

1. 历史渊源

要追溯认知心理学的起源，可以回溯到古希腊时期。柏拉图和亚里士多德都深入探索了人类的认知活动，试图理解认知的本质和起源，讨论记忆和思维等认知过程。到了中世纪末和文艺复兴时期，西方哲学开始出现了从本体论到认识论的转变。随着19世纪末科学心理学的兴起，人们开始系统科学地研究认知。20世纪中期，行为主义在心理学领域占据主导地位，强调只能研究可观察的行为，而将心理活动视为黑箱子。认知主义的产生可以看作是对这种唯行为主义的反对和批判，认为心理学应该关注个体内部的思维过程。认知主义的兴起也反映了心理学范式的转变，从行为主义的强调行为到认知主义的重视思维和心理过程的转变。

2. 哲学渊源

到了17世纪，关于认知活动的讨论出现了两大流派，分别以洛克、休谟为代表的感觉经验论和以笛卡尔、康德为代表的天赋观念论。洛克主张一切知识的观念都源于感觉经验，并指出认知过程是从经验到简单观念，再到复杂观念，最后到理论的过程，只有量的发展，没有质的跳跃。康德则认为一切知识和观念都是由理性从天赋观念中演绎出来的，因此提出了假设演绎法，这就是认知心理学的基本方法。康德后来又提出了图式的概念，已经成为几种认知心理学的基本术语之一。① 17世纪的感觉经验论和天赋观念论为认知主义心理学的产生提供了重要的哲学渊源。感觉经验论强调了经验对于认知的重要性，强调了认知过程与外界经验之间的关系；天赋观念论则强调了理性和先天因素在认知过程中的作用，提出了认知过

---

① 蒋明澄. 心理科学史 [M]. 成都：电子科技大学出版社，1996.

程中的基本思维结构和认知模式。

(二）认知主义心理学产生的背景

认知主义心理学起源于 20 世纪 50 年代，60 年代迅速发展，并在 80 年代逐渐在西方占据了主导地位。这一学派是特定时代背景下的产物，在形成过程中受到早期实验心理学和现代新兴学科理论观点的巨大影响。

1. 社会背景

第二次世界大战之前，行为主义研究范式主导学习领域。当时心理学家仅关注动物和人的外部行为，忽略内部心理过程。然而，"二战"爆发后，对认知与决策提出更高要求，推动了认知心理学研究。"二战"后，信息时代和知识经济时代强调信息选择、接受，以及信息编码、存储、提取与使用，这些社会需求促进了认知学习理论的兴起。认知心理学产生的社会背景可以看作是从战前行为主义的局限性，到战后信息时代对认知活动的重视的转变。这种转变推动了人们对认知活动的研究，促进了认知心理学的发展。认知心理学的兴起可以被视为对战后社会需求的响应，也是心理学领域发展的必然结果。

2. 早期实验心理学的影响

认知心理学的产生和早期的实验心理学有着千丝万缕的联系。霍尔姆霍兹通过测量肌肉收缩的反应时，测得了神经冲动传导的速度，荷兰生理学家 F. 顿德斯设计了心理过程速度的反应时研究方法，叫做减法法。当今认知心理学也有效地继承了这种方法来研究认知过程，并且还取得了新的发展。冯特创立的实验心理学，规定心理学的研究对象是经验，是意识内容，这依旧被当今认知心理学所沿用。符兹堡学派关于思维的实验，艾宾浩斯关于记忆的实验，乔治·埃利亚斯·缪勒关于两种记忆痕迹理论等都与认知心理学的实验研究有着直接的联系，对认知心理学的发展产生了巨大的影响。

3. 相关学科的推动

语言学的发展对认知心理学的产生起到了重要推动作用。人生下来的时候就具有一种语言习得的机制，而语言的习得是人脑固有的属性和后天经验相互作用的结果，语言行为不仅仅是由环境的特征所决定的，有机体的内心活动引起语言行为。[①] 语言是人类认知活动的重要组成部分，而语言学的研究使人们开始关注语言处理过程中的认知活动。例如，通过研究语言结构和语义，人们开始理解人类如何理解和表达信息，从而推动了对认知过程的研究。此外，计算机科学和人工智能研究的发展也对认知心理学产生了重要影响。计算机科学家和人工智能研究者通过模拟人类的认知过程，尝试创建能够执行复杂认知任务的计算机程序。这种研究促使人们重新思考认知活动的本质和机制，推动了认知心理学的发展。从某种程度上说，计算机科学技术和人工智能的出现为认知心理学的研究带来了巨大的机遇。并且，信息科学的兴起也促进了认知心理学的产生。信息科学强调信息的处理和传递，在信息科学的框架下，人们开始将认知过程视为信息处理的过程，从而推动了对认知活动的研究和理解。

二、认知主义心理学发展脉络

认知主义学习理论的发展大致经历了三个大的时期，初期形成阶段（萌芽阶段）、成熟阶段（发展阶段）以及理论发展深化阶段（缓平阶段）。

（一）初期形成阶段

1. 苛勒的顿悟说

顿悟的研究始于 1917 年，由格式塔心理学家苛勒提出。苛勒以黑猩猩为被试，进行了实验，其中包括"箱子问题"实验。在这个实验中，诱惑物——一根香蕉被悬挂在空中，猩猩无法直接获得，但笼子内有一个箱子可供利用。另外还进行了叠箱实验，在这个实验中，猩猩需要将几个箱子叠起来，然后使用棒子才能够到香蕉，情境相对于单箱实验更为复杂。另外还有"接棒问题"实验，通过将几根棒子连在一起，用以拨动笼子外无

---

① 张淑静，崔艳菊. 乔姆斯基对心理语言学的贡献 [J]. 外语教学，2002（03）：7-11.

法触及的食物，猩猩经过多次实验后解决了这个问题。[①] 苛勒解释称这是猩猩在脑海中对形势的重塑，这种突然的发现被称为"顿悟"。苛勒认为，这种顿悟不仅存在于黑猩猩身上，也存在于其他动物和人类身上，是一种普遍的认知现象，他认为顿悟是一种具有洞察力和创造性的认知过程，不同于简单的机械学习。苛勒的研究结果不仅是对"尝试—错误"理论的反驳，更重要的是，通过采用科学心理学的方法，界定了一个高级的认知过程——顿悟，顿悟过程是我们的创造性思维依赖的基础。[②] 自1917年苛勒提出顿悟后，关于顿悟的后续研究一直吸引着心理学家的关注，这一理论对后来的认知心理学和行为主义心理学都产生了重要影响，推动了对智能和问题解决的深入研究。

2. 托尔曼的认知目的论

托尔曼是认知心理学的先驱，通过白鼠实验得出动物和人类的行为不是直接受它们行为的结果支配，而是受它们预期行为将带来的什么结果支配。"学习乃期待的获得，而非习惯的形成。"[③] 人类行为的目的性体现在认知过程中，人们根据自己的目标选择、组织和解释信息。托尔曼提出一切学习都是有目的的，为了达到目的，必须对学习条件进行认知，学习是对完形的认知，是形成认知地图的过程。他同样指出，动物的行为是有目的的，根据对情境的感知，在头脑里有一种预期（或者假设），并受到它的指导。这种预期证实则是一种强化，即内在的强化，由学习活动本身带来的强化。因此，托尔曼的"认知—目的"的学习理论对现代认知学习理论的发展产生了深远的影响。它强调了人类行为中的目的性和主动性，推动了对认知过程和目标导向行为的研究，这一理论为理解人类行为提供了重要的框架，也为后续研究提供了启示。

---

① （德）沃尔夫岗·苛勒. 人猿的智慧［M］. 陈汝燊，译. 杭州：浙江教育出版社，2003.

② 罗劲. 顿悟的大脑机制［J］. 心理学报，2004（02）：219-234.

③ 丁锦红，张钦，等. 认知心理学［M］. 北京：中国人民大学出版社，2010.

（二）发展成熟阶段

1. 皮亚杰的认知结构理论

认知结构理论认为人脑中的认知结构始终处于变动与建构之中，学习过程就是认知结构不断变化和重组的过程，环境和学习者的个体特征是决定性因素。皮亚杰认为学习就是新材料或新经验和旧材料或经验结合形成内部知识结构，即认知结构的过程，具体表现为图式、同化、顺应、平衡四个过程。图式是一种心理结构，帮助人们知觉、组织、获得和利用信息；同化是个体将新刺激整合到已有认知结构的过程；顺应是个体改变原有认知结构以适应新刺激的过程；平衡是认知同化和认知顺应趋于和谐一致时的状态。[①] 皮亚杰认为环境为学习者提供丰富、良好的多重刺激是促使认知结构完善和发生变化的根本条件，而学习则是个体主动形成认知结构的过程。

2. 布鲁纳的认知发展说

布鲁纳也是认知结构理论的代表性人物，他吸收了一部分皮亚杰的理论，认为同化和顺应学习机制是重要的学习方式，主张将新知识纳入原有的认知结构中。布鲁纳强调学习是一个主动发现的过程，学生应该通过探索和解决问题来建构自己的知识体系，而不是被动地接受知识，他认为知识学习就是在学生的头脑中形成特定的知识结构，其中包括学科的基本概念、基本思想和基本原理。布鲁纳认为教学应该围绕核心概念和原则组织，这样可以帮助学生建立起强大的认知结构，更容易理解和记忆新的信息，在教学中，他创造性地提出了发现教学法，即让学生独立思考、自主探究和自行发现的学习方法。他还仔细研究了儿童心理发展的特点，并创造性地提出了儿童认知发展阶段论。认知发展阶段论将儿童的心理发展分为感知运算阶段、前运算阶段、具体运算阶段和形式运算阶段四个阶段，并且这四个阶段之间相互联系、相互制约。

---

① 王争艳，杨波. 人格心理学［M］. 北京：高等教育出版社，2011.

（三）深化阶段

1. 奥苏贝尔的认知同化理论

奥苏贝尔认为个体只有将新的知识与已有的认知结构相结合，意义学习才会产生。具体而言，意义学习就是通过新知识与学生认知结构中已有信息的相互作用，使新旧知识发生意义同化。[①] 奥苏贝尔虽然同皮亚杰和布鲁纳一样都注重个体认知结构的重要作用，但是他的认知结构观相对比皮亚杰和布鲁纳而言有着明显的不同。与皮亚杰相比，奥苏贝尔的认知结构中不包含遗传成分，纯粹是后天习得的学科知识实质内容及其组织，而这些实质内容与组织又可以受外部教学操纵，所以奥苏贝尔认为，认知结构及其变量是教学的产物。[②] 与布鲁纳相比，奥苏贝尔的认知结构并非是在先前学习生活过程中逐步形成的，而是在学习过后实现的。

2. 加涅的信息加工理论

加涅是行为主义心理学派与认知主义心理学派的折中主义者，并在融合借鉴行为主义、认知主义、人本主义、格式塔学派相关理论的基础上形成了独具特点的信息加工理论。加涅的信息加工理论将人看做是信息加工的机制，把个体的认知看做是对信息的加工过程，学习即是一个信息加工的过程。加涅的信息加工理论比较完整地描述了有机体的信息加工过程，这个过程大致分为以下四个阶段：注意刺激、信息编码、储存信息、提取信息。此外，还有两个因素影响着学习过程，分别是"预期"和"执行监控"。加涅认为的学习内部过程就是：通过接收器接受刺激；通过感觉登记器登记信息；为在短时记忆中贮存进行选择性知觉；为在短时记忆中保留信息进行复诵；为进入长时记忆贮存实行语义编码；从长时记忆提取至工作记忆；通向效应器的反应生成；在学习环境中表现业绩；通过执行策略监控整个加工过程。此外，加涅还将学习过程概括为八个阶段：动机阶

---

① （美）戴维·保罗·奥苏贝尔. 意义学习新论：获得与保持知识的认知观[M]. 毛伟，译. 杭州：浙江教育出版社，2018.

② 皮连生. 奥苏伯尔的教学论思想 [J]. 外国教育资料，1991（01）：35-44.

段、领会阶段、习得阶段、保持阶段、回忆阶段、概括阶段、作业阶段以及反馈阶段。并且这八个阶段也与具体的教学事件对应起来，详细展现了个体学习过程的加工步骤。

三、认知主义学习理论的核心观点

认知主义理论学派致力于将个体的学习概念化，希望弄清楚个体如何接受、组织、储存和提取信息。

（一）认知主义的知识观

皮亚杰用图式、同化、顺应和平衡四个阶段来表示个体的认知结构。他指出认知结构是指在先天遗传的基础上，在适应后天环境的过程中逐步发展起来的，用以认识周围环境的知识和行为系统，图式则是个体在应付某种特定情境时所具备的认知结构，它是认知结构的最小单元。认知主义认为知识是结构化的，存在内在的逻辑和联系，个体在学习过程中构建的知识体系应该是有组织、有层次的。此外，认知主义强调知识的积累和构建。学习者通过不断地积累和整合新的信息，构建和扩展自己的知识体系。并且认知主义认为学习者可以将在一个领域学到的知识和技能转移到其他领域，这要求知识的组织和表示方式要有助于这种转移。例如奥苏贝尔提出的学习者接受知识的心理过程就是概念同化的过程，主要表现为：学生先在认知结构中寻找能同化新知识的有关信息，将这些信息与新知识建立联系，然后区分这些信息与新知识的相同点与不同点，对不同点深入分析，进而巩固新知识。

（二）认知主义的学习观

布鲁纳认为学习是一个认知过程，是学习者主动形成认知结构的过程。布鲁纳的认知理论的基本观点表现在三个方面：学习是个体主动形成认知结构的过程、强调个体对学科基本结构的学习以及通过主动发现形成认知结构，强调学习者的主动性，认为学习者通过主动探索和解决问题来构建知识。托尔曼根据位置学习、潜伏学习和奖励预期实验提出了符号学习理论，即一切学习都是有目的的活动，而对环境条件的认知，乃是达到目的的手段或途径。"符号"代表对环境的认知，他认为学习者所学习的并非简单的、机械的运动反应，而是学习达到目的的符号及其所代表的意义。那么学习应该是有意义的，学习者需要将新知识与已有的知识结构相联结，形成有意义的整体。加涅的信息加工理论将人看做是信息加工的机制，把个体的认知看做是对信息的加工的过程，学习即是一个接收、加工、存储和提取信息的过程，学习者在学习中积极处理信息，构建和重构知识。

（三）认知主义的教学观

认知主义强调知识的结构性、学习的主动性和有意义性，以及教学的适应性和促进性。奥苏贝尔认为，促进学习和防止干扰的最有效策略是利用适当相关和包容性较广的、最清晰和最稳定的引导性材料，这种引导性材料就是所谓的组织者。由于这些组织者通常是在呈现教学内容本身之前介绍的，目的在于用它们来帮助确立学习的方向，因此又被称为先行组织者。认知主义认为教学应该根据学生的认知发展水平来设计，促进学生的认知结构发展和知识构建。此外，教学应强调学生的主动参与，关注学生在学习过程中的主动性，教学应该提供机会让学生主动探索、发现和解决问题。并且，教学应关注学生的个体差异，每个学生的认知结构和学习风格都是独特的，教学应该适应学生的个体差异，提供个性化的学习支持。

四、认知主义学习理论的实际运用

认知主义学习流派推动了教育心理学的发展。虽然认知学习理论对非智力因素的研究不够重视，但是它打破了行为主义只注重对外在行为的研究，转而研究个体的内部心理。它充分肯定了学习者的自觉能动性、主体价值、个体认知在学习过程中的重要作用。

认知主义学习理论对当前教学设计具有重要的启发作用。布鲁纳在学习方法上提倡发现学习，即学习者主动地去寻找学习的方法、去获得知识，而不是被动地接受教师所呈现的知识，这有助于学生掌握知识的结构，学会发现的探究方法，提高对学习的自信心和积极性，培养发现与创造的态度。奥苏贝尔提出有意义的接受学习，要避免机械学习，因此，教学应该注意：激发学生兴趣，发挥积极性和主动性，了解学生的知识水平，创设有效的先行组织者，按照循序渐进的教学原则，使学生形成有意义学习的心向，按照渐进分化和综合贯通的教学原则，组织具有逻辑意义的学习材料。加涅的信息加工理论模式对教学过程实现程序化、教学媒介选择与运用等方面有重要启示，其详细阐述了学习过程的八个阶段，教师可根据学生所处的不同学习阶段实施针对性的教学策略。在动机阶段，教师应帮助学生树立正确的学习动机、明确学习目的、培养积极的学习态度；领会阶段，教师要选择适当刺激，努力将学生注意力引到学习上，如大声讲话、利用手势；习得阶段，教师可教学生适当编码方式，选择最佳编码方式储存知识；保持阶段，教师可教授记忆方法或做适当学习条件安排；回忆阶段，教师可提供外部线索或指导学生提供线索；概括阶段，引导学生掌握知识概括原则或原理；作业阶段，布置作业难度不宜过大，需在学生最近发展区内；反馈阶段，进行合理有效反馈，让学生了解是否达预期目标。这些实际运用展示了认知主义学习理论在教育实践中广泛的应用，帮助学生更有效地学习和理解知识。

第三节　建构主义心理学

在 20 世纪 90 年代，随着心理学家对人类学习过程及其规律的不断深入研究和发展，作为认知学习理论的重要分支之一，建构主义开始逐渐兴起，并且在心理学研究中越来越受到重视。

一、建构主义心理学的起源

建构主义存在多个流派，但其核心都强调个体对世界的理解和意义赋予起着决定作用。建构主义认为世界是客观存在的，世界的意义源于主体的建构，个体会借助自己已有的经验，以自己的方式对世界进行建构，每个人的世界都是用自己的头脑创建的，由于主体的经验以及对经验的信念不同，主体对外部世界的理解也是多元的，"一百个人就是一百个主体，并会有一百个不同的建构"①。建构主义是一个庞杂的体系，从哲学、心理学、社会学不同角度出发，可以得到不同的理解。

（一）建构主义心理学产生的渊源

建构主义理论在发展的过程中逐步衍生出了众多流派，包括个人建构主义、激进建构主义、社会建构主义、批判建构主义、语境建构主义等，在形成和发展过程中，主要受到了哲学和心理学的影响。

1. 哲学渊源

巴蒂斯塔·维柯和康德都是建构主义的先驱，当前较为普遍的观点认为建构主义的思想根源在于康德对理性主义与经验主义的综合。康德哲学是西方哲学的巅峰，他的哲学思想围绕着人的主体性展开，他指出主体不能直接通向外部世界，只能通过利用内部建构认知原则来组织经验，从而发展知识。康德相信世界的真相是人们无法知晓的，也无需推测，人们所知的只是自己的经验。康德还从认识领域、实践领域等不同角度来建构个体主体性的思想。马克思主义哲学也认为，人的认识能力是在实践中产生、发展并随实践检验后修正而提高。换句话说，人的学习过程是在实践中逐渐建构起来的。

2. 心理学渊源

心理学的发展是认知主义向建构主义理论发展的直接原因。在这个过程中，皮亚杰的儿童认知发展理论和维果茨基提出的文化历史发展理论起到了重要的推动作用。认知发展理论指出学习是儿童自我建构的过程，是活动内化的过程。儿童在不断成熟的基础上，通过主客体相互作用获得个体经验和社会经验，从而使认知图式不断地协调、建构、平衡，这就是儿童个体思维发生的过程。② 维果茨基强调学习是一种"社会建构"，指出认知过程中学习者所处的社会历史文化背景起着重要作用。他重视"活动"

① 崔景贵. 建构主义教育观述评 [J]. 当代教育科学，2003（01）：9-11.
② 隋俊宇，石卉. 建构主义学习理论简析 [J]. 教育现代化，2019（98）：33-35.

和"社会交往"在人的高级心理机能发展中的地位，即个体的学习是在一定的历史、社会文化背景下提出的，社会可以为个体的学习和发展提供重要的支持和促进作用。[①] 这些探索为建构主义的发展提供了理论基础，促进了建构主义的进一步发展与完善。

（二）建构主义心理学兴起背景

1. 时代背景

建构主义学习理论在 20 世纪末迅速兴起于欧美主要国家，并快速影响到全球各国，该理论的产生与当时政治经济环境的变化、社会文化的演变以及科学技术条件的成熟密切相关。在政治经济环境方面，20 世纪 90 年代，随着东欧剧变和苏联解体，建构主义获得了更广泛的认可。社会文化方面，西方世界从实证主义、行为主义、认知主义、结构主义到 90 年代的建构主义发展经历了多次变革，现代信息技术和计算机技术的成熟为建构主义提供了理想的支持。从建构主义的发展历程来看，这一理论经历了近百年的演变过程，从最初的建立到逐渐完善，再到当下的教学中备受推崇并占据主导地位，是因为它符合当前政治经济环境、社会文化演变和科学技术条件的综合需要。

2. 相关学科的推动

建构主义的兴起，离不开相关学科的推动，可以说它是后现代社会理论、知识社会学、哲学、科学知识社会学以及第二次认知革命思潮共同作用的结果。首先，在后现代社会，人类开始对现代工程（科技工程）带来的例如环境污染、文化侵略等负面影响进行反思，由此引发了后现代理论和传统知识社会学之间的争论。后现代理论指出科学的客观性已备受质疑，而传统知识社会学则置科学知识于不顾，由此用建构主义理论来考察科技的社会建构就理所当然。并且约定主义的哲学本体论和相对主义认识论在一定程度上直接促进了建构主义的研究。[②] 其次，第二次认知革命直

---

① 陈威. 建构主义学习理论综述 [J]. 学术交流，2007 (03)：175-177.
② 罗英豪. 建构主义理论研究综述 [J]. 上海行政学院学报，2006 (05)：86-90.

接促成了建构主义理论的诞生。第二次认知革命站在后经验主义的立场上，认为认知过程是人使用语言和话语的结果，语言和话语是社会性的、人际交流的产物，因此认知过程在其根本意义上是公开的、社会性的，即认知存在于人际之间。最后，建构主义理论还离不开社会知识科学的催化。总的来说，建构主义理论诞生于后现代社会理论、知识社会学以及哲学思潮的汇流，产生于第二次认知革命，成熟于社会科学知识。

二、建构主义心理学发展脉络

建构主义的根源可以追溯到哲学的认识论领域，许多心理学家对建构主义展开了深入研究，其发展大致可分为萌芽阶段、确立阶段和发展阶段。

（一）建构主义的萌芽阶段

建构主义的思想在古希腊时期已经有萌芽，苏格拉底和柏拉图的部分思想也带有建构主义的元素。建构主义理论早期的代表人物是维柯和霍布斯，但真正使建构主义思想产生较大影响力的是康德哲学。康德是德国古典哲学的代表人物，他是第一个强调和系统论证统一性和人的主体性、自由本质的哲学家。康德哲学的价值在于全面提出主体性问题以及对主体性的主观结构（理性的内化、理性的凝聚、理性的积淀）的分析。康德通过对"综合"与"分析"、"先天"与"后天"、"主体"与"客体"以及"感性、知性、理性"认识形式的区分与研究，试图展现主体的内在矛盾性（主体的有限与无限、功能与实在、先验与经验、超越与限制等矛盾），揭示认识的双向性运动：人在认识世界的同时认识自身，人在建构与创造世界的同时建构与创造自身。[①] 因此，我们可以认为康德的思想体系中已经蕴含了建构主义思想体系的萌芽，后续的建构主义思想虽然与康德的建构主义思想有一定的区别，但是毋庸置疑的是康德对后来建构主义思想体系的形成起到了至关重要的作用。

---

① 高文. 建构主义研究的哲学与心理学基础 [J]. 全球教育展望，2001 (03)：3-9.

（二）建构主义的确立阶段

如果说康德的哲学思想中蕴含的是建构主义思想的萌芽，那么皮亚杰则是真正对建构主义进行系统论述的第一人。皮亚杰是一个积极的康德主义响应者，他抛弃了康德的"先验承诺"，并认为"范畴"本身也是一个逐步建构的过程。[①] 皮亚杰还利用生物学的类比方法建立了著名的"发生认识论"，其核心就是研究人的一生中自然逻辑的发展过程。他认为知识不是现实的照片或拷贝，知识不可能与实体的现实完全一致。现实的最终本质是在不断地建构中，而不是一个由早已构成的结构组成的聚集。[②] 关于个体如何习得知识，皮亚杰指出认识应该是起因于主客体之间的相互作用，而这种作用发生过程中既包含主体又包含客体。此外，皮亚杰还提出了同化和顺应两种机制，所谓同化指的是个体对刺激输入的过滤或改变的过程，而顺应则是有机体调节自己内部结构以适应特定刺激情境的过程。当个体的认知图式不断通过同化和顺应来适应新刺激时，便会得到认知结构上的平衡。由此可见，皮亚杰一再强调个体的认识是通过主客体之间的相互作用建构起来的，学习就是学习者在与周围环境相互作用的过程中，逐步建构起关于外部世界的知识，从而使自身认知结构得到发展的过程。

（三）建构主义的发展阶段

皮亚杰的认识论奠定了建构主义的基础，为后续学者继续探索该理论提供了坚实的理论依据。维果茨基提出的"文化历史发展理论"属于"社会建构主义"，与皮亚杰的"个人建构主义"略有不同。维果茨基强调个体的心理发展是受人类社会、历史和文化发展影响的过程，尤其是高级心理机能的发展。科尔伯格更进一步研究了认知结构的性质和发展条件，而斯腾伯格和卡茨等学者强调个体在建构认知结构过程中的主动性作用。这些研究为建构主义理论的逐步丰富和完善作出了重要贡献。建构主义兴起

---

① 艾兴. 建构主义课程研究 [D]. 重庆：西南大学，2007.

② Glasersfeld EV. Radical Constructivism：A Way of Knowing and Learning [M]. London and Washington D. C.：The Falmer Press，1995：53-55.

后，逐步获得心理学界和外界的广泛认同。作为一个新的学术流派，在教育等领域得到广泛应用，为教学提供了新的见解、新的手段和新的方法。例如，建构主义学习观指出学习的本质只能是每个学生按照自身已有的经验和知识主动地进行建构，不能简单地理解为教师传授知识给学生。学生对教师讲解的知识要经过"理解"或"吸收"，然后才能实现认知。这表明，学习活动并非"习惯性学习"，而是"创造性学习"。在教学观上，建构主义观点认为教师应发挥导向作用，充当教学组织者，努力激发学生的积极性，帮助他们发现问题，并进行问题解决，在教学模式上，建构主义提出了抛锚式、认知学徒式、支架式等新型教学模式。随着信息时代的快速发展和科学研究方法的飞速进步，建构主义理论也紧跟时代步伐，并不断自我更新和升华。建构主义已经深入到社会研究的各个领域，其理论也在逐步发展，日益丰富。

三、建构主义学习理论的核心观点

建构主义是一种关于知识和学习的理论，强调学习者的主动性，认为学习是基于自己原有的知识经验生成有意义、构建理解的过程。建构主义的理论也清晰地说明了人类学习过程的认知规律。

（一）建构主义的知识观

建构主义的知识观强调知识的构建性、社会性、情境性、复杂性以及沉默性。首先，建构主义者认为知识不是对外部世界简单的客观反映，也不是关于绝对现实的知识，而是个体在新旧经验的作用下主动构建知识，因此，不同个体构建出的知识内容是不同的。其次，关于知识是属于个人还是社会的问题，建构主义强调个人心理，而社会建构主义强调社会本质。实际上，知识是通过个人与社会之间相互作用、中介、转化等方式构建的完整、发展的实体。[①] 在知识的构建过程中，需关注知识的情境性，因为知识并非孤立的，将知识置于情境中构建是揭示知识本质的新视角。

---

① 孙卫国，唐淑敏. 建构主义的知识观、学习观和教学观 [J]. 新疆师范大学学报（哲学社会科学版），2005（04）：248-251.

再次，由于世界的普遍性和复杂性，以及个体经验的差异导致知识构建结果的不同，因此知识具有复杂性。最后，由于个体内部经验是隐性的，建构主义认为知识具有隐性特征。总的来说，建构主义的知识观从多个角度理解知识，但核心不变，即知识是一个不断认知和构建的过程。

（二）建构主义的学习观

建构主义认为学习是学习者在原有知识和经验的基础上，在一定的情境即社会文化的背景下，借助教师和同伴等他人的帮助，即通过人际间的协作活动，主动对新信息进行加工处理，建构自己的意义的过程，具体而言，学习是在具体情境中个体主动建构的过程，学习是一个交流与合作的互动过程。建构主义学习理论坚持以学生为中心，强调学习者在学习过程中的主动性和自主性，学习者通过探索、实践和反思，主动参与知识的构建过程。同时，建构主义认为社会互动在学习过程中起着重要的作用，学习者通过与他人的交流和合作，共同构建知识和理解。此外，建构主义强调学习应该发生在具有意义的情境中，学习者需要将新知识与现实世界的经验联系起来，以增强学习的意义和应用性。建构主义学习的最终目标就是意义建构，即学习者要在学习过程中对所学内容所反映的事物的性质、事物的本质、事物的规律以及事物与事物之间的内部联系有着深刻的理解与认识。

（三）建构主义的教学观

与传统教学观相比，建构主义教学观更具时代性与先进性。传统教学强调教师传授，以教师为中心，而建构主义则注重个体的主动性和能动性；传统教学认为学生的学习主要受教师及教育环境控制，而建构主义教学强调人主观意识的重要性；传统教学目的是帮助学生了解世界，而建构主义教育目的在于激发学生分析他们所观察到的事物。总的来说，建构主义认为，如果让学习者积极构建自己的知识结构，并以此方式形成的新知识结构不易退化，能够为学生提供主动学习的机会，培养他们的创造性思维能力。建构主义教学观承认由于人的经历各异，对客观世界会有不同理解，个人对事物的理解也会不同，主张学习者结合个人经历深化对事物的理解；教师的责任是促使学生在学习过程中有机整合新旧知识。[①] 可见，建构主义教学观更符合当前教育的发展方向，更注重培养学生在学习过程中分析问题、解决问题的能力以及发展学生创造性思维。

四、建构主义学习理论对教学的启示

当前我国基础教育改革强调要改变课程过于注重知识传授的倾向，强调形成积极主动的学习态度，这使得获得基础知识与基本技能的过程同时成为学会学习和形成正确价值观的过程。同时，努力改变课程实施过于强调接受学习、死记硬背、机械训练的现状，倡导学生主动参与、乐于探究、勤于动手，这种教育理念旨在培养学生搜集和处理信息的能力、获取新知识的能力、分析和解决问题的能力以及交流与合作的能力。当前我国基础教育课程改革的理念与策略之一就是倡导建构主义学习。

建构主义理论的影响涉及社会各个领域，例如抛锚式教学模式、认知学徒模式、随机访取教学模式、支架式教学模式等多种教学模式被广泛应用于当前教学领域。建构主义知识观对重构教学目标、转变教学方式、教师教育教学方式、培养科学精神态度、转变教学评价功能产生深刻影响。[②] 建构主义的教学观对教学环境设计、现代信息技术与建构主义结合、生命课堂构建产生不可磨灭作用。建构主义的学习观对各级教育部门、教师以及学生产生不同程度影响。对教育部门的影响包括直接影响课程设置、学习材料编写，导致学习评价变化；对教师的影响是促使教学方式变革、推进课堂管理理念变革；对学生的影响则是要求学生课前自主准备，学习中处于主体地位，布置适当作业加以巩固，使课后巩固变成课前复习。[③]

---

① 马万华. 建构主义教学观对大学教学改革的启示 [J]. 高等教育研究，1999 (05)：58-61.

② 张宜. 建构主义知识观对教师教学行为的影响 [J]. 教学与管理，2015 (21)：13-15.

③ 郝连明. 建构主义学习观对学习方式转变的影响 [J]. 教学与管理，2016 (12)：13-16.

信息社会中，建构主义展现出其强大生命力。建构主义在教育理念的价值定位、教育方法的重构、教育主体的角色转变以及人才培养等方面给我们以有益启示。然而，建构主义理论并非解决所有教育问题的万能良药。因此，我们应继续吸取建构主义理论精华，去除糟粕，批判性接受，只有这样，建构主义才能为教育改革和发展服务。

第四节　人本主义心理学

人本主义心理学是 20 世纪 50 年代末 60 年代初在美国兴起的一种心理学思潮，兴起于行为主义心理学和精神分析心理学之后，是当今最有影响力的心理学流派之一。

一、人本主义心理学起源背景

人本主义心理学关注个体的需求以及自我的价值，其产生受到了包括社会背景、哲学背景、自然科学背景以及心理学背景的影响。

（一）社会背景

不同的社会阶段会产生不同的理论流派，人本主义便是在 20 世纪五六十年代美国动荡社会背景下的产物，旨在平息文化和政治动荡。"二战"结束后，美国经济蓬勃发展，社会问题却日益严峻，20 世纪 60 年代，美国崛起了"反主流文化运动"，反对社会只关注物质而忽视精神需求。此时，心理问题日益增多，促使临床心理学、心理诊疗、社会心理学等领域蓬勃发展，传统的弗洛伊德精神分析理论因其贬低人性且缺乏人性化已不足以解释现代人的心理问题，人缺乏对自身内在价值的认识成为根源之一。因此，人本主义心理学强调探讨人的精神生活，追寻人生意义和自我潜能开发，以满足当时的民众需求。

（二）哲学背景

人本主义心理学的哲学基础主要是有两大渊源：人文主义和人性论传统；存在主义哲学和现象学。人文主义是西欧中世纪文艺复兴的主导思想，代表当时新兴资产阶级利益的思想家提出的一种尊重与关怀人，保护个人利益和宣传个人中心的世界观。到了 18 世纪，人文主义的思想再次兴盛。狄尔泰、卢梭等学者倡导自由、平等、博爱的思想，倡导人的价值、尊严。马斯洛和罗杰斯将存在主义视为人本主义心理学思想灵感的重要来源，因为存在主义心理学中有一个基本观点就是强调人的存在。受到存在主义的影响，人本主义心理学开始从人的存在出发，注重人的价值。现象学对人本主义思想的产生也具有重要影响。现象学家认为世界对于人类来说不是一个赤裸裸的非个人客体的集合，而是个体在信息流转和解释世界的过程中的个体角色，世界是富于意义的，同样我们个人也是富于意义的。①

（三）自然科学背景

自然科学的发展对人本主义的发展也起着推动作用。其中包括生物科学、生态学、机体整体学以及文化人类学等。马斯洛的需要层次理论中渗透着生物科学的思想，他承认人和动物界的连续性，认为人类本性中存在积极性发展的内在潜能。人本主义心理学重视人与自然环境的协调一致，主张维护个体心理活动的生态平衡，这也是生态学的内核。机体整体学从更高层次上将个体的内在潜能和本性结合起来，将人的动物性和社会性相结合，从而建立一种真正以人为本的心理学。文化人类学虽然在具体研究上和人本主义心理学有着本质的不同，但它的研究成果仍然潜移默化地影响了人本主义心理学。

（四）心理学背景

人本主义心理学与行为主义心理学有一定程度的相悖。行为主义关注个体外在行为，并将其机械化、可操控化，忽略个体尊严、内在潜能和价值，人本主义认为行为主义心理学过于关注个体外部行为，从而局限了心理学的研究范围。此外，新精神分析对人本主义也产生了巨大影响。人本主义反对传统精神分析将人视为消极、悲观、受本性驱使且缺乏选择的观

---

① 管健. 现象学心理学评述 [J]. 国外社会科学，2001（03）：29-33.

点，但也吸收了一些积极思想，如赞同内在动机驱动的心理活动。可以说，通过扬弃新精神分析与传统精神分析，人本主义心理学在自我理论、内在动机和心理治疗方面有了重大发展。最后，格式塔心理学派、整体论、人格心理学等也深刻影响了人本主义心理学。

二、人本主义主要观点

人本主义心理学产生于20世纪50年代末至60年代初，其主要代表人物为马斯洛和罗杰斯。这两位心理学家虽然都是人本主义心理学的代表人物，但其具体观点有所差异。

（一）马斯洛的人本主义思想

马斯洛对以华生为代表的行为主义、弗洛伊德为代表的本能论进行了扬弃，提出了专属于自己的人本主义理论体系。其中人性论、价值论、需要层次理论是马斯洛人本主义理论中最具有代表性的观点。

1. 人性论

马斯洛的人性论是一种比较完整、深刻、独特的人性理论，可以说是人本主义心理学的理论根基。人本主义思想的内核是要重视个体的内在价值、内在潜能。因此马斯洛反对弗洛伊德将研究对象定位于不健康的、精神病态的人身上，认为这样做的研究只会产生不健康的心理学，与心理学宗旨背道而驰。他也反对行为主义将动物作为研究对象，因为动物和人存在本质区别。马斯洛认为心理学的研究对象既不能是不健康的人，也不能是动物，应该是人类中的优秀分子，也就是马斯洛口中的"自我实现的人"。只有这些自我实现的人才是个体自我潜能得到充分发展、充分成熟的人，只有对他们进行深入、细致的研究，才能使我们对人类未来充满信心。[①]

2. 价值论

马斯洛的人性论认为，人的价值是与其潜能和自由发展的内在实现密

---

① 吴丽君. 马斯洛人性理论初探 [D]. 呼和浩特：内蒙古大学，2005.

不可分。因此，对人的价值的探究实质上就是对人性的研究。马斯洛主张应该探索真正健康的个体的价值，因为只有这样才能揭示出人的最高价值，强调个体内在价值的重要性，认为个体应该追求内在满足而非外在奖励。这种内在价值包括创造力、独立性、真实性和自我实现。最后，在关乎实现价值的议题上，个体必须首先真正了解自己，认清自身的本质并忠于此。此外，马斯洛认为虽然存在一些普遍的价值，如真理、美、正义等，但个体对价值的体验和追求也受到个人经历和文化背景的影响。因此，价值具有一定的相对性。

3. 需要层次理论

层次理论可以说是马斯洛人本主义理论的重要基石。马斯洛以人的"需要"层次作为切入点，开展人格发展探索，从而提出了著名的"马斯洛需要层次理论"。马斯洛将人的需要细分为五个层次，从低到高依次是生理的需要、安全的需要、社交的需要、尊重的需要、自我实现的需要。生理的需要是人类最原始、也是最基本的自然需要，包括呼吸、饮食、衣着、居住、休息、医疗、性生活等；安全的需要包括人身安全、健康保障、资源所有性、财产所有性、道德保障、工作职位保障和家庭安全等；社交的需要一般包括团体、友谊、爱情、关怀、性亲密和被接受等；尊重的需要包括自尊：自尊心、自豪感等；他尊：权力、威望、荣誉等；自我实现的需要包括道德、创造力、自觉性、问题解决能力、接受能力等。在马斯洛看来，这五种需要可以分为高低两级，生理上的需要、安全上的需要和社交上的需要都属于低一级的需要，这些需要通过外部条件就可以满足，是在自然界中生存选择形成的。尊重的需要和自我实现的需要是通过内部因素才能满足的，通常可以在教育的影响下发展，属于高一级需要。

（二）罗杰斯的人本主义思想

罗杰斯是人本主义心理学的重要代表之一，他的思想主要集中在人格的自我理论、心理治疗理论和教育观这方面。

1. 人格的自我理论

罗杰斯人格的自我理论是其心理治疗理论和人本主义教育理论的基础。罗杰斯认为个体的自我概念是理解人格的关键，也是其行为和心理健康的核心。人格由"经验"和"自我概念"构成，当自我概念与知觉的、内藏的经验呈现协调一致的状态时，他便是整合的、真实而适应的人，反之他就会经历或体验到人格的不协调状态。自我概念包括个体对自己的看法、感受和价值观，以及对自己在不同情境下的感受和行为的理解。罗杰斯强调自我实现的重要性，每个人都有实现自己潜能的内在驱动力。自我实现是一个持续的过程，个体在这个过程中不断寻求成长和完善自我，实现其潜能和价值。自我实现的个体能够充分发挥自己的能力，拥有更高的自我接纳、自我尊重和自我理解。

2. 心理治疗理论

罗杰斯的人本主义思想直接源自他"以人为中心"的心理咨询理论和实践。罗杰斯创造性地提出了"非指导性"疗法，与传统心理疗法不同之处在于将被咨询者置于重要位置，因为只有他们了解自己的问题。在咨询过程中要保持真诚、无条件接受、移情的态度，这样才能与被咨询者建立良好关系，解决问题。因此，罗杰斯的"非指导性"疗法充分体现了他对人性的人本主义观点。罗杰斯认为每个人都被视为永不止息的变化经验世界的中心，人的自我概念是在与环境和他人的互动中形成的，并且每个人都有维护自我、提高自我、实现自我的动机和目的，心理咨询的最终目标是促使被咨询者成为"功能充分发挥的人"。[①]

3. 人本主义教育理论

罗杰斯将人本主义心理学思想应用到教育教学中，以此确立了他的教育观和学习观。他主张教育的目标是促进人的成长和变化，培养能适应变化并学会学习的人，教育应当培养学生健康、完整的个性和心灵。在教育领域，他创新性地提出了自主学习理论和有意义学习理论。罗杰斯认为人

---

① 曾德琪. 罗杰斯的人本主义教育思想探索 [J]. 四川师范大学学报（社会科学版），2003（01）：43-48.

类天生具有自主学习的倾向，即生而具有探究、追求知识、真理、智慧以及探索未知的欲望，不需要监督、引导或灌输。学习过程本身就是个体自我成长和实现的过程，这不仅体现在学习和教育的价值上，更是生命的本质。因此，个体会根据自身需求，在内在动力的驱动下展开自主学习。在学习方式上，罗杰斯将学习划分为有意义学习和无意义学习。无意义学习仅涉及心智层面的学习，无助于个体整体发展，无法培养完整的人格。而有意义学习指的是能够显著改变个体行为、态度、个性，以及影响未来选择和行动方向的学习。这种学习不仅仅是知识的获取，而且是认知和情感的统一，是个体各方面经验的融合，罗杰斯强调学习时学习者整体身心状态与学习内容的关系，只有整个人投入的学习才是有意义的。

三、人本主义教育的核心观点

人本主义的教育思想也在众多学者的不断深入中形成了自成体系的教育理论，其核心观点涵盖目的观、课程观、教学观和师生观四个方面。

（一）目的观

人本主义认为教育的最终目的应该指向育人，即强调个体个性化的形成，突出强调学生个体的主体地位与自主作用。孔曼斯认为，教育目的是要培养人性化的个人，即自我实现者。作为需要层次理论的提出者，马斯洛认为自我实现就是人类充分利用和开拓自身的天赋、能力和潜力等，实现自己的愿望，教育便是促进自我实现的过程。于伯特批驳康德教育学抑制了人的感受性，认为教育的目的是用情感来促进学生个性化，加强人与人之间的合作。尼布列特认为，教育的目的不是"学习"，而是培养"生存的力量"。罗素指出，教育最神圣的使命就是充实人性，培养具有真正创造力的、建设的、独立的、和平的、完善的人。罗杰斯主张教育的目的就是培养完整的人。可见，人本主义教育目的观重视人"自我"的形成与发展。

（二）课程观

在课程上，从人本主义的角度来看，最好的课程只是一个骨架，要使学习活动充满活力，就必须深入了解学生的内在情感世界，并通过师生间全方位的互动来实现教育目标，否则只是一个训练的过程。[①] 因此，课程应该选择符合学生兴趣、能力和需要，与学生已有的知识经验和生活经验相符的内容。关于知识的组织，人本主义教育认为健康的人是一个完整的统一体，意识、认知、情感和运动之间相互协作，共同达成同一目标，没有冲突。因此，每个人都应该将自己作为一个整体来对待所有事物。[②] 人本主义教育希望课程不仅仅是激发智力，更要追求人的全面发展能力。

（三）教学观

在教学上，人本主义认为教学过程首先要以学生为中心，反对以教师为中心的传统模式，提倡以学生为中心的教学方法。在重视学生内在动机与需要的基础上，选择适当的教学内容，激发起学生的学习动机。其次，要发挥学生的主体性。教师应成为学生学习的促进者、鼓励者、帮助者、合作者和朋友，正确指导学生掌握获得知识经验的有效途径。[③] 除此之外，在教育方式上，人本主义重视个别教育和家庭教育，忽视集体教学和学校教育。

（四）师生观

在师生观上，相比于传统教师观中教师作为知识传授者的角色，人本主义教育思想认为教师是一位"促进者"，重视师生之间的互动，主张建立真诚、和谐、平等的关系。教师应与学生产生情感和思想上的共鸣，以便进行更深入的交流。教师的目的在于促进学生的发展，在这个过程中，教师应该无条件信任和接纳学生，对学生做到无条件的积极关注，对不同的学生做到真诚一致以及对学生产生同理心，进而建立真诚的师生关系。

四、人本主义理论的教育启示

在教育领域，人本主义理论提出了一系列具有深远影响的启示，对传统的教育观念和实践提出了挑战和改革。

---

① 刘宣文. 人本主义学习理论述评 [J]. 浙江师范大学学报，2002（01）：90-93.

② 沈正元. 浅论西方现代人本主义教育思想及其给我们的启示 [J]. 外国中小学教育，2002（05）：34-38.

③ 马锦华. 人本主义教学观与素质教育 [J]. 教育探索，2002（10）：25-26.

人本主义理论强调教育应以学习者为中心，关注学习者的个性、兴趣和需求。这一观点要求教育者从学习者的角度出发，设计和实施教学活动，而不是将学生视为被动接受知识的容器。在人本主义教育中，学生的主动性和自主性被高度重视，鼓励学生参与到学习过程中，发挥主观能动性，通过自我探索和实践来获取知识和技能。并且，人本主义理论认为，教育的最终目标是帮助学习者实现自我。这意味着教育不仅仅是传授知识，更重要的是促进学生的个人成长和发展，帮助他们发现自己的潜能，实现自己的价值和目标。因此，人本主义注重培养学生的创造力、批判性思维和解决问题的能力，以及促进学生的情感、社会和道德发展。在人本主义教育观下，教师的角色发生了根本性的转变。教师不再是知识的传递者，而是学习的促进者和引导者。教师应该为学生创造一个安全、支持和鼓励的学习环境，通过倾听、理解和尊重学生的感受和想法，帮助学生建立自信和自尊，教师还应该根据学生的个性和需求，提供个性化的指导和支持，鼓励学生积极参与和自主学习。

人本主义理论倡导灵活多样的教学方法，以适应学生的不同需求和学习风格。这包括项目式学习、合作学习、探究式学习和体验式学习等，这些教学方法强调学生的主动参与和实践经验，鼓励学生在真实或模拟的情境中探索问题、寻求解决方案并反思学习过程。通过这些方法，学生可以更深入地理解知识，发展综合能力，培养终身学习的态度。此外，人本主义理论主张多样化的评价方法，不仅关注学生的知识掌握程度，更重视学生的个人成长、创造力和社会适应能力。因此，除了传统的笔试和考试，人本主义教育还采用作品集、同行评价、自我评价和教师观察等多种评价方式，以全面反映学生的学习成果和发展情况。

总而言之，人本主义心理学为教育提供了新的视角和方法，强调学习者的主体地位，促进学生的全面发展和自我实现。在实践中，人本主义要求教育者转变观念，创新教学，关注学生的个性化需求，为学生创造一个支持和鼓励的学习环境，培养学生的创造力、批判性思维和终身学习的能力。

第三章

学习是由多方面决定的现实存在

学习不是简单的知识加工，不是单一的知识训练活动，而是复杂的意义建构活动，具有深层次和多向度特征。在学习活动中，学习者主体性是学习活动能动发生的前提，而知识的性质结构是影响学习深度与广度的重要因素。同时，在课堂教学中，教师是学习活动发生的另一重要主题，教师的角色定位以及与学生的关系是制约学习有效开展的前提。教师的教不必然等于学生的学，教师的教学是学习活动发生的有力支持，教师的教需要基于学、为了学而开展。学习是由多方面决定的现实存在，学习的发生需要处理好学习者自身与教师之间的主体关系，需要处理好学习者与作为学习对象的知识之间的多维关系，亦需要处理好教学活动与学习活动之间的辩证关系。

第一节　学习与学习者

学生是学习的主体，学习是学习者在心理或行为上产生的持久改变。因此，明确学习者的主体地位是讨论学习的应有之义。

一、学习者主体

在传统的课堂学习中，教师往往灌输学习内容，控制学习全过程，成为课堂学习的中心。随着教育改革的深入，教师主导学习这一模式的弊端日益显现，彰显学习者主体，以学习者为中心设计教学，才能实现学生高质量的学习。

（一）学习者主体的提出

文艺复兴时期，"以学生为中心"第一次在人文主义领域出现，但由于时代背景的局限，这一思想在教育学领域难以被大众认同接受。随着时代发展，人们的教育理念不断更新，到 19 世纪末 20 世纪初期，欧洲进步主义教育运动猛烈抨击赫尔巴特传统"三中心"（课堂、教师、教材）。1905 年，学者海沃德（Hayward）提出了"以学生为中心"的概念，杜威非常认同这一概念，于 1916 年在《民主主义与教育》一书中提出了"以儿童为中心"的教育思想，反对"以教师为中心"，确立"儿童中心论"[①]，在全世界掀起了新的教育浪潮。20 世纪 80 年代，随着以罗杰斯为代表的人本主义的发展与建构主义的兴起，"以学生为中心"逐步成为一种新的教学理论，并不断运用于教学领域。此外，"以学生为中心"教育理念在 20 世纪 80 年代也得到了欧洲学者的广泛关注，尝试研究"以学生为中心的学习"，将这一思想在学习领域开辟新的思路，其中学者兰德（Brandes）和金尼斯（Ginnis）出版的《以学生为中心的学习指导》，首次提出了"以学生为中心的学习"概念，并指出"以学生为中心的学习"是"学生要对计划课程负责或者至少对参与选择课程负责……学生应对自己的行为、参与和学习负有百分之百的责任"[②]。1998 年由联合国教科文组织在"世界高等教育大会"上发布《21 世纪的高等教育：展望和行动》宣言，进一步推广"学生为中心"这一教育理念。具体而言，宣言提出要重视"以学生为中心"的新理念，在教育改革中确定学生的主体地位和负责任的参与者身份，教育的最终目的是实现学生的共性发展和基于共性基础上的个性发展。自此，"以学生为中心"的教育理念得到全世界的广泛认同，逐渐明确了学习者在学习中的主体地位。众多教育改革家在此基础上不断丰富完善理念，努力寻求新的方式与模式，让理念贴合本国学情需要，真正实现理念落地生根。

在我国，自改革开放以来，学生在教学过程中的主体地位得到国内学

---

① （美）约翰·杜威.民主主义与教育［M］. 王承绪，译. 北京：人民教育出版社，2001：30-49.

② Brandes D, Ginnis P. A Guide to Student Centred Learning［M］. Oxford：Blackwell，1986：12.

者的密切关注，明确提出学生主体教育思想，进行学生主体教育的实验研究，倡导在教育过程中突出学习者的主体地位，发挥学生的能动作用。例如，郭思乐教授提出生本教育，即教育要以学生为本顺应"三观"，具体包括："价值观，即一切为了学生；伦理观，高度尊重学生；行为观，全面依靠学生。"① 赖绍聪提出要达到高质量学习目标，"我们必须真正站在学习者的角度来思考问题，打破以教师的'教'为主的传统课堂，转变为以学习者的'学'为主的课堂"②，让学习引起学习者的兴趣，引发学习者主动思考。陈佑清教授在学习中心教学领域进行了深入研究，充分肯定了学习者的主体地位，并以主体性教育为基础，从教学设计、教学过程组织、要义阐释等多方面对学习中心教学进行阐述。直到现在，仍有许多学者精进不休，在学习者主体领域深耕不断，印证了学习者主体在学习领域仍存在较高的价值诉求与可发展性。

（二）学习者主体的基本观点

学习作为人类和动物生而有之的特质，无论是人类还是动物，均须从自然与社会中汲取必需的知识与技能，以满足其生存与发展的需求。在《说文解字》这部经典著作中，对"教"字的解释是"上所施下所效也"，意味着老师、长者通过示范行为，让学生、孩子跟着模仿；而对"学"字的阐释则是"觉悟也"，表明学习始于模仿，学习者在感悟和理解所学事物的过程中，内心方能真正有所领悟，把握事物的本质，学习方得真正发生。古人对"教"与"学"的理解极为深刻，他们认为"教"的作用和价值在于"示范"，而"学"的关键和实质则是"领悟"。在这一互动过程中，"学习者是'教'与'学'互动中的主体"③，是"教"与"学"活动得以展开的核心所在。乐正克曾在《学记》提出"善学者，师逸而功倍，

---

① 郭思乐. 教育走向生本 [M]. 北京：人民教育出版社，2001：12.
② 赖绍聪. 以学习者为主体的课堂教学 [J]. 西北工业大学学报（社会科学版），2018（03）：39-42.
③ 李荐，方中雄. 学习科学友善用脑 [M]. 北京：商务印书馆，2016：4.

又从而庸之；不善学者，师勤而功半，又从而怨之"，表明学习过程中，老师的"教"处于辅助地位，学生的"学"才是处于主体地位，是根本。孔子在《论语》中提出"不愤不启，不悱不发"的观点，强调了教师回应学生设问时，应充分考虑学生设问的迫切度、问题深度及其设问思路，从而给予针对性的解答。从《学记》与《论语》的论述中，我们可深刻体察到在"教"与"学"的过程中，"教"始终扮演着辅助与指导的角色，而学习的主体无疑是那些积极参与学习活动的学生。

近代以来，我国学者又对学习主体理论做了许多详细的阐释。从学习的目的来看，学习者主体主要指一切为学习者的发展服务。华中科技大学赵炬明教授在本科教学改革问题中提出"以学生为中心"的"新三中心"教育教学模式，具体包括："以学生发展为中心、以学生学习为中心、以学习效果为中心。"① 赵教授强调学习是以学习者为主体进行的，将学习者已有的知识经验与状态作为开展学习的基础，把学习者发展当作学习的最终目的，同时还将学习者的学习效果作为衡量指南，为学习提供反馈。从学习的过程来看，陈佑清教授指出学生是作为学习的主体而存在的，应该扮演积极主动的角色，"既是学习过程的权利拥有者，应主动支配、控制学习过程的展开，同时也是学习过程责任的承担者，他应独立承担完成学习过程的责任"②。学习者作为学习过程的主体，其主动性、独立性和亲身经历不可或缺。在实际学习中，即使有一个环节学生未参与或被强制安排参与，他们就会感到学习过程不完整与不确定，无法实现与学习对象之间的双向有效互动。可见，缺乏主动性与独立性的、被动的学习活动无法达到有效学习。

（三）以学习者为主体的具体表现

----

① 赵炬明，高筱卉. 关于实施"以学生为中心"的本科教学改革的思考 [J]. 中国高教研究，2017（08）：36-40.
② 陈佑清. 发展性学习的过程属性及学习中心教学的建构 [J]. 当代教育科学，2022（02）：3-9.

学习者是教育活动的对象和主体，贯彻学习者为主体的教育理念需要做到以下三点。

首先，要树立学习者主体的理念，发挥学生学习能动性。在学生学习过程中，无论是教育改革者、教师还是家长，都应该具备学习者主体意识，拒绝操纵与控制学生学习，不应强加自己的意识于学生之上，避免让学生成为教育的"产品"，教育者应该充分尊重学习者的主体地位，发挥学生学习的主动性与自主性，赋予学生更多选择权，培养学生学习的主动性和责任感，促进学生养成终身学习的良好品质。

其次，在学习内容设计上要体现学习者主体。教师应该从关注教什么转向关注学生学什么，研究学生的学习特点和现状，根据他们现有的知识基础、学习需要及学习能力有针对性地组织学习内容和设计呈现方式。必要时，需要为学生搭建脚手架，以便实现学习者的有效学习。此外，还应根据反馈及时调整学习内容的范围、难度及呈现方式，帮助学生明确学习目标、管理学习进程并获得学业成功，在学习过程中真正体现学习者主体。

最后，在学习过程中实现学习者主体。学习者作为学习的主人，要主动参与学习，自主去获取知识，从以往被动的学习者转变为自主的、积极的具有自我管理能力的学习者。在学习过程中，学习者要承担更多责任、被赋予更多决定权与选择权、自主建构学习路径，在学习中进行自我管理与反思，成为学习的主动者。同时，亲历体验整个学习过程也是实现深度学习的必然要求，这是基于学习的内部过程而言。从学习的外部过程来看，实现学习者主体并不意味着要完全摒弃教师在学习中的重要作用。相反，"从现实来看，课堂教学过程是由教师发动、组织和安排的，教师是课堂教学活动的第一主动者、首要的主动者，包括学生的主动很多时候也是由教师激发、调动和促成的"①。我们应该将教师视为学习过程中的引导

---

① 陈佑清. 教学关系：多维度的把握 [J]. 基础教育课程，2013（10）：25-28.

者与合作者，为学生创设优良的学习环境，帮助学生养成良好的学习习惯与责任意识，助力学生学习主动性的养成，为学习者发挥主体作用排除万难、保驾护航。

二、学习者的基本特征

学习是学习者的首要任务，学习者的生理发育与心理发展共同发生作用，促进学生的学习。

（一）学习者生理特征

学习需要以个体的生理发展为自然前提，在学习过程中需要调动身体、脑、手、耳朵等多个器官同步进行，个体的生理发展为有效的学习提供物质可能。[①] 例如，音乐、几何图形识别等形象思维功能需要大脑右半球的参与。此外，学习还依赖于学习者智力与能力的发展，而人的智能发展也必须以脑的发育和生理成熟为前提。因此，学习者遗传素质的成熟程度与大脑发育均是学习者生理特征构成的重要因素，会对学习产生重要影响。遗传素质是学习者身心发展的生理前提和物质基础，其成熟程度制约着学习者的发展过程与年龄特征。生理特性为学习者的学习提供可能性，例如先天大脑发育不完全的儿童，其思维水平难以赶上正常儿童。除此之外，格赛尔同卵双生子爬梯实验表明成熟机制在人的心理发展过程中作用显著，生理发展影响学习的效果和速度。所以，教育者应遵循学习者发展的顺序性和阶段性，将学习目标定位在学习者的最近发展区内，切忌操之过急、揠苗助长。

学习者的大脑发育是其生理特征中另一关键要素，与学生的认知发展密切相关。研究表明，人的大脑具有一定的可塑性，与学习者的年龄密切相关，主要有三个高峰期，分别是母亲受孕 3 到 4 个月、2—3 岁与 14—15 岁，"在大脑发育高峰期内，功能和结构特别容易受环境和经验的影响，可塑性水平最高，敏感性最强"[②]。因此，教育者应遵循大脑可塑性的发展

---

① 林崇德. 学习规律 [M]. 武汉：湖北教育出版社，1999：18.
② 刘文利，孙静茹. 脑科学研究告诉我们什么 [J]. 人民教育，2015（01）：57-60.

规律，在不同阶段采取相应的教育措施，在关键期内对儿童进行教育或干预，以达到最佳的教育效果。学习者也应充分把握好学习的关键期，在良好的学习环境内，选择恰当的学习内容（最近发展区内），用科学的学习方式进行学习，注意劳逸结合，遵循大脑发育规律，最大程度开发大脑潜能。

（二）学习者心理特征

学习者的心理特征主要包括智力因素和非智力因素，两个因素共同制约着人的学习效率，其中非智力因素起着决定性作用。

1. 智力因素

学习是一种涉及感知与思维等各种经验与事实的特殊认知活动，学习者的学习活动离不开智力因素的参与。学术界对智力的界定各有不同。当代学者黄甫全认为，人们常说的智力，也称智慧，是人认识客观事物及其规律并用以解决实际问题的能力。[①] 国内学界认定智力由五种认知因素构成，分别是注意力、观察力、记忆力、想象力以及思维力，明确了智力因素的外延。其中思维力是"智力的核心与方法，人们正是通过思维的积极活动，才能够把借由观察与想象等所获得的丰富的感性知识，转化并上升为系统的理性知识"[②]。

智力在学习活动中起着重要作用，但其与学习的关系并非绝对正相关。学习者的学业成绩并不完全取决于其智力，例如，一些拥有高智力的学生可能因为态度不端正等非智力因素，学业成绩反而低于那些智力水平中等却勤奋好学的学生。此外，学习者的智力并非固定不变的，智力发展具有一定规律。卡特尔将智力分为两种不同形态：一种是晶体智力，指的是学习者通过后天学习所获得的知识经验与能力，这种智力会随着年龄增

---

① 黄甫全，王本陆. 现代教学论学程（修订版）［M］. 北京：教育科学出版社，2003：127.

② 燕国材. 我在智力和非智力因素领域的探索与追求［J］. 中国教育科学（中英文），2019（03）：3-8.

长和知识的积累而提高；另一种是流体智力，是一种基于生理、依赖天赋的认知能力，与学习者的年龄密切相关。一般来说，流体智力在20岁之后达到顶峰，30岁后随着年龄增长而下降。因此，学习者在学习过程中应理性看待智力对学习的影响，注意发扬优点、补足缺陷，发挥出乌龟精神和笨鸟先飞的态度，善于利用流体智力促进晶体智力的进一步发展，为自身的全面发展和终身学习打好基础。

2. 非智力因素

在学习活动中，智力因素与非智力因素共同制约着人的学习效率，其中非智力因素起着决定性作用。燕国材认为："人在改造客观世界的过程中，逐步形成的一系列稳定的心理特点与品质，则称为非认知因素，也就是非智力因素。"[①] 一般而言，狭义的非智力因素包括情感、动机、性格、兴趣以及意志，主要有动力、定向、引导、维持、调控与强化六大作用，会对学习者的学习态度、动机、成绩等产生直接影响，从而对其智力开发等长远发展产生持久影响。

研究表明："人的智力水平是差不多的，但其非智力因素的水平却往往差别很大。"[②] 非智力因素是影响学生学习能力、适应社会生存能力、竞争和发展水平的关键心理素质，对学生学业发展至关重要。长期以来，在斯宾塞的"科学知识最有价值"知识论和应试教育"唯分数论"的影响下，学校教育普遍注重学习者智力的培养，忽视非智力因素的发展，导致学习者人格无法完善，不利于其全面发展。教育者应重视学习者非智力因素的培养，充分发挥非智力因素在学习过程中的重要作用。非智力因素是一个以性格为核心的整体，具有一定结构和功能。在日常生活和学习中，我们可以根据实际情况选择分别利用各个组成因素或整体引入。另外，非智力因素与智力因素相互作用、相互促进、相互转化，学生的学习活动是

---

① 林崇德. 学习与发展 [M]. 北京：北京教育出版社，1992：450.

② 燕国材. 非智力因素与教育改革 [J]. 课程·教材·教法，2014（07）：3-9.

智力因素和非智力因素协同作用的结果。① 因此，教育者需要了解并把握两者的基本特点和活动规律，实现二者的互补和转化，促进学生的全面发展。

三、差异化学习者

世界上的一切事物既具有统一性，又具有差异性，既有共性，又有个性。在教育领域内，学习者同样是统一与差异并存。学生的差异通常表现在智力、兴趣、认知风格、学习风格和个性等方面，其中学习风格的差异尤为显著。基于个体差异的差异化学习有利于激发学生的学习兴趣与动机，促进其个性化发展。

（一）差异化学习的客观存在

"差异是一事物区别于它事物的显著特征，它是客观存在的。差异的客观性要求我们必须承认差异，但是承认差异并不是消极地适应差异，而是对差异具体分析，促进差异向优势方向转化。"② 在教育领域，学生受先天生理条件和后天环境因素的影响，会在智力、学习风格、个性特征上有明显的不同，其中学习风格的差异尤为显著。一是因为学生的学习风格差异是客观存在的，每位学生在多重因素的影响下都有自己喜欢或习惯的学习方式。二是学生的学习风格是多样的，就学生个体来说，学习风格类型因人而异。另外，随着年龄的增长，学生之间的学习风格差异会逐渐变大。因此，承认学习者之间的差异，尤其是学习风格上的差异是学生进行有效学习的必要前提。

（二）差异化学习的内涵

结合当前研究成果，可以从以下四点对差异化学习作深入的理解：首先，差异化学习以学生差异为出发点，具体包括智力、兴趣、认知风格、学习风格和个性方面的差异。学生差异不仅是现实存在的，而且会对学生

---

① 林崇德. 学习与发展 [M]. 北京：北京教育出版社，1992：450.

② 伍远岳，赵婷. 异质性视野下随班就读学生的学习评价变革 [J]. 绥化学院学报，2022（04）：20-24.

的学习活动与效果产生影响。因此，差异化学习的前提是正视学生差异。其次，差异化学习要求学习者探寻适合其发展的学习路径，理解和利用差异，实施差异化的学习策略，以更好地为学生服务。第三，差异化学习的最终目的是实现个性化发展，通过"导优补差"的原则为每个学生提供适合其发展的方式，激发学习兴趣、提升学习能力、推动个性化发展。值得注意的是，差异化学习并不要求所有学生都有相同速度和质量的发展，而是关注个体，让学生在自身的"最近发展区"内获得发展。第四，差异化学习强调发挥学生的集体力量，挖掘学生自身的潜能，重视集体作用，鼓励同学间合作帮助，实现个人与集体的和谐统一。综上所述，差异化学习意味着学习者需要考虑自身个体差异，探索适合自己的学习路径，最终实现个性化发展。

（三）基于学习风格差异化学习的涵义

学习风格即学习者在多重因素的影响下，形成的带有个性色彩的学习方式和倾向，主要包括生理性要素、认知要素、情感态度要素和社会性要素（见表3-1）。基于学习风格的差异化学习需要以学生的学习风格差异为前提，向学生提供适宜的课堂学习活动，以使教学符合学生的学习倾向，让每位学生都能在既有水平上得到最大程度的发展。具体要做到以下三点：首先，开展基于学习风格的差异化学习，要求教师树立差异化的学习理念和过程性的学习思维，对学生的学习风格进行科学的测查。其次，教师要在明确学生学习风格类型的基础上实施系统性的差异化学习策略。具体而言，教师要细化学习目标，整合、删减、扩充学习内容，综合运用多样化的学习方式和评价方式，创设和谐的物理环境和心理环境。第三，基于学习风格的差异化学习要以学生为本，其目的在于满足学生的学习需求，发挥学生潜能，展示学生个性，促使每位学生获得发展。

表 3-1 学习风格构成要素

构成要素		要素指标
生理性要素	感官要素	视觉型、听觉型、动觉型
	环境要素	声音、光线、温度
	身体要素	一天中最佳学习时间段、饮食摄入、活动性与坐姿
认知性要素	知觉	场独立性、场依存性
	思维	分析性、综合性、集中性、发散性
	记忆	趋同、趋异
	解决问题	冲动性、沉思性
情感态度要素	理性水平	高理性水平、低理性水平
	学习动机	认知的内驱力、自我提高的内驱力、附属的内驱力
	焦虑水平	高度焦虑、中度焦虑、低度焦虑
	坚持性	持之以恒、半途而废
社会性要素	独立性	独立学习
	合作性	合作学习

(四) 基于学习风格差异的差异化学习

在学习过程中, 学生偏好的学习风格能否得到重视与展现, 直接关系到学生的学习效果。在当前教育过程中, 多数教师虽然认识到了学生在学习方面具有差异性, 但往往只对学生不同的学习速度和学习效率予以关注, 而忽视了学生的生理状况、情感态度和学习风格等方面的差异化特征, 难以使学习情境适应学习者各方面的特征。为了实施基于学习者学习风格差异化学习, 提高学生学习质量, 教师应做到以下三点。首先, 树立差异化的学习理念是实施基于学习风格差异化学习的根本所在。差异化学习要求学习者认识到学习风格差异并树立差异化的学习理念。教师需要正视并利用学生的学习风格差异, 要相信每位学生都有巨大的潜能, 都可以在"最近发展区"内获得成功。其次, 教师要转换身份, 推动学生成为独立自主的学习者。从教师与学生的关系来看，差异化学习理念下的教师应从以往的课堂的领导者转变为示范者与引领者。教师可以根据学生的学习风格特征，布置不同类型和难度的任务，并且创造适宜的物理和心理环境，允许学生依据自身习惯或偏爱的方式发现和解决问题，在此过程中，教师可给予适当的指导和帮助。

最后，教师需改变教学方式。为了实践差异化学习理念，教师必须采取行动，执行差异化的教学策略。具体而言，教师需要采用多样化的评估方法和途径（详见表3-2），全面、动态地评估学生的学习风格差异；在了解学生学习风格特点的基础上，营造民主和谐的学习环境（包括物理环境与心理环境）；根据目标制订基础、目标种类、目标达成水平和目标达成方式，协助学生制订层次性和生成性的学习目标；选择开放性和综合性的学习内容，通过补充不同类型的教学内容、设计平行任务和实施结构化教学与跨学科实践来匹配学生的学习风格类型；分析学生的学习偏好，找出学生喜欢和习惯的学习方式，鼓励其采用灵活多样的学习方式；在作业设置（作业难度、作业类型、作业评价与反馈……）上需要根据学生的学习风格特点，实施灵活和多样化的作业策略；实施多元化的学习评价，遵循差异化的评价观念，从评价标准、评价过程和评价方法等方面进行调整，最终形成一个匹配学生学习风格类型的合理和科学的评价方案。

表 3-2　关于学生学习风格测查的方法

调查方法	具体方法类型
观察法	直接观察法、间接观察法、参与观察法、非参与观察法……
调查法	问卷调查法、访谈法、作品分析法……
测量法	邓恩夫妇的《学习风格量表（LSI）》 美国中学校长联合会的《学习风格测查表（LSP）》 芭芭拉·普拉西尼格的《学习风格分析量表（LSA）》 ……

综上所述，树立差异化的学习理念，需要教师关注学生的学习风格差异，将学生看作一个鲜活的"人"，并建立起能够满足学生个性化发展需求的支持体系，呵护每位学生的成长。

第二节 学习与知识

知识是学习的客体，知识的性质和结构会影响学习者的学习。研究知识的性质和结构可以为学习者提供有效学习的支持，从而实现人知相遇，构建多维的人知关系。

一、知识的性质与学习

知识与学习活动之间存在密切关系，知识不仅是学习活动的主要内容和目标之一，也是学习的重要载体。知识的性质作为知识状况的核心要素，"不仅决定着什么是知识或什么不是知识，而且决定着什么样的知识最有价值"[①]。因此，要探讨知识对学习的影响，首要任务就是要探讨知识性质对学习的影响。

（一）从哲学知识观到教育学知识观

在我国，人们普遍从哲学认识论的观点去理解知识，例如，《中国大百科全书》认为知识是客观事物的属性与联系的反映，是客观事物在人脑中的主观映像。这种认识方式回答了知识的产生以及人如何认识知识等问题，为人们提供了对知识的普遍世界观和方法论。理性主义哲学家柏拉图将知识解释为"包含'真实''相信'以及'确证'（justification）这三个要素，即知识乃是得到确证的真实信念（justified true belief）"[②]，认为知识是通过理性思维获得，不随外界变化而改变，是绝对真实和存在的。相反，经验主义知识观的典型代表培根将知识解释为对外界事物的忠实反

---

① 石中英. 知识性质的转变与教育改革 [J]. 清华大学教育研究，2001（02）：29-36.

② 陈嘉明. 比较视野下的中西知识论概观 [J]. 天津社会科学，2018（05）：35-41.

映，观察和实验是获得知识的最可靠途径①，认为知识来源于人对实际事物的感觉与经验。持实用主义知识观的杜威认为："知识只有融入我们的倾向之中，使我们能够调整环境以满足需求，调整目标和欲望以适应生存情境，才是真正的知识。"② 实用主义者认为，知识是作为手段或工具存在，而非目的，知识的实用性是衡量知识的最权威标准。

尽管上述哲学家对知识来源、判别标准持不同观点，但都追求从"真理"层面理解知识，试图区分知识与偏见、谬误、假象。因此，哲学认识论的知识观是一种"事实取向"与"结果取向"的看法，将人类认识的成果视为"库存知识"来认知或接受，关注结果性的知识，过分强调知识本身，使知识变成可被管理和控制的事实性物品，却忽略知识产生和发展的过程，没有从学生发展的角度去思考知识生成的过程和学生发展之间的关系。这种知识观割裂了意义与知识之间的联系，将意义从知识中分离出来，使知识变成毫无意义的符号。知识脱离了意义，就失去了知识最本质、最核心的要素，学生的学习也变成了毫无意义的机械记忆与静态传递。

与哲学领域的知识观不同，教育学家认为不能将单纯接受知识作为学习者的目标，而应该关注学生的发展，并使一切都为学生的发展服务。因此，对于学习中知识的性质的探讨应从教育学的角度出发，坚持教育学视域下的知识观，即站在学生的角度，从学生的生命、发展和价值立场出发去理解知识。"在本质上讲，知识内在于人的主观创造，是建基于客观性上的主观构建；知识是一个开放的生态系统，知识与社会政治、经济、文化乃至各门知识之间有着广阔而丰富的生态关系；知识是一个动态的发展

---

① （英）培根. 新工具 ［M］. 关琪桐，译. 上海：商务印书馆，1936：53.
② （美）约翰·杜威.民主与教育 ［M］. 俞吾金，孔慧，译. 上海：华东师范大学出版社，2019：410.

过程，是主体在实践的基础上对无限发展着的客观世界的动态认识。"① 总之，在学习活动中，知识不仅仅是人类认识成果的事实存在，更是一种价值存在和意义存在，教育者应该站在学生的角度理解知识，关注教育学知识观，实现学生有意义的学习。

（二）在教育学立场下知识的性质基础上的学习

知识是学习活动中不可或缺的组成部分，学生的学习离不开对教育学知识观下知识性质的解读与反思。"从生命立场、过程取向和价值关怀的角度看，教育学中的知识是基于前人的认识成果，通过师生互动而产生的新的意义系统。"② 不仅仅具有客观知识本身固有的假定性意义，更要具有基于客观知识与发展主体的价值关系，通过多元化的学习活动对发展主体具有现实意义和个人意义。此外，从教育的生命视野来看，教育学知识观强调知识是人生的内在自我经验，是处于不断变化、更新和创造中，并且需要主观参与的过程，是带有主观色彩的约定，是可变的、多元的。③ 知识的学习是一个动态生成的过程，不会凭空出现，"知识脱离了人的思考就只能成为静止的信息，信息只有经过人的加工才能成为知识——但这种加工不能只是接受式的加工，而应当基于分析和怀疑的基础之上。"④ 需要学习者主动参与学习过程，结合已有经验不断进行自我建构更新，富有一定的个人色彩与价值意义。总之，教育学立场下的知识并不是独立于学生主体的客观存在，它是在学生的智慧加工下，由一串单纯的事实符号罗列走向蕴含丰富价值意义的知识意义网，知识的外在表征本没有意义，是学习者基于自身经验的理解建构赋予其灵魂。

从教育学立场来看，"知识是对'对象'的认知和把握，思想则是对

---

① 潘洪建．知识本质：内在、开放、动态——新知识观的思考 [J]．教育理论与实践，2003（02）：1-6.
② 郭元祥．知识的教育学立场 [J]．教育研究与实验，2009（05）：1-6.
③ 燕良轼．教学的生命视野 [M]．长沙：湖南师范大学出版社，2010：86-95.
④ 王松涛．对话教育之道——做自觉对话的教育者 [M]．北京：教育科学出版社，2010：73.

'意义'的诠释和理解"①，教师应该树立教育学立场下的知识观，注重知识的个性化意义。学习者的学习应在教师的引导下，通过感知、体验、反思等一系列活动实现个体生命与知识相遇，让思考为知识赋予自身独一无二的意义与价值，实现个体的生命成长。相反，学生仅将知识视作乘法口诀、文字组成的诗、数学定理等事实结果，通过机械地复述背诵记忆，最终也只能将这些事实结果一成不变地位移到大脑里，单单占用大脑的短时记忆内存，没有在人的生命长河里激起任何水花，更不能给人的生命带来意义价值。因此，学习应是在理解知识性质的基础上不断思考并主动与自身经验相结合进行意义赋予的过程。

二、知识的结构与学习

知识是人类认知的基础，具有严谨、稳定的内核结构。要精准、深度掌握某个知识，首先要剖析知识的内在结构。

（一）已有的知识结构观点

结构是指事物内部各要素之间的相互联系、相互作用的方式，是组成整体的各部分的搭配和排列。所有知识都是具有结构的，只有进入知识的内在结构，才能帮助人们深入地思考知识的意义以及如何基于知识的结构去学习。布鲁纳指出知识至少有三层依次递进的阶梯，分别是行为把握、图像把握、符号把握。② 行为把握是指学生通过行动学习；图像把握则是指学生以感知材料为基础，通过图像学习；符号把握是指学生通过语言学习。郭元祥教授认为知识的结构由符号表征、逻辑形式以及意义三个部分组成，具体而言，符号表征是指人对世界的认识结果；逻辑形式是指人认识世界的方式与过程，包括知识构成的逻辑过程和逻辑思维形式；意义是指知识"内具的促进人的思想、精神和能力发展的力量，是知识与人的发

---

① 苏敏. 教育学的学科性质和知识性质 [J]. 当代教育科学，2015（15）：7-10.
② 钟启泉. 现代课程论 [M]. 上海：上海教育出版社，1989：136.

展之间的一种价值关系"①。这种知识结构划分指向了学生的深度学习，即学习要超越表层性的知识理解，深层追问知识背后所隐含的思想、意义以及思维方式。李润洲在探讨学科核心素养时，从过程与结果两个角度对知识结构作出了解释。从过程来看，"知识呈现由'价值旨趣＋问题＋方法（论）＋事实或概念性知识'构成的顺序结构"②；从结果来看，按照知识的抽象程度，将知识分为事实或概念性知识、方法性知识与价值性知识的层级结构。

由此可见，虽然不同视角对知识结构的划分遵循的逻辑和划分结果不同，但它们都强调剥离知识的表层，深入剖析知识的内部结构，帮助学生全面理解知识的内在结构。学生的学习不再仅限于简单习得符号表征，而是需要超越符号表征，运用已有知识和经验技能来解构知识固有的逻辑结构。在此基础上，学生通过同化和顺应自主内化知识，重建个体心理结构，直至达到平衡。

（二）基于知识结构的学习

知识是人类经验积累的成果，也是教育教学的载体。学校教育的使命就是将这些人类积累的经验经过选择、组织加工后由教育者传递给受教育者，从而将人类知识转化为个体知识。人类知识转化为个体知识离不开学习者主体对知识结构的学习，只有在思维探究过程中深入结构获得的知识才能被学习者内化吸收为个体知识，从而实现迁移与运用。然而在以往学习过程中，传统的填鸭式教学往往采取直接灌输的方式，不重视知识背后思维等深层次的理解与建构。这类浅层学习习得的大多为不成体系的"惰性知识"，以碎片化的形式散落在学生的脑海中，易遗忘且不易吸收，更谈不上迁移运用。学生学习不能止步于对知识符号的简单提取与记忆，而

---

① 郭元祥. 知识的性质、结构与深度教学 [J]. 课程·教材·教法，2009（11）：17-23.

② 李润洲. 学科核心素养的培育：知识结构的视域 [J]. 教育发展研究，2018（Z2）：43-49.

应触及知识的核心与本质，深入分析知识的内在结构，进入知识符号背后的思想、方法、逻辑、价值和意义。"素养的发展一定是在坚实的、结构化学科知识基础之上，必然是超越学科事实，指向学科观念和思维方式，进而才能构成素养生成的内容知识基础。"① 因此，任何知识的学习与转化都不能仅仅停留在知识的符号层面，而是要逐渐走向深刻，理解知识结构的来龙去脉，最终实现知识意义的生成，即基于知识结构实现深度学习。

学生在学习中对知识应抱有知其然必要知其所以然的信念。不仅要知道知识"是什么"，更要对知识的逻辑形式进行探究，逐渐明了知识中的思维结构和思维方法，从而将客观的符号知识内化为个人的认知结构，实现转知成智，清楚隐含在知识背后的"为什么"和"怎么样"。例如，在一节历史课堂中，学生除了要达成了解一则历史故事的基本学习目标，还应有意识地学会分析当时故事后果的成因，用历史学科特有的批判性思维方式来看待历史现象和延展历史认知，从而实现知识意义的多种可能性。此外，"要让学习更加深入，需帮助学生从符号学习转向意义建构，这一转变的途径就是知识的运用"②。知识的运用是学生深入了解知识内部结构的关键，使他们能够像专家一样在真实情境中发现、提出、分析和解决问题。只有掌握了知识结构，学生才能灵活运用知识解决实际问题；通过运用知识解决问题，知识结构的意义才能够得到进一步完善。"深度教学的实现应摒弃知识结构与知识运用的二元论，应注意到两者间互为基础与前提的逻辑关系"③，知识结构是知识运用的前提，而知识运用则是知识结构的目的，二者相辅相成。学生学习知识需要从符号学习转向意义建构，并通过知识的实际运用将符号学习提升为更深层次的意义获取，帮助他们获

---

① 张良. 深度教学"深"在哪里？——从知识结构走向知识运用 [J]. 课程·教材·教法，2019（07）：34-39＋13.

② 邹国华，童文昭，杨梓生. 让深度学习发生：知识结构的视域 [J]. 化学教学，2023（05）：25-30.

③ 张良. 深度教学"深"在哪里？——从知识结构走向知识运用 [J]. 课程·教材·教法，2019（07）：34-39＋13.

得个性和生命的成长。

三、学习中的人知关系

知识与人之间有着天然的联系，知识与人之间的关系不仅是学习论的问题，更是一个关涉个体发展的问题。学生的知识学习，其实质就是建构学生与知识之间的关系。随着课程改革的深入，学生与知识之间的"认知关系""占有关系"受到多方面的批评，人知关系逐渐从对象占有走向双向互动、从价值无涉走向价值负载、从符号认知走向意义关系。

（一）从对象占有走向双向互动

"占有的关系是认为人与世界的关系是占有者与被占有者的关系，是一种我想把每一个人、所有的一切包括我自身在内都变成我自己的财富的关系。"[①] 学校教育中的知识占有关系，指的是个体将知识作为对象来加以理解与接受，这种占有关系是单向度的，知识被认为是固定的客体与对象，个体学习知识的过程被看成是个体将固定的客体"拿来"为己所用的过程。这种对知识单向的、对象化的占有，将知识作为财富去接受，将知识物质化、功利化与工具化了，知识中所蕴含的丰富的人文性被泯灭了，知识中所蕴含的对个体生命、生活、精神、情感的丰富价值被抛弃了。

随着知识观的演进，人知之间的占有关系受到越来越多的批评和反对，个体与知识之间的关系需要从占有走向互动，即建立人与知识之间双向互动的关系。"只有当学生在互动中充分理解课程知识的精神内涵并内化为自身的精神组成部分时，课程知识对人的成长的意义才能得以充分体现。"[②] 人知之间的双向互动关系，是指个体与知识之间主体间性关系的建立，人与知识不再是主体与客体的关系，个体的知识学习也不再是主体对客体知识的单向认知。在双向互动关系中，个体与知识是交互主体，个体

---

① 齐慧甫. 占有与存在——论学生和知识关系的重建 [D]. 石家庄：河北师范大学，2005.

② 赵荷花. 教育学立场的课程知识研究 [D]. 武汉：华中师范大学博士后出站研究报告，2014.

的知识学习是体现主体间交互关系的活动，个体与知识是共在的，个体参与知识的产生与建构，而知识也参与个体的生成与发展。具体而言，在人与知识的双向互动关系中，知识不再是外在于个体，而是与个体的情感、精神、生活、人生履历等密切相关；知识学习不再是"无人"的活动，而是充满生命气息的旅程，是个体通过双向的互动，将自身的精神、人格投射到知识中，改变了知识"非人格化"的特性，使知识具有了个体性。在人知双向互动过程中，以往将知识抽象化、将认识者抽象化的观念得以改变，知识和认知者都是具体、生动的，知识被个性化，认知者是充满了独特的个性色彩和浓厚的生命、生活色彩的个体。知识学习的过程是"焕发生命活力"的过程，因为只有当学生在互动中充分理解课程知识的精神内涵并内化为自身的精神组成部分时，课程知识对人的成长的意义才能得以充分体现。

（二）从价值无涉走向价值负载

知识的"价值无涉"是指知识是客观的、普遍的、纯粹事实性的，不存在任何价值关涉、价值判断或价值选择。价值无涉的知识是去人格的，是文化无涉的，也是非意识形态的，其中不掺杂任何主观的和与人有关的东西。在学校教育中，知识的价值无涉影响着一切与知识相关的要素，教学被认为是将人类认识成果传递给学生的活动，只注重对学生进行符号、方法和规则的传授，以及对学生进行理性能力和逻辑思维能力的培养，而忽视了通过知识对学生进行伦理道德、生活意义和生命价值的引导。随着现代知识观的发展及人与知识关系的进一步深化，知识的普遍性被证伪，知识的客观性、纯事实性和中立性受到质疑并随之瓦解，知识的生成性、主动建构性、情境性、文化性、互动性、大众性、平等性等得到了普遍的认可，价值无涉的知识观逐渐失去了根据。

"凡是人与客观世界发生对象性关系的领域，都存在着各种形态的价值关系。"① 教育是价值负载的事务，一切教育形式都应该是价值教育或蕴含着价值的教育，无论是知识，还是各种与知识有关的活动，都是以价值为先决条件，都不可能是价值无涉，而应该是价值负载的。对于知识而言，不仅所有知识的产生是受到一定的价值引导的，而且知识本身就体现着一定的价值要求与期待，这一点在人文知识里面体现得尤其明显，"因为在人文领域里永远都不存在纯粹的事实，有的只是价值建构的事实；也永远不存在价值中立的语言表述，有的只是一定历史文化中形成的独特概括和原理表述"②。当然，不仅人文知识是价值负载的，自然科学知识、社会科学知识、工程科学知识同样也是价值负载的，是反映价值和追求价值的。知识是负载意识形态的，知识的产生交织着复杂的意识形态的关系，"不存在绝对'纯粹'的知识，在知识的背后不仅潜藏着研究者的兴趣、爱好、而且还有社会趣味、权力、利益乃至偏见"③。知识还负载着意志、公平、善良、勇敢、正直、宽容等品质，负载着人类几千年的文化遗产，而文化负载是价值负载的重要体现。因此学生的知识学习要注重人文性和生活性，实现从科学认识论到生活认识论的转化、从"物的世界"到"人的世界"的转变、从"事物世界"到"人格世界"的转变，真正让知识及其学习走进人的现实生活世界。

（三）从符号认知走向意义关系

知识首先是一种符号性的存在，符号是人类记忆和表达实际存在的事物、行为及思想的各种记号，也是知识存在的主要形态。符号认知成为人与知识之间最基本、最直接的关系，反映的是一种认识论知识观，认为个体学习知识就是学习客观事物本身及其特性。在符号认知关系中，知识被

① 陈贵山. 人的认知关系和人的价值关系的统一和倾斜与文学 [J]. 社会科学战线，1997 (3)：109-117.

② 李晓峰. 浅议知识转型视界中的课程变革 [J]. 现代教育科学，2003 (4)：14-17.

③ 王金娜. 论课程知识与权力主体的关系——基于合法性的视角 [J]. 四川教育学院学报，2006 (5)：1-4.

客观化为供个体认知的材料与对象，隔断了人与知识之间的必要的意义联系。认识论知识观将符号性的知识作为第一位的东西，而忽视了认识者个体的欲求和意志，抽干了知识的文化底蕴，认知者和认识对象之间是一种纯粹的主客关系，人与知识之间的其他关系被完全割裂开来。事实上，知识应该是要去关切儿童的幸福生活，拓展儿童的精神自由，理应与儿童丰富的意义世界相联系，进而帮助儿童体验生活、理解生活、理解世界及其相互关系，提升意义世界。

20世纪西方哲学观从知识认识论到知识价值论、从关注知识世界到关注人的意义世界的转换给了教育以新的启示。海德格尔认为："人是一种意义性存在，人所栖居的世界是一个意义世界，只有人有意义世界。"① 人生活的世界不仅仅是纯粹的物理世界，更是一个意义世界，呼吁教育从符号认知向个体意义世界回归。人与知识之间的"意义关系"，是指"一种与人的精神成长和生存处境相连的内在价值关系，它不只关心知识的选择，更关心人对待知识的立场和态度，关心课程处置知识的方式，即知识在课程中的存在方式"②。较之认知关系，人与知识之间的"意义关系"更基础、更深层、更根本，也更具包容性。一方面，意义关系不排斥认知关系，因为正是人对知识的认知为意义关系的建构提供了最基本的条件，为意义关系的形成打下了基础；另一方面，意义关系的层次更深，不仅关注学习者个体心理意义的建构，同时也强调学习者精神意义的建构，它与个体的精神家园息息相关，"是一种与人的精神成长和生存处境相关联的内在价值关系"③，能够对个体有意义的生活给予滋养与护持。意义关系的建构是学习者通过与知识的相遇所产生的意义追求，是学习者对主体意义世

① （德）海德格尔. 存在与时间 [M]. 陈嘉映，王庆节，合译. 北京：生活·读书·新知三联书店，2006：177.

② 郭晓明. 知识与教化：课程知识观的重建 [J]. 华东师范大学学报（教育科学版），2003（2）：11-19.

③ 周燕. 从知识的外在意义到知识的内在意义——知识观转型对教育的影响 [J]. 全球教育展望，2005（4）：29-33.

界的不断丰富与完善。人知之间的意义关系根植于人对"如何生活才有意义"这一人之为人的根本问题的追问和思索,学习者学习知识不以"占有知识"为目的,而以个体精神的成长为目的,学习活动指向儿童的整体生存,是儿童的生命意义不断显现的过程。

第三节　学习与教学

"课堂教学过程是教与学动态统一的过程,师生双方在教学活动中构成了一个矛盾统一体,既对立又统一,既相互依存又相互矛盾。"[①] 共性与个性共存,既相互联系,又存在差异。本节主要先对两者关系进行梳理,再分析二者作用对象及功能的差异,在此基础上探讨在教师教导下的学习。

一、学习与教学的关系澄明

"教"与"学"的关系问题是学习领域的重要研究问题,梳理二者关系的发展脉络可以为教师的教育实践提供参考。

（一）学习与教学关系探讨的历史

追溯学习与教学两者关系发展的历程,可以发现:"中国和西方都走过一个研究'教'或者研究'学'的单向度依次转变的漫长过程。"[②] 在最初的认知中,"教"与"学"没有严格区分,处于浑然一体的状态。后来,"学习"与"教学"逐渐分化出来,成为两个独立存在的研究个体,处于并列平行的状态,出现单中心论,即"以教为中心"或者"以学为中心"。"'学'为中心是中国教育的文化基因"[③],中国古代教育家主要以"学"立

---

① 章家谊. 共生视域下课堂教与学的关系重建 [J]. 教育理论与实践,2020 (19):59-62.

② 刘旭,苟晓玲. 从摇摆到统一:教与学的关系辨正 [J]. 现代大学教育,2021 (02):16-23+111.

③ 方展画,弓静. "教"与"学":学校教育的博弈与回归 [J]. 理论与改革,2018 (10):93.

论，认为教学也是不同途径的学习；反观西方教育家，主要站在"教"的视角开展研究，比如苏格拉底的"产婆术"、赫尔巴特的"五段教学法"等。

随着对教育认识的逐步深入，人们突破了以往教学与学习相互独立的认知局限，认为教学与学习存在错综复杂的联系，教师的教与学生的学这两者活动本就处于同一个共同体，对两者关系的认识出现了二元对立论，即学习与教学二者谁决定谁的争论，进而引发了学术界究竟是"以学定教"抑或"以教定学"的长期争论。相较于单中心论，二元对立论看到了教学与学习之间存在着密切联系，在两者关系界定上迈出了崭新一步。然而，二元对立论并没有表明一个坚定的立场，也并没有清楚阐明教学和学习究竟是何种关系。

随着课堂教学改革的不断推进，陈佑清教授指出："教与学之间不是以平行的两个部分相加的关系构成完整的教学过程，也不是以一般意义上的合作关系构成一个教学活动整体，而是以条件性（手段性）活动与本体性（目的性）活动之间的功能关系构成教学活动的整体。"① 教与学辩证统一，彼此存在差异且相互依赖，不可相互替代。陈佑清教授将学生置于中心地位，强调学习的重要性，批判过度重视"教"的立场。然而，学习中心论虽然认识到教与学的联系是基于以学习为主的前提，却忽视了教与学在作用过程中相互生成、相互转化的重要性。

无论两者关系如何定义，教与学本就是不可分离的存在。著名教育心理学家杜威就曾"把'教'比作'卖'，把'学'比作'买'，教学就如同买卖一样，足见其结构相融、关系相通"②，要想达成买卖，二者缺一不可。没有了学，教就不能称为教学，没有了教，学习也不能真正发生，任何学习都是在教学的基础上进行的，包括学生的"自学"。因此，教与学

① 陈佑清. 建构学习中心课堂——我国中小学课堂教学转型的取向探析 [J]. 教育研究，2014（03）：96-105.

② 众告. 教学与学习 [J]. 开放教育研究，2019（03）：121.

的关系实际上是辩证统一、相互影响、相互依赖、共生共长的。统一是理解教与学关系的关键，"在辩证统一的关系语境下，'教'与'学'是可以各自单独存在，而又高度统一的状态，在教学这一活动中承担着互相支撑、相互作用的责任与义务，学是教主导下的学，教是为学服务的"[①]。也只有基于这种关系下才能实现两者真正的相互作用，你中有我，我中有你，相互交织，才能成就教学与学习的真正发生，为未来教育开辟新的视域与更多的可能。

（二）相关结论

在教学与学习关系的定义上，经历了最初的单中心论阶段，到二元对立论，再到学习中心论（分离论），学者们对两者关系的界定不断深化、不断更新，确立了教与学的密切关系，力求实现两者共生共融。学习中心论认为教学与学习功能上的差异，即学是目的（本体），教是条件（手段），构成了教学活动的主体。在教与学之间的关系中，学生的学可以促进教师的教，这是长远目标，而从即时效果来看，学生的学也会反过来影响教师的教，这种相互促进、相互影响的教学相长的延伸意义正是教师的"教"与学生的"学"之间的关系。因此不能仅断言为教师的教是条件性活动，两者本是相互作用且融合共生的。"从教师与学生的共在关系角度来看，教师的教与学生的学之间不是二元对立关系，也不是单向的线性连接关系，更不是条件与主体的关系，而是具有联合性质的双向交融关系。"[②] 教师的教与学生的学本就密切联系、相互交织。这一观点破解了教与学相互矛盾冲突的局面，教与学的关系由疏离走向紧密，为以后的学者研究教学与学习的关系提供更为科学的视角与思路，也为研究学习领域奠定重要基础。

---

① 刘旭，苟晓玲. 从摇摆到统一：教与学的关系辨正 [J]. 现代大学教育，2021（02）：16-23＋111.

② 王芳芳. 对学习中心教学论的质疑与批判——兼论教学过程中教与学的关系 [J]. 教育学报，2022（03）：47-57.

二、学习不等同于教学

教学与学习是辩证统一关系，既相互联系又存在差异，承认教学与学习的差异是实现教与学辩证统一的前提。

（一）两者作用的对象不同

"教师之'教'是'为学而教'，而非'为教而教'。"[①] 这里的"学"不是指学科，广义上指学生，狭义指学生的学习活动，即教师的教学是为了督促学生学习活动，促进学生的发展而"教"的。从本质上来看，就是要让教为学生服务，以教促学。"学生之'学'是教师之'教'的前提，是'教'存在的主要依据，无'学'便无'教'，有'学'才有'教'。"[②] 试想，如果在教学中不以学生的学习活动为教学对象，那么教学便成为了机械的物理运动，失去了进步的动力与方向，这样的"教"便成了无源之水、无本之木，不能实现教学的意义价值。

传统的学习观认为教学的对象是学生的学习活动，学生的学习对象是知识、课程。[③] 从广义上来看，学生学习的对象与内容是丰富多样的，并不局限于知识，依据加涅学习结果分类可以得出学生学习作用的对象是五种不同能力，即言语信息、智慧技能、认知策略、动作技能和态度，[④] 从传统的关注言语信息扩展到关注技能，尤其是认知策略。从学习目标的分类来说明学生的学习对象，例如以前的双基、三维目标再到如今的核心素养。无论基于何种视角对学习作用的对象进行分类，都可以看出学生学习与教师教学的对象存在差异，教师教学的对象一般是学生的学习活动或者学生的发展，侧重于学生主体。学生在学习活动中进行知识、技能、态度等对象的学习，或者通过学习知识、技能等来实现发展，主要指向学习的

---

① 王鉴，王明娣. 课堂教学范式变革：从适教课堂到适学课堂 [J]. 山西大学学报（哲学社会科学版），2016（2）：93-100.

② 王鉴. 论教师专业发展之"教"与"学"及其关系 [J]. 云南师范大学学报（哲学社会科学版），2019（06）：104-110.

③ 罗祖兵. 初等教育课程与教学论 [M]. 北京：北京大学出版社，2018：153.

④ 皮连生. 教育心理学 [M]. 上海：上海教育出版社，2011.

内容。

（二）两者功能不同

除了两者作用的对象有差异之外，其功能也不同。真正能反映教与学之间差异是教导和学习在教学过程中的功能。"教师教导的功能在于，它是引起学生能动活动，并促进学生有效活动的手段（条件）；学生学习的功能在于，通过自身能动、有效的活动落实自身身心发展或实现教学目的，因而学习是教师教导作用的目的（本体）。"[①] 教导（学）是手段，学习是目的，功能不同也表明两者之间互相依赖，彼此不能代替。王策三教授也表明过类似观点，即："教师的主导作用必须也必然有一个落脚点，这个落脚点只能是'学'；教学所追求的目标和结果，一定要在学生的'学'中体现出来。"[②] 这也从侧面反映了教学的功能是为学生的学习服务，为学生的学习方向、内容、进程、结果等提供指导与负责，学生的学习主要是在教师的引导下结合已有经验对信息进行加工、直至完成自主建构等一系列过程来促进自身智力发展，强调学生作为实践（学习）的主体，是通过自己的实践活动与外界环境相互作用而进行的自我塑造。[③] 教师的指引为学生的自我学习与自我实现提供一种可能性，起着激发与促进作用。

如果将学生的发展看作学习活动的最终结果，那么教师的教学是达成结果的外因，学生的学习过程则是内因。从哲学视域来看，外因通过内因起作用，教师的"教"功能是促进学生的学习，而学生的"学"功能是实现学生的发展，两者功能不同，但体现了因果关系的层层递进。教学对学生的发展起间接作用，主要是通过帮助学生能动地参与学习活动，有效地完成学习活动的过程来间接促进学生的发展，而学生的学习则对发展起直接作用。例如，在学生初次接触分数时，教师并不直接讲授分数的表现形

---

① 陈佑清. 建构学习中心课堂——我国中小学课堂教学转型的取向探析 [J]. 教育研究，2014（03）：96-105.

② 王策三. 论教师的主导作用和学生的主体地位 [J]. 北京师范大学学报，1983（06）：70-76.

③ 曹树真. "引导"中"生成" [D]. 武汉：华中师范大学，2004.

式和意义，而是先通过分物等学生熟悉的情境，让学生经历分物过程并提出疑问。比如："两个苹果、一个苹果能分别用数字 2、1 表示，那半个苹果能用数学的方式进行表达吗？"来激发学生的认知冲突。接着，学生通过画一画等实践活动，在多种表达方式中体会到分数 $\frac{1}{2}$ 作为表达部分与整体关系的优越性，感受到分数产生的必要性和意义。最后，再通过"折一折""涂一涂""说一说"等方式，根据对分数的理解创造新的分数，加深对分数意义的体验和理解。这样一来，分数的初步认识就在教师的循循善诱中逐渐形成，在折一折、涂一涂、说一说等实践中自然习得。

三、在教师教导下的学习

学生的学习离不开教师的教导，"无'教'之'学'虽然存在，却因没有教师的引导而很难真正登高望远、知明而行"[①]。韩愈在师说中提出"师者，传道、授业、解惑也"，学生在教师的有效教导下方能青出于蓝而胜于蓝，教师的教导与学生学习紧密联系，对其起着至关重要的作用。

（一）教师教导引领学生的学习方向

我国教育的根本目的是培养德智体美劳全面发展的社会主义建设者和接班人，教师应在教学过程中体现国家意志，指引学生朝向德智体美劳的方向发展。例如，随着义务教育语文课程标准不断修订与革新，教学目标从重双基到三维再到核心素养发展，语文教学侧重点也发生变化，由注重基础知识和基本技能转向语言运用、审美创造、文化传承等核心素养发展。

此外，"学生学习的根本特点在于它是在教师的组织引导下，高效率地朝着预定目标前进"[②]，因此，学生学习的方向离不开教师的教导和指

---

① 郭华. "教与学永远统一"再认识——教学认识论的视角 [J]. 四川师范大学学报（社会科学版），2017（01）：75-83.

② 王小英. 对教学活动中"教"与"学"关系的审思 [J]. 东北师大学报（哲学社会科学版），2012（05）：218-221.

引，教师的"教"启发学生的"学"，引导学生的"学"。虽然在新课改的呼吁下，我们一直强调学习者在学习过程中的主体地位，要求教师学会放手，将学习的主动权还给学生。但在实际教学过程中"学生的中心地位和能动作用是由教师激发、调动和促成的，离开教师的作用，可能永远不会有学生的能动活动"[①]。教师的教导在学生学习中发挥着至关重要的作用，是彰显学生主体地位必不可少的条件之一。因为万事开头难，有了正确的学习方向和目标，才能让学生摆脱迷茫、精准定位，学习方向对了，学习才有可能真正发生。总之，学生的学习特点以及教导的规定性都说明学生学习方向的选择需要在教师的教导下进行，这样既能引导学生的学习方向，也能为学生高质、高效的学习保驾护航。

（二）教师的教导指导学生的学习过程

在加涅看来，学生的学习过程与记忆的信息加工过程是密切联系在一起的，他将学生的学习过程分为八个阶段，即动机、领会、习得、保持、回忆、概括、作业和反馈。教师的教导作为一种外部事件，教学阶段应该与学习过程相吻合（见图3-1），在学习过程的每个阶段，都有与之对应的教学事件发生，用来指导学生的学习过程。例如，在学生的习得阶段，教师可以根据学生的学习方式以及认知特征提供相应的学习指导。教师教导既要基于学生内部加工过程，又要基于支架影响这一过程。[②] 此外，学生的身心发展特征会对学生的学习产生莫大影响，教师的针对性的支持会促进学生的学习。比如，针对小学生注意力的集中性与稳定性较差，自制力不强等特点，教师需要在学习过程中适时给予提醒、指导注意。

---

① 陈佑清. 建构学习中心课堂——我国中小学课堂教学转型的取向探析 [J]. 教育研究，2014（03）：96-105.

② 施良方. 学习论 [M]. 北京：人民教育出版社，2008：315-324.

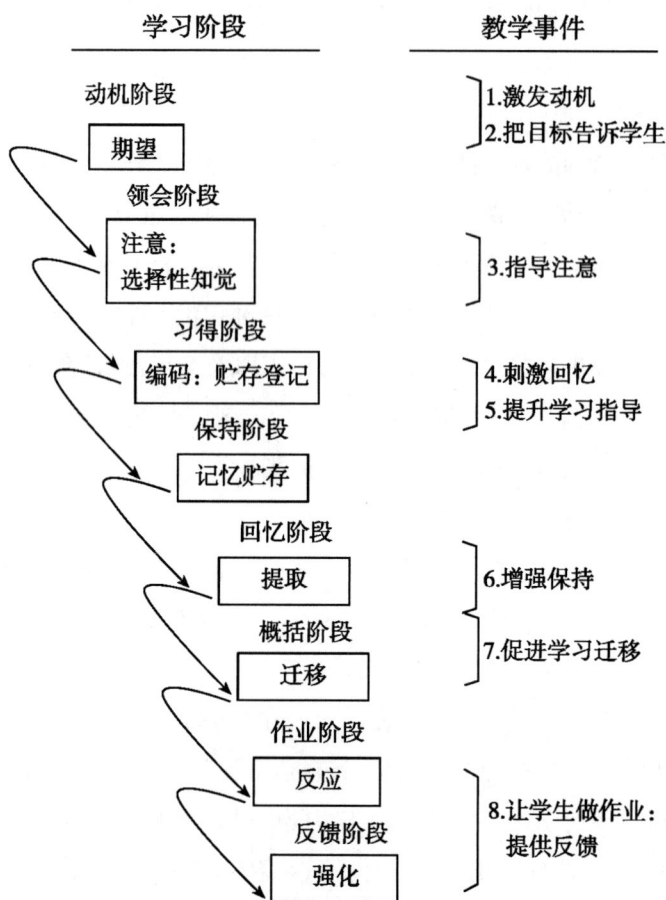

| 学习阶段 | 教学事件 |

学习阶段

动机阶段

期望

领会阶段

注意：
选择性知觉

习得阶段

编码：贮存登记

保持阶段

记忆贮存

回忆阶段

提取

概括阶段

迁移

作业阶段

反应

反馈阶段

强化

教学事件

1.激发动机
2.把目标告诉学生

3.指导注意

4.刺激回忆
5.提升学习指导

6.增强保持

7.促进学习迁移

8.让学生做作业：
提供反馈

图 3-1　学习阶段与教学事件的对应关系①

　　教师的教导对学生学习顺利开展起着不可估量的作用。当学生学习过程中发生方向偏离或错误时，教师可以及时给予引导和评价，使学习步入正轨；当学生在学习过程中因取得的成功沾沾自喜或因失败而一蹶不振时，教师可以指导学生合理归因，重新寻找学习的动机；当学生在学习过程中感到迷茫、身陷困境时，教师可以帮助学生自我剖析、重拾信心。总之，在学习过程中，学生需要教师的及时引导，教师应对学生的学习活动

----

① 　施良方. 学习论［M］. 北京：人民教育出版社，2008：315-324.

进行全方位观察、捕捉问题、适时指导以及评价反馈，促进学生能动参与学习活动和有效地展开学习活动的过程。但教师在进行教导时应把握好度，处理好教导与学习之间的关系，如果对学生的学习过程过多干涉，学生容易成为教师的傀儡，失去学习过程本该有的价值意义，应做到根据学生的学习特点和认知发展阶段，明确不同学习阶段中教导应占的比重，寻找最适合学生学习和成长的教导形式，强化学习过程中的督促引导，促进学生有效学习。

（三）教师的教导影响学生学习效果

"青，取之于蓝，而青于蓝。"靛青是从蓝草中提取的，比蓝草的颜色更深。这句俗语通常用来描述师生之间的关系，即学生在教师有效指导下可以取得进步，甚至超越教师，这充分说明"教师的有效教导是学生学习有效的前提和保障"①。维果茨基的"最近发展区"理论认为，学生的发展包括两个水平：学生的现有水平，即独立解决问题时的水平以及学生可能的发展水平，即通过教学获得的潜力，可能的发展水平表示学生的潜在发展能力可以在教师的指导下被激发出来，教师的有效教导将显著影响学生的学习效果。

教师作为专业人员，经过专门的教育和训练，会直接影响学生的学习效果。但是使用的教学方法不同，影响效果也会有所差异。如果教师只是机械地传授知识，学生往往只能达到浅层学习，难以进行灵活运用。对学生而言，他们如何学习比学习什么更为重要。② 科学有效的教学不仅要求学生"学会"，还需引导学生"会学"。例如，在小学数学课上教授"鸡兔同笼"问题时，重点不仅仅是解决这道题，而是引导学生在猜想、实验、推理等数学探究中体会简化复杂的思维过程，体验假设法的优越之处，帮

---

① 王小英. 对教学活动中"教"与"学"关系的审思 [J]. 东北师大学报（哲学社会科学版），2012（05）：218-221.

② （新西兰）戈登·德莱顿，（美）珍尼特·沃斯. 学习的革命——通向21世纪的个人护照 [M]. 顾瑞荣，等译. 上海：上海三联书店，1997：73.

助他们构建解决"鸡兔同笼"问题的数学模型，实现从一个问题延伸至一类问题，帮助学生形成初步的模型意识。除此之外，教师的引导不仅对学生的学习效果有深远影响，还需培养学生的学习主动性与积极性，要深入学生内心，激发他们的主动探索精神，尊重他们的情感，引导他们构建知识和生命的意义，从而促进学生由被动学习转变为主动学习，实现可持续发展。只有这样，教育才能真正承担起立德树人、培养学生核心素养的重要使命。

第四节　学习与教师

教师是学习活动中的重要主体之一，其角色定位、与学生的关系及其发展都会对学生的学习产生影响。

一、学习活动中的教师角色

随着教育改革的深化，学生的学习方式和内容都发生了巨大变化。教师作为学生学习活动中的关键角色，面对新时代的挑战和机遇，必须不断调整和反思自己的使命和职业。[①] 梳理和归纳不同视角下教师角色定位情况，有利于更好地应对把握教师新定位。

（一）不同视野下教师角色研究

随着新课改的不断落实，教师在学习活动中的角色备受学界关注。在学校教育领域，教师角色可以理解为：教师在学校教育中为实现与其身份地位相对应的权利和义务时所表现出来的符合社会期望的态度与行为模式的总和。[②] 教师角色是一个动态、多维多层面的立体复合结构系统，呈现出多样性的结构特征。

---

① 联合国教科文组织. 反思教育：向"全球共同利益"的理念转变？[M]. 联合国教科文组织总部中文科，译. 北京：教育科学出版社，2017：10.

② 张爱琴，谢利民. 教师角色定位的本质透视 [J]. 教育评论，2002（05）：41-44.

1. 不同教育阶段的教师角色研究

根据不同阶段学生的身心发展特点不同，学者对教师角色的期许与现实定位也随之不同（见表 3-3 所示）。总体来看，高等教育阶段教师承担的角色类型最为多样，不仅是教育者，而且是学习者，更具有独特的社会形象定位；中小学教师主要承担教学角色，而幼儿园阶段教师不仅要承担教学角色，而且要撑起儿童生活的照顾者的角色。

表 3-3　教育阶段视角下的教师角色研究

教育阶段	研究者	教师角色	
幼儿园阶段	吴昀①	中介者	帮助儿童获得新知、引导儿童习得策略、鼓励儿童主动参与
		记录者	记录幼儿的具体行为与表现
		唤醒者	唤醒儿童对新知的渴慕、对真善美的敬仰、对自我成长的追求
小学阶段	徐洁思②	学习的引导者、师生平等的交流者、学习兴趣的激发者、课程的设计者以及教学的研究者	
中学阶段	周丽珍③	基于慕课潮流的背景下，教师是慕课模式的先行者、开发团队的合作者、学生学习的引导者、教学活动的研究者	
高等教育阶段	解继丽、罗明东④	教师个体定位	教者、管者、研者有机统一
		学习角色定位	主导者、促进者、合作者
		社会形象定位	专家学者、有道德者、负责任者

---

① 吴昀. 幼儿园教师在课程实践中的角色与价值 [J]. 学前教育研究, 2015 (09)：64-66.

② 徐洁思. 新课改背景下小学教师角色转变探讨 [J]. 科学大众（科学教育），2018 (02)：168.

③ 周丽珍. 慕课潮流下中学教师角色定位及转换研究 [D]. 西安：西北大学，2015.

④ 解继丽，罗明东. 高校变革与大学教师角色重塑 [J]. 学术探索，2017 (10)：142-145.

2. 不同学科领域的教师角色研究

学科领域视角下教师角色的定位主要基于微观层面的研究，教师在某一具体学科领域中的角色塑造，重点强调教师的专业知识和能力素质等方面（如表 3-4 所示），因而教师角色定位具有一定特殊性，代表的教师群体有限，不能广泛推广至整个教师行业。

表 3-4　学科领域视角下的教师角色研究

学科领域	研究者	教师角色
语文	高晓燕①	与学生平等的对话者与促进者、教学的组织者、终身的学习者以及教学的合作者
英语	王晶、李明君、徐万海②	学生学习的指导者、组织者、合作者，学习资源的提供者，教学成果的评估者和良好师生关系的构建者
数学	高旭③	数学素质的促进者，数学教学的设计者，以及数学活动的组织者、引导者、合作者
体育	刘华荣④	体育知识的传授者、学生的榜样、集体的领导者、人际关系的艺术家、心理辅导者以及学者和学习者

3. 不同时代背景下的教师角色研究

时代背景不同，学者对教师角色的期许与现实定位也随之不同（如表 3-5 所示）。具体而言，随着技术的发展和教育理念的更新，教师角色由课堂的主导者向促进者、指导者转变，承担的角色更加多样。

---

① 高晓燕. 谈新课改背景下语文教师角色的定位 [J]. 中华活页文选（教师版），2021（06）：125-126.

② 王晶，李明君，徐万海. 对大学英语教师角色重新定位问题的思考 [J]. 教育探索，2011（08）：105-106.

③ 高旭. 数学课程标准理念下的教师角色 [J]. 现代盐化工，2019（02）：169-170.

④ 刘华荣. 新时期高校体育教师角色定位的再审视 [J]. 体育与科学，2013（04）：116-120.

表 3-5 时代背景视角下的教师角色研究

时代背景	研究者	教师角色	
在技术变革的视域下	罗莎莎、靳玉乐①	口语传播时期	劳作生产经验传递者和部落文化传承者
		手抄文字传播时期	立德修身的教化者、注重人逻辑思维训练的"产婆家"
		印刷和电子传播时期	课堂教学的独白者、课程方案的忠实执行者、教育"GDP"的追逐者
		网络传播时期	课程革新者、"平等中的首席"、终身学习者、学生学习的指导者和促进者
在智慧教育时代下	冯永刚、陈颖②	学生群居属性和个体属性培养者、学生高阶思维能力激发者以及教育研究者	
在现代教育背景下	黄甫全、王本陆③	知识的传授者、学习者、学生的引导者、课程的研制者、教学的组织者、团体的领导者、教育的研究者和文化的创造者	
在社会转型背景下	张华④	现代课程的研究者、知识的建构者以及课堂的合作者	

除此之外,在飞速发展的信息时代,信息技术发展正在改变着世界,

---

① 罗莎莎,靳玉乐. 教师角色的历史演变及其启示 [J]. 现代大学教育,2020 (03):20-27.

② 冯永刚,陈颖. 智慧教育时代教师角色的"变"与"不变" [J]. 中国电化教育,2021 (04):8-15.

③ 黄甫全,王本陆. 现代教学论学程(修订版)[M]. 北京:教育科学出版社,2003:131-135.

④ 张华. 教师角色的校正与开掘 [J]. 四川师范大学学报(社会科学版),2008 (03):53-57.

也改变着教育。为分析智能时代的教师角色定位情况，学者采用质性研究方法，借助分析软件，以编码的方式对国内二十多年来学界有关教师角色转型的文献分析发现（如图 3-2 所示），目前学界对智能时代教师角色转型的共识表现为七大角色：引导者、学习者、设计者、组织者、研究者、心灵塑造者和评估者。[①] 这些角色既表明了智能时代教师发展的理性诉求，也指明了教师角色转型的应然方向。

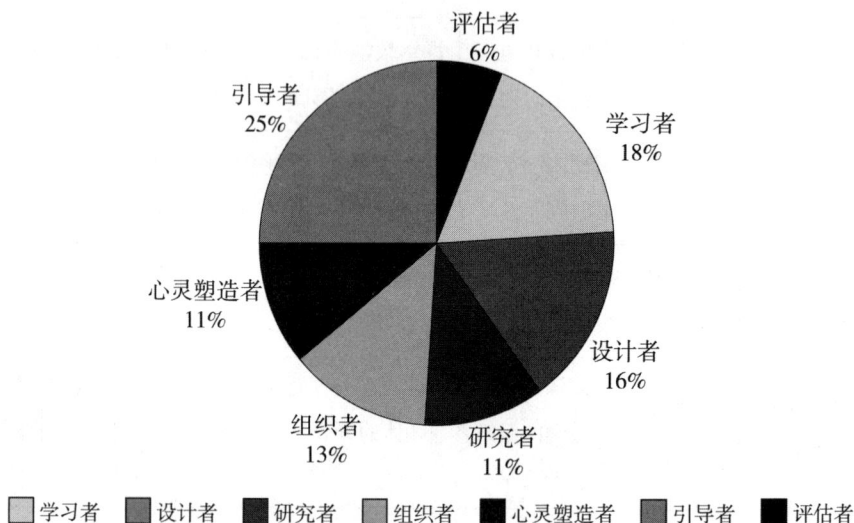

图 3-2　智能时代七大教师角色占比图[②]

　　总之，无论从何种视角来看，教师的角色定位都必须关注学生的学习，围绕学生的学习和教师的发展展开。梳理教师角色演变的过程，实际上也可以从教师角色的演变中发现教育历史的发展以及人们对教师角色的期望的变化。不同视角下，教师的角色定位大致包括引导者、学习者、教育者和研究者等基本角色。已有研究成果对教师的成长和发展具有重要的

　　① 李鑫，易凯谕，钟志贤. 国内教师角色转型研究的共识分析 [J]. 中小学数字化教学，2023（01）：32-37.
　　② 李鑫，易凯谕，钟志贤. 国内教师角色转型研究的共识分析 [J]. 中小学数字化教学，2023（01）：32-37.

指导价值，也为未来教师角色在学习活动中的转变提供了依据和借鉴。

（二）学习活动中未来教师角色塑造

时代的发展给教育带来新理念和变革，学生学习目标和学习理念也迎来了革命性的变革。在素养导向的基础教育课程改革热潮中，发展学生的核心素养和培养全面发展的人已成为共识，教师作为教育中的重要主体，在学生核心素养的发展过程中扮演着重要角色。正如美国学者威尔逊所言："所有对他人高度负责的角色，都要经受相当多的内在冲突和不安全感。"[①] 在发展学生核心素养的漫长路径中，需要教师在教育教学实践中拥有动态的教师角色定位意识，主动转变角色以适应现实需求。

1. 终身学习者

"教师的发展是一个丰富且动态的学习过程和体验连续体，是持续一生的旅程。"[②] 学习应成为教师毕生所修的永恒课题。作为一名教师，需要重视个人的文化维度，丰富自身的知识与经验储备，广泛涉猎其他领域的知识和思想世界。只有具有如汪洋般的丰厚储备才能游刃有余地为学生提供恰到好处的知识灌溉，适应学生发展的需要。同时，学生的向师性表明教师的学习行动能时刻感染学生，在身教重于言传的教育下，学生将渐渐具备终身学习的意识与能力，学会学习，直至实现自主发展、落实核心素养的长远目标。一名对世界与科学失去好奇与探索欲望的教师，肯定难以培养出伟大的科学家与发明家，教师要想培养出一名理想中的"人"，首先自己需要具备类似的特质，才能慢慢接近它、实现它。

2. 学习活动中的协作者

教师在学生的学习过程中既非粗暴指挥，也不是简单陪同，而是深入学生的学习过程，以切实参与的姿态协助学生的学习，从以往的监管者转变为协作者。具体体现在教师密切关注学生的学习过程，仔细观察学生的

---

① 郑金洲. 教育通论［M］. 上海：华东师范大学出版社，2000：322.

② 联合国教科文组织. 一起重新构想我们的未来：为教育打造新的社会契约［M］. 北京：教育科学出版社，2022：86.

学习行为表现，认真倾听学生遇到的每一个难题，及时给予沟通与援助，营造合作共赢的学习环境，促使学生乐学善学、学会学习。学生的身体、社会和情感需求是他们学习能力的组成部分，需要得到一个系统的支持。为此，教师必须与学校的其他教师及专家协作，为每位学生提供学习所需的教育支持，包括健康、社会服务、特殊学习需要、家庭的有效参与等各个方面，探索发展学生核心素养的有效路径，通过协作不仅能提高教师的效能，还有利于发挥教育合力。

3. 知识的建构者

在快节奏的信息时代，知识更新飞速，呈现出愈加宽泛的态势。面对堆积如山、不断蔓延拓展的知识，教师要善于甄选识别，抓出能最大化发展学生核心素养的学习内容，探寻将知识转化为学生核心素养的路径，实现将知识在学科中的意义转变为知识在核心素养培养中的意义。此外，信息技术的发展也为学生学习带来诸多机遇，随着信息技术与教育的整合，传统的课本已不能满足学生的学习需求，止步于教材只会阻碍学生核心素养的发展。因此，教师应主动探索慕课、微课等学习平台，不断构建新的学习资源，寻求学生学习方式与内容的突破与改革，"从恐惧技术走向胜任技术，从传递知识走向建构知识"①。

二、学习活动中的师生关系

师生关系主要是在教师和学生交往互动过程中产生的。作为学习活动中基础而不可或缺的一环，师生关系一直是教育研究领域中的热门话题。通过对学习活动中师生关系的梳理，能够从中窥见社会与教育文化的时代特征以及师生关系的演变过程。

（一）学习活动中师生关系的类型

教育的本质是教师与学生的交往活动，对师生关系的正确认识是有效开展教育活动的前提。不同学者在不同视域下对师生关系的划分存在差

---

① 赵磊磊，代蕊华. 人工智能时代教师角色再造路径 [N]. 中国社会科学报，2021-11-05 (004).

异。车丽娜与徐继存将新中国成立70年来的师生关系划分为三个阶段（见表3-6），并将其置于特定社会和历史背景中加以解释，对师生关系的类型进行详细说明（见表3-7），获得了学界的广泛认可。

表3-6　师生关系阶段划分概况①

研究阶段	研究背景	主要内容
1949年至1978年	政治意识形态强力控制下的师生关系研究时期	师生关系是"人民内部人与人相互关系的一种"，倡导"民主平等""尊师爱生"的新型师生关系。（革命的同志式关系）
1979年至1993年	教学认识论视域下的师生关系研究时期	教学主客体关系研究占据主流，主要总结为十种观点：教师唯一主体论，学生唯一主体论，双主体论，主导主体说，三主体论，主客体转化说，复合主客体论，过程主客体说，层次主客体说，否定主客体说；其中，王策三先生于1983年提出的"教师主导，学生主体"观点影响最大
1994年至今	多元视域下的师生关系研究阶段	师生关系是一种生活关系，是互主体性（主体间性）关系，是基于对话和理解的"我—你"关系

表3-7　师生关系主要类型划分②

分类标准	研究者	师生关系类型
依据教师的领导行为、课堂教育行为划分	傅道春	对立型、依赖型、自由放任型和民主型
	田慧生、李如密	专制型、管理型、挚爱型、放任型和民主型

---

① 车丽娜，徐继存. 我国师生关系研究70年：历程与反思 [J]. 河北师范大学学报（教育科学版），2019，21（04）：28-36.

② 车丽娜，徐继存. 我国师生关系研究70年：历程与反思 [J]. 河北师范大学学报（教育科学版），2019，21（04）：28-36.

分类标准	研究者	师生关系类型
心理学角度中,按照师生关系教师评定量表的结果划分	王耘、王晓华、张红川	冷漠型、冲突型和亲密型
按照师生关系的结构、类型及其发展特点划分	姚计海、唐丹	矛盾冲突型、亲密和谐型以及疏远平淡型
依据师生关系模式划分	刘铁芳	主—客体教导模式、主导—主体引导模式和主体间交往模式
按照对主体性理解的反思与跃迁划分	冯建军	主体性师生关系、主体间性师生关系和他者性师生关系
按照师生关系的存在形态划分	孙俊三、谢丽玲	自然形态的师生关系、经验形态的师生关系和体验形态的师生关系
按照师生关系价值评定的角度划分	曹艳敏、张爱华	功能性师生关系和存在性师生关系
按照师生关系所依赖的哲学基础划分	刘建	实在论的师生关系、现象学的师生关系、批判论的师生关系和整合论的师生关系

不难发现,不同的时代背景与视域会对师生关系的界定产生重要影响,但不论基于何种视角与背景,我们都应具备辩证的眼光,站在特定的社会背景下去理解。师生关系作为社会人际关系的缩影,社会与教育文化的时代特征也会在其中留下深刻烙印。例如,在中华人民共和国成立初期,国家迫切消灭旧社会遗留的封建主义与资本主义思想,在这一阶段,师生关系表现为具有鲜明政治和意识形态色彩的革命同志式关系。

(二)师生关系的未来发展方向

良好的师生关系是学生学习活动有效进行的重要条件,会对学生的学习态度和兴趣等方面产生重要影响。随着发展学生核心素养的时代召唤以及腾讯会议、微信等信息化交流平台的涌入，学生面临新的发展要求，师生交往方式也需要进行创新，重构符合时代需求的师生关系。教师作为师生关系中不可替代的角色，在建立良好师生关系中扮演着至关重要的角色。

1. 巧用信息技术，重视直面交流

随着信息技术的大力发展，网络技术尤其是微信等社交平台为师生之间搭建起"云端互动"的沟通桥梁。师生交流变得自由便捷、交流形式多样的同时，也为师生互动带来了更大的挑战，即面对面互动意愿降低。因此，在与学生的沟通交流中，如何平衡好人与技术的交互关系，是每位教师应该思索的问题。具体应做到两点：一是要真正领悟"善假于物"的真谛，真正实现信息技术为"我"所用的同时，也能培养学生有效获取、鉴别、使用信息的能力，为培育核心素养奠定基础。二是教师要善于创设真实交流情境，减少信息技术依赖。在学习之余，教师应创造尽可能多的直面交流机会，保证充足的人际交往时间，促进师生关系的深化乃至升华。共同的活动经历和面对面的直面接触才更有利于情绪信号的传达和深厚人际感情的形成，这是信息化技术难以替代的"人情味"。

2. 师生之间民主平等但有界限

随着新课改的推进，师生关系的研究也在不断深入，"构建民主平等的师生关系已成为学界共识，是构建新型师生关系的核心"[①]。民主平等需要从两方面去落实：一是在学习过程中，师生都是平等的学习主体，知识的获得需要学生在自身已有知识经验的基础上进行自主建构。因此，在学生学习过程中，教师应担任协作者、导师的角色，尊重学生的主体地位。二是在情感交流上，教师应以平等的姿态与学生对话交流，用民主的态度接纳、理解、包容学生的想法，尊重学生人格。民主平等的氛围也有利于感染学生崇尚自由平等，主动承担社会责任。然而，民主平等也需要一定

---

① 王明芳，吴岳军. 师生关系的反思与前瞻 [J]. 教育理论与实践，2013（06）：41-42.

的界限，这需要教师把握好与学生交往的度，不能为了融入集体，而试图与学生"打成一片"，因为这不利于教师正当权利的行使与权威的树立。教师只有"通过其专业地位、权利的维护，才能获得有分量的身份和角色"①，这样学生对教师才能存有敬畏之心，教育活动才能顺利进行。

3. 紧跟时代步伐，寻求学生认同

古人说："亲其师，方能信其道。"只有学生亲近、尊敬自己的师长，才能认同、学习师长传授的知识和道理。教师获得学生的认同有利于建立良好的师生关系，提升学生的学习效率。唤起认同感可以从以下两个方面着手：一是教师不断提升素养，保持人格魅力。需要教师坚持学习，在专业领域深耕精进，高超的教学水平和精深的专业水准有利于提升教师的人格魅力，树立威信，取得学生信任。二是教师不断与时俱进，寻求学生共鸣。随着时代的发展，当代学生身心各方面都有着巨大变化。只有在充分了解学生的基础上，方能获得学生的认同。这要求教师紧跟时代步伐，主动了解和研究学生感兴趣的事物，努力寻求师生共同话题，拉近师生距离，增加教师在学生心中的可接近性，真正成为学生心目中可亲、可信、可敬的人，为良好师生关系构建打下基础。

三、教师发展与学生的学习

教师与学生是学习过程中的两个重要主体，以往的研究更多关注教师的教与学生的学之间的关系，或者是教师与学生之间的互动。然而，对于教师发展与学生学习之间的关系并未进行过多研究，这两者的关系主要表现为相互独立且相互促进。

（一）相互独立

教师教学的目的是帮助学生学习，教师的发展可以促进学生的学习，而学生的学习也会促进教师的发展，二者相互影响。然而，在某种程度上，教师的发展与学生的学习也是相互独立的。首先，学生的学习具有相

---

① 张东娇. 师生关系新走向：双向式"师道尊严"[J]. 教育科学，2007（01）：60-63.

对的独立性。学生的学习过程是自主建构的过程，这意味着学生必须通过亲身经历和体验来加工已有的认知经验，发现和创造新的意义理解，这是其他人都无法替代的过程。学习过程中的创造和发现强调了学生需要主动去发现和创造知识，而不是被动地接受。王策三教授也指出："'学'是学生自己的独立的主动的活动，教师包办替代不了。"[①] 有效的学习过程必须由学生自己独立完成。奥苏贝尔的有意义学习理论也强调学生必须主动将已有的概念与新知识联系起来。为了实现有效学习，学生在各种学习活动中都必须主动投入，积极加工信息，主动建构新知识。

教师的发展也是独立活动，具有相对独立性。叶澜等学者在《教师角色与教师发展新探》一书中提到："教师的专业发展是教师个体的、内在的专业性提高。"[②] 教师的发展能促进个体内在的提高，同样的，教师的发展也源于个体内在的需要。是故"学然后知不足"，"知不足，然后能自反"，一名学习者只有在学习的过程中才能发现知识无边，才能了解不足，因而能反求诸己，这是基于内心需要而谋发展的独立活动。例如，作为一名即将上岗的人民教师，其在浩瀚如烟的书籍里不断学习师范专业技能知识，在学习中更加了解自己的不足，然后分析原因，最终谋求发展。除此之外，教师的发展也是承应时代需要的独立活动。随着时代的更迭进步，社会洪流推着我们前进，在教育变革之际，教师需要不断提升能力，转变自己的观念和行为，审视自身的职业规划，努力适应教育改革后的角色转变，促进自身的发展。

（二）相互促进

作为学习过程中的两个重要主体，教师与学生之间也存在密切联系。一方面，教师的发展促进学生的学习。教师的观念发展对学生的学习具有

---

① 王策三. 论教师的主导作用和学生的主体地位 [J]. 北京师范大学学报，1983（06）：70-76.

② 叶澜，白益民，王枬，等. 教师角色与教师发展新探 [M]. 北京：教育科学出版社，2001：208.

重要影响，教师需要树立终身学习的观念，不断更新知识，与时俱进，以成为学生的榜样。教师的专业发展是推动学生学习的关键，教师除了传授知识和技能外，还扮演着重要的引导角色，帮助学生形成正确的三观，促进学生全面健康地学习与发展。在教学改革中，越来越多的学校意识到教师发展对学生学习的重要影响，一些学校采取措施，如搭建教师发展平台、建立教师发展层次体系等，为教师提供个性化的发展机会，以提升学生学习质量。

另一方面，学生的学习也会反过来促进教师的发展。《学记》曾提到"教然后知困"，"知困"然后能自强也，学生的学习犹如教师的一面镜子，教师根据学生的学习效果与学习差异看到自己教学上的不足，反思调整教学方法，提升教学能力，不断完善精进。"教学反思"是教师专业发展的路径之一，教师只有基于学生学习的反馈，在教育教学中不断反思自省，才能提高教育教学水平，促进自身发展。此外，教师也能通过指导学生学习，进行内部经验重构，从而获得感悟与启发，实践得来的启发比看几堂名师课堂、观摩几节公开课等外部技术观察的效果深刻得多，方能有"纸上得来终觉浅，绝知此事要躬行"之感。总之，学生才是教师专业发展之师，教师只有把学生当作自己发展之路的"导师"，仔细观察学生的学习过程，善于捕捉学生学习中遇到的困难，才能在为学生解决学习问题的过程中，找到一条促进自身发展且让学生受益的道路，让学生的学习也促进教师的专业发展。

除此之外，学生的学习还能促进教师职业幸福感、成就感等情感发展。学者就学生的学习反作用于教师的发展做了专门的研究，将教师的专业发展划分为知、情、意、行四个维度，通过问卷调查发现学生对教师专业发展的影响大致分为5个方面（如表3-8所示）。

表 3-8　学生促进教师专业发展的具体方面①

学生能够促进教师哪些方面的发展	人数（个）	百分比%
获得作为教师的价值感和成就感	290	96.3
增加教师所教学科、心理学以及相关教学知识	287	95.3
主动学习的需求和愿望	285	94.6
使教师更加喜欢做教师	262	87.0
增加从事教师职业的意愿	246	81.7

学生能够在不同程度上促进教师获得价值感和成就感、增加教师所教学科、心理学以及相关教学知识、主动学习的需求和愿望、使教师更加喜欢做教师以及增加从事教师职业的意愿，对教师的知、情、意、行四维度的发展发挥了重要作用。

---

① 陈开心. 学生促进教师专业发展途径与方式研究［D］. 兰州：西北师范大学，2019.

第四章
学习的属性

　　马克思主义哲学认为，事物的属性是事物内在规定性的外化，是一事物与他事物发生联系时表现出来的质，是由事物内部的构成要素及其内在联系构成的。知识学习作为教育中的重要活动，是学生获取知识的重要过程。在学生的知识学习活动中，学生知识学习活动的各种构成要素之间存在着复杂的联系，如学生与自我的关系、学生与他人的关系、学生与客体的关系、认识与实践的关系、知与行的关系等等，这种种联系就形成了学生知识学习活动的各种属性。具体而言，学生的知识学习具有过程属性、实践属性与意义属性。

第一节　学习的过程属性

　　在个体的学习活动中，由于课程知识的过程性存在、学习主体的复杂性、学习过程的丰富性及学习结果的多样性，使得学习具有过程属性，学习的过程价值表现为其生成性与发展性。长期以来，我国基础教育中忽视了学习的过程属性，使得知识学习对象化、教学过程流程化、学习结果单一化。为彰显学习的过程属性，实现学习的过程价值，我们需要转变思维方式，用过程思维、复杂思维和关系思维来思考学生的学习活动，关注过程价值，丰富学习过程。

一、知识学习的过程属性及其价值

　　知识学习具有过程属性，这是由知识学习过程中各种事物及活动所具有的过程性所决定的，个体学习的知识本身是处在发展变化的过程中的，学生个体的发展也是处于不断发展过程之中，过程是内在于知识学习本身的，过程与学习是同一的。因为知识学习过程属性的存在，教师在进行教学的过程中，要充分关注学生知识理解的过程性、学生思维发展的过程性以及学生意义建构的过程性，也就是要树立学生知识学习的过程观，尊重学生知识学习的过程性，关注学生学习的生成性与发展性。

（一）学习的过程属性解读

当前对教育过程性的论述较多，但很少有从学生学习的角度来论述学生学习的过程属性，过程不同于流程，学生学习的过程属性不同于学习流程，我们需要尊重学习的过程属性，反对学生学习的流程化。

1. 何谓过程

从语言学的角度来说，过程是指"事物进行或事物发展所经过的程序"[①]。"过程"也是哲学研究中的重要范畴，柏拉图在其《蒂迈欧篇》中最早提到了过程思想，他认为事物永远处于生产和消灭的过程之中，由事物所构成的有机体并不是一种一成不变的、稳定的机体，而是处于产生过程之中的未完成物。赫拉克利特是"第一次把自然的本质了解为过程的人"[②]，他提出过程辩证法来论述其过程思维，例如，水不仅仅是客观的事物，而是处于不断变化中的，是作为自身变化着的东西而出现和存在的，换句话说，水只是过程。过程是无限的。"一切都存在，同时又不存在，因为一切都在流动，都在不断地变化，不断地产生和消失。"[③] 柏格森以其意识哲学的思想论述了过程思维，意识哲学实质上就是指的过程哲学，他认为"事物的本质是能动的、向上的、跳跃的、活生生的、持续的存在、绵延"[④]，事物通过产生冲动而实现创造性进化，实在就是绵延，绵延就是实在，柏格森直觉思维本质上是一种绵延思维与过程思维。

---

① 中国社会科学院语言研究所词典编辑室. 现代汉语词典（第7版）[M]. 北京：商务印书馆，2016：501.

② 涂纪亮. 美国哲学史（第1卷）[M]. 石家庄：河北教育出版社，2000：311.

③ （德）恩格斯. 路德维希·费尔巴哈和德国古典哲学的终结 [M]. 中共中央马克思恩格斯列宁斯大林著作编译局，译. 北京：人民出版社，1997：60.

④ 闫顺利，赵雅婧. 过程思维与本体论递嬗 [J]，河北师范大学学报（哲学社会科学版），2009（7）：39-44.

真正提出过程哲学的代表人物当属于英国哲学家艾尔弗雷德·诺思·怀特海 (Alfred North Whitehead)，其《过程与实在》一书奠定了其过程哲学的基础，是对西方哲学的重大贡献。根据怀特海的过程哲学思想，现实世界中的实际存在物就是一个过程，是变动不居的、处于不断流变之中的过程，就是一个现实实有的生成过程，过程即实在，实在即过程。在世界上除了过程，不存在其他更为根本的东西，世界上的任何事物都因过程而存在，过程是世界的本质。世界上的事件实质上是一个实体，事件的序列便构成实体的过程，"事件是一个在一定的时空范围内的过程，由事件组成的实体过程是有始有终的，即实体经历一个产生、发展和灭亡的过程"①。事件作为实体，是处于持续不断的过程之中的，"作为时空统一的事件，就具有了它的现在、过程和未来"②。何谓过程，过程"就是在时空环境中事物产生、发展和变化的时间序列，是事物的连续性在时间和空间上的表现"③，简而言之，过程就是前后相继的状态连续序列，是有机体存在的根本特征，是构成有机体的各元素之间具有内在联系的、持续的创造过程，"整个宇宙表现为一个生生不息的活动过程"④。事物在本质上是过程的，是以过程的形式而存在，以过程的形式而发展。

马克思主义哲学也有着鲜明而丰富的过程哲学思想，如"事物是普遍联系和变化发展的""静止是相对的，运动是绝对的"这样的观点就是过程思想的体现。恩格斯说："世界不是既成事物的集合体，而是过程的集合体。"⑤ 马克思主义哲学尊重事物的客观性，将事物的客观性作为前提，

① 张华夏. 实在与过程——本体论哲学的探索与反思 [M]. 广州：广东人民出版社，1997：109-111.
② 裴娣娜. 现代教学论生成发展之思——怀特海过程哲学的方法论启示 [J]. 教育学报，2005 (6)：3-7.
③ 黄平，李太平. 教育过程的界定及其生成特性的诠释 [J]. 教育研究，2013 (7)：18-27.
④ 杨富斌. 怀特海过程哲学思想述评 [J]. 国外社会科学，2003 (4)：75-82.
⑤ (德) 恩格斯. 路德维希·费尔巴哈和德国古典哲学的终结 [M]. 中共中央马克思恩格斯列宁斯大林著作编译局，译. 北京：人民出版社，1997：36.

把过程看做是事物固有的普遍的联系，这与赫拉克利特将火认为是过程，而忽视火的客观性的观点是有质的区别的。

从哲学的角度对过程的界定，突破了将过程认为是"事物进行或事物发展所经过的程序"这样的内涵，而认为过程是事物的存在方式，是事物的本质。过程是复杂的，我们要用复杂性思维看待学习的过程，看待学习中学生知识理解的过程、思维发展的过程和意义建构的过程。

2. 学习的过程属性

著名教育家杜威的教育思想也蕴含着丰富的过程思想，如杜威指出，"教育的过程，在它自身以外没有目的；它就是它自己的目的""教育的过程是一个不断改组、不断改造、不断转化的过程"[①]。在杜威看来，过程是教育目标的内在要素，离开了过程，就没有了真正意义上的教育目的，也就没有真正意义上的教育，教育目标以过程的形式存在着，又以过程的形式展开着，教育目标展开的过程即教育的过程，也就是儿童的成长、生长的过程。根据过程哲学家怀特海的观念，过程是事物的存在方式，世界的本质就是过程的存在，而就人而言，人也是以过程的形式存在着，人的任何活动都是以过程的形式发展的。教育作为培养人的社会实践活动，同样是以过程的形式存在和发展的，"过程属性是教育的基本属性"[②]，离开了过程，教育不可能存在、变化和发展，教育的育人功能也就无法实现，也就无法理解教育活动与教育的功能。

具体到学生的学习活动，学习活动作为教育中的重要活动形式和内容，是学生理解知识、发展思维和建构意义的活动，也是具有过程属性的。学生在学习过程中学习的具体内容，开展的具体活动都是过程性的存在物，是学习过程属性的具体表现形式。因此，根据前文的论述，我们也

---

① （美）约翰·杜威.民主主义与教育［M］.王承绪，译.北京：人民教育出版社，2001：258.

② 郭元祥.论教育的过程属性和过程价值——生成性思维视域中的教育过程观［J］.教育研究，2005（9）：3-8.

可以作如下的界定：过程是学生学习的存在方式，学习因为过程而存在，学生因为过程而获得发展，学习具有过程属性。学习的过程属性并不仅仅是指学习是一种活动过程，具有一定的阶段、环节和程序，还体现着在学习活动中，主体（学生）在教师的指导下，围绕一定的学习内容（根据本文的主旨，这里主要是指知识），通过与对象、他人、自我的互动交往而产生的各种关系。也就是说，学习的过程属性既指学习的程序、阶段，还包括学习活动中各种要素之间的交互作用和相互关系。学习的过程属性不同于学习的流程，学习的过程属性有着丰富的内涵，而学习的流程则是线性的、按部就班的与封闭的，我们要充分关注与尊重学习的过程属性。诚然，学习也需要一定的流程，但是我们不能过于强调学习的流程而使得学习"流程化"，学习的"流程化"恰恰是不尊重学习过程属性的表现。

（二）学习为何具有过程性

学生的学习具有过程属性，表现在学习活动中各种事物、活动及其相互之间的关系中，学生的知识理解、思维发展和意义建构具有过程性，这是学习过程属性存在的原因。

1. 学生知识理解的过程性

学生的知识理解具有过程性，是由"知识"和"理解"两个概念的性质和相互关系所决定的。首先，对于知识来说，知识是人类认识的成果，具有多重属性，同时又处于不断地更新与发展的过程中，学生学习的知识就是以过程的形式存在，以过程的形式发展，以过程的形式与学生个体发生关系，"一旦缺乏如下的见解：知识是一种生成、发展的过程，根据语脉认识知识之意义，那么，学习往往就容易程式化，沦为习得至上的结果主义"[①]。其次，理解是人在一切活动中的存在方式，是人之为人的一种基

---

① （日）佐藤学. 学习的快乐——走向对话 [M]. 钟启泉，译. 北京：教育科学出版社，2004：37.

本状态和方式，"一种人类生活本身在的原始特征"①，在理解者与理解对象之间不是单向度的认识关系，理解者把自身结合进理解对象中获得真正意义，同时，理解对象也反过来作用于理解者，理解是人类的发现过程。根据诠释学哲学家狄尔泰的观点，理解"不再是理性运用的形式和结果，也不再是帮助理性分析抽象历史与文化现象的工具，理解成为生活自身的形式，成为人进行自我认识的方式"②。最后，从知识和理解之间的关系来看，个体对知识的理解不仅仅是个体运用理性获得含义的手段，不是帮助分析事实、现象、本质、规律的工具，个体对知识的理解是个体学习生活的形式，是人通过知识认识自然、社会与自我的方式，通过理解，个体与知识之间建立起关系，理解是人与知识之间关系的存在方式。学生对知识的理解，不是学习的目的或手段，而是知识学习本身。学生的知识理解不是主体——客体的线性关系，而是双向的过程，知识本身也参与着理解主体的知识理解活动。

综上所述，学生的知识理解是具有过程性的，这种过程性不仅表明学生的知识理解需要过程、需要过程中的各种活动，更重要的是，学生的理解不仅仅是学生知识学习过程中的手段或工具，学生的知识理解就是学习过程本身，两者之间是具有同一性的。

2. 学生思维发展的过程性

学生思维的发展也是教育活动中的重要要素，学生思维的产生、形成和发展意味着学生认识过程的完成，影响着学生情感、个性以及社会性发展的各个方面，能够在极大程度上促进学生的知识理解，以及促进学生通过知识学习对意义的建构。学生在知识学习中，其思维的发展是具有过程性的，而不是一蹴而就的，学生思维发展的过程性主要表现为思维过程的阶段性和思维品质发展的层次性。

---

① （德）伽达默尔. 真理与方法［M］. 王才勇，译. 沈阳：辽宁人民出版社，1987：6.

② 殷鼎. 理解的命运［M］. 北京：生活·读书·新知三联书店，1988：16.

一方面，学生思维发展的过程具有阶段性。皮亚杰提出的儿童认知发展阶段实质上就是儿童思维发展的阶段，包括感知运动阶段、前运算思维阶段、具体运算思维阶段和形式运算阶段。另一方面，学生思维发展的品质具有层次性。学生思维发展的品质是指学生在思维过程中表现出来的各自不同的特点，如敏捷性、灵活性、深刻性、独创性、批判性和逻辑性等。学生思维的发展是由不深刻逐渐走向深刻、由依赖性走向独立、由接受性走向批判性、由杂乱无序走向逻辑性、由生硬走向灵活、由模仿走向创造性，这是学生思维品质发展的层次性。同时，学生的思维发展反映的是一类事物的共性及其与其他事物之间的联系，从思维所反映的内容的演变来说，是从反映事物的外部联系和现象，到反映事物的内在联系及其本质；从反映当前事物的共性及其发展到反映未来事物的本质及其发展。

学生通过知识学习获得思维的发展，需要经历一个较长的时间，教师要给学生思维发展的时间与空间，而不能将学生思维发展的时间和空间用重复的作业和大量的符号性知识的记忆而占据。在学生知识学习的过程中，学生偶尔的"沉默"往往是学生思维"活跃"之时，教师要能够容忍学生的"沉默"，并适当地创造机会让学生"沉默"，学生思维的火花在沉默中得以激发，这是学生思维发展的过程性所要求的。

3. 学生意义建构的过程性

"教学不是一种单纯的知识传授，而是师生不断地领悟世界的意义和人本身存在的真谛，不断激活生命、确证生命、丰富生命、提高生命的质量和价值的过程。"[①] 教师的教学就是引导学生不断领悟意义、澄清意义、表达意义的过程。从学生学习的角度来说，学生的知识学习就是一个意义追寻与建构的过程，学生学习的过程属性还表现为学生的学习是一个意义生成与意义表达的过程。

学生在知识学习过程中的意义建构包括两个方面，第一，对知识意义

---

① 朱旭梅. 再论教育的过程价值——对当前功利主义教育的反思 [J]. 教育科学论坛，2007（4）：11-13.

的领悟，学生对知识意义的领悟既包括对知识含义的理解与获取，还包括对知识与人之间价值关系的理解、认同与澄清；第二，学生的意义建构包括学生个体对人自身生命存在价值的建构，学生通过知识学习，思考自身的知识学习与人生存在之间的关系，进一步明确自身存在的价值与意义。学生意义的建构不能脱离学生对事物的认识，也不能脱离学生对自我的认识，自我认识是学生意义建构的主体条件，通过自我认识，学生将知识学习和人生发展建立关联，理解知识、反思自我、认识价值、澄清意义，并通过各种方式来表达意义，这也是一个过程，一个动态发展的过程；同时，学生的意义建构不能脱离学生的人生经验，学生的人生经验是学生意义建构的重要条件，是学生通过参与、体验、感悟等活动而获得的，处于一个动态的发展完善过程之中，学生的知识学习亦是学生经验丰富的过程。

学生的意义建构不同于知识的学习，更不同于技能的习得，它具有潜在性、非线性、不确定性等特征，面对同样的知识内容、学习环境和人际关系，不同学生因为思维方式、人生经验的不同而建构不同的意义，而这也正体现了学生学习过程属性的非线性与不确定性。

二、学习过程属性的表现

学习具有过程属性，学习以过程的形式而存在，学生在过程中得到发展，知识的教育价值在过程中得以实现，具体而言，学生的过程属性具体表现为生成性与发展性，生成性与发展性集中彰显着学习的过程属性。

（一）生成性

生成性是学习过程属性的基本特征，学习活动的生成性是过程属性的集中表现。所谓生成，即对预设的创造与超越，是学习过程的价值增值。第一，生成是创造，学生的学习过程并不是按照既定的预设按部就班地进行着，学生的学习活动实际上处于一个动态变化的过程中，情境的变化、情感的变化、思维的变化、关系的变化……这种种变化都是对预设的否定，都是学生创造的契机，学生对知识的个性化理解、思维的个性化发展、意义的个性化建构都是创造的过程，同时也是创造的结果。没有创造，就没有生成，没有生成，亦没有创造。第二，生成是超越，生成是对内容的超越、对对象的超越、对自我的超越。在学生的学习过程中，学生通过生成对知识新的理解而实现理解的超越，通过对自我的反思而实现自我的超越。第三，生成是价值增值，价值增值是知识教育价值的内在要求，也是人的发展的内在要求，通过学习，学生生成新的体验、新的感悟、新的观念、新的经验、新的顿悟、新的结果、新的意义，即价值的增值。

"生成，不是简单的流动，不是一种没有形式的连续性，是从一个阶段进展到另一个阶段的过程，其中每一个阶段都是后继阶段走向完善的现实基础。"[①] 生成也不是简单线性的因果关系，而是预设与创造的交融，是新与旧的统一。学生学习的生成性，主要表现为目标的生成、过程的生成和结果的生成。目标的生成是"每一个学生在与具体的教育情境的种种'际遇'中产生的个性化表现"[②]，生成性目标或是对预设目标的补充，或是对预设目标的改变与超越，生成性目标具有重要的发展价值。学习过程的生成，集中表现为学生在学习过程中的个性化体验，学习过程不是如工厂"生产流水线"般地规范性地执行一项生产任务，而是一个积极的建构活动，学生在学习过程中因为新的理解的生成而改变观念，因为新的感悟的生成而体验情感，因为新的反思的生成而调整自己的学习活动方式，因为新的体验而重新建构人际关系。结果的生成则意味着随着学习过程的展开，学生在与学习情境、他人自我的互动中而逐渐获得学习结果。

（二）发展性

发展性也是学习过程性的特性，学习应该具有发展性，学习的发展是学习过程属性与过程价值的重要表现，也是对教育目的和教学目的回应。

① 裴娣娜. 现代教学论生成发展之思——怀特海过程哲学的方法论启示 [J]. 教育学报，2005（6）：3-7.

② 张华. 课程与教学论 [M]. 上海：上海教育出版社，2000：178.

"以人的发展为本，是新一轮基础教育课程改革的核心理念，该理念强调面向全体学生，着眼于学生的全面发展，尊重学生的个性差异，重视培养学生的完整人格。"[①] 学生通过知识学习，应该实现自身的全面发展，学习过程应该是学生自我展示、自我发现和自我发展的过程。学生在学习活动中获得的发展是多方面的，学生的发展既包括知识的发展，也包括能力、思维的发展；学生的发展既应该是全面的发展，也应该是个性的发展。"通过知识学习，由点到面、由浅至深的渐次完善人性的过程，具有动态持续、生成发展的特征。同时，个体的全面发展还伴随着个性化成长的历程。"[②] 全面发展并不是指各方面的同等平均发展，全面发展与个性发展是内在统一的；学生的发展既要关注当下的发展，还要关注学生长远的发展，学生的当下发展和今后的长远成长与发展具有同等重要的地位；学生的发展既包括外在可观察的发展，还包括内在的发展，只关注知识的理解与记忆，而忽视学生心灵的成长，忽视人性的生长，如伦理道德、审美情操、意义建构、精神自由、价值形成等，就会从根本上失去对人的生命存在及其发展的整体关怀。学习应该具有发展性，缺乏发展性的学习是低效甚至是负效的学习，是对学习过程属性的遮蔽。学习的过程价值就体现在学生的发展上，没有学生的发展，学习过程就失去了价值的皈依，学习的过程属性也就不存在了。

三、学习过程属性的现实遮蔽

关注学习过程，尊重学习的过程属性，即是对人的尊重、对人的发展过程的尊重。而在当前中小学的教育现实中，学习的过程属性往往被遮蔽了，对象化的知识学习、教师流程化的教学过程以及对单一学习结果的过度追求都是遮蔽学习的过程属性的具体表现，导致学习的过程价值难以

---

① 索桂芳. 发展性课堂教学的基本特征研究 [J]. 课程·教材·教法，2005 (9)：25-29.

② 苏强. 发展性课程观：课程价值取向的必然选择 [J]. 教育研究，2011 (6)：79-84.

实现。

（一）知识学习的对象化

人类的知识并不仅仅是以事实的形式存在，更是一种过程的存在，知识的产生、保存、发展和传递都处于一个永久变化流动的过程中，由此而使得知识得以创造与更新。从人类知识走向学生所学习的课程知识，课程知识也是以过程的形式而存在的，存在于个体对知识的体验、理解、认知、创造和应用的诸过程之中。"一旦缺乏如下的见解：知识是一种生成、发展的过程，根据语脉认识知识之意义，那么，学习往往就容易程式化，沦为习得至上的结果主义。"[①] 课程知识以文字、符号的形式而呈现出来，而文字、符号只是课程知识存在的外在表征，只有经过个体的思维与实践过程，课程知识才真正成为个体学习的对象与目的。

对象化的知识学习将知识看作是对象性、事实性和素材性的存在，窄化了知识丰富的内涵，知识的过程性、多维意义性和个性化被忽视。学生的学习被认为是对事实性和素材性知识的感知、理解、记忆、回忆和提取，即对知识的信息加工，割裂了学生与学习对象、已有经验、学习情境的丰富联系，学习被简化为一种简单的认知活动。对象化的知识学习是"碎片化"的，将知识按照一定的标准分门别类，并分割成不同的片段教给学生，忽视了知识之间的横向和纵向联系，消解了知识的整体性和多维性；对象化的知识学习是"去自我"的，学生只是一个接受知识的容器，而非积极建构个人知识的主体；对象化的知识学习是"去意义"的，个体学习的知识是客观的、确定的、事实性的，而知识的主观性、不确定性和意义性被忽视，学生只有事实的理解，没有意义的生成，只有知识含义的获得，没有通过知识学习而收获的人生意义的生长。

（二）教学过程的流程化

个体的知识学习具有过程属性，知识教育价值的实现就是在个体知识

---

① （日）佐藤学. 学习的快乐———走向对话［M］. 钟启泉，译. 北京：教育科学出版社，2004：37.

学习的过程中以及在教学过程中实现的。在知识教学的过程中，有生成与创造、建构与发展，学生在教学过程有着无限的发展可能性。然而，由于简单线性的教学过程的存在，忽视了学生在教学过程中的创造性与生成性，学生发展的无限可能性消失在流程化的教学过程中。

教学过程不同于教学流程，流程是线性的，而过程则是具有复杂性的。教学过程的流程化是教学过程的简单化与单一化，这是与学习的过程属性背道而驰的。随着近些年来"有效教学""高效教学"等研究的兴起，教学的流程化似乎有愈演愈烈之势，各种教学模式，如"10＋35"模式、"5＋40"模式、"三步六段"模式等，如雨后春笋般涌现出来。这样的教学模式往往严格规定了教师讲解和学生学习的时间，规定了教学的步骤和流程，实质上并没有触及教学改革的核心，容易使教学走向僵化与程式化，教学的过程性、丰富性与学生发展的多种可能性被忽视。教学过程不应该是流程化的，学生如何经由公共知识建构个人知识？如何经由信息加工实现对知识的主观建构？如何通过知识的符号获得知识的意义？如何建立知识与个人之间的意义关系？……这些复杂的关系都需要学生经历复杂的教学过程才能够很好地把握与处理。教学是生动的，课堂的情境性与生动性、学生发展的变化性与多样性不断地引导着教学的变化与发展，流程化、标准化、模式化的课堂教学本身就违背了教学的本真，更何谈教学的高效？

(三) 学习结果的单一化

学生的学习结果实质上指的是学习过程的结果，由于学习主体丰富性的存在、学习情境性的存在，学生的学习过程所产生的学习结果也必然是多样的、多维的。从内容上来说，既应该包括知识的获得，也应该包括能力的提升、思维的发展和意义的建构；从表现上来说，既应该包括外在的学习结果，如对事实性知识的记忆、问题的解决、行为模式的形成，又应该包括内在的学习结果，如学生情感、态度、价值观、道德等方面的发展变化。多样化的学习结果是对学习过程的回应，是对高质量教育成果的回应，也是对人的全面发展的回应。

学习结果的单一化是指对学生单一学习结果的追求，主要是指对学生事实性、素材性知识学习的结果追求，是对分数的狂热，或者是对培养"知识人"的追求，"知识被看成是人唯一规定性和人之本质，学生是用知识一片一片搭建起来的，充塞于学生心灵的唯一就是知识。"[①] 然而，事实性、素材性知识的获得并不是教学的全部目的，知识是学生学习的主要对象，也是重要的学习结果，但学生的学习结果绝不仅仅限于知识，不限于学生认知的发展。就知识本身来说，知识具有认知性、自我意识性和实践性教育价值，个体通过学习应该实现知识多个维度的教育价值，而不仅仅是知识的认知性教育价值。将学习者作为认知的主体，而不能将学习指向学生自身内在自我（发展自我认识、实现自我超越、生成人生意义）与实践发展（培养实践能力、积淀行为模式），这样的学习并不是完整的学习。"知识人"的世界是一个去价值的世界，一个情感灰色的世界，亦是一个意义缺失的世界。要让学生在学习过程中发展认知、升华自我、提升实践，全面发展的教育目标要拒绝对单一学习结果的过度追求。

四、学习过程属性的实践澄明

学习的过程属性被遮蔽的现象在当前中小学教育中客观、现实地存在着，彰显学习的过程属性，实现学习的过程价值，是对学生个体发展需求、发展过程的回应。由此，我们需要实现思维方式的转化，改变原有的结果导向的思维、简单思维和实体思维，形成过程思维、复杂性思维和关系思维。

（一）形成过程思维，关注过程价值

过程思维源自怀特海的"过程哲学"，过程思维充分重视事物的过程性存在，其给予教育教学最大的启示是："要超越僵化观念，关注教学中的事件，注重教学过程，重视偶然性和创造性，强调联系，提倡对教学现

---

① 鲁洁. 一个值得反思的教育信条：塑造知识人 [J]. 教育研究，2004 (6)：3-7.

象的多元解释等。"① 过程思维认为任何事物都是以过程的形式存在，事物的发展、变化则是事物不同存在状态之间不断转化与生成的过程，"每一种状态都是其后继者向有关事物的完成继续前进的实在基础"②。学生的学习就是不同状态之间的转化与生成，其发展就在不同状态的转化与生成中得以实现。学习的过程价值表现为学习的生成性与发展性，学习是创造性生成的过程，而生成的关键则在于发展与超越，学生在学习过程中所实现的生成包括创造性的生成、发展性的生成和实践性的生成，学生的学习处于永恒的创造、发展和变化之中。因此，树立过程思维、关注过程价值是彰显学习属性的基本要求。

形成过程思维，关注学习过程的价值，一方面要关注学生在学习过程中所经历的学习事件，学生经历的学习事件是学生发展的成长点，学生的成长体现在学生对实践的经历和感悟中。另一方面，要关注学生学习体验的丰富性，学生带着已有的经验、情感参与学习活动，必然产生丰富的学习体验，如学生体验自身与教师的关系、与同伴的关系、与自我的关系、与知识的关系、与情境的关系，学生体验热爱、厌恶、愉悦、悲伤、接纳、排斥等多样的情感，学生体验分析、综合、归纳、演绎、类比、比较等思维活动。

（二）形成复杂思维，丰富学习过程

复杂思维是相对于简单思维的一种思维方式，是指"人们在认识自然界与人类社会现象时一种存在多个意义不确定、非线性、非周期的思维方式"③。教育是人类社会特有的更新再生系统，学生的学习活动是实现学生发展的重要活动，其间充满着错综复杂的关系，本身就是一个具有复杂性

---

① "过程思维与学校教育创新"国际学术研讨会纪要 [J]. 教育研究，2008 (5)：109-110.

② （英）怀特海. 过程与实在 [M]. 杨富斌，译. 北京：中国城市出版社，2003：150.

③ 熊和平. 复杂性思维与我国教学理论的创新 [J]. 课程·教材·教法，2005 (2)：20-26.

的活动，因此，我们不应该用简单思维来看待复杂的学习活动，而应该形成复杂思维，丰富学生的学习过程。

复杂思维最典型的特征即非线性、不确定性与多维性，这就要求我们在讨论学生的学习活动时，重视学习过程的非线性、不确定性与多维性。学生的学习是非线性的，学习过程与学习结果之间存在复杂的关系。因为学生主体的存在，同样的学习过程不一定导致相同的学习结果，学习活动永远处于一张充满刺激、限制和相互关联的非线性大网中，不存在简单的因果关系。学生的学习是不确定的，学习永远是一种探险，学习的过程就是学生不断探险、不断面对不确定的过程，同时也是不确定性不断产生的过程。学生的学习是多维性的，由于知识多维教育价值的存在，学生的发展具有多种可能性。面对学生学习的非线性、不确定性与多维性，唯有用复杂思维来分析学习与指导学习活动，才能真正体现学习的过程属性，同时也要求我们用多种方式丰富学生的学习过程。单一的学习过程是难以帮助学生形成丰富的学习体验的，唯有引导学生根据具体的学习内容和自身特点，灵活地选择适合自己的多种学习活动方式，如接受学习、体验学习、操作学习、探究学习、交往学习等，才能丰富学生的学习过程、学习体验和学习结果。多样的、丰富的学习方式是学生提高学习效率与质量的保障，是学生多种发展可能性实现的前提，也是对学习过程属性的回应。

（三）形成关系思维，兼顾过程结果

关系思维是相对于实体思维的一种思维方式，实体思维否认事物之间存在的关系，预设了主体与客体、主观与客观的分离，是非反思非批判的思维，近些年来受到越来越多教育研究者的批判；而关系思维则从事物与事物的关系出发理解与把握事物，将事物置于一个与其相关的关系网中去理解。具体而言，关系思维是指"理解一个事物时，不是从此事物去理解此事物，而是从与此事物相关的他事物去理解此事物，即从一事物的存在去把握相关的他事物，或从他事物的存在去把握相关的一事物"①。学习活动是一项与其他事物、活动密切相关的活动，同时在其内部也存在着诸多关系密切的要素，因此，我们要摒弃实体思维，用关系思维来分析学习活动，以多层次、多角度地看待学习过程，彰显学习的过程属性。

关系思维是动态的思维、联系的思维、逻辑的思维，形成关系思维，要用动态的视角来看待个体知识学习过程中的各种关系。一方面，立足关系思维，探讨学习过程和学习结果之间的关系。学习过程和学习结果之间并不是简单的线性关系，而是错综复杂的，过程中有结果，结果中有过程，学生在学习中的过程体验本身就是重要的学习结果，同样，学生获得的学习结果亦是学习过程的一个环节。明确学习过程和学习结果之间的辩证关系，消解过程与结果的过度分化所造成的"只顾结果不顾过程"或"只顾过程不顾结果"的弊端，兼顾过程与结果，这才是彰显学习过程属性的应然追求。另一方面，立足关系思维，妥善处理预设与生成的关系。关系思维关注预设与生成之间的辩证关系，学习中的生成彰显着学习的过程属性，然而，预设并不是与生成截然对立的，预设与生成密不可分，预设中有生成，生成中也有预设，在预设与生成的动态变化过程中，学习的发展性得以实现。再一方面，立足关系思维，明确学习过程中各种要素之间的联系。如知识与能力的关系、学习主体与学习内容的关系、符号与意义的关系、问题与情境的关系等等，教育者要排斥用孤立、静止的思维来看待学习活动，孤立、静止的思维将学习和情境、内容割裂开来，破坏了学习过程的完整性与统一性，也破坏了人的发展的完整性与丰富性。

过程属性是学习的重要属性，教育研究者和实践者要充分认识到学习过程的价值，尊重学习的过程属性，并在教学活动中积极彰显学习的过程属性。教育研究者要实现自身思维方式的转化，用过程思维、复杂思维和关系思维来看待学习过程，避免对学生进行知识的对象化"填塞"，避免

---

① 王智. 关系思维与关系属性 [J]. 东岳论丛，2005 (5)：153-157.

学习过程和教学过程的"流程化",避免对单一学习结果的盲目追求。只有这样,学生的知识学习才真正具有发展性,知识对个体的多维教育价值也才能得以全面实现。

第二节　学习的实践属性

学习过程是一种特殊的认识过程,更是一种实践过程,这是由学习的实践属性及其对人的生成价值所决定的。学习作为个体基于对符号知识和经验知识的理解,探究外部世界并建立与客观世界之间关系的活动,本身就是一种特殊的实践样式。

一、实践属性是学习的基本属性

"从人的全面发展的角度看,实践是人的成长与发展的重要基石。作为有目的地培养人的活动,教育必须处理好认识与实践的关系,理性而有价值地寻求认识与实践的交融点。"[①] 长期以来,人们将实践看成是学习的一种方式或方法,这种对学习、实践及其相互关系的理解是失之偏颇的。学习是一种特殊的实践活动,学习因实践而存在,在实践中存在,学习具有实践属性,实践属性是学习的基本属性。

（一）人是实践性存在物

马克思主义哲学认为,实践是一种有目的的活动,主体、对象、目的、手段是实践的基本要素,实践创造了人与人类社会,是人与人类社会的基本存在方式,因为实践主体性、目的性的存在,才使得人类的实践不同于动物的本能行为,人是实践创造的存在物。王永昌教授将人是实践创造的存在物的观点总结为"人的实践本质",即"人作为实践创造着的人而产生、存在和发展,获得各种丰富的规定性,从自然世界和动物界提升出来,生存和生活在'人的世界'里"[②]。人自身的实践活动是人作为人存

---

① 郭元祥. 论实践教育 [J]. 课程·教材·教法, 2012 (1)：17-22.
② 王永昌. 论实践本质 [J]. 中国社会科学, 1991 (4)：3-18.

在的基本根据，离开了人有目的、有意图、有创造性的实践活动，人就不能称之为人。因此，实践是人的本质存在的根本要求，"对人的生存和发展而言，实践是作为主体的人的存在方式，是改造世界、实现人的解放与人的全面发展的全部过程。离开了这一过程，人的生存、发展与解放是不可想象的"①。人是实践创造的存在物，人是实践性存在物。人是具有多重属性的存在，如自然属性、精神属性和社会属性，人作为实践性存在物，人的多重属性在实践中实现了有机的统一。

　　人是实践性存在物，首先意味着实践是人与动物的根本区别，马克思说过："一旦人们自己开始生产他们所必需的生活资料的时候，他们就开始把自己和动物区别开来。"② 人的生命具有未特定化的特征，无法像动物一样很快适应自己生活的特定环境，而需要人自身的实践活动去对环境进行有目的和有意识地改造，以满足人类的基本生存需要。"有意识的生命活动把人同动物的生命活动直接区别开来"③，在这个过程中，实践发挥着重要的作用。其次，人是实践性存在物意味着实践创造了人，实践是人与自然的对象化活动和人与人的交往活动的统一，在人与自然的对象化活动中，人实现对自然的改造，形成"人化自然"，经过人的实践活动改造后的自然又会成为人的一部分，转化为人的本质力量的因素，而人与人的交往活动则创造了人的社会生存。再次，人是实践性存在物还意味着实践总是指向人的自我实现，人作为实践创造的存在物，不仅仅表现为人通过实践活动与外部世界之间进行物质交换与创造活动，即不仅限于"动手做"的操作与活动，还表现为实践是内在于人的活动，人的实践不仅指向对外在环境的改造，还指向人自身的自我生成和实现，与人的生命、生存和生活密切相关。"实践作为人的本质的存在方式，具有总体性，其中既包括

---

①　郭元祥. 实践缺失是我国基础教育的根本局限 [J]. 教育研究与实验，2014 (3)：1-8.

②　(德) 马克思，恩格斯. 马克思恩格斯全集（第 3 卷）[M]. 中共中央马克思恩格斯列宁斯大林著作编译局，编译. 北京：人民出版社，1979：24.

③　金卓. 论实践的意义维度 [J]. 广西社会科学，2012 (11)：48-50.

人类本能的、功利的活动，也包括伦理的和审美的乃至于终极关怀，其中人类的终极关怀作为人类追求的最终意义，理应融汇人类实践的全部内容。"① 人类的实践进入了人的生存—存在境界，这也是实践的终极指向。从个体的发展来说，通过实践，个体获得作为人的本质规定性，获得人的社会本质，体现人改变世界的价值关怀，离开实践，人的生存、发展与完善都是不可想象的。

（二）学习是一种特殊的实践

学习是学生在学校的主要活动，学生的学习活动也因为实践而存在，学习是一种特殊的实践，有着其特殊的主体、对象、目的和手段。实践的主体是人，是有着主观能动性的人，"作为主体的人固然是一种物质力量，但这不是一种盲目的没有意识的物质力量，而是一种自觉的有意识的物质力量"②。并不是所有的人都能成为实践的主体，只有那些能够驾驭自己的意识和行为，有着自觉意识性的主体才能成为实践的主体。学生是学习的主体，亦是实践的主体，作为主体的学生具有如下的特点：第一，主体的未完成性，学生作为学习这种特殊实践的主体，其主体是未完成的，是具有无限发展潜能与可能性的主体，学生的主体在学习实践的过程中逐渐发展起来，主体性的发展亦是学习实践的目的；第二，实践的主体是教师指导下的主体，学生的学习实践在教师的指导下完成，其主体性的发展也是在教师指导下逐渐实现的；第三，学习实践的主体性不仅表现在个体与客观对象的关系中，还表现在个体与社会、自我的关系中，主体既是一个能动的活动存在，又是一种属人的关系存在，还是一个自我的存在。

实践的对象是"实践主体所直接作用着、掌握着和改变着的对象"，学习作为一种特殊的实践，其对象也具有一定的特殊性，从内容方面来说，学习实践的对象包括知识、人际关系和自我认识，知识是学习实践的

---

① 丁立群. 亚里士多德的实践哲学及其现代效应 [J]. 哲学研究，2005 (1)：76-81.

② 夏甄陶. 再谈实践的涵义和要素 [J]. 哲学研究，1980 (11)：3-11.

最直接对象，来源于人类的实践活动，实践活动是知识最主要、最根本的来源。美国著名的课程论专家施瓦布明确提出了课程的实践性，他认为课程理论应该是实践的取向，课程是实践的语言，是一个相互作用的有机"生态系统"。学生通过学习实践，将自己的主观能动性作用于客观知识世界、人际关系世界以及自我认识世界，这是学习这种实践的对象。从性质方面来说，学习实践的对象既包括客观方面的对象，也包括主观方面的对象，既包括外在可见的对象，也包括内在不可见的对象。实践的目的，反映的是"主体作用于客体并改造客体的要求"①，学习实践的目的与学习实践的对象是密切相关的，学生通过知识学习认识外在客观世界，培养改造外在客观世界的能力，同时，学习实践还能改造个体的主观世界，主体以自我的尺度来认识自我、超越自我，实现自我主观世界的改造。实践的手段是实践主体作用于实践客体从而产生一定目的的中间环节与中介条件，是实践的一个不可或缺的要素，马克思曾指出："在生成过程中劳动工具是实际用来达到某种目的的手段。"②"制造和使用工具"即人类主体的实践手段，学生在学习实践中的手段不同于生产劳动实践中的手段，学生是通过理解、反思、感悟、体验、交往等手段作用于实践对象进而达到认识、改造客观世界与自我主观世界的目的的。

学习是一种特殊的实践，这种特殊性表现在学习活动中实践主体、对象、目的和手段的特殊性上，从根本上说，是因为学习活动的学生的特殊性所造成的，是学生发展的特殊性所造成的。学习作为一种特殊的实践，使得其与一般的实践有着一定的区别，它是在具体的教育情境中展开的发展性实践、教育性实践。

二、学习实践属性的表现

从人与自然、人与人的双重关系的角度来理解实践，实践是工具性与

---

① 冯国桢. 论实践的要素 [J]. 青海师范大学学报（社会科学版），1994（4）：15-18.

② （德）马克思，恩格斯. 马克思恩格斯全集（第49卷）（上）[M]. 中共中央马克思恩格斯列宁斯大林著作编译局，编译. 北京：人民出版社，1985：271.

价值性的统一，是主体客体化和客体主体化的统一，实践内在地包含着"主体—客体"与"主体—主体"的双重关系，学习活动本身内在地包含着学生与学习内容、学生与他人、学生与自我三重关系，是一种三位一体的实践。

（一）学习是认知性、文化性实践

在学习活动中，认识与实践是相互关联、互为存在的，从学生与学习内容的关系来看，学习是认知性、文化性实践。学习是学生思维参与的对外部世界的探索过程，是有学生理性参与的实践活动，因为理性的参与，从而使得学生的学习实践活动不同于人类的一般普遍实践，学习活动是有目的的实践，是在经过社会选择与筛选并加以净化和平衡的情境中开展的一种特殊实践。认知性实践、文化性实践主要表现为个体对外部世界的认识与探索，是个体通过学习实践活动认识外在客观世界的活动，通过实践，学生认识客观世界，获得认识世界、改造世界的能力，同时实现自己主观世界的改造，丰富自己的精神世界和意义世界。然而，学习作为一种认知性实践和文化实践，学生对外在客观世界的认识并不限于学生单方面的对外在客观世界的认识与接受，而是一个双向的相互作用的过程。在学生的学习实践中，学生与学习内容之间实质上是在不断地进行客体主体化和主体客体化的实践活动。一方面，作为客体的知识（概念、原理、规律、规则、公式、定理）实现了人化，不断向人生成，逐渐获得属人性质，成为个人化的知识。"儿童直面教育内容的概念、原理和结构，从事具体客观的观察、实验和操作，运用概括化的概念和符号，建构客体的意义世界并且构筑结构化的控制关系。"[①] 学生通过学习活动，通过将自己的主观能动性、个体的人生经历和经验作用于具有客观性的知识，使得客观知识逐渐实现人化，从而使知识具有客观性与主观性、公共性与个人性等属性；另一方面，作为主体的人通过对知识的学习，吸收知识的价值和意

---

① （日）佐藤学. 学习的快乐——走向对话 [M]. 钟启泉，译. 北京：教育科学出版社，2004：38.

义，实现主观世界的改造，这是作为学习实践对象的知识作用于人的发展过程，学生通过知识学习，重新建构包括他的需要、能力、知识结构、思维模式等等内在的心智结构，重新建构自己的世界观、人生观和价值观，重新建构自己对人生意义的理解与认同，丰富自己的精神力量，实现人的本质力量的确证与增加。

（二）学习是交往性、社会性实践

生活是在人与人的交往活动中形成的，交往形成了人与人之间的社会联系。通过交往，人构成了各种社会关系，促成了人的社会本质，促使着个体的社会化生存。人的社会实践都是在特定的人与人之间的关系中才能展开，人只有通过社会交往，构成社会关系，个体才能与他人开展鲜活的生命实践。因此，离开了交往，便没有了实践，离开了实践，同样便没有了交往，交往本身就是一种实践。

从学生在学习活动中与他人的关系来看，学习是交往性实践、社会性实践。交往性实践与社会性实践是一致的，是指基于人与人之间社会关系的实践活动，是个体在特定的社会活动中处理自己与他人、与群体、与组织、与国家甚至与世界关系的实践活动。交往性实践、社会性实践是以各种关系为对象、目的的实践活动。学生通过沟通、交流、创造了师生关系与同伴关系，即便是学生个人独立学习活动，也交织着同他人的看不见的关系，学习活动是不可能脱离他人而独立存在的，"一切的学习都是内蕴了同他人之关系的社会性实践。课堂里的学习是在师生关系与伙伴关系之中实现的"[①]。学生的学习活动处在一个复杂的人际关系网中，从关系的对象来说，包括同伴关系和师生关系；从关系的类型来说，有物理关系、空间关系、心理关系、精神关系等。学生的学习活动就是在各种关系中进行的，在不断地处理自己与教师、同伴的关系，同时不断地建构着自己与教师、同伴的关系。

---

① （日）佐藤学. 学习的快乐——走向对话［M］. 钟启泉，译. 北京：教育科学出版社，2004：39.

对话，是学习作为交往性实践、社会性实践中的重要活动或特征，日本学者佐藤学基于对心理学的学习概念批判，提出学习是"以交往与对话为特征的活动"①，他着眼于学习的对话结构，将学习界定为一种"对话性实践"。其中，学习者与他人的对话是"对话性"实践的重要方面，学生在学习活动中，通过交流、沟通创造了师生关系和同学关系，开展着"建构伙伴"的实践，促进自己对知识的认识与理解，改造自己的身心结构，同时通过自己的思想、行为、价值、精神、情感影响他人，对他人施加影响，实现共同提高。

　　（三）学习是伦理性、存在性实践

　　从学生与自我的关系来看，学习是伦理性、存在性实践。在学习过程中，学习是一种以自身为对象的特殊实践，是一种"人性自我建构的实践活动"②。在学生实现自我建构的活动中，学生是自身学习活动的主体，同时也是客体，主体与客体之间通过对立统一的活动实现自身的不断改造、发展与完善，对自身已有的心智结构进行审视与反思，"积极推进已有心智结构按所需要的方向发生相应的变化，实现预期目的对象化、现实化"③。佐藤学教授将学习界定为一种"对话性实践"，学习者与自身的对话也是其中的一个非常重要的方面，学习是一种"构筑自身"的实践，学生在学习实践中构筑自身，是一种伦理性实践、存在性实践。

　　学习作为一种伦理性实践、存在性实践，表现为学生通过学习不仅仅建构着客体的意义，建构着同世界的关系，更重要的是，学生通过自我内在的对话，通过自我的实践，改造自己所拥有的意义关系，重建自己的内部世界。在伦理性、存在性的学习实践中，学生的实践对象就是自己，是自我本身，是学生自己的主观认识与主观世界，是学生的精神世界与意义

---

　　① （日）佐藤学. 学习的快乐——走向对话 [M]. 钟启泉，译. 北京：教育科学出版社，2004：20.

　　② 冯建军. 教育成"人"：依据与内涵 [J]. 教育研究与实验，2010 (6)：1-5.

　　③ 鲁洁. 教育：人之自我建构的实践活动 [J]. 教育研究，1998 (9)：13-18.

世界，实践的目的是重新建构自我，重新建构自我的认识世界、情感世界、精神世界和意义世界，实践的手段是运用元认知思维进行积极的"自我探索"活动，所谓"自我探索"活动，就是"通过元认知思维所实现的'自己'的析出、解体与重建的活动"①，通过自我探索活动，学生丰富自我认识，实现自我超越，而这种自我探索正是学生从内部调动其从事学习实践的根源性需求。学习作为一种伦理性实践、存在性实践，是在对自我的不断反思中进行的，是在对自我的不断追问中实现的，反思、追问是学习作为伦理性实践、存在性实践的重要标志。

学习是认知性、文化性实践，是交往性、社会性实践，是伦理性、存在性实践，以上三种实践是相互联系、相互统一的，共同彰显着学习的实践属性。学生与学习内容的关系构成了学生与知识世界的实践关系，学生与他人的关系共同构成了学生与外部世界的实践关系，而学生与自我的关系构成了学生与内部世界的实践关系，学习就是以上几种实践关系相统一的活动。"学习的实践，其轴心是作为同客观世界对话而实现的探究和表达的实践"②，学习是三种实践相互统一、相互促进而发展的实践，学习是建构客观教育内容之意义的认知性实践，是析出自身和反思自身的自我内在的存在性实践，亦是社会地建构同他人关系的交往性实践。学生通过学习既改造了外部世界，也改造了自身内部世界，在这个过程中不断地扬弃外部世界和自身主观世界的自在性，实现对客观世界和自身的超越。

三、学习实践属性的特征

人类社会普遍存在着三种实践样式：认知性实践、工具性实践、交往性实践。学习的实践属性不是指普遍性实践，不是指某一种具体的实践样式，如单纯的动手操作、认知或社会交往，而是指学习活动内在地包含着

---

① （日）佐藤学. 学习的快乐——走向对话［M］. 钟启泉，译. 北京：教育科学出版社，2004：39.

② （日）佐藤学. 学习的快乐——走向对话［M］. 钟启泉，译. 北京：教育科学出版社，2004：39.

多种实践特质，是高于某一种单一实践样式、具有丰富内容和明确价值取向的目的性与意义性活动，学习的实践属性并不是指学习活动与人类普遍的实践方式具有等值性。学习的实践属性具有价值性、情境性和过程性特征。

（一）学习实践属性的价值性

马克思指出："动物只是按照它所属的那个种的尺度和需要来建造，而人却懂得按照任何一个种的尺度来进行生产，并且懂得怎样处处都把内在的尺度运用到对象上去；因此，人也按照美的规律来建造。"[①] 可见，马克思所理解的实践是种的尺度（即物的尺度）与内在的尺度（即人的尺度）的统一。物的尺度是指外部对象的尺度，要求我们按照客观事物的本质和规律改造世界，说明的是"如何实践"的问题，形成的是关于世界的事实性认识；人的尺度是指根据人内在的愿望、目的和需要改造的对象，说明的是"为何实践"的问题，形成的是关于世界的价值性认识。人的尺度作为价值尺度，体现了实践的价值性，体现了实践的人文关怀向度，这是实践最为根本的属性。具有价值性的实践总是与人的生存和发展相联系，关系着人如何寻找真正的精神家园的问题。实践的价值维度意味着实践不仅仅是求真的活动，更是求善、求美的活动，是真、善、美的统一。学习实践属性的价值性意味着学习不是价值中立、价值无涉的，而是一种价值性实践，充满了多种可能的价值关怀与追求。学习不是纯粹地掌握知识去认识、适应、改造外部物质世界，获得"何以为生"的知识与技能，它更根本的在于说明和回答人生的意义、生存的价值等这些具有永恒意义的问题，强调从"人的尺度"出发领悟"为何而生"，建构完满的精神世界。通过价值性的实践活动，学生体验生活的善与美好，实现真、善、美的统一，形成完整、完满的人格，达到人的尺度与物的尺度的统一。

（二）学习实践属性的情境性

---

① （德）马克思，恩格斯. 马克思恩格斯全集（第 42 卷）[M]. 中共中央马克思恩格斯列宁斯大林著作编译局，编译. 北京：人民出版社，1979：97.

实践具有情境性，任何实践活动总是在一定的时间和空间中进行的，"实践完全内在于持续时间，故与时间联结在一起"①，实践是在时间中展开的。实践总是实践主体基于前人积累的知识和经验，以一种现在进行时的状态开展，同时指向未来更好地认识与改造世界、更好地发展自身。时间与空间共同构成了实践的情境，并且这种情境是主观与客观的统一，经验性与发展性的统一。学习实践属性的情境性意味着学习不是单纯的头脑内部信息"输入—输出"的活动，而是个体基于已有知识结构和生活经验在具体、真实的情境中主动参与的实践。通过在情境中的主动参与，个体的知识在真实的情境脉络中得以建构和生成，学生的发展在与他人、文化、自我相互作用的情境中得以实现，学生的生命、生活的意义在情境中得以显现。同时，学习实践属性的情境性还表现为学习实践属性的彰显对情境的依赖性，没有具体真实的情境，学生实践属性就难以得到体现。

（三）学习实践属性的过程性

人的任何活动都是一个过程，都是以过程的形式存在的。恩格斯说："世界不是既成事物的集合体，而是过程的集合体。"② 世界的本质就是过程的存在，离开了过程，事物不可能存在，也不可能产生变化和发展。"教育的过程是教育活动的主体（教师和学生）围绕一定的活动主题，在特定的情境中，通过互动式交往进行的建构性实践活动的结构，是教育要素之间交互作用的变化和发展过程。"③ 个体的学习活动就是一个在时间和空间上不断变化的复合的运动，学习内在地蕴含于过程之中，离开了过程，学习就不能被称为学习。学习的实践属性在学习过程中显现出来，在学习时间上的持续性和空间上的广延性表现出来。无论是学生与学习内容

---

① （法）皮埃尔·布迪厄. 实践感 [M]. 蒋梓骅，译. 南京：译林出版社，2003：126.

② （德）马克思，恩格斯. 马克思恩格斯选集（第4卷）[M]. 中共中央马克思恩格斯列宁斯大林著作编译局，编译. 北京：人民出版社，1995：244.

③ 郭元祥. 论教育的过程属性和过程价值——生成性思维视域中的教育过程观 [J]. 教育研究，2005（9）：3-8.

的认知性、文化性实践，还是学生与他人的交往性、社会性实践，抑或是学生与自我的伦理性、存在性实践，学习都是以过程的形式展开的。在过程中，学生实现知识的理解、思维的发展、情感的体验、人格的养成和意义的建构。具体而言，学习实践属性的过程性表现为学习的动态性、生成性、交互性和创造性，任何"去过程"的学习都是对学习过程性的践踏，是对学习实践属性的遮蔽。

第三节　学习的意义属性

人在社会中存在，不仅表现为生命的自然存活，还表现为个体对自身完满生活的追求，在实践中对个体存在意义的追寻。实践中的人是追求意义的个体，追寻与创造学习对人的生成的意义是学习的应有之义，学习理所当然地成为个体追寻与创造意义的活动，学习具有意义属性。

一、学习意义属性的来源

作为学习对象的知识以符号的形式呈现出来，但知识并不等同于符号，知识符号背后的意义是知识的内涵，也是学生知识学习意义感产生的根本来源。同时，作为学习主体的学习者个人，是不断追求意义的个体。因此，知识及其多维意义与学习者个体的意义存在是学习意义感的来源。

（一）知识及其多维意义

知识不仅是一种事实存在，更是一种价值存在与意义存在。在知识的内在结构中，符号作为知识的外在表征，是意义的载体，而意义则是知识的内核，个体通过与知识的相遇，经过理解、感悟、体验、反思等过程，进而由知识的符号表征进入知识的意义系统。

1. 符号是知识意义的载体

"人在本质上是一种善于创造和使用符号的动物。"[①]符号是信息的外

---

① （德）恩斯特·卡西尔. 人论 [M]. 甘阳，译. 上海：上海译文出版社，2004：37.

在形式和物质载体。在人类信息表达和传播的过程中，符号是不可缺少的基本要素。知识是人类认识客观事物、改造客观世界与主观世界所形成的成果，符号是知识的外在形式，是知识的重要表征，任何知识都是通过符号的形式呈现出来的。

符号与知识之间的关系是通过意义来实现的，知识的意义通过符号的形式表现出来，从而具有可感知性。"符号化的思维和符号化的行为是人类生活中最富于代表性的特征。"[①] 人类活动就是通过符号化的思维和行为来实现的。在学校教育中，"学生学习知识的过程实质上是对符号所表达意义的理解与把握的过程"[②]，文字符号、数理逻辑符号、图形符号、动画符号、声音符号是记录和表征文化科学知识的常见载体。虽然不同的符号在表达意义方面有着不同的特点与功能，但它们都能体现出其所表征的知识的意义。学生学习知识是从符号开始的，通过各种学习活动获得知识的符号表征是学习的起点，但是，知识学习绝不能停留于符号层面，如果不在符号和知识意义之间建立联系，这种学习就是狭隘的，甚至不是真正意义上的学习，而只是对人类认识成果的简单占有。学生需要通过对各种符号的认识与理解，经由感悟、体验、反思等过程，才能够在符号与意义之间建立联系，知识的意义也才能够显现出来。

2. 意义是知识的内核

知识的意义通过符号表现出来，它是内在而非外显的。深度剖析知识的内在结构，其内核即意义。正如费尼克斯所说，"知识就是意义的领域"[③]，意义是知识的内在要素。知识的意义是指"知识所具有的促进人的

① （德）恩斯特·卡西尔. 人论 [M]. 甘阳，译. 上海：上海译文出版社，2004：38.

② 陈佑清，高文平. 符号转换与知识意义的理解 [J]. 中国教育学刊，2011（6）：44-47.

③ Phenix, P.. Realms of Meaning [M]. Ventura, California：Ventura County Superintendent of School Office, 1964：21.

思想、精神和能力发展的力量，是知识与人的发展之间的一种价值关系"①。知识因其内具的价值而使其具有意义，学生的知识学习要充分认识到知识对个体发展所具有的价值，进而使知识的意义得以体现。站在教育学的立场上认识知识，知识不仅仅是作为人类认识成果的事实性存在，更是一种价值的存在与意义的存在，意义的存在是教育学立场下知识观的标志。传统哲学层面上的知识观认为，知识是"客观事物的属性与联系的反映，是客观事物在人脑中的主观映像"②。这种知识观脱离了教育的场域和学生生命的立场，割裂了意义与知识之间的联系，将意义从知识中抽离出来，使知识成为毫无意义的符号。知识脱离了意义，就失去了知识最本质、最核心的要素，学生的学习也就变成了毫无意义的机械记忆与静态传递。脱离了意义的知识学习缺乏个体对知识意义的个性化认识，是共性的；缺乏个体对知识价值的理解，是事实性的；缺乏个体对自身生命的观照，是物性的。

3. 知识的多维意义

知识的意义不是指作为其表现形式的符号所代表的"含义"或"意思"，而是指知识对个体生命成长、情感发展、人格完善等方面所具有的价值。由于知识的历史性和人的复杂性的存在，知识的意义不仅包括知识对个体生活的外在意义，还包括知识对个体精神生活的内在意义；不仅包括对人类共同体的公共意义，还包括个性化的个人意义。

（1）知识的外在意义与内在意义

知识的外在意义侧重于知识的社会价值和经济价值，而不关涉个体的精神生活和情感生活。强调知识的外在意义是现代知识观的立场，无论是理性主义还是经验主义抑或是实证主义，都将知识当作改造社会、创造财

---

① 郭元祥. 知识的性质、结构与深度教学 [J]. 课程·教材·教法，2009 (11)：17-23.

② 中国大百科全书编委会. 中国大百科全书·教育 [M]. 北京：中国大百科全书出版社，1985：525.

富的有效工具，将知识看作是独立于主体之外的具有客观性的产物。个体学习知识就是掌握客观的、终极不变的真理，并将其作为物体一样进行占有，为自己创造物质价值。"科学知识最有价值"的论断就是强调知识外在意义的重要体现。知识的外在意义带有明显的功利倾向，其全部意义就在于其社会价值和经济价值。知识的外在意义强调知识的工具性和功利性，也可以称为知识的功利意义。知识的内在意义关注个体的生命世界和精神世界。知识具有个人性，在知识与个体的内心之间存在着密切的联系，知识通过背景依存、逻辑依存和经验依存三种方式被个体所认识，在这个过程中，知识深入了个体的生命、情感和精神。因此，知识具有促进个体生命成长、情感陶冶、精神润泽的内在意义。"课程知识不再是脱离生命的客体性存在，而是承载着情感、态度与价值观，蕴藏着历史、文化与生活底蕴的主体性、意义性存在。"① 知识的内在意义关注知识的人文性和精神性，也可以称为知识的精神意义。

（2）知识的公共意义与个人意义

哲学认识论立场上的知识观认为："知识是人类认识的成果，它是在实践的基础上产生又经过实践检验的对客观实际的反映。"② 在哲学认识论知识观的影响下，知识成了一种可被管理和控制的东西，成了一种事实性的东西。客观知识作为人类认识的成果，告诉人们的是"关于世界的知识"，这种"关于世界的知识"具有普遍性的特点，是一种静态的共性存在。在这个层面上，知识具有公共意义，公共意义关注知识的"对象化"与"物化"，而不关注主体的经历、生命、情感与价值。也就是说，知识的公共意义忽视了人的存在，只关注人类的共性，关注对人类共同的价值。知识的公共意义是个体通过对知识的理解与体验可以获得的，因此，

---

① 苏鸿. 意义世界视野下的课程知识观 [J]. 课程·教材·教法，2007 (5)：9-13.

② 中国大百科全书编委会. 中国大百科全书·哲学Ⅱ [M]. 北京：中国大百科全书出版社，1987：1169.

公共意义也可以称为知识的理解性意义。知识的个人意义则深入到个体的生命世界，关注知识所内具的促进个人精神成长和人格成长的价值。知识的个人意义是个体生命与知识相遇从而进入知识、体验知识，实现个体生命成长的核心。知识的个人意义体现的是知识的生命立场、主体立场和过程立场，因此，知识的个人意义关注不同学生的个体经验、人生履历、生命成长，让知识真正深入个体内心，深入个体的精神世界和生命世界。"人们认为自明地具有价值的知识，对学习者并不一定构成意义"①，只有与个体的生命联系起来、与个体生活的情境联系起来，知识才真正具有个人意义，才具有个性化的发展价值。知识的个人意义关涉到个体的情感、精神、心灵与灵魂，个体只有通过积极地与知识互动，将个体的经验、履历与知识建立联系，才能够获得知识的个人意义。知识的个人意义也可以称为知识的存在性意义。

（二）学习者是追求意义的个体

马克思主义哲学认为，人的生活不同于生存，人的生存只是人的自然生命的存活，而人的生活是有意义的自在存在，人是不能满足于自然生命的简单存活的，而必须不断追求有品位的、有意义的生活。"生存只是人追求生活意义的手段，人的生活以生存为手段来追求和实现生活的意义。所以，人可以为了有意义的生活而放弃无意义的生存。"② 有学者认为人是有着两重性存在的生命体：实体存在和意义存在，他认为"人之为'人'的本质应该说就是一种意义性存在、价值性实体"③，"人类追求意义，就是在追寻自己实现的本性"④。因此，从人的本性上来说，人是寻求意义的生物，人不能忍受无意义的生活，只有通过对意义的追求与创造，人才能成为真正意义上的"人"，才能从自然性上升到社会性、价值性。人的本

① 郑太年. 意义：三个世界的联系与对话 [J]. 全球教育展望，2000（1）：25-30.
② 金卓. 论实践的意义维度 [J]. 广西社会科学，2012（11）：48-50.
③ 秦光涛. 意义世界 [M]. 长春：吉林教育出版社，1998：Ⅲ.
④ 秦光涛. 意义世界 [M]. 长春：吉林教育出版社，1998：10.

质就是一种"意义性"的存在，人是寻求意义的生物，人不仅寻求事物的意义，也寻求自身的意义。一方面，人类寻求一切事物的意义。人与事物之间，是通过意义而发生联系的，事物只有具有了意义才会和人产生联系，发挥事物对人的作用，而事物的意义不会自然地显现出来，必须通过人对事物意义的追求才能产生。另一方面，人类在不断地寻求自身的意义。各种动物在世界上存在着，但它们的存在只是生物学的存在，是在不断地适应环境的过程中求得生命的保全和存活，唯人有所不同，人不仅存在着，而且不断寻求着自身存在的意义，创造着自身存在的意义，人总是在不断地追问"我为何而生""我的行为有什么意义"等意义性和价值性的问题，在不断地追问、反思中，人为了自身意义的实现而开展各种实践活动，获得存在的意义。人的本质是一种"意义性"存在，人的"意义性"本质彰显的过程伴随着人的各种"意义性"实践活动，人的"意义性"实践活动就是人类追求意义、创造意义的过程，"正因为人的活动是一种追求意义、创造意义的过程，所以离开与意义的关系，单纯用物理的、生物的存在方式来看人，就无法理解人的活动"①。无论是人的物质活动还是人的思维活动，都是人类追求意义和创造意义的活动。实践中的人是追求意义的个体，本身就是精神与物质的统一体，是一种意义性的存在，是具有自我认知、自我实现、自我超越的本性的存在。现实中从事实践活动的人，是意义产生的根源与生长点。

（三）学习是个体追寻与创造意义的实践活动

"实践既不是单纯的物质性过程，也不是单纯的精神活动，它是物质精神结合在一起的追求意义、创造意义的活动。"② 学习具有实践属性，其核心的意义在于学习本身就是个体追寻与创造意义的实践活动。

学习是个体追寻与创造意义的实践活动，一方面表现为个体对知识意义的追寻。个体的知识学习始于符号，始于对符号的感知、认识、理解、

---

① 秦光涛. 意义世界［M］. 长春：吉林教育出版社，1998：13.
② 秦光涛. 意义世界［M］. 长春：吉林教育出版社，1998：56.

接受与传递，然而，在个体知识学习的过程中，符号仅仅是个体学习的基础，个体的知识学习不能止于符号，而必须超越符号，获得符号背后的意义，意义创生是知识学习的必然追求。站在教育学的立场上认识知识，知识不仅仅是作为人类认识成果的事实性存在，更是一种价值的存在与意义的存在。传统哲学层面上的知识观脱离了教育的场域和学生生命的立场，割裂了意义与知识之间的联系，将意义从知识中抽离出来，使知识成为毫无意义的符号。知识脱离了意义，就失去了知识最本质、最核心的要素，学生的学习也就变成了毫无意义的机械记忆与静态传递。脱离了意义的知识学习缺乏个体对知识意义的个性化认识，是共性的；缺乏个体对知识价值的理解，是事实性的；缺乏个体对自身生命的观照，是物性的。费尼克斯说"知识就是意义的领域"，个体的知识学习在很大程度上就是通过符号对意义世界进行的探索，学生学习的过程实质上是对符号所表达意义的理解与把握的过程，这种对符号所表达意义的理解和把握既包括符号所指称的含义，亦包括知识与人的发展之间的一种价值关系。另一方面，学习是个体追寻与创造意义的实践活动表现为学生在学习过程中对人生意义的创造。在学习活动中，学习主体（实践主体）通过对象化的活动将自身的本质力量作用于特定的客体或者活动，特定的客体或活动又反过来作用于实践主体，使主体实现自我理解、自我确证、自我实现以及自我超越，进而获得精神的充盈、生命活力的激发、自我素质的提升、主体性的自由创造以及人生境界的陶冶。通过学习，学生逐渐学会思考各种社会现象，反思生活，体验和感悟人生意义，形成一定的态度与价值观、人生观，从而使心灵世界得到拓展和丰富。

二、学习意义属性的表现

将学习理解为一种单一的认知活动，只关注到了学习的认识维度，忽视了其实践维度及其意义向度，而将实践仅仅理解为动手做、动手操作的观念，则消损了实践丰富的意义内涵及其教育价值。"意义的生长点就是现实的人的现实的实践活动，也就是说人总是为了某种意义而从事实践活动。"① 意义并非实践，却是内涵于实践、推动与引导着实践的。学习实践属性的根本意义通过学习者主体性的确立、意义感的获得和自我觉悟的提升而得以体现。

（一）学习实践属性的意义表现为主体性的确立

主体性原则是马克思主义哲学的基本原则，也是当前教育理论和实践中的热门话题。"如果任何教育体系只为持消极态度的人们服务，如果任何改革不能引起学习者积极地亲自参加活动，那么，这种教育充其量只能取得微小的成功。"② 彰显主体性也是时代赋予教育的重要使命，在个体的学习活动中，学生是有着鲜活生命个性的个体，有强烈的主观能动性和积极的主动性、创造性，他们个性的彰显、生命活力的激发、创造力的发展都需要以其主体性的彰显为基础。学习实践属性的意义首先表现为使学习成为一个彰显学生主体性、发展学生主体性的过程。马克思认为："凡是有某种关系存在的地方，这种关系都为我而存在的。"③ 在具有实践属性的学习中，学生的主体性就体现于学生与教师、学习内容的关系中。一方面，学生的主体性体现于个体与教师的关系性实践中，学生是自由的个体，在教师的引导下自主开展学习活动，自主思考与追问人生的意义，教师不能代替学生的学习行为，也不能代替学生进行意义的追寻与创造；另一方面，学生的主体性体现于学生个体与学习内容的关系上，学生是主动、积极、探索性地去把握学习内容，根据自己的生活经验和人生履历建构学习内容的意义，按照自我的目的和倾向去把握客体及其价值。在这个过程中，学生是主动的发现者，而不是被动的接受者；学生是积极的探索者，而不是消极的应付者。学习实践属性的意义表现为个体主体性的确

---

① 金卓，王晶. 论实践的意义维度 [J]. 广西社会科学，2012 (11)：48-50.

② 联合国教科文组织国际教育委员会. 学会生存——教育世界的今天和明天 [M]. 北京：教育科学出版社，1996：36.

③ （德）马克思，恩格斯. 马克思恩格斯全集（第3卷）[M]. 中共中央马克思恩格斯列宁斯大林著作编译局，编译. 北京：人民出版社，1979：34.

立，而学生个体主体性的确立又主要体现为学生主体意识的形成、主体能力的发展和主体人格的养成三个方面。学生的主体意识是学生主动学习、寻求主动发展的意识，是学生"作为认识和实践活动的主体对于自身的主体地位、主体能力和主体价值的一种自觉意识，是主体自主性、能动性和创造性的观念表现"①。个体主体意识的强弱，直接影响个体的主体行为与主体能力，影响个体在学习过程中对自身主体地位的确立和对人生意义的追寻。学生的主体能力是"主体能动地驾驭外部世界对其才能实际发展的推动作用，从而使自身主体性不断发展的能力"②，通过主体能力的发展，学生能够有效地处理其在学习过程中的各种关系，利用各种外部条件积极地实现自我教育、自我管理和自我完善，增强其主体性。主体人格是个体主体性发展的非理性力量，对个体主体性的确立发挥着推动、激发和催化的作用。

（二）学习实践属性的意义表现为个体意义感的获得

"人是一种意义性的存在，人所栖居的世界是一个意义世界，只有人才有意义世界。"③ 人无法忍受无意义的生活，人对人生意义的追求成为人永恒的追求，意义的生长即个体精神的丰富与自由，是个体自我的丰盈。前文所述，学习的实践属性所指的实践不仅是一种工具性实践，更是一种价值性实践、意义性实践，因此，学习实践属性的意义还表现为个体意义感的获得。

意义深藏于人们的生活事件、生活世界和生活实践之中。没有拷问，没有沉思，没有觉醒，意义就会迷失。意义是主体对自我的评判，是主体对自我生活事件、生活实践、生活世界的合目的性、合价值性的评判。意

---

① 张天宝. 基础教育新概念：主体性教育［M］. 北京：教育科学出版社，2002：50.

② 张天宝. 基础教育新概念：主体性教育［M］. 北京：教育科学出版社，2002：51.

③ （德）海德格尔. 存在与时间［M］. 陈嘉映，王庆节，合译. 北京：生活·读书·新知三联书店，2006：177.

义感，是主体对生活实践的意义性的意识活动，是建立在主体自我意识、自我反思和自我觉醒的基础之上的。对意义的理解和确认，是人开展生活实践的重要基石。

在学习中，学生通过个体有意义的实践，通过体验、探究、交往，从生活事件、生活世界和生活实践中获得意义感。个体在学习中的意义感是学生在学习过程中对学习内容及学习活动本身的价值认同，是对自我作为主体的力量的价值澄明，是对个体自身存在的价值确认。个体在学习中获得的意义感主要在学生的生命、心灵和精神上得到体现，学习帮助学生认识到学习对个体成长发展的价值和对自身精神生活丰富的意义，让学生的生命得以涵养、心灵得以净化、精神得以陶冶。在学习中，学生不仅仅进行知识学习，更是通过知识理解思考人生问题，不断地追问与反思自我人生的意义。可以说，学生学习的过程就是师生一起探求知识意义与人生意义的过程，个体在学习过程中意义感的获得是学习实践属性彰显的重要标志。

（三）学习实践属性的意义表现为个体自我觉悟的提升

自我觉悟意味着深刻内省，是个体在认识自我的基础上对自我的认知和判断，萌发自我意识，进而确立人的自我，实现自我的觉醒。认识自我是自我觉醒的前提条件，提升自我的觉悟是哲学探究的最高目标，也是人类个体生活的最高追求，只有在认识自我的基础上提升自我觉悟，个体才能真正地实现自我。学生自我觉悟的提升是在一定知识的基础上，在与客体、他人、自我之间的互动与交往的实践过程中实现的。

"教育的本意其实就是发展人的自我认识，开启、孕育个体人生的价值内涵，把自我引向对善好人生的追求。"[①] 黑格尔首先提出个体在实践中认识自己的思想，他认为，人除了可以通过认识的方式获得自我认识外，"人还通过实践的活动来达到为自己（认识自己），因为人有一种冲动，要

---

① （德）恩斯特·卡西尔. 人论 [M]. 甘阳，译. 上海：上海译文出版社，2004：1.

在直接呈现于他面前的外在事物之中实现他自己，而且就在实践过程中认识他自己"①。个体是在实践过程中认识自我的，也是在实践过程中提升自我觉悟的。个体的学习活动是一个主观与客观相互作用的过程，是学生个体通过知识中介与客观世界相互作用的实践活动，是学生开展的理智和感性的交往性实践，在这个过程中，学生增进对自我的理解，进而提升自我觉悟。"实践是主客观相互作用的过程，它既是充分暴露客体现象与本质的过程，也是主体本质的表现、暴露、确证和实现的过程，人从中认识客体，也能认识主体。"② 在学习过程中，学习者不仅关注客体，更关注自身，从对学习内容的理解性实践中提升自我觉悟，在交往性实践中提升自我觉悟，在反思性实践中提升自我觉悟，进而实现自我、增强自我意识，体验到自我的发展。具有实践属性的学习过程就是学生参与、体验、反思的过程，是"有我"的实践，而非"无我"的实践。学生作为学习的主体带着自我已有的认识发展新的认识，以自己的经历体验着新的情感，以自己的思维建构新的意义，改进自己的思维方式、生活态度和处事方式，同时在这个过程中增强自我认识、自我觉悟、自我变化，最终实现自我、超越自我。

彰显学习的实践属性，提升课堂教学的发展性品质，是当前课堂教学改革的根本诉求。单一的符号知识的接受性学习，只能让人的灵魂在一个虚幻的符号世界里飘荡，不能真正理解并建立起主体与客观世界、他人的关系，更不能真正地认识自己，建立与自我的关系。离开对书本知识的意义获得，离开了学生的自我认识、自我觉醒、自我觉悟，何以消解儿童青少年对内心自我的孤独感、对外部世界的迷茫感、对社会生活的陌生感和对现实世界的厌恶感？何以真切地增强学生对社会的责任感、对生活的热情和对世界的关怀？因此，课堂教学改革需要切实改变知识观、学生观、

---

① （德）黑格尔. 美学（第一卷）[M]. 朱光潜，译. 北京：商务印书馆，1996：39.

② 吴炳海. 论实践的自我认识功能 [J]. 浙江大学学报，1997（12）：53-61.

教学观，克服简单的教与学在时间序列上的翻转或删减的局限性，增强学习的实践属性及其意义，提升学生学习的自我感与意义感，引导学生在学习中形成"物—我"关系、"我—你"关系和自我关系，充分地发展人的实践本质。

三、学习的意义感

哲学家赫舍尔说："人之为人的独特难题就是如何进入意义。"[①] 人之所以为人的根本不是人具有自然生命，而是人具有精神生命，对于意义的追求是人之所以存在的终极支撑。意义是一种生活体验的特殊内容，人与客观世界的内在关联本质上是一种意义关联，只有体悟到生活实践的意义性，人之自我生存的意义感才会产生。在学校教育过程中，教与学的活动都围绕着课程知识这一核心，教师和学生的大部分日常活动和生命体验也是因此而得以展开。但在传统的灌输性教学中，知识被看作是客观中立的、外在于学习者的符号，知识与教育活动中人的生存意义建构之间的关联被弃之一旁。从赫舍尔的命题出发，立足于教育学的视域，"学生的知识学习如何进入意义"这一命题可以转化为"学生知识学习的意义感"问题。

（一）学习意义感的内涵

学习意义感即指学生在学习过程中时刻寻求个体与知识之间稳定的意义联系，对学习内容、学习活动以及学习过程产生强烈的意义确认和价值认同，并在此基础上体悟到知识学习对于自身成长与发展以及精神追求的真正意义的意识活动。学习意义感强的学生能够积极主动地对知识的意义进行澄明和表达，能对学习活动产生强烈的自我认同感，能在学习活动中获得确切的价值体验。

1. 对知识内容的意义理解

从知识的内在构成上看，知识是由符号表征、逻辑形式和意义系统三

---

① （美）A. J. 赫舍尔. 人是谁 [M]. 隗仁莲，安希孟，译. 贵阳：贵州人民出版社，2009：46.

个部分组成的。任何知识都是以特定的符号作为表征，通过逻辑形式而存在，并以实现其意义为终极价值取向。作为人类认识成果的知识符号具有两种意义：一种是"给定意义"，即知识生产者赋予知识的意义；另一种是"个人意义"，是知识学习的个体对知识的理解、内化和运用。学习意义感的最基本表现就在于对知识正确意义的理解以及对个人知识意义系统的建构。学生将知识与自身的经验结合起来，形成对知识新的看法，建构起具有个人意义的知识体系。有意义的学习是有思想的学习，真正地理解学科思想、学科方法及其实践价值与人生意义等。学生记住书面符号的东西再多、背诵得再多，意义也不可能呈现出来。被记忆的符号只会是零散的知识，没有任何意义建构的成分，因为零散的知识构不成智慧。课堂教学的意义不在于让学生知道多少，而在于使学生对知识具有正确的意义理解，在于把知识串成整体，融入学生的经验、感悟、体验中去，并建构起具有个人意义的知识整体。就教学的内容而言，只有当教师所教的那些所谓知识包融了学生的经验、话语甚至是学生该有的孩子气的时候，学习的意义感才会显现。

2. 对学习活动的自我认同

学习意义感之所以会产生，一方面是因为知识本身具有意义属性，另一方面是由于知识学习的主体——学生是寻求意义的。知识学习总是依托于一定的学习活动，学生对学习活动具有价值认可并形成相应的价值观念是学习意义感的深层表现。学习意义感的产生并不在于课堂教学表面上的活跃，热闹里容不下意义，而发自内心地对学习活动的价值确认和意义认同，是在与客观世界、他人以及自身的对话中寻求并获得自我发展与自我认同。学生对学习活动本身的自我认同包括学生的自我认识、自我觉醒和自我超越。具有学习意义感的学生能够在学习活动中借助客观世界、他人或自身来调整或丰富对自我的认识，在认识的基础上去体悟学习过程、生活实践与自我的意义关联，进而实现自我成长、自我发展和自我超越。学习的意义感是需要在活动中进行沉浸、浸润的，学习活动是学生主动追寻与创造成长意义的过程，它内在地要求彰显学生的主体地位，发挥学生学习的主动性。具有学习意义感的学生能够清楚地认识到自身在学习活动中的地位，在学习过程中能更好地进行自我认识、自我觉醒、自我超越。

3. 对学习过程的价值体验

对学习过程的价值体验是超越表层教学和表面学习、实现学习意义感的一个基本要求。价值体验是将价值感知上升到情感层次，开始以一种更为积极的态度思考个体与价值客体之间的价值关系。学习是一个过程性存在，但大多数教师却视课堂为高速公路，期待带领学生高速直达目的地，致使学生的学习活动失去过程价值。对学习过程进行价值体验，要求学生具有学习意义感，并关注学习过程，激发学生的学习体验。学习意义感强的学生能够由"被动"转向"主动"、由"学会"转变为"会学"，对学习过程具有强烈的参与意识，能积极主动地思考自身与学习过程之间的价值关系，并对知识的意义进行澄明和表达。新课改以来，课堂发生了一些显著变化：课堂模式不断翻新、课堂气氛热闹非凡、教师"教"得活跃、学生"学"得热闹，但在这一现象的背后，却透露出浮躁、盲从和形式化的倾向，学生内在的思维和情感并没有真正被激活，学生内心不存在对学习过程的价值体验。价值体验是教学过程中思想的浸润、是价值观的渗透。每一门学科都包含了其自身蕴藏的价值观念与情感态度，只有教师将学科思想和价值观渗透在日常教学中，学生才能真切感受到思想的浸润和价值的澄清，才会正视学习过程的价值问题，获得或增强学习的意义感。

(二) 学习意义感的价值澄清

学生的学习意义感能够使其充分意识到自身作为学习主体的力量，积极思考自身存在的价值并建构知识与自身的意义关联，让真正的学习发生。建立学生学习意义感也是具有发展性品质的教学一直追求的价值目标之一，同时它也能有效缓解当前学生学习面临的虚无主义危机和学生学习中出现的犬儒主义情感。因此，学生学习意义感的生成对于评价学生的学习、衡量教学质量的优劣以及缓解学习虚无主义的危机都有着重要价值。

1. 学习意义感是评价学生学习的起点标准

真正的学习是学生与学习内容之间发生意义关联，寻求知识的"个人意义"；是学生积极参与学习过程，获得价值体验；是学生进行自我反思和自我体悟，追求一种自我认同感。也就是说，只有学生的学习具有了意义感，真正的学习才会发生。随着新课程改革步入深水区，学生学习评价研究的问题域也不断拓展，而处在十字路口的学生学习评价标准也面临多种选择。不管是以何种标准去评价学生的学习，其主要变化都是由传统的"结果驱动过程"评价范式逐渐转向"过程与结果双向驱动"评价范式，但这些评价范式都是一种基于终点标准来对学生学习结果进行的终极评价。然而，建立学生对学习内容、学习活动和学习过程的意义感，引导学生发生真正的学习，体验学习的价值与意义，正是学生学习评价的重要内容。对学生学习进行科学评价的前提是要寻求一个起点标准，如果没有起点标准的评价，那么其他任何评价学生学习的手段或标准就失去了意义与价值。因此，学习的意义感既是真正的学习发生的前提条件，又是评价学生学习的起点标准。

2. 学习意义感是衡量教学质量的价值标准

现代课堂教学是以学生为主体的教学，通过学生的主动学习促进学生的发展，而学习的意义感就是促进学生主动学习、积极参与、自我认同和体验活动价值的原始动力。课堂教学质量和学习意义感之间是一种双向关系：高质量的教学能促进学生追寻、获得和增强学习的意义感；反之，学生学习意义感的获得也有利于促进学习的真正发生，促进个人的发展与成长，进而彰显教学的质量与课堂的发展性品质。学生学习意义感的产生与获得是教师教学追求的首要价值目标，只有学习具有了意义感，学生的学习才能彰显出知识的意义性和价值性，从而彰显教学的质量与价值。反观当前，教学质量评价价值标准的缺位却导致其评价标准体系停留在工具性和功利性取向的层面上，以致教师的教学质量观产生了一定的价值偏差。高质量的教学一定是以激发和培养学生的学习意义感为第一要义的。如果学生能够在知识中寻求到自身发展与成长的潜能与意义，能在教学过程中体验到学习的价值，形成强烈的自我认同感，那就是课堂教学追求的最大价值。

3. 学习意义感是缓解学习虚无主义危机的有效标准

学习意义感内含了学生在学习过程中寻求价值和意义的内在向度，表达的是学生对于知识学习的价值追问与意义认同。然而，在学生学习中蔓延的虚无主义却导致了学生逃避学习、拒绝学习，随之学习的意义与价值也逐渐流失或虚无，这严重影响了学生对知识深层意义的探索、对学习活动中自我认同的追寻以及对学习过程的价值体验，使学生失去了学习的快乐。究其缘由，是因为学生在学习过程中体悟不到知识学习与自身成长与发展的内在意义联系。因此，只有建立学生学习的意义感，才能使其对学习内容、学习活动以及学习过程产生强烈的意义确认和价值认同，从而走出学习虚无主义的迷雾森林。学生一旦有了对知识学习的价值向往，逃避学习和拒绝学习的问题就会迎刃而解，学习的意义与价值也会得以回归，学习的虚无主义危机才能得以缓解甚至是解除。可见，学习意义感是学生学习虚无主义危机得以缓解的有效标准，是对虚无主义中"不明白为什么必须学习""学习的意义究竟何在"等问题的最好回答。

（三）学习意义感的达成

知识作为文化的一部分，其产生具有背景依存性和经验依存性，深化课堂教学，为意义而教，就是要让知识不仅仅成为孤立的符号，而且要与背景和经验建立意义联系。学生对学习意义感的体悟、获得与创造就是从自身与知识的意义关联开始的，这就需要教师在教学过程中深化学生对知识的意义理解，提升学生的自我认同，营造价值体验的氛围。

1. 背景导入，深化知识意义的理解

知识具有背景依存性，要获得特定知识的意义，首先需要引导学生理解知识的背景。没有背景的知识是不存在的，没有知识背景导入的教学是枯燥无味、毫无意义感的。学习意义感的产生绝不在于对知识符号表征的死记硬背，而是对知识背景的认知、理解和认同。导入的知识背景既不是教学的主体，也不是学习活动的主要目标，而是帮助学习者发现主体、认识主体的一种方式或途径。背景知识的缺席会导致学生很难准确深入地理解知识内涵，解读文本的现实意义。试想，教师在教授阿拉伯数字时，不告诉学生阿拉伯数字的由来或相关的数学史；在教授古诗词时不告诉学生诗词写作的背景、作者的经历；在教授英语对话时不创设相应的情景，不告知特定的文化背景，那么知识的意义何在？学生的学习意义感又如何被激发出来？知识背景的导入应该从其依存的三种背景——自然背景、社会背景和文化背景入手。首先，教师在进行学科教学时应该教给学生知识产生的自然背景，即学科逻辑，以便更好地知其所以然。其次，注重介绍知识产生的社会状态，比如经济状况、政治制度、社会风气习俗等，以促使学生更好地了解文本的内在含义以及知识的性质、属性与特征等。最后，导入知识所依赖的种族文化，是理解文本建构模式、话语特点、特征内涵等的重要依据，教师在教学中应注重不同文化背景的导入。这些背景知识的导入能使学生正确理解知识内容的真正意义，将知识与自身的经验、实践与感悟结合起来，炼制一种专属自己的知识意义。只有这样，才能引导学生从符号学习走向学科背景、学科思想和意义系统的理解与掌握，对知识进行深度学习，意义感也才会随之而来。

2. 经验回归，提升学生的自我认同

知识具有经验依存性，人类的历史经验和个体的生活经验是理解知识并获得意义的条件之一。经验是学习的基础和内容，是课程内容的可选择范围。学习中经验的渗透是学生实现自我认识、自我觉醒和自我超越的基础与前提，如果知识没有与人类历史经验和学生个体经验的结合，学生便会在知识的符号里沉沦与迷失。没有涵括学生经验的课堂永远上演的是制度化语言，演绎的是预设模式，充斥的是不带主观感情的理性知识，这种脱离学生生活经验的知识只是作为一种摆设于书本上的事实性材料，其价值性和意义性层面的内涵完全被湮没，学生的自我认同感也得不到提升，更不会生成学习的意义感。教学中的经验回归主要在于将知识教学与人类的历史经验或种族经验以及学生的生活经验相联系，在此基础上促进学生对知识价值的理解与自我认同的达成，进而促进学习意义感的生成。学生的经验是教学的起点，课堂教学的组织必须基于学生的需要和学生生活世界、生活事件和生活实践经验。教师应允许学生的生活经验进入教学过程，哪怕是幼稚的、新奇的见解，只有这样，才能让教师的教学过程和学生的学习过程形成真实有效的对话和交流，真正实现"心灵与心灵的约会"。教学不能让学科知识与学生的生活经验脱轨，任何失去知识的本真价值，即离开学生的经验、兴趣、理解力作为基础，学科知识都难以在学生的头脑中形成真正的意义。

3. 文化回应，营造价值体验的氛围

符号知识是文化的载体，文化性是知识的本质属性，获得知识的意义是以文化理解为根本前提的。文化认同感、文化继承性与学习意义感的生成具有密切关系。学生只有理解了各种知识背后隐藏的文化以及各种文化之间的差异，才能准确地、深刻地理解知识的内在意义与价值。文化回应要求注重学习内容与学生的文化背景、文化差异的关联性，把学生的文化背景作为学生学习新知识的支撑。实施文化回应性教学的前提和基础就是要承认不同民族、种族文化的差异性，教学要考虑不同学生的文化背景和经验，培养学生对其他文化的尊重和认同意识。[1] 文化回应教学的重点不仅应放在教学与学生背景文化的结合，更应强调知识对学生的价值观、情感态度以及思想动态等的文化影响力。

在多元文化的背景之下，文化回应性教学应该重视在教学过程中挖掘不同文化对所学知识的阐释以及相互之间的关系。立足于我国教育教学的现状以及国际文化趋势的立场，教师应根据学生的文化背景需要调整教学，并依照学生的不同经验和背景补充丰富的多元文化知识。这样才能让

---

① 夏正江. 简析文化回应性教学——兼评文化与教学的关系 [J]. 全球教育展望，2007（3）：54-62＋71.

学生立足于本国文化，发现本民族文化存在的意义与价值；发现西方文化的多元性，理解不同文化中蕴含的价值观念与价值取向，并以此来促进学习意义感的生成，丰富自身的文化涵养，提升课堂的文化内涵。通过文化回应，营造多元文化环境，提高学生的文化理解与国际理解素养，让学生在不同的文化氛围中实现意义澄明，最终自觉增强学习的意义感。

第五章

学习发生的维度

学习的发生涉及多个不同的维度，学习是由内容、方式、过程、环境等要素决定的多方面的现实存在，要完整理解学习的发生，需要理解学习发生的内容维度、社会维度和文化维度。

第一节　学习发生的内容维度

知识是学习活动的对象性客体，"从严格意义上说，知识无涉的课程与教学是不存在的"[①]，同样无知识的学习活动是不存在的。知识以语言符号为外在表现形式，符号之下蕴含着逻辑与理性、历史与文化、德性与人格、情感与审美、社会与生活。

一、符号与语言

人类的社会生活中符号无处不在，人类社会的产生发展也离不开符号，符号是人类存在的本质。德国著名哲学家卡西尔曾提出"人是符号动物"的论断："人不再生活在一个单纯的物理宇宙之中，而是生活在一个符号宇宙中。"[②] 人区别于动物的最显著特征即为人类可以通过符号、创造符号、使用符号来认识并改造世界。符号既是人类实践经验的产物，也是人类认识世界的工具，深刻地影响着人类的实践活动。索绪尔认为符号是能指与所指的结合，皮尔斯认为"一个符号里有三样东西：符号本身、符

[①] 郭元祥. 把知识带入学生生命里 [J]. 北京大学教育评论，2021（04）：28-43＋184-185.

[②] （德）恩斯特·卡西尔. 人论 [M]. 甘阳，译. 上海：上海译文出版社，2004：35.

号的指代对象和符号的解释项"①，但无论是索绪尔的"能指"与"所指"的二元关系还是皮尔斯的"符号""对象"与"解释项"的三元关系，都指出符号的两个重要维度即符号的载体（"能指"与"符号"）和意义（"所指"与"解释项"）。② 任何被当作符号的事物，若发挥不了交流、传递信息的作用，无法将某种意义传递给他人，对于接收符号者来说，都还没有转化为蕴含意义的符号。符号总是借助一定的形式来呈现，凭借着外化、客观的呈现方式，符号不再是空洞无物、抽象的存在，而是可以感知、传递的表征形式，而语言是其重要外在形式。首先，人类具备学习和掌握运用语言的先天生理条件，包括长期进化而来的发音器官和掌管语言机能的脑部组织。人脑对于语言的学习是有所准备的，经过后天的社会化训练，人可以掌握语言。其次，人类拥有抽象、比较、固化、组合、联想的基本认知能力，在语言体验中能够运用这些能力将感知到的形式和意义固化并符号化为一系列的符号结构，形成语言知识。语言联结着思想与符号，能够无限地创造出丰富多样的信息，是从他人处接收信息并向他人传达信息、到达他人的唯一方式，是保存人类经验的重要方式。

知识以特定的语言符号为外在表现形式，"作为人类的认识成果，任何知识都是以特定的符号作为表征的。符号所表征的是人类关于世界的认识所达到的程度或状态，即'关于世界的知识'"③。通过语言符号，具体知识内容得以呈现。人是符号的动物，就学生而言，学生通过符号进入知识、与知识相遇，学生则是符号性的学习者。在学校场域中学生的学习生活就是一种符号生活，学生所学知识以语言符号的形式存在于客观事物中，而书本就是这种符号的载体，并且学生学习使用的主要符号——语

---

① 季海宏. 皮尔斯符号学和国内外研究现状 [J]. 俄罗斯文艺, 2014 (2)：85-90.

② 黄华新，陈宗明. 普通符号学研究刍议 [J]. 浙江社会科学, 2003 (4)：113-117.

③ 郭元祥. 知识的性质、结构与深度教学 [J]. 课程·教材·教法, 2009 (11)：17-23.

言，也是一种特殊的符号系统。学生学习知识就是从认知、接受语言符号开始，借助语言符号获得"关于世界的知识"。认知并接受语言符号是学生知识学习的必经历程。如果没有语言符号的学习，个体就无法习得符号的意义，也就无法获知知识产生发展的历程，更无法通过知识认识客观世界，汲取对个体发展的价值。

符号是人与知识相关的中介，知识获得的必然追求是通过符号表征走向意义创生。在学习过程中，首先接触知识的外层结构即符号，缺乏对符号的学习会导致知识所蕴含的逻辑形式和意义系统失去载体。但学生的知识获取并不能仅局限于符号的习得，若想真正进入知识"就必须经由知识的符号表征走向意义创生"[①]，逐渐与知识相遇并真正获得知识。所以知识的学习不能仅停留在符号层面，窄化为对符号的学习。符号是知识的外层结构，意义才是知识的核心，实现意义创生是判断学生个体是否真正获得知识的重要条件。

在认知语言学家看来，语言不只作为一种人类的表达和交流工具，"它是'一种重要的认知手段'和'基本的概念工具'"[②]，在学校教育这个特殊的情境下，语言发挥着交流与认知的双重功能，一方面，学习活动的进行离不开语言，师生之间、学生之间均是以语言进行互动交流，学生所学的知识也是以语言符号呈现。学生借助这一特殊的符号系统进行学习、互动，获取信息和经验。通过书本上的语言文字、图片符号以及各种语言符号，学生得以进入知识，与知识相遇。另一方面，语言使用建构语言知识，语言的意义在使用中得以创生，在语言使用者的思维中予以创造，并生动地转化为言语或理解，最终进入个体。学生在使用语言的过程中对语言主动做出选择，运用语言符号赋予客观世界以"意义"，并在语言的帮助下，学会知识理解的思维过程，不断发展自身的思维能力和思维

---

① 伍远岳. 知识获得及其标准研究 [D]. 武汉：华中师范大学，2015.

② 何伟，王连柱. 语言学流派及语言观的历史嬗变 [J]. 外语学刊，2020 (02)：8-20.

品质。

二、逻辑与理性

理性主义与经验主义是认识论的两大重要思潮。虽然二者在知识的来源等问题存在对立或争议，但二者对知识获得过程的阐释揭示出逻辑、思维的重要价值。理性主义的代表人物柏拉图认为通过思维能够认识本然存在的事物的根本形式，只有思维才能把握住不变的存在；笛卡尔"我思故我在"的论断强调理性思维的重要地位，认为理性思考是真正获得知识的唯一途径；经验主义代表人物培根主张理性思维或精神能够对客观感知的材料进行加工转化，"知识是理性的，又是实验的；而理性本身却不出真理"[①]。在马克思主义认识论的观点中，人的认识发展过程历经了从感性认识到理性认识再到实践的过程。抽象思维和形象思维作为人类理性认知中的两种不同方式，它们都是在感性认识的基础上发展而来的，只是以不同的路径实现了从感性认识转向理性认识的跃升。二者殊途同归，各司其职，各显神通，从不同角度共同探索着客观世界的奥秘。可见，无论是理性主义与经验主义认识论，还是马克思主义认识论都强调理性思维的价值，阐明了知识的形成离不开理性思维的作用，理性思维也反映在知识的内在结构中，"没有逻辑形式的知识是不存在的"[②]。如果说符号表征呈现的是人类对世界的认知结果，那么逻辑形式则表达的是人类认识世界的过程和方式。任何知识都展现出人对世界的认知是什么以及人是如何认知世界的，这种认知世界的逻辑形式蕴含在符号表征之中。我们获得知识，不仅需了解知识是什么，接收知识的符号表征，更为重要的是经历知识形成的过程。否则仅停留在符号表征传递式而忽视知识形成逻辑的探析以及学生逻辑思维的训练的知识教学是浅层化的，囿于符号表征的知识教学难以实现知识内容的真正传递与传承。因此，在知识教学中必须处理好学习

---

① （美）梯利. 西方哲学史 [M]. 葛力，译. 北京：商务印书馆，1995：295.

② 郭元祥. 知识的性质、结构与深度教学 [J]. 课程·教材·教法，2009 (11)：17-23.

的过程与方法，增强知识的可理解性，重视学生习得知识的逻辑思维过程和理性思维的渗透，实现知识之于主体逻辑思维发展的个人意义与现实意义。

于 2016 年 9 月公布的《中国学生发展核心素养》将六大核心素养细化为 18 个基本点，其中就包含理性思维，理性思维已成为核心素养的重要内容之一。当前，核心素养引领着新一轮基础教育课程改革，旨在勾勒出适应新时代发展的新型人才形象，各学科也相继确立了学科核心素养。那么，在为人才培养提供新的思想武器和清晰的理论指引的同时，如何实现学生和学科核心素养的发展成为了一个重要问题。针对这一难题，有学者指出，为了有效促成学科核心素养的形成，学科知识应突出强调"学科大概念、学科结构、学科思想与方法以及学科情境这四大要素"①。学科大概念、学科结构可以追溯至布鲁纳的结构主义课程观，"掌握事物的结构，就是以允许很多别的东西与它有意义地联系起来的方式去理解它"②。学科知识不是学科知识点的简单罗列和堆砌，而是一个具有逻辑结构的整体。学科之所以称之为"学科"，一个重要原因就在于学科自身具有独特结构，学科知识之间存在着密不可分的内在联系。那么学科结构即是关于事物内在联系的知识，它重视知识的内在整体联系和知识本身的逻辑关系；学科大概念是一种具有高度普适性的概念，是核心的概括性知识。从课程知识的角度来看，通过大概念搭建凝练、精简的知识内容框架，从而实现少而精的课程目标。从学生学习的角度来看，大概念是一个"组织者"，整合并串联所学知识，抓住了大概念，学科的其他相关知识就可以被"牵动"起来。可以说，学科大概念既是学科知识又是学科的方法和思想。学科大概念关注学生学习整合知识的思维方法，以大概念赋予学习活动整体性。

---

① 余文森. 论学科核心素养形成的机制［J］. 课程·教材·教法，2018（01）：4-11.

② （美）布鲁纳. 布鲁纳教育论著选［M］. 邵瑞珍，张渭城，等译. 北京：人民教育出版社，2018：24.

总之，学科结构与学科大概念的具体内容虽有差异，但均指向知识的内在逻辑与联结，学习者通过学科大概念、学科结构形成学科的思维方式，构建个体的知识体系。

学科思想与学科方法是一组相近的概念，二者辩证统一，部分学者将二者统称为学科思想方法，事实上，学科思想是一个上位概念，"是由学科专家提出的对而后学科发展和学科学习最具影响力的那些观点、思想和见解"①。相较于学科大概念和学科结构，学科思想更为抽象、隐形，潜藏在学科知识之中，同时又统领整个学科知识体系。学科思想虽然是学科发展的产物，但也具有跨学科性。"学科课程思想隐喻的界限'不是实线、直线而是点线、波线'，正是这种界限暗示了不同学科之间存在相互渗透的可能。"②

学科大概念、学科结构和学科思想统一于学科知识之中，也应体现于知识的学习过程。这就要求在进行学科知识内容教学的同时，更要重视学科思想方法的教学。学习不能就知识学知识，一是应超越简单的知识内容，去挖掘和掌握知识背后的学科思想、学科方法与学科价值；二是应超越表层的符号表征，去探究和把握符号内隐的逻辑形式、思想方法与意义。只有这样逻辑思维教学才能真正落实，学习才能真正发生，有助于学科核心素养的形成。

三、历史与文化

知识与文化紧密相连，知识从文化中来。"文化性是知识的基本属性。"③ 从广义的文化上来看，文化是人类在社会实践活动中创造的物质和精神产品的总和，"它包括知识、信仰、艺术、道德、法律、风俗以及作

---

① 毕华林，万延岚. 化学基本观念：内涵分析与教学建构 [J]. 课程·教材·教法，2014（04）：76-83.

② 陈娜，郭元祥. 学科课程思想的内涵、特征及其对教学的观照 [J]. 课程·教材·教法，2017（08）：11-16.

③ 郭元祥. 论学科育人的逻辑起点、内在条件与实践诉求 [J]. 教育研究，2020（04）：4-15.

为社会成员的人所具有的其他一切能力和习惯"①，知识作为庞大的文化体系的一部分，是文化的结晶。从广义的知识上看，文化体系中的信仰、艺术、道德等内容也可以成为知识的一部分，事实上，学校教育中的知识并不局限于狭义的知识范畴，而是包含了信仰、艺术、道德、法律、风俗等内容。就知识本身而言，任何知识的产生都不是单纯的逻辑形式操作的结果，而是诞生于特定的社会历史背景、文化情境之中，"任何知识都承载着特定的文化意义和文化精神"②，文化内核使知识不再是冰冷的符号，而是富有意义和价值的存在。知识不仅仅是知识，更是一种文化的表达。所谓"知识就是力量""知识改变命运"，正因为知识背后表达的文化意义所在。不同的知识会表达出不同的文化。对于自然科学而言，知识更多表达的是人类社会发展进程中具有普遍性、客观性的重大理论成果；对于人文社会科学而言，知识更多表达的是人类社会发展进程中曾产生过的重要的精神理论创造；对于文学艺术而言，知识更多表达的是创造的方法、技巧等那些凝聚人类长期实践智慧的、具有经验性和规律性的事物。与此同时，知识的传递过程更是一种文化传承的过程，相较于经验传递的方式，知识传递的文化范围不断扩大，不再限于地域、族群、阶级的桎梏。

随着社会的进步，知识尤其是科学知识不断累积，在学校教育制度日益完善的条件下，知识作为教学内容进入学生视野，班级授课制的广泛运用更是推动文化下移，在师生生态性的互动中实现文化的传播与创新创造，这对于文化传承起到了积极作用。当今社会，学校成为知识传递最集中、最高效的场所，学生习得知识的过程就是一种文化传承的过程。知识以符号表征的形式承载并传递着知识所内蕴的文化背景、文化属性、文化精神、文化价值，知识与文化不可分离。知识并不仅仅是知识，不同的知识表达出不同的文化。将知识与文化分离的学习，从根本上割裂了知识与

---

① （英）泰勒. 原始文化 [M]. 蔡江浓，编译. 杭州：浙江人民出版社，1988：1.
② 郭元祥，吴宏. 论课程知识的本质属性及其教学表达 [J]. 课程·教材·教法，2018（08）：43-49.

文化的紧密联系，脱离文化的学习是僵硬的，难以实现人的充分培养。

作为课程内容的知识同样具有文化性。课程知识要想实现与学生的相遇，则离不开文化的浸润。观照课程知识的意义，将其与精神结构建立联系，使其具备"类"的意义，即关于人类群体的精神性向往和历史性追求，进而使得课程知识与人类的生存意义紧密相连，在学生学习过程中形成一种文化素养融入学生的生命成长中。

课程知识的文化性还体现在文化决定了什么样的知识可以成为课程内容。文化是影响知识选择的价值标准。知识的产生为课程知识提供了资源，是课程知识形成的前提条件，有了知识的产生与丰富积累，才有了课程知识的选择与融合。知识总量之大、类型之丰富决定了课程知识需要精选部分知识，放弃一定知识。在知识到课程知识的转化过程中呈现出文化的选择，这不是简单的排列或处理加工，需要课程设计者和教学工作者的创造性转化。中外课程知识之所以存在差异，根本原因是文化的差异。不同的国家在其发展中形成独特的文化，而这种文化也会影响人们的生产实践、生活方式以及精神世界，各国课程内容都是与本国的文化发展一脉相承，具有独特的民族文化烙印。简言之，课程知识的选择与重构体现文化性。

在哲学认识论的立场上，"知识是人类认识的成果，它是在实践的基础上产生又经过实践检验的对客观实际的反映"[①]，而这一论断彰显了知识的历史性。"波兰史学家托波尔斯基说历史一词经过若干世纪最终取得了两种基本意思：过去的事情；关于过去事情的陈述"[②]，"过去的事情"不是发生在现在的或者未来的，而是发生在过去的，历史是过去的。首先，知识是在历史中生成的，本身也是历史的知识。知识在实践中产生并接受实践的检验，确认为真的知识由前人在过去的实践活动中创造，这表明知

---

① 中国大百科全书总编委会. 中国大百科全书·哲学［M］. 北京：中国大百科全书出版社，1987：1169.

② 朱建军. 历史究竟是什么？［J］. 世界历史，1989（01）：112-125.

识的发生活动已经结束，知识发生于过去，而非现在和将来。学校教育中的知识在这方面的表现尤为明显，学生所学的知识大多是过去的。其次，知识也会在历史中不断变化。知识不是永恒的、确定的，而是随着人类对世界的认识不断深化而不断地修正、纠偏、完善，充满着不确定性。马克思主义认为，人的认识是在实践—认识—实践的过程中发展的，知识的确立不是终点，而是新一轮实践活动的起点，经过一代又一代人实践，知识从最初的一个点发展为一张巨大的知识网。最后，知识连接着过去、现在和未来。知识学习的过程是一个过去、现在与未来互动的过程，人们对于知识的学习，不是为了回到过去，而是为了追根溯源——知晓知识从哪里来、要到哪里去，从而更好地指导现实、展望未来。学生通过知识与过去对话，以历史的眼光看待学习对象，重新发现、经历知识的产生、发展过程，领悟知识的历史厚重感，并且形成知识的个人意义和价值。经济合作与发展组织（OECD）对核心素养的界定是"强调核心素养的发展对于个体理解和应对当下或未来世界的意义和价值"[①]，知识是核心素养发展的重要基础，知识通过核心素养参与到学生的未来生活，为学生未来发展提供资源。

四、德性与人格

古往今来，知识与道德关系一直是诸多哲学家、教育家关注的话题。苏格拉底提出"美德"与"知识"的关系，柏拉图在知识论层面上进一步丰富了"美德""知识"以及"美德即知识"的内涵，"真正的知识是关于理型的，作为最高理型的善是一切知识和真理的唯一源泉，是最高的认识对象"[②]。孔子则认为知识和道德是彼此独立但又相互交融的两个体系，从知识内容中开辟出道德之学的路径，在知识与道德的融合中强调道德的主

---

① 杨向东. 关于核心素养若干概念和命题的辨析 [J]. 华东师范大学学报（教育科学版），2020（10）：48-59.

② 赵猛. "美德即知识"：苏格拉底还是柏拉图？[J]. 世界哲学，2007（06）：13-25.

体地位，进而使知识获得应有的价值支撑。

知识不仅有语言符号的外在形式、逻辑结构，也具有道德的维度。自柏拉图到纽曼，西方学者致力于追求发挥知识本身的德性来塑造个体的德性，走向人的完整德性。作为人类认识成果的重要组成部分，知识所凝聚的人类思想和德性智慧指向知识本身就蕴含着道德的维度。知识不仅具有道德的性质，也是帮助个人道德发展的手段，即用知识的德性涵养个体的德性。知识的德性是指所有的知识都具有道德性，不仅仅是有关道德的知识才具有德性，而是所有正确、真实的知识都具有德性和精神价值意蕴，对于人的行为具有规范和指导作用，推动人的社会化发展。《礼记·大学》有云："大学之道，在明明德，在新民，在止于至善。"站在教育的角度来看，通过教育向学生传递知识，在一定程度上都具有育德的可能与价值，知识与传递知识的过程与道德本就是相融合的。

知识大致可以分为人文知识和科学知识，"对于人文知识来说，知识就是关于人的知识，被认识者同时也是认识者，认识他人时他人也在认识你"①，既然人文知识是关于人的知识，必然会涉及道德。人具有社会性，在实践中面临着理解他人、理解社会的重要问题，理解他人即是理解人与人之间的意义关系，这种联系实质上也是一种道德关系。"人的道德意识就是对于这种意义关系在观念状态中的建构。"② 在理解人、理解社会的过程中，人与人、人与社会的关系处于不断调整中以达成共同的道德准则。科学知识同样也具有道德性。科学知识是确认为真的知识，客观性和确定性是其重要特征，但是人类对于科学知识的选择和运用却是主观的，这是一种价值判断。那么科学知识关涉道德，并不是指科学知识与道德知识对等，相对于道德知识，科学知识的德育价值主要内隐在人对科学知识的追求和学习当中。

---

① 赵汀阳. 知识，命运和幸福 [J]. 哲学研究，2001 (08)：36-41.

② 鲁洁. 人对人的理解：道德教育的基础——道德教育当代转型的思考 [J]. 教育研究，2000 (07)：3-10＋54.

首先，科学知识的创造和进步不断开辟新的道德领域，催生新的道德准则，呼唤着新的道德观念。如生物基因技术、核技术的应用等，促使着人的道德价值观念发生转变，关涉个体对正确价值观念和必备道德品格的追求；其次，科学知识和道德都以理性为基础，二者具有内在统一性，追求的终极意义上的真、善、美是一体的。科学家和道德家乃至全人类都以真、善、美作为一种终极价值追求。从历史的角度来看，科学知识将人类从先入为主的低级的愚昧与无知中解放出来，变革了人们的精神世界，当人类对所处世界有了更科学的认知，就不会相信上天堂入地狱等一些荒诞可笑的道德观念。并且严谨、实事求是的科学情感、科学精神同样影响着人的德性素养、人格品质、价值判断。最后，科学知识是培养人道德理性的重要载体。从一定意义上来说，科学知识之所以是现代教育的主要内容，是因为它符合个体及社会群体的世俗性需求。科学知识不仅帮助人类社会获得理性，更给予人类追求理性的精神品质，促进人类文明不断发展。道德作为人的一种理性行为的表达形式，它的实现是以理性知识为基础的，理性的科学知识为人的道德行为提供了支撑。

知识对道德发展具有重要价值，不少研究者探讨如何实现知识育德、知识如何走向美德。道德教育过程离不开知识，这进一步加深了知识与道德之间的密切联系。知识是道德形成的基础。"苏格拉底认为，人只要具备了知识，就会愿意做善事，因为无人自愿作恶，作恶的人是不自觉的，他们没有知识，不知道自己在作恶。"① 虽然这一论断夸大了知识对于道德发展的价值，但却道出了知识、道德知识的基础性作用。一方面，"知识为我们提供了评判客观事物的依据和标准"②，通过知识的学习，学生得以明晰善与恶的区分标准，塑造了对善与恶的认知，能够判断什么是善、什么是恶。另一方面，道德本身是复杂的，而社会生活中道德情境也是复杂

---

① 李石. 重温苏格拉底的"美德即知识"命题：反驳与辩解 [J]. 道德与文明, 2003 (01)：45-48.

② 沈艳艳，杜时忠. 知识何以育德 [J]. 全球教育展望, 2021 (10)：25-34.

的，需要通过知识来增进对道德的认识，培养对道德问题独立理性思考的能力。然而，掌握的知识越多并不代表着人的道德水平越高，生活中知而不行的人并不鲜见，出现这类情况的一个重要原因就在于个体很少在实践中运用已经获得的知识，当处于真实生活情境中、面临真实问题时，往往不知所措。正如亚里士多德将道德知识看做一种"未饱和""未完成"的知识，认为"只有通过道德的实践才能达到它的饱和与完成"[①]。知识的获取并不意味着道德发展的结束，未实践化的道德知识依旧是他人的道德知识而非个体自身的道德知识，而个体只有亲自经历道德实践的过程，真正将他人的知识变为自身的知识、将道德知识变为道德的行为，用道德知识解决生活中的真实问题，从而真正成为"善"的人而非只有"善"的知识的人。

五、情感与审美

学习的目的是实现学生的生命成长，在学习实践活动中应实现学生与知识生动相遇。学生进入知识，不仅要进入知识的客观世界，更要进入知识的意义世界，其中就包含进入知识的情感世界和美的世界，不仅要让学生学习到知识的"真"，而且也要让学生感受到知识背后的"善"和"美"。通过挖掘知识背后的情感、审美内容与学生个体意义世界的关联，促使学生在学习过程中体验、感悟、反思并形成情感、态度和价值观，实现学生生命意义的生长。

情绪和情感是一对相互交织的概念，二者的具体关系也因学科视角的不同而有所差异。在心理学视域中，情绪是一个上位概念，而情感则是属于高级情绪；而在教育学立场上，则更多用广义的情感概念来代指心理学中的情绪或者感情概念，无论情绪或是情感，都指向"情"，都是对人精神世界的刻画。人是完整地存在着，也是全身心参与实践活动，实践中的人并非只有身体行为而没有心理活动，因而人们在生产生活和社会实践中

---

① 鲁洁. 边缘化　外在化　知识化——道德教育的现代综合症 [J]. 教育研究，2005 (12)：11-14＋42.

通常会伴随着各种各样的情感体验，并在相关实践活动及认识成果中留下相应的情感痕迹，知识本身也留下情感的痕迹，具有独特的情感性。这点在文学领域尤为突出，文学作品承载着作者独特的情感体验，以诗文为例，"情感是诗的生命……而是深层情感，也即在情里面蕴含着人生的酸甜苦辣，蕴含着对自我生命独特的体验与经验"[①]，作者用语言文字记录下情感，而学习者则借助诗文来再现情境，与作者产生情感共鸣，正如"会当凌绝顶，一览众山小""万里悲秋常作客，百年多病独登台"等诗句反映了杜甫从踌躇满志到怀才不遇、壮志难酬的情感变化。不仅知识具有情感的维度，知识学习的过程同样也离不开情感。没有情感体验的学习是孤立的、毫无意义的。首先，情感是引起学生主动学习的重要因素。"从认识的过程来看，并不是'知情意'的理性运作，而是'情意知'的情感推进"[②]，学生对知识本身感到好奇、充满兴趣，从而主动参与学习活动。其次，学习过程也伴随一定的情感体验。这种情感体验一方面源自知识，学生在教师的引导下感受到知识所蕴含的情感，并且积极将他人的情感转化为自身的情感体验；另一方面，对知识学习的过程产生情感，学习是学生身心在场的过程，学生经历知识"再发现"的过程，感受到学习的喜悦、兴奋的情感。

人要实现人格和人性的完整，从感性变为理性，就需要首先成为"审美的人"，而成为审美的人，则需接受知识的学习，接受审美教育。美是客体性与主体性的统一，人无时无刻不经历、体验着美的存在，在审美的过程中认识世界、认识自我。对于儿童而言更是如此，儿童同样在审美的过程中进入审美世界进而认知世界，在此过程中，儿童获得关于世界的知识，形成独特的情感体验。在学校教育中，教师应重视学生学习过程中的审美教育，充分挖掘知识的审美性。

知识的审美性在文学中尤为明显，"明月松间照，清泉石上流""大漠

---

① 张烨. 诗的情感空间 [J]. 上海大学学报（社会科学版），1998（02）：28-33.
② 李润洲. 完整的人及其教育意蕴 [J]. 教育研究，2020（4）：26-37.

孤烟直，长河落日圆"等诗句描绘了落日图景，学生可以通过诗文本身再现意象；而"落霞与孤鹜齐飞，秋水共长天一色"等诗句则是格调高远。主体、客体、环境相互交融，诗人在自然景物的美感中获得了人生之感，并移情于景，即审美主体与环境客体进行情感交流以至达到共鸣的过程，古诗文的意象和意境能让学生领悟到知识所蕴含的美学价值。而审美的最终追求是审美创造，审美主体经过感觉、知觉、判断等一系列过程达到审美理解，唤醒审美意识，在自己的头脑中对审美客体进行选择与加工形成审美意象，最终将其纳入自己的生命之中，提升个体的审美素养。而科学知识面向自然世界，体现自然美，"欣赏自然美是由科学通向审美的起点，而美则使科学的普遍性更具生命力"[1]，例如数学中的黄金分割比、参数方程中的三叶玫瑰和四叶玫瑰，化学中的结构分子，物理中的折射和反射现象，这些都是科学知识审美价值的表现，科学知识的审美性要求学习主体需要从美的表象深入其背后的规律、逻辑。

六、社会与生活

社会性和实践性是马克思人的本质问题的两个重要方面，"人既是实践的动物，又是社会性的动物"[2]。知识作为人类社会实践的产物，同样具有社会性与实践性。知识的社会性有两层含义，一是知识源自社会，是特定历史文化背景下实践的产物。知识的产生、发展并非产生于真空，而是基于相应的社会环境、特定的实践活动，除了知识产生的机制，知识的表征对象同样也和社会相关，"既然整个概念体系所表达的世界就是有关社会的世界，那么唯有社会才能提供表现这个世界的最一般的观念"[3]，表征对象的社会性进一步凸显知识的社会属性。事实上，人类也是通过社会实

---

① 张世英. 从科学到审美 [J]. 江海学刊, 2004 (04)：13-20.
② 张奎良. 人的本质：马克思对哲学最高问题的回应 [J]. 北京大学学报 (哲学社会科学版), 2015 (05)：5-17.
③ （法）涂尔干. 宗教生活的基本形式 [M]. 渠东, 汲喆, 译. 上海：上海人民出版社, 2006：419.

现知识的代际传递。作为人类表达和交流的工具，语言在社会中产生并得到使用；作为用于生产生活实践的工具，其同样是社会的产物并在社会中加以应用；作为指导和规范人类行为的法律法规，其同样是在人类长期社会实践中形成并在运用中不断得到发展；作为人类精神和物质财富代表的知识，同样是社会的产物，知识学习的目的是实现人的社会化发展。正是处于社会中，人类才得以享受这些绚丽多彩的文明。同样地，作为知识习得的过程，学习也是一种社会性实践。在知识学习中，学生以沟通、互动交流等方式与同伴、教师形成一定的社会关系，即便是学生独立学习，其中也隐含着同他人的社会关系，学习活动是不会脱离于他人而独立存在的，学生的学习活动在各种关系中进行。学生在不断处理个体与外界的关系的同时构建着自己与外界的关系，进而促进自己对知识的理解，改造自己，同时也通过自己的思想、价值观念、行为习惯等影响他人，实现共同发展。

同时，知识也受社会的制约。人类对世界的认识受科技、生产力等诸多因素的影响，原始社会制约着知识的内容、形式和数量，知识与宗教、神话等密切相关，处于零散、混沌的状态，随着人类认识世界和改造世界的工具不断进步，对世界的认识不断深入，知识逐步走向系统化、独立化、体系化。二是理解知识需要从其社会背景出发，以社会历史的眼光来看待、理解知识。知识是典型的间接经验，这些知识内容并非我们亲手创造的，要想真正进入知识不仅要经由意识了解知识产生的逻辑形式，更要追求形成知识的特定的社会历史背景、文化情境，还要用整体性的眼光看待并肯定已经基本成形的整个科学，即基于知识产生的时代背景、学科发展历程来把握知识。传统的文学批评理论"知人论世"主张借助作者的人物生平、社会背景以及时代精神来理解文本，这也揭示出知识的理解离不开其产生的时代背景考察。

理性是西方哲学发展的基本线索，自启蒙运动以来，不断高扬理性，人成为抽象的存在，科学世界逐渐取代了生活世界，陷入了胡塞尔所描述

"现代人的整个世界观唯一受实证科学的支配，并且唯一被科学所造成的'繁荣'所迷惑，这种唯一性意味着人们以冷漠的态度避开了对真正的人性具有决定意义的问题"的危机之中①。胡塞尔、海德格尔、哈贝马斯等哲学家呼吁要回归生活世界，主张意义源自生活，只有在生活中才能解决人的意义危机问题。生活是知识的根源表现在以下两个方面。一是生活的实践性。"全部社会生活在本质上是实践的"，马克思主义理论揭示出生活的实践性，在此语境下，与其说知识是源自社会，倒不如更具体地说知识源于生活、实践，知识在物质生产、精神、文化等活动中产生。二是生活赋予知识意义与价值。"人在实践中与世界、与他人发生着各种各样的关系"②，在与世界、与他人互动的过程中不断认识世界、他人于自身的关系、意义。而这种认识也体现在知识内在结构中，意义是知识的内核，"知识来自于生活世界，在生活世界中才有价值，才有意义，离开了生活世界，知识便是无根之木"③，生活使得知识不再是干瘪、空洞的符号，而是负载着对世界、他人以及自我的意义。站在教育立场上，教育中的知识关乎学生个体的社会性成长，需要与学生的生命、情感、生活相遇，只有当习得的知识能够转化为学生解决真实问题的能力，进而在真实的生活情境中被激活、运用或迁移以解决生活中的实际问题，知识才不是"游离"在学生认知结构之外，知识的价值与意义的发挥离不开生活。

第二节　学习发生的社会维度

学习是一种社会行为，具有社会属性，学习的发生具有社会性。具体而言，知识的社会性是学习社会性的基础，也是学习活动促进个体社会化

---

① （德）胡塞尔. 欧洲科学的危机与超越论的现象学［M］. 王炳文，译. 北京：商务印书馆，2009：18.

② 鲁洁. 做成一个人——道德教育的根本指向［J］. 教育研究，2007（11）：11-15.

③ 金生鈜. 理解与教育——走向哲学解释学的教育哲学导论［M］. 北京：教育科学出版社，1997：159.

的中介；学习发生于社会情境之中，学习者通过情境化的学习活动获得和改造社会性经验；人的社会性是学习社会性的根源，学习主体在与他人的交互中实现社会化发展。

一、知识的社会属性

知识是学习的对象性客体，是学习发生的中介性力量，知识的社会属性是学习的社会性的基础。知识产生于人类认识和改造世界的社会性实践过程中，又服务于主体参与社会活动，促进主体社会化。

（一）知识产于社会性活动

知识自其产生就天然具有社会属性，与人类生产生活活动具有密不可分的联系，人类的社会性活动贯穿于知识的构成结构之中。具体而言，知识的内在结构包括符号表征、逻辑形式和意义系统。其中，符号表征指"人类关于世界的认识所达到的程度或状态"[①]，不同历史发展阶段的人类将该时期的认识成果以符号化的形式表征形成知识，而社会性活动是认识得以发生的基础。逻辑形式是构成知识的思维方式和方法论，生成于社会实践活动过程中约定性的表达方式。意义系统包括知识的固有意义和个人意义，即使是固有意义，也是通过社会性活动挖掘的，因而知识意义系统的形成离不开人类社会活动。知识构成要素的社会性反映出社会性活动在知识产生过程中的关键作用，最终指向知识的社会属性。

知识是学习最重要、最本质的对象，知识的社会性是学习的社会性的基础和前提。学习者与知识天然存在时间、背景、文化和历史间隙，代表个体与人类文明的差距，学习者通过学习旅程弥补这些间隙，拉近个体与群体、现时个体与历史长河中的人类群体之间的距离。在这一意义上，知识是人类认识和改造世界的产物，是一种间接经验，而学习主体获得知识的过程就是融入社会、提升社会性的过程。社会实在论认为，知识生产具

---

① 郭元祥. 知识的性质、结构与深度教学 [J]. 课程·教材·教法，2009 (11)：17-23.

有浮现属性，知识生产实践是一种独特的符号生产模式①，发生于变幻莫测的时代环境和具体情境。在终身学习的时代，社会发展瞬息万变，学习主体需要不断汲取与社会发展同步的现代化知识，才能保证自身社会认知与社会能力及时更新，使个体获得适应学习型社会的核心素养。

不同学科对于知识的概念理解不同，教育学对知识的讨论与课程紧密结合，知识是一种"课程事实"，是"基于前人的认识成果，通过师生互动而产生的新的意义系统"②，教育学语境对于知识的理解体现其社会性特征。"知识的教育问题不只是认识论问题，教育中的知识也不是单一的教学内容，而是与人类社会结构、社会生产、人的发展相互交织的问题。"③一方面，作为"前人认识成果"的知识产生于人类认识和改造世界过程中积累的经验，这一意义上的知识是表征人类社会经验的符号，承载着人类的理性智慧和德性智慧。知识是人类社会的产物，其中蕴含的民族特征和文化属性都体现出知识的社会性特征。另一方面，知识具有无穷性和生成性特征。"社会境况决定论"认为"各种思想理论的产生和发展不是由思想本身决定，而是受到思想理论之外的社会境况所决定，包括社会历史环境和社会状况的综合"④，社会存在决定社会认识，人类知识库随着社会环境的发展而不断充盈。在信息技术高速发展的新时代，人类社会知识总量爆炸式增长，且在人类活动、人机互动和机器学习过程中不断生成。相比原始社会知识产生于人类对自然的认识活动，当代知识的萌生更多地依赖于人与人之间的交互，以及人类为了更好的生活而对客观世界能动的改造活动。人的主体性意志、社会的整体性需求在知识产生和应用过程中的作

① 石艳，张新亮. 知识社会性的反思与重构——社会实在论知识观的教育意义 [J]. 教育研究，2019 (03)：68-79.

② 郭元祥. 知识的教育学立场 [J]. 教育研究与实验，2009 (05)：1-6.

③ 郭元祥. 把知识带入学生生命里 [J]. 北京大学教育评论，2021 (04)：28-43＋184-185.

④ （美）刘易斯·科塞. 社会思想名家 [M]. 石人，译. 上海：上海人民出版社，2007：382.

用更加凸显。

（二）知识具有社会性功能

知识是课程和教学的核心，贯穿于教育活动的始终。教育本身是一个有目的、有计划、有系统地改造人的活动，促进个体社会化是教育的使命之一，知识的社会性功能在教育的过程中自然展现。

社会中心课程理论支持者期望通过课程教学发展学生改造现实社会的各种能力，从而使其摆脱对社会制度奴隶般的顺从，发挥自我主动性改造社会，成为社会建设和发展的主人。[①] 在此目标下，知识被还原为个人经验与团体经验，其实质在于促进个体参与改造社会。这些经验源生于社会活动，又在主体性参与中转化为个体经验，成为未来世界进步的潜在力量，服务于主体社会化和社会发展。学校教育筛选基础性和发展性知识作为教学载体，向学生传授丰富的人类经验，学生通过系统性学习获得社会认知，经由自身情感体验和实践经验生成社会情感，支撑学生融入社会生活、承担社会责任、参与社会建设。

除了通过促进个体社会化间接助推社会发展，知识还具有直接促进社会发展的潜能。知识是符号化的人类实践经验和认识成果，自产生起天然具有文化交流、文明继承的功能，人类系统化的知识体系是支撑文明发展的精神基础。知识在文化交流、社会进步的过程中实现自身的再生产，促进人类文明更迭创新。在信息技术快速发展的时代，人类知识爆炸式增长，技术文明在其催生之下快速进步，人工智能与大数据技术革新知识传播和学习的途径，打破信息壁垒，让知识获取更加便捷，使人类社会的联系不断加强。技术更迭又反作用于知识体系的完善和发展，人类实践创新赋予知识体系新生力量，也使知识的社会性功能更新迭代，适应新的社会发展阶段和个体社会化需要。

值得注意的是，知识的社会功能的实现需要一定的条件。曼海姆的

---

① 靳玉乐. 课程论 [M]. 北京：人民教育出版社，2015：115.

"知识社会学"理论指出，"构成各种理论的态度基础不只是主体的性质，也不是在思维过程中的个人利益，而是来自于个体思想的基础上形成的群体意图，而个体只涉及在此预先确定的意见"①，群体意图构成了某一阶级的意识形态，渗透到知识的价值取向之中，导致知识失去客观中立的特性。个体只能接受特定的价值取向的知识，这本身就是对个人主体性的剥夺，也是对知识社会功能的漠视。曼海姆认为，个体可以克服这种价值观上的偏见，其方法是看到尽可能多的社会立场，这必须要通过学校教育。只有个人通过观察、学习和体验了解到多种价值立场和行为准则后，才能基于个人追求形成适合的世界观，完成社会化过程。学校教育因其具有普及性、公共性而能够承担知识传授、观念理解的任务，让学习者在经过筛选、净化的社会环境中获得知识，完成个人的社会化转换。

二、学习发生的社会境遇性

学习的发生具有社会境遇性，学习活动必须以特定的物质环境为基础，并且依托精神环境的支撑作用。学习主体在经历学习情境的过程中获得社会性经验，依托学习的社会境遇完成个体社会化。

（一）学习活动的情境性

学习活动、生产活动、贸易活动、文艺活动等同属人类社会活动，这些活动都以特定的物质环境为基础，依赖于人与人之间的交互而产生的精神环境，人类社会活动本质上是依托于特定环境条件的交互性活动，具有情境性。学习活动的情境性衍生于人类活动对社会环境的依赖，而学习是指向人的主体性活动，其情境性又有区别于其他社会活动的独特表征。

具体而言，学习无法脱离具体情境而独立发生，美国人类学家 J. 莱夫（Jean Lave）和 E. 温格（Etienne Wenger）明确提出学习具"情境性"，提

---

① （德）卡尔·曼海姆. 意识形态与乌托邦 [M]. 李步楼，等译. 北京：商务印书馆，2005：23.

出"学习是实践共同体中合法的边缘性参与"①。学习发生的情境是"实践共同体"关联的社会性情境，学习发生受制于人类历史文化境脉，学习作为一段回溯历程，需要重历社会性活动的情境，亲身感知人类文明的生成过程，才能真正参与共同体活动，获得理性智慧和德性美感。学习的对象性客体——人类文化知识产生于人类的社会性活动中，知识产生于特定情境，无法从这种特定的情境中完全脱离，而知识间的整合和联结也必须依靠情境的相似性与关联性，学习活动需要关涉知识产生的情境，即人类实践和认识的本源情境，学习主体在接触真实世界的过程中将符号性的知识转化为主体性的认知成果。这种与真实世界的交互过程即社会交往的过程，学习以社会交往成果为对象载体，最终要回归于生活情境、向现实世界敞开，服务于主体参与社会生活的实践，完成学习的情境性闭环。

情境本身对于学习而言具有双重意味，学习的社会性价值可以在其中寻找生长点。一方面，情境意味着交互——"任何正常的经验都是客观条件和内部条件的相互作用，两者合在一起，或在它们的交互作用中，便形成了我们所说的情境"②。与之相应，学习的社会性的价值在社会互动的情境中才能实现，在教育环境中直接表现为教育者与学习者及学习者之间的交互，且这种交互必须由学习主体具身参与，进而生成直接经验，转化成个人知识。在社会交互的过程中，学习主体同步进行内部的自我交互，表现为在重合情境中回顾自身发展历程，通过反思、修正促进经验生长和自我成长。另一方面，情境是流动的——主体的行动都潜在包含着其对情境的定义，这种情景定义又随着主体需要和客观实在而变动。情境的流动性体现于学习发生的过程中，决定经验调取的方向，影响内容理解的方式。在同一段学习历程中，学习主体可以经历多种学习情境，而能够联结学习

① （美）J. 莱夫，E. 温格. 情景学习：合法的边缘性参与［M］. 王文静，译. 上海：华东师范大学出版社，1997：2.
② （美）约翰·杜威. 我们怎样思维·经验与教育［M］. 姜文闵，译. 北京：人民教育出版社，2005：261.

客体生成过程和学习主体已有经验的情境才能让学习效率最优化。因此，教育教学应该把握情境的多样性，在变动不居中发挥教育者的能动性，依据具体的学习需要，营造适于文化理解和经验生长的交互情境。

杜威的教育理论主张教育即生活、学校即社会，社会情境与儿童的学习密不可分。他在《民主主义与教育》一书中用"鱼"和"水"隐喻学习者和环境的关系——鱼是自由的，但其活动始终在水中进行；水是灵动的、连续的，贯穿于鱼发展的始终。学习的场所是一种社会建构空间，学习主体作为空间中的一员置身于其中开展学习活动，其本身又是他者学习环境的组成者，作为学习环境组成者的个体，又通过社会性学习影响着其他社会个体。学习活动的情境性在主体间的交互作用中创生和更新，学习者在复杂多样的学习情境中获得源源不断的知识与经验，以应对社会化成长过程中的不同问题。

（二）情境学习催生社会性经验

学习源自社会活动，在不断影响着社会情境的同时也影响着人类发展和个体成长，涵盖人类社会多重领域。基于此，学习科学的研究视角逐渐从行为核心和认知导向转向聚焦社会互动和人际交往，研究者打破单一地从个体内部理解思维和认知发展的传统，尝试从个体与社会的互动关系和情境角度重新审视学习活动[①]。社会建构主义理论认为学习是人与人之间的社会性事务，学习科学强调学习的社会意义和功能，研究也更加注重学习发生的情境，特别是潜在的社会情境。如班杜拉的"社会认知理论"提出，环境、行为、认知三者交互影响，改变环境会影响主体的认知，进而影响主体的后继行为，个体可以通过观察环境、模仿他人而学习，获得以符号为中介来预见、改变和应对的能力。

J. 莱夫和 E. 温格关注到了社会情境、情景化认知和学习等相关问题，指出身处社会情境中的学习者可以获得"默会知识"（即波兰尼所说的缄

---

① 杨芊芊，游蠡. 走向社会情境的学习：学习研究的社会转向 [J]. 教育发展研究，2023（12）：66-76.

默知识），进一步完善了情景学习理论。需要注意的是，情境学习不仅仅是一种使教学必须"情境化"或"与情境密切相关"的建议，该理论关注人类知识如何在活动过程中发展，并将知识视为主体与环境交互作用过程中建构的一种互动状态，是人类协调自身行为以适应发展需要的能力[①]。以知识理解和自我发展为导向的学习，应该合理利用、适时营造社会性情境，让学习主体重历人类实践和认识经验产生的过程，感受文化生成的境脉，潜移默化地完成内隐学习过程。基于情境学习理论，教学应关注教育活动的实用性，将学习者纳入"实践共同体"（Community of Practice），允许每一个个体通过"合法的边缘性参与"（Legitimate Peripheral Participation）建构知识，使学习者成为文化的参与者、生成者和促进者，深度融入社会性情境和活动。

在课程与教学中，情境教学法通过多种方式创设出与教学内容有关的情境，让学习者在知识产生相关的情境中理解和体验学习内容[②]，以此引导学习者回到知识的世界，让学习有效发生。2022年版新课标关注教学和学习情境的创设和生成，指出"加强知识学习与学生经验、现实生活、社会实践之间的联系，注重真实情境的创设，增强学生认识真实世界、解决真实问题的能力"。各学科课程标准都不同程度地将情境教学法融入学科教学之中，如《义务教育语文课程标准（2022年版）》要求"在真实的语言运用情境中，通过积极的语言实践，积累语言经验，体会语言文字的特点和运用规律，培养语言文字运用能力"。情境教学法的创设基于日常生活的场景，将学科内知识、跨学科知识、知识与社会生活等形成有机联系，用真实情境之下的趣味活动驱动持续而有效的学习，让学习者获得丰富的学习体验，进而催生大量社会性经验。

在以核心素养为导向的教育中，学习活动的情境性是素养培育和生成

---

① 王文静. 情境认知与学习理论研究述评 [J]. 全球教育展望，2002（01）：51-55.

② 敖寿平. 小学语文情境教学法探究 [J]. 中国教育学刊，2019（S2）：24-25.

的基础。经济合作与发展组织（OECD）最早提出培育学生的核心素养这一教育理念，将素养定义为"一种灵活调动知识技能与态度等认知与非认知心理资源，满足特定情境中复杂需要的能力"[1]，我国的教育改革文件将核心素养定义为"学生应该具备的，能够适应终身发展和社会发展需要的必备品格和关键能力"。素养教育的目标直接指向社会参与和实践情境，素养无法通过符号知识的记忆或程序化的练习而获得，必须在掌握基础知识的同时，让学习者应对复杂情境、解决具体问题。情境学习基于知识产生和发展的真实场景营造学习环境，为学习者提供"简化"的实践情景，让主体在有指导的体验中获得情境迁移的能力，发展应对复杂情境问题的必备品格和关键能力。

三、学习发生的社会经验性

学习具有社会经验性，这一特性贯穿于学习的始终。学习活动的起点是社会性活动，学习主体在与他者的交互过程中获得社会经验，并对经验不断进行改造和重组，让社会经验成为主体社会化发展的有力支撑。

（一）学习发生起点是社会性活动

学习发生的起点是人与人的交往活动，即社会性活动。学习的发生是由于经验引起的较持久的思维或行为的变化[2]。在这里"经验"指的是个体与环境之间复杂的互动，包括学习主体与其他主体之间的交际活动，以及学习主体与学习客体之间的客观活动。交际活动本身具有社会属性，而客观活动的客体——人类物质文明和精神文明都是在社会发展过程中产生的，是人类社会认知和实践活动的产物，因此也具有社会性。根据符号互动论的观点，符号和意义在主体之间的活动中起着重要作用，人们不仅仅

---

① Domunique Simone Rychen, Laura Hersh Salganik. Key competencies for a successful life and a wellfunctioning society [M]. Göttingen, Germany: Hogerfe & Huber, 2003: 48.

② 陈琦，刘儒德. 当代教育心理学 [M]. 北京：北京师范大学出版社，1999：47.

是对他人行为做出反应，同时也会通过自己的解释来理解他人行为的意义。因此，交际活动是以社会符号为桥梁，以个体过去的社会经历为参照的社会活动。菲利普斯（D. C. Phimps）等人指出：许多学习理论家都把学习视为个体的活动现象，都将学习者看作是孤独的探究者，但实际上，每一个学习者都隶属于社会群体之中，学习者有父母、兄弟姐妹、老师及共同学习的伙伴，学习者可与这些人沟通及互动。[①] 与他人的互动贯穿于学习活动的始终，互动本身也是学习的一部分，学习主体通过人际交互获得情感体验、发展社会认知和技能。

学习发生的中介即学习的对象性客体及其依存体，在不同时代有不同的表现形式。原始社会以宗教崇拜为中心的氏族教育以龟甲、兽皮为学习工具，大部分的教育依靠口耳相传，学习效率极为低下。春秋战国出现了竹简、丝绸等书写工具，以"礼"为核心的"六艺教育"影响更为广泛。纸张的出现使人类文明的记录和传播更加便捷高效，极大地促进了教育的发展。在信息技术网络高度发达的新时代，计算机网络联通不同民族、不同地域，人类认知成果传送速度和效率大幅提升，学习条件扩大化推动学习内容扩大化，学习发生的过程变得复杂、开放、多元，对学习者的综合素质提出了更高的要求。正如多尔所言：今日教育的线性的、序列的、易于量化的秩序系统——侧重于明确的起点和终点——让位于更为复杂的、多元的、不可预测的系统，这种复杂的网络，像生活一样永远处于转化和过程之中。[②]

（二）学习是改造社会经验的过程

主体学习的过程是一个经验的过程，或者说是与外部世界相互作用的过程。原有的经验以杂乱无章的方式储存在学习者的大脑中，通过有效的

---

① （美）D. C. 菲利普斯，乔纳斯·F. 索尔蒂斯. 学习的视界［M］. 尤秀，译. 北京：教育科学出版社，2006.

② （美）小威廉姆·E. 多尔. 后现代课程观［M］. 王红宇，译. 北京：教育科学出版社，2000：5.

学习可以对这些经验进行改造和重组，从而形成对内在自我的和外部世界的认知。建构主义教育理论认为学习者具有自我建构性，儿童并不是一张白纸走进教室，而是在已有经验的基础上进行建构。重新建构已有经验的过程既包括改造也包括创新，学习者的原有经验是通过社会生活和实践获得的，因此学习可以被理解为改造社会经验的过程。

《义务教育课程方案和课程标准（2022年版）》将学生已有的社会经验视为重要的学习资源，强调要加强知识学习与学生经验、现实生活、社会实践之间的内在联系。杜威的一元论教育哲学打破课程知识与儿童经验的对立，认为生活经验在教育者的引导下可以转化成理性知识——教育就是经验的改造或改组，这种改造或改组，既能增加经验的意义，又能提高指导后来经验进程的能力。[①]

建构主义学习理论关注学习主体对学习内容的理解和再加工。认知建构主义学者皮亚杰关注个人内部知识的建构，"认知建构主义将个人寻求知识含义的过程视作个体通过与环境的相互作用来检验并重构自己已有认知的过程，社会互动在这一过程中十分重要"[②]，学习主体基于已有的经验对新知识进行建构，并通过同化、顺应等认知过程改造已有经验。社会建构主义理论更加关注社会情境与社会经验，认为"知识首先是在一定的社会情境中被建构出来的，然后再被个体所占有"[③]，知识本身就是社会情境的产物，个体知识则是经由学习过程改造的社会经验。基于建构主义的观点，学习发生需要经历四个步骤（图5-1），反映出学习活动改造社会经验的过程。首先，学习者以自身社会生活经历为基础，激发个体更好地参与社会生活的需要，生成学习的动机；其次，学习者解构学习客体，通过能

---

① （美）约翰·杜威.民主主义与教育［M］.王承绪，译.北京：人民教育出版社，1990.

② （美）保罗·埃根.教育心理学：课堂之窗［M］.郑日昌，译.北京：北京大学出版社，2009：316.

③ （美）保罗·埃根.教育心理学：课堂之窗［M］.郑日昌，译.北京：北京大学出版社，2009：316.

动的活动与学习客体相互作用，达成对新知的初步理解；之后，结合已有经验对解构后的学习客体进行同化或顺应，促成新的意义建构；最后，在社会性实践中应用新知，进行不间断的批判性反思，推动认知的完善和新的学习的开始。学习发生的四个过程性步骤都体现了社会参与性，学习主体的社会性经验调动学习的社会性需要，社会性的交往活动和实践活动是学习完成和新的学习发生的必要条件，反映出学习发生过程的社会性。

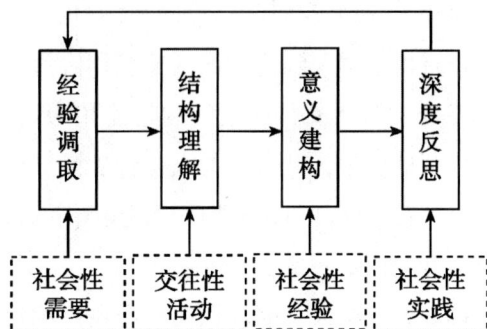

图 5-1　学习发生过程的社会性

四、学习发生的社会交互性

人是社会关系的产物，时刻处于与他人的社会交互之中。人际交互是人的特性，也是学习的方式之一，学习发生的社会交互性是学习主体社会化的途径和依托。

（一）社会性是人的根本属性

人具有自然属性和社会属性，马克思基于人与人之间的关系论证社会属性是人的根本属性。马克思认为人的社会关系可以分为物质关系和思想关系两类，其中生产关系是物质关系中起决定作用的基本关系，在社会关系发展的过程中起决定性作用。人类通过生产活动创造人类社会发展的物质基础，决定思想发展水平，形成人的思想关系。因此，"人的本质不是单个人所固有的抽象物，在其现实性上，它是一切社会关系的总和"①。人的本质由社会关系所决定，不同的社会关系决定了人发展的不同水平和不同状况，"文明是实践的事情，是社会的素质"②，主体在与他人互动的社会实践中学习和发展。因此，人是社会关系的产物，每一个个体置身于社会关系之中，又在与其他社会关系相互作用中创造新的社会关系。

学习因其有规范、训育、导向等作用而在人的社会化中发挥着重要作用。学校是一个被净化的社会，在其中受过教育的儿童最终要走向真正的社会。儿童在受教育过程中学习到的知识、技能和价值观是其步入社会的个人武装，对个体终身发展具有持久性、内隐性和滞后性的影响。因此，学习是人生旅途的根源性营生，是个体融入社会生活、从事社会性活动的基础，而学习的社会性特征使其可以承担个人社会化的责任，促进个体的社会化是学习的社会性的根本归旨。

个体由自然人转变为社会人，逐步融入社会关系的过程就是社会化的过程。一方面，个体接受社会的影响，接受社会群体的信仰与价值观，学习生活、生产技能和行为规范，适应社会环境；另一方面，个体作用于社会，用自己的信仰、价值观和人格特征去影响他人、社会，改造旧文化，创造出适应时代需要的新文化。③

教育社会学语境中的社会化指"个体适应社会的要求，在与社会的交互作用过程中，通过学习与内化社会文化而胜任社会所期待、承担的角色，并相应地发展自己的个性的过程"④，社会化是主体在他人影响下不断融入社会的过程。人的社会化包括三个必要条件——具有社会知识、适应社会规范、产生社会影响，学习的社会性回应了这三重条件，为培育"社

---

① （德）马克思，恩格斯. 马克思恩格斯文集（第一卷）[M]. 中共中央马克思恩格斯列宁斯大林著作编译局，编译. 北京：人民出版社，2009：505.

② （德）马克思，恩格斯. 马克思恩格斯文集（第一卷）[M]. 中共中央马克思恩格斯列宁斯大林著作编译局，编译. 北京：人民出版社，2009：27.

③ 俞国良. 社会心理学 [M]. 北京：北京师范大学出版社，2006.

④ 鲁洁. 教育社会学 [M]. 北京：人民教育出版社，2001：274.

会人"提供养分。首先，作为学习最主要客体的知识是社会经验的产物，具有社会性特征，能够提供个体进行社会活动、参与社会分工的认知基础。个体通过学习，掌握作为群体交流媒介的符号语言，获得社会生活必需的通识知识，在此基础上发展立足于社会所需的高阶认知和技能。其次，学习是一个过程性活动，是一段经历、享受、自在的旅程，通过整合学习与生活、自由与纪律使个体融入社会，成为"完整的人"。米德的"符号互动理论"认为所有符号都具有文化意义上的特征，互动是以有意义的符号为基础的行动过程。学习则是一种理解符号的文化意义的活动，学习的客观对象蕴含着一种文化的价值观和社会规范。个体的学习关涉群体的价值观，学习过程促进学习者了解社会主流价值观和社会规范，学习者通过自己的价值判断，能动地选择接受或拒绝。此外，学习是一种生命活动，学习主体与自然、社会等"周围世界"密切接触，通过主体间性的活动，以自己的方式共建和开拓"共同世界"的充满新颖性和创造性的自由生活。[①] 现象学之父胡塞尔最早提出"主体间性"概念，消除主客二分概念，强调人与人之间的共存状态和互促特点。主体间性的活动解构了学习主体被动接受、社会价值观强制灌输的单向输入，重新推崇个体主体性、能动性在学习中的绝对地位，超越性地指明个体通过学习改造客观世界的可能性。

学习具有的社会性特征使其具有促进学习主体社会化的潜能和动力，而学习作为一种发展性活动，其目的在于培育全面发展的人，为个人的完满生活做准备。任何形式的学习活动最终都要回归学习主体的生活，即自我理解、自我确证、自我实现以及自我超越，进而获得精神的充盈、生命活力的激发、自我素质的提升、主体性的自由创造以及人生境界的陶冶[②]，

---

① 魏善春. 过程哲学视域中的教学生活：内涵、特质及价值诉求 [J]. 教育理论与实践，2012 (34)：51-55.

② 郭元祥. 论学习观的变革：学习的边界、境界与层次 [J]. 教育研究与实验，2018 (01)：1-11.

这是个体不断社会化，并在社会化过程中权衡他人与自我、本我与超我的过程。

（二）交互是学习的一种存在方式

人的根本属性是社会性，这种属性直接表现于人与他人的交往活动之中。马克思指出，"人是最名副其实的政治动物，不仅是一种合群的动物，而且是只有在社会中才能独立的动物"①。交互是人立足社会的基础性活动，是人的社会性的实践体现。教育学与其他学科或领域相比，有其自身存在的特质或属性，教育是关涉人的活动。从教育学的"育人"这一本质规定性出发，知识教学中的知识与人就不能被视为对象性关系，而应该是一种对话与交往的关系。② 关注学习的交互性是主体学习方式的回归，学习不再是发生在头脑内部的符号加工活动，而是发生在人际关系网中的互动过程，观察、模仿、讨论等人际活动直接促进主体涵养情感和获得知识，学习主体在与其他主体的对话、合作中追寻自我价值。

学习并不是闭门造车式的独立活动，人际交互是人生存和发展的基础，也是学习的存在方式，学习的复杂性内在于人际交互这一复杂、开发的社会系统中。从原始社会起，人类为了应对复杂的自然环境，必须通过彼此联系、分工合作的方式获取生存资源。在交互活动中，人类获得生存经验，并通过进一步的交互活动交流、传播生存经验，构成最初的学习活动。正如雅斯贝尔斯所言："在与人共在方面，如果我是我自己，我就必然荒芜。"③ 交往是人类历史发展的必然条件，是个体社会性存在的前提，也是社会联结进步的基础。

维果茨基的文化历史理论指出，在儿童的发展中，所有高级心理机能

---

① （德）马克思，恩格斯. 马克思恩格斯文集（第二卷）[M]. 中共中央马克思恩格斯列宁斯大林著作编译局，编译. 北京：人民出版社，1972：2.

② 魏同玉，徐文彬. 知识教学研究的教育性回归 [J]. 当代教育科学，2022（07）：3-11.

③ （德）雅斯贝尔斯. 哲学（卷二）[M]. 海德堡/柏林：Springer 出版社，1956：56.

都两次登台：第一次是作为集体活动、社会活动，即作为心理间的机能；第二次是作为个体活动，作为儿童的内部思维方式，作为内部心理机能。[①]其中，高级心理机能通过"心理间的过程"内化为个体"内部心理机能"，这一过程是学习发生的过程，学习主体间的对话、交流、互动是主要的学习方式。

根据对象的不同，学习中的交互可以分为与客体、与其他主体和与自己的交互。学习主体与客体的交互即客观知识获得和吸收的过程，通过主客体的交互作用，学习主体获得新的知识，又融入能动性创造新的知识。学习主体与其他主体间的交互是交往学习发生的过程，这是主体自我意识形成的关键。符号互动论的创始人米德（G. H. Mead）指出，人能够用符号像标示环境中的其他成员和客体一样标示自己，这就使得个体在与他人的互动中将自己视为一个被评价的客体逐步建立自我形象和自我观念。[②]主体在与他人的交往和对比中，将自己的思想、情感、意志、价值观等自身的本质力量表现出去或对象化到他人的身上，然后从他人的反应中认识自我的本质力量，他人是主体自我认识的"镜子"。主体与自己的交互即反省性思维的应用过程，是学习发生循环体系中的最后一步。

第三节　学习发生的文化维度

学习是一个文化参与过程，具有文化属性，学习的发生具有文化性。知识是可以传承的符号化的人类文化，学校课程通过传授知识进行文化育人。课堂教学发生于文化情景中，通过文化性活动教授文化知识。学习是人发展的过程，也是人类文化的生长过程，学习主体通过与文化的相遇、对话实现文化回应。

----

① （苏）维果茨基. 维果茨基教育论著选 [M]. 余震球，选译. 北京：人民教育出版社，1994：403.

② 陈佑清. 交往学习论 [J]. 高等教育研究，2005（02）：22-26.

一、知识的文化内涵

知识是人类文化的组成部分，符号化的知识是人类文明传播的载体，知识传递的过程也是文化传承、交流和创新的过程。

（一）知识是人类文化的存在形式

知识问题，是文化问题，也是历史问题，更是民族问题。知识从哪里产生，人类文化就从哪里开始，人类文化从哪里诞生，民族也就从哪里开始。知识可以负载文化，体现文化。知识不仅是文化表现的一种符号，更是文化的存在形式、重要载体。

任何知识的产生都不是单纯的文字符号的表征，也不仅仅是逻辑形式操作的结果，而是诞生于特定的社会历史背景、文化情境之中，无形的文化存在于知识之中。"文化是在人们的生存和发展历史中形成并通过人们的各种活动而表现和传承的行为方式、价值观念、风俗习惯、语言符号、知识系统的整体。"[①] 知识作为文化的一部分，是文化的结晶，它不仅体现着形而下层面实证的知识，更负载着形而上的东西，包含价值观念、精神内涵、行为方式等。

（二）知识传递的过程作为一种文化传承的过程

在文化传承方面，经验传递的范围通常局限于特定地域或民族。科学知识的出现扩大了文化选择的空间和范围，使得其他国家和民族的文化能够被引入学习，从而拓宽了学生的视野。将知识作为教学内容，尤其是分科知识的广泛运用，促成了班级授课制成为学校教育制度的重要形式，推动了文化从贵族阶层向平民阶层的下移。教育资源的公平分配日益实现，文化下移现象对人类文化传承起到了积极作用，使得文化，特别是代表官宦贵族的精神文化，逐渐传入普通民众之中，增强了人们对文化的理解与传承。

当今社会，学校是知识传递最集中、最高效的地方，学生习得知识的

---

① 孟建伟. 从知识教育到文化教育——论教育观的转变 [J]. 教育研究，2007（1）：14-19.

过程就是文化传承的过程。怀特海在《教育的目的》一书中指出："我们要造就的是既有文化又掌握专门知识的人才。专业知识为他们奠定起步的基础，而文化则像哲学和艺术一样将他们引向深奥高远之境。"① 可见，教学作为培养人才的活动，在师生生态性的互动中传递知识，这不仅为学生提供新鲜知识，更重要的是为他们提供创造知识的文化，实现文化的传承。师生之间不存在主客体的控制与支配，而是相互尊重、理解，平等和谐的生态关系。教师通过教学影响学生，久而久之改变他们的价值观念、行为方式，形成新文化。这种文化融入学生的精神，使其成为文化的代表，教师也通过与学生的交流丰富个体文化，推动文化的传承与发展。

（三）知识作为文化的表达

符号是知识的表达形式，而文化价值观、思维方式和精神才是知识的内核。知识以符号传递其内涵的文化背景、文化属性、文化精神与文化价值，知识与文化不可分离。

知识与整体文化间的互动，是社会进步不可或缺的动力。不同地域和民族在不同发展阶段各自进行知识的萌芽生长，并逐渐产生深刻的发展。固有的民族文化与知识共同兴衰的传统，展现出不同地域、民族的价值观念、精神追求和思维形式，不同文化对同一知识的重要性认识有所不同。例如，古希腊时期的现代数学注重抽象逻辑思维的价值取向，而中国古代更看重数学的应用价值。随着人类社会进步，任何个体和文化群体都能自发组织形成一定的知识，发展出各自的知识形式，呈现多元文化发展形态。因此，我们应客观评价、尊重不同知识形式，并批判性吸收有益成分。同时，从知识产生的主体分析，可以清楚地看出知识对整体文化的影响，知识在很大程度上决定了民众的世界观、方法论和价值观念。

所谓"知识就是力量""知识改变命运"，正因为知识背后的文化意义所在。学习的目的不仅是让学生掌握知识，更是让学生形成文化，以文化

---

① （英）怀特海. 教育的目的 [M]. 徐汝舟，译. 北京：生活·读书·新知三联书店，2001.

改变学生的价值观念、行为方式，学生本身就会成为文化的代表。那么学生获益的不仅是知识的积累，更是文化的熏陶。具体来说，学生在学习语文、数学、音乐等不同学科知识的过程中，更学习到了包括语文、数学、音乐在内的整个人类文化及精神，展示出人类多样文化及精神之间的深层联系，更表达出人类有限生命的无限意义和价值。

只看到知识，而看不到知识所表达的创造知识的人及其蕴含知识的整个文化，将知识与文化分离的学习是狭隘的、空洞的甚至教条的。对于物理、化学等自然科学而言，知识更多的表达为当今人类社会发展进程中获得普遍认同的重大理论成果；对于人文社会科学而言，知识更多的表达为人类社会发展进程中曾有过的重要的精神理论创造；对于文学艺术而言，知识更多的表达为创作的方法、技巧、技术等凝聚人们长期实践智慧的那些具有经验性、规律性的东西。可见，知识并不仅仅是知识，不同的知识表达出不同的文化。将知识与文化分离的学习，"从根本上切断了知识与文化的紧密联系，脱离文化母体的知识学习是僵硬的，难以使得人获得全面而充分的培养"①。

二、课程的文化育人

知识是人类文化的产物，课程基于知识实现其文化育人功能。课程实施的过程也是文化实践的过程，学习主体通过吸收课程知识实现自身社会化发展。

(一) 课程何以育人

1. 课程的内涵

"课程"最早出现于南北朝时期的佛经中，其涵义为"检查、考核功课的分量、内容和进程"，不同于学校场域中课业的进程、功课等词的意思。首次在学校教育的意义中使用"课程"一词的是南宋理学家朱熹，他在《朱子全书》中曾提及该词。而在西方，斯宾塞在1859年发表的《什么

---

① 孟建伟. 从知识教育到文化教育——论教育观的转变 [J]. 教育研究，2007 (01)：14-19.

知识最有价值》中最早提出"curriculum"，意为"专门设计和系统组织的教学内容"[①]。

一般而言，学者们对课程本质有三种不同看法[②]：①课程是知识。在这一认知下课程是静态的、既定的、先验的，是外在于学习者且凌驾于学习者之上的，学习者在课程面前是接受者，需服从课程。②课程是经验。课程是学习者本身获得的某种性质或形态的经验。在这一认知下课程与学习者变成了双向的关系。这就要求课程需从学习者的角度出发和设计，充分考虑学习者的经验，以学习者为主体。③课程是活动。在这一认知下课程是人自主性活动的总和，学习者通过与活动对象的相互作用而实现自身发展。强调学习者是课程主体及其主观能动的重要性；强调以学习者的兴趣、需要、能力、经验为中介来实施课程；强调活动完整性、突出课程的综合性、整体性。

课程作为学校教育系统中的一个子系统，是实现育人目标的基础，也是学校教育实施的基本保障。知识具有文化性，文化的知识需要知识课程的文化建构。课程知识包含人类社会文明的基本成果，呈现并传递着优秀的、先进的文化。课程的文化底蕴越深厚，它对知识的文化性的反映就越丰富、深刻。学习者在课程学习中完成对知识的建构，通过课程教学实践活动进行直接或间接体验并获得知识，发展能力、完善自身和改造世界，从而实现课程育人。

2. 课程育人：在课程知识传授中实现对学生的社会化发展

人在本质上是文化中的人。在人的社会活动中文化无处不在，理解所处社会中的文化，获得文化同一性，传承或发扬所处社会中的文化，树立文化认同感与文化自信，个体的人才能真正成为社会的人，实现个体的社会化。并且人的发展过程与文化的过程密不可分，人与社会的发展过程都离不开文化的发展过程。文化作为社会的人共同创造的成果，同时也供人

---

① 李森，陈晓瑞. 课程与教学论 [M]. 北京：北京师范大学出版社，2015.

② 丛立新. 课程新论 [M]. 北京：教育科学出版社，2000.

习得和享用，并且制约着人的观念与行为方式，反作用于人。1974 年，教育人类学家斯宾德勒（Spindler，G. D.）的《教育与文化过程》（*Education and Cultural Process*）和金贝尔（Kimball，S. T.）的《文化与教育过程》（*Culture and the Educative Process*）同时聚焦于教育与文化这一关系，揭示了教育的文化过程本质。人是"文化中的存在"，既是种族或人类文化遗产中的接受者、继承者，又是个体文化和种族文化的发扬者、创造者；人在文化中生存和发展，是一种文化主体。

文化与人的关系决定了课程的文化主旨——实现文化育人。作为课程内容的知识需要根植于文化基因中，在了解各门课程性质的基础上，充分挖掘并发挥各门课程中所具有的育人功能。在课程实施这一教学实践活动中引导学生学习文化并受到文化的精神熏陶，积极吸收优秀文化遗产，经历文化过程，进而实现个体的社会化发展，促进人的生成。

（二）课程的文化育人功能

课程本身就是一种文化资本形式，因此学生与课程、知识的相遇实际上就是学生与文化的相遇。课程对知识进行处理和认知加工，通过挖掘课程中的文化元素，在教学过程中促进学生与文化的相遇，实现对学生的塑造与教化，促进人的社会化发展。

1. 课程知识的文化性

"人类知识的增长与演化过程，本身就是人类的文化过程。知识是人类的文化遗产，是人类最典型的文化形式，更是人类文化的结晶。知识既是人类的一种文化现象，又是人类文化的一种形式，知识有其特定的文化意义，文化性是知识的基本属性。"[1] 符号是科学文化知识的载体、表达形式，具有背景性和支撑性，而文化逻辑的思维形式、文化精神、文化价值观才是知识的内核。

---

[1] 郭元祥，刘艳. 论课堂教学中的文化育人 [J]. 课程·教材·教法，2020（04）：31-37.

课程知识的文化性指的是"课程知识与人的精神结构之间的互动关系"[①]。缺少文化浸润的课程知识将切断知识与人相遇的精神纽带，成为一种僵硬的符号。随着人类社会的发展，知识飞速增长，促使教育中的知识越来越多，但却缺少对意义的观照。只有将课程知识与精神结构建立联系，才能实现人的社会化发展，个体才能突破"个人主义"的生物性满足，进而具备"类"的意义。而"类"的意义感是共通的，这是因为文化从来不是个体的欲望性表达，而是关于人类群体的精神性向往和历史性追求，进而将课程知识与人类的生存意义联结在一起。所以理解课程知识的文化性不是得到一种外在的符号，而是形成一种文化素养融进人的实际生活中。

课程知识的文化性并非外在附加的形式，而是源自课程知识的产生选择过程中。首先，知识的产生过程具有文化性。其次，知识转化为课程知识的过程呈现出文化的选择。知识的产生为课程知识提供了资源，是课程知识形成的前提条件，没有知识的产生与积累发展，何来课程知识的选择与融合。但知识并不等同于课程知识，存在着一定差别。知识总量之大、类型之丰富，这就决定了课程知识需要精选部分知识，放弃一定的知识。在知识到课程知识的转化过程中，不是简单的处理加工，需要课程设计者与教学工作者的创造性转化，"这种转化的逻辑不仅仅以知识的社会价值（'什么知识最有价值'或者'谁的知识最有价值'）为依据，同时需要根据文化的适应性（'什么知识最适宜'）来进行选择与重构。"[②] 中外课程知识存在差异，究其原因是文化的差异。简言之，知识的产生与课程知识的选择重构都体现了文化性。

苏霍姆林斯基曾说过："没有一条富有诗意的、感情的和审美的清泉，

---

① 全生绒：规训与教化 [M]. 北京：教育科学出版社，2004.
② 张金运，张立昌. 基于文化素养养成的课程知识理解——课程知识的文化性及其实现 [J]. 中国教育学刊，2017（01）：50-55.

就不可能有学生全面的智力发展。"① "育人"恰恰是教育的核心价值所在。作为课程内容的知识不仅仅是一种知识的存在，更是一种文化的存在，承载着以文化人的历史使命。但并不是所有知识都能成为课程内容，作为课程内容的知识需经过一定的知识处理和认知加工，这种处理加工并非仅仅是对符号的处理和接受，而是对知识内核的深度理解和感悟，引导学生理解知识的文化内核。充分忠诚地表达知识的文化性及其育人价值，是课程知识文化性的体现和旨趣。

2. 作为文化实践活动的课程实施

麦克·扬（Young, M.）曾在《未来的课程》（*The Curriculum of the Future*）一书中，把课程理解为"作为实践的课程"，麦克·扬认为，"作为实践的课程"，其"出发点不是知识的结构，而是知识是如何被共同活动着的人们所生产，这种观点一直关注的是师生的课堂实践"②。他对于课程的理解明显区别于"作为事实的课程"，发现了课程中存在的师生互动系统、学生在课程中的成长过程以及知识内在的发展价值，而知识的内核正是文化。课程知识的文化育人价值需要通过课程实施即教学实践活动才得以实现。教学的目的不只是通过知识教学引导学生认识世界、理解世界，更为重要的是，引领学生进入世界、进入文化。厚植于文化的教学活动是一种特殊的文化实践活动。

作为一种文化实践，教学是理解性文化实践活动，实现的基本形式是文化理解与文化认同。教师以引导学生习得知识为教学起点，进而将学生引入到人类社会和民族的文化历史发展当中，通过多元的文化活动启发学生与文化相遇，获得文化熏陶。文化理解是对文化精神与内涵的充分占有，进而获得文化认同。获得文化认同是实现文化理解的基本标准，没有

---

① （苏）苏霍姆林斯基. 教育的艺术 [M]. 肖勇，译. 长沙：湖南教育出版社，1983：161.

② （美）麦克·扬. 未来的课程 [M]. 谢维和，等译. 上海. 华东师范大学出版社，2003：4.

文化认同，人不可能真正进入文化，更不会产生作为人的发展，实现社会化。文化理解与文化认同为学生成为"文化人"提供了可能。

作为一种文化实践，教学是反思性文化实践活动，实现的基本形式是文化反思与文化批判。文化是人类社会演变中不同思维方式、价值观念、行为习惯交融、冲突、碰撞甚至斗争的产物，其自身存有优劣、进步与落后之分。"而文化反思与文化批判是人真正进入文化的积极方式和正确姿态"。① 在教学活动中，教师需要引导学生进行文化反思和文化批判，培养学生的反思意识和辨别能力、反思能力，才能保证学生习得先进文化，实现文化育人目标。

作为一种文化实践，教学是创造性文化实践活动，实现的基本形式是文化觉醒和文化自信。文化自信是个体对本民族文化先进性、积极性的充分肯定和价值认同，是对本民族文化从理解、认同到尊重、追求再到坚守的过程。在教学实践活动中，学生进入文化后开始觉醒，在积累文化的基础上主动坚守和传承本民族先进文化，包括文化思维方式、文化价值观念、文化行为习惯、文化制度及其所凝聚的精神，"并通过不断的经验再造和创造更新，推动新的文化的形成和发展"②。建立文化自信，是文化育人的根本价值追求。

（三）课程的文化育人过程

知识观念的转变对于教学具有重要意义，静态的知识观将知识视为客观事实，其实质是"将课程作为一件物品展示出来，这种观点遮蔽了教师、学生和课程政策制定者之间的社会关系"③。这种知识观也把课程视为一种事实，从而"作为事实的课程表达了师生之间的一种特定权力关

---

① 郭元祥，刘艳. 论课堂教学中的文化育人 [J]. 课程·教材·教法，2020（04）：31-37.

② 程良宏. 教学的文化实践属性研究 [D]. 上海：华东师范大学，2017.

③ 张华，等. 课程流派研究 [M]. 济南：山东教育出版社，2000：309.

系"①。可见，静态的知识观并未发现知识内在的发展价值，忽视了课程所蕴含的师生关系。只有当知识与学生相遇，它才具有了意义的可能性。

要实现课程的文化育人，首先在选择与组织课程知识时需要克服静态的知识观，立足于动态的知识观，积极挖掘课程知识的文化元素，充分表达课程知识的文化属性。作为课程内容的知识不是一种事实存在或符号表征，不能直接展示、灌输给学生，而是基于前人的认知经验，在真实的教学情境中通过多元化的师生互动活动而产生新的意义系统，"对于发展主体具有现实意义和个人意义"②。

实现课程的文化育人，不仅需要充分挖掘课程的文化元素，还需要进行有效教学，在课程教学实践活动中积极促进学生与文化产生关联。学生学习的过程就是其与知识相遇的过程，而学生与知识的相遇实质上是学生与文化产生了关联，即学生与文化的相遇。从课程的角度看，"没有课程是完美的，因为它不能预测学生、教师和情境的不确定性的变化"，师生与学科、课程、知识的相遇是必然要发生的，但不是自发的、随意的接触。"在这种相遇中，教师挖掘课程的意义，将课程中的观点和材料转化为与学习者相适应的活动和表征。"③ 由此，有效的教学必须超越浅层、表面的知识符号教学，"由符号教学走向逻辑教学和意义教学的统一，把这种统一称为深度教学"④。实施深度教学，需要植根于文化，引导学生进行文化理解与文化认同。教学要促进学生的发展，则需将学生引入世界和民族的文化历史进程中，建立起学生与文化的互动关系，以文化熏染人、以

---

① （美）麦克·扬. 未来的课程 [M]. 谢维和，等译. 上海：华东师范大学出版社，2003：33.

② 郭元祥. 知识的性质、结构与深度教学 [J]. 课程·教材·教法，2009 (11)：17-23.

③ Miriam B. The Teacher-curriculum Encounter [M]. Princeton University Press, 1990：vii-ix.

④ 郭元祥. 知识的性质、结构与深度教学 [J]. 课程·教材·教法，2009 (11)：17-23.

文化启迪人。在习得人类文化的过程中理解文化内涵，进而获得文化同一性。文化理解与认同为学生的社会化发展奠定了基础。

事实上，学生在社会生活中不可避免地会接触到各类文化，文化的内容和质量良莠不齐，这就需要在教学中引导学生辨别文化，具有反思和判断能力，自觉剔除文化糟粕，习得先进文化，帮助学生建立文化自信、提升文化创造能力。文化自信是通过文化理解、认同、反思、批判等系列过程，文化主体对本民族文化价值和文化生命力的充分肯定、对本民族文化价值的坚定信念和情感寄托，以及"在与外来文化的比较与选择中保持对本民族文化的高度认可与信赖"①。建立文化自信，是文化育人的根本追求。

三、课堂的文化场域

学习的发生依赖于物质环境，课堂作为文化知识学习的主要阵地，因其承载文化知识、开展文化活动、激发文化氛围而具有文化性特征，是学习发生的文化场域。

（一）作为课堂内容的文化知识

由知识的内在结构和功能可知，知识不仅由符号表征及逻辑形式构成，更是由意义构成的。"知识的意义是其内具的促进人的思想、精神和能力发展的力量。"② 课堂教学不仅是一个知识传递的过程，更是一个文化浸润的过程，对于作为课堂内容的文化知识而言，知识的文化价值正是因其意义所在而得以发挥，进而使学生通过知识学习形成文化认同、树立文化自信成为可能。

作为课堂内容的文化知识是动态的，静态的课程知识与作为课堂内容的课程知识具有连续性，静态的课程知识的暂时的静态折射出人类一定阶段认识世界的结果，试图揭示的是知识的真理性，需要通过活动的方式才

---

① 刘林涛. 文化自信的概念、本质特征及其当代价值 [J]. 思想教育研究，2016 (04)：21-24.

② 郭元祥. 知识的教育学立场 [J]. 教育研究与实验，2009 (05)：1-6.

能将文化活化，进入更多个体的精神世界中。作为课堂内容的文化知识是文化性的生成与转向，离不开课堂这一创造性的转化。

（二）作为课堂活动的文化活动

课堂中的文化育人在于提升学生的文化素养，使学生发展成为"文化人"，课堂教学中的文化育人要在课堂文化活动中丰富学生的文化实践，真切地聚焦学生的文化素养。

课堂教学不是一个简单的知识传递过程，不是一种"专业化和技术化"操作。作为课堂教学中的两大主体，教师和学生之间依赖于彼此文化欣赏和悦纳，以此为基础进行人格塑造、灵魂教化、知识传承以及理性启蒙为己任的教学传统，正在逐渐被科学化、专业化、技术化的知识传递所取代。这即是说课堂教学内容单薄，缺少文化活动。

马克思主义认为，活动是人的本质的呈现，人的活动是自由自觉的活动，是需要交往、分享的，而且活动是主客体相互转化的运动形式，从而，活动使得主观见解之于客观成为可能。活动是学生文化素养发展的内在机制，也是文化素养得以表现的途径。学生文化素养的提升并非传授知识就得以实现，由于文化属于社会、群体或民族的物质和精神产品的总和，是在具体地融入社会、民族的行为习惯、价值观念等方面体现出来的素养。课堂教学要实现学生文化素养的提升，就必须在知识传授过程中建立起学生与社会的意义联系与价值联系，促使学生在知识学习过程中形成进入社会、参与社会并成为社会活动主体必备的价值观念和思维方式。在教学中让文化浸润课堂，引导学生在文化活动中进行实践学习，真切地促进知识学习向学生文化素养转化。教师采用恰当的文化导入，引导学生开展文化体验、文化体悟、基于理解的文化反思等活动，帮助学生文化素养的提升，达成文化育人的教育目的。

（三）作为课堂情境的文化氛围

学生的文化素养是在特定的文化情境下的内在品质和外在行为表现，文化素养的生成与提升如同学习的发生一样，依赖于特定的情境，课堂情境的文化氛围激发着学习活动的发生，是发展文化素养之必需。静态的知识观指导下的"知识授受主义"教学观无视课堂教学的情境、教学过程中人与人之间的主体交往活动，作为结果、定论的知识授受至上，表现为"去情景""去过程"的特征，脱离情境的课堂大多是呆板的和缺乏吸引力的，易造成学生经常对知识学习的价值产生疑惑，从而导致学生的被动学习，难以发展学生的文化素养。由于课堂的去情境化，学生对许多概念的理解常常是一知半解、囫囵吞枣的，他们并不知道这些知识从哪里来，更不知道这些知识该用在何处。简言之，静态的知识观下的课堂教学对学生而言存在意义性和趣味性缺失问题，漠视了文化作为知识的内核对于人的意义世界的观照，因此课堂需要一定的文化氛围，教师需要营造文化情境。

　　学生学习以课堂上掌握用符号表征的前人积累的知识为主，但需要克服知识通过符号表征、教师灌输、学生被动听讲的学习方式的弊端——知识脱离了文化性，学生的真实生活情境与抽象世界的学习存在断层。营造课堂文化氛围、创设真实的文化情境不失为一条有效的解决途径。我们不妨将学生的学习视为一架梯子，梯子的最底层为真实情境中的学习，最顶层为抽象世界的知识学习。那么作为中间阶梯的正是课堂文化氛围的营造、真实文化情境的创设，如借助多媒体等多种教学设备再现情境、讲台上虚拟情境中的角色扮演等。抽象的语言符号在情境中被"活化"、具象化，它较好地解决了从真实生活情境到抽象世界学习的断层问题。

　　"以生活展示情境、以实物演示情境、以语言描绘情境、以图画再现情境、以表演体验情境。"[1] 课堂真实情境的创设追求"意境"，何为"意"，这离不开对文化的理解与运用。以《军神》的教学为例，要让生于和平幸福时代的学生体会刘伯承不打麻药便手术的钢铁般的军神形象不是简单的提问讲解可以做到的，五年级学生的阅历有限。教师可以引导学生

　　[1]　郝京华. 情境教育三部曲的认识论意义 [J]. 课程・教材・教法，2009 (06)：27-30.

第五章　学习发生的维度　　215

联系日常生活中削铅笔、水果时不小心割伤手的真实经历,通过抓住文中的关键词句、"我来当小编剧"描写沃克医生的内心独白等一系列情境活动体会并交流自己的情感体验,不断感受课本知识背后所蕴含的伟大精神力量。

作为课堂情境的文化氛围并不是对生活情境的复制照搬,而是具有文化属性的已经优化的情境,是源于生活又高于生活的集中、典型的情境,是经过文化加工的情境,借助文化的感染力,达到强化理解、深化感悟的功效。

四、学习的文化回应

作为文化承载体的知识是主体精神发育的种子,学习不仅需要传递文化,还需要回应文化,建立学习者与优秀文化的良性交互,实现文化与学习者的双向互促、共同发展。

(一)学习为何需要文化回应

学习是一种发展过程,在学习过程中人的经验、行为、观念和精神得以发展。皮亚杰认为,学习与认知的发育"表现出与此相反的情形",学习是"由情境所激发的""发展解释着学习"[①]。由此可见,学习即发展,学习是促进个体发展的过程,而作为文化的知识则是个体精神发育的种子。因此,教学的根本目的在于通过知识教学引导学生走进文化,在文化实践活动中育人,实现学生的社会化。我们必须重视文化在学习上的重要性,注重文化对个体行为、观念等的塑造与教化作用。这就要求教师要确立教学的文化立场,形成学生与文化的良性互动,促进学生与文化的相遇。

文化回应性教学主张教师应充分了解学生行为所表示的文化意蕴,避免用主流文化的标准来评判学生的学习行为,并将学生已有文化作为教师教学及学生学习的基本框架和文化背景基础,以联结或解释主流文化的工

---

① (瑞士)皮亚杰. 皮亚杰教育论著选 [M]. 卢濬,选译. 北京:人民教育出版社,1990:18.

具。文化是影响学生学习的重要因素，如果依照学生已有的文化背景为学生提供有意义的学习材料、设计学习内容、设置学习活动任务，才有可能极大地提升学生的文化理解与发展潜能，因此，必须重视文化背景对学生学习的影响，以帮助教师满足不同背景学生的需求，来解决弱势学生的学习问题。文化回应性学习主张学生已有的经验应被视为学生学习新知识的一种"先行组织者"或桥梁，而不是学习的阻碍，适度反映学生的已有文化，使学生的学习经验更具逻辑意义。所以，学习需要文化回应。

缺少文化回应的学习是一种孤立的知识学习。它忽视学生自身所处的文化背景，漠视学生已有的学习经验，把学习内容视为事实存在的符号知识来学习，会降低学习内容的文化内涵，不利于学生对学习内容的文化迁移、文化比较、文化理解与认同，阻碍学生文化反思与批判能力的发展和文化创造力的培养，学生难以建立合理的文化价值观、达成文化自觉及文化素养，更难以树立文化自信。缺少文化回应的学习是一种单向的符号加工，学生与文化无法相遇，极易使得学生"把一切知识和文化作为对象来学习，从而使学生的学习丧失自我感"[1]。文化回应不仅关注到学生的已有经验基础和特定的文化背景，更赋予学习以更为广阔的文化视野，实现多元文化学习，推动文化理解、文化传播、文化交融，对于人的发展具有非常重要的现实意义。

只有引导学生进行文化回应性学习，建立知识与学生的生命经验的连接，促进学生与文化的相遇，才能极大提升学生的文化理解和发展潜能，增强学习主动性，促进文化理解与认同，树立文化自信，实现文化育人的教育目的和追求。

（二）文化回应性学习

文化回应性教学的概念起源于 20 世纪 70 年代的美国，以文化差异为基础，"体认文化在学习中的地位，其基本理念是学习必须与学习者的文

---

① 余娟，郭元祥. 论外语课程的文化回应性教学 [J]. 全球教育展望，2011（03）：76-81＋65.

化及生活经验相结合，教学需要回应文化差异"①。那么，立足于文化回应性教学，文化回应性学习就是指丰富知识的文化内涵，建立知识学习与优秀的、先进的文化的联系，与学生自我的已有经验的联结，回应文化背景、文化差异、文化思维方式、文化价值观。赋予知识学习更为厚重的文化底蕴，把知识学习的过程同时转化为文化理解与认同、文化反思和文化创造的过程。

文化回应性学习以文化为学习的逻辑起点，发挥文化在学习过程中的基础性作用。一方面，学生学习的本质是与知识建立联系，知识具有文化性，学生与知识的相遇，实质上是其与文化的相遇。另一方面，学生是文化中的人，文化既是人创造的，又供人习得，影响着人的发展。所以学习的逻辑起点表现为学生已有文化与知识所表达的文化相遇。在相遇过程中，学生不仅将所学的知识视为抽象的语言符号，更将其看作一种文化符号，经历这些文化符号产生的过程、思维方式和方法途径，此时学生已有的文化背景、教育经历等与所学文化实现相遇。

文化回应性学习以文化为学习资源，联结知识学习与先进的、优秀的文化。蔡红生指出，文化是指"人类社会在生产活动中形成的群体精神及其所附载体"②。群体精神的载体主要有物质性文化、制度性文化和活动性文化，这些都可以成为文化回应性学习的学习资源。以制度性文化为例，这种规范性文化的表征方式为制度。制度文化即"典章制度及维系个体生活与一定文化共同体的人类关系的法则，它是人类在团体中为了满足或适应某种基本需要所建立的有系统、有组织的社会行为模式"③。它表现为民族风俗习惯、不同国家民族地区的特色制度。这些制度规范中包含着某一地区或民族人们的经验知识与智慧，这些经验知识和智慧有助于学生学习

---

① 曾莉，张姝. 论教师的文化回应教学 [J]. 教育评论，2012（01）：42-44.

② 蔡红生. 文化概念的考证与辨析 [J]. 新疆师范大学学报（哲学社会科学版），2009（4）：77-83.

③ 肖川. 教育与文化 [M]. 长沙：湖南教育出版社，1990：13.

学校教育中抽象的知识。面对学习，在以往的教育中我们关注学生"缺乏什么"，根据学生缺失的内容通过学习进行补充。但当下我们应首先关注学生"拥有什么"，在此问题的基础上继续追问学生可以利用现有的知识、文化资源再进一步做什么。这些资源与知识的相遇能够产生什么。在追问的过程中，学生的文化资源不断得到扩充和丰富，这些文化资源成为联结学生知识学习与先进的、优秀的文化的桥梁。

文化回应性学习以文化为学习追求，发挥知识学习的文化价值，以文化人，实现人的文化性、社会性。在中国学生核心素养的研究中，研究者将文化素养作为三大核心素养之一。[①] 这证明了文化回应性学习指向一个有文化的人，意在实现人的文化素养的提升。文化回应性学习对不同文化具有包容性。当不同文化相遇，文化回应性学习能够促使学习者尊重并尝试理解存在差异的文化，而不是以自我的文化审视或漠视其他文化；文化回应性学习推动学习者树立文化自信，在实现文化理解和认同的基础上信奉和坚守本民族文化；文化回应性学习推动学生文化创造力的培养，学生在与文化相遇的过程中，不仅愿意传承和发展自身文化，更愿意反思文化、创造文化，为文化注入活力，推动文化进步。

(三) 文化回应性学习的教学支撑

1. 充分挖掘知识的文化元素，丰富知识的文化内涵

知识教学首先应充分挖掘蕴含在知识背后的文化内涵，厘清其中的价值观念、人际交往、生活习惯等文化元素，培育学生的文化理解力，帮助学生进行价值选择，树立符合社会需要和个人发展的正确的价值观。

2. 立足教材，开发课程的文化资源，拓展文化背景知识

教学中难免经常涉及学生认知范围外的问题，如果学生对知识产生的文化背景不了解，则不利于学生深度参与学习。在教学中，教师应立足教材，结合教材具体内容及时补充与之相关的文化背景知识，必要时与学生

---

① 林崇德. 构建中国化的学生发展核心素养 [J]. 北京师范大学学报 (社会科学版)，2017 (1)：66-73.

已有经验进行比较、联系，让学生不仅习得知识，更能理解其文化内涵。

补充与教学内容相关的文化背景知识，要求建立知识学习与优秀先进的历史文化、传统文化和民族文化的联系，回应文化背景、文化价值观，在理解文化内涵的同时，真切地促进知识学习向学生文化素养转化，促进个体的文化生长和精神成长。

3. 关照学生已有经验，促进学生学习的深度参与

教师在教学中需要适时、恰当地回应学生的回答和行为表现，目的是针对不同的学习需求，充分观照学生已有经验，引发学生学习共鸣，促进学生学习的深度参与。在确定教学目标阶段，教师应进行预评估。预评估为确定恰当的教学目标提供了依据。预评估要求教师自觉了解学生已有的知识与经验背景、学生个体之间的文化背景差异等。在预评估的基础上，对于学生的已有经验做出回应，明确学生能够通过学习达成的能力水平以及学习投入的需要、面对的挑战等。"回应预评估的基础上所设立的目标，是契合学生最近发展区的挑战性的目标，能够引发学生的共鸣和参与的积极性。"①

4. 开展多元文化活动，促进学生与文化的相遇

教学过程中，教师要积极开展多元化的课堂文化活动，如角色扮演、表演课本剧、开展辩论赛等，灵活选用适当的训练方法，鼓励学生进行口头或笔头、个体或群体的文化实践活动，进行体验性学习，促进学生与文化的相遇。超越孤立的符号加工，把知识学习的过程同时转化为文化积淀、文化认同和文化觉醒的过程。

---

① 吴宏. 小学数学深度教学研究 [D]. 武汉：华中师范大学，2018.

第六章

学习发生的层次

　　学习具有多种层次，认知与理解是学习发生的基础，没有认知与理解，学习的其他层次也无从谈起。体验与思维是学习的重要过程，学生在体验与思维的过程中实现知识的转化与生成，最终达成知识的迁移与问题的解决。

第一节　认知与理解

　　认知与理解是学习发生的基本层次，是学生整个学习发生过程中最初的两个阶段，也是重要的阶段。

一、认知与理解的内涵

　　认知与理解虽同为学习发生的基础性过程，具有一定的相似性，实质上二者之间仍有所差异，需要进一步区分。

　　（一）认知的内涵

　　认知是心理学特别是认知心理学中的重要概念。目前对认知的看法主要分为两种，一种是广义上的认知，即人类获取知识的过程所依赖的心理活动，"如知觉、注意、记忆、学习、思维、决策、解决问题、理解和产生语言等等，这些心理活动的总称便是认知"[1]。另一种是狭义的认知，即人对信息的初步加工、编码，"认知不是对观察到的感知信息间的相互作用的简单存储，而是在对它们的计算，并转化为知识加以记忆"[2]，而随着以具身认知为核心的第二代认知科学的发展，身体回归于人的认知，从而

---

[1]　彭聃龄，张必隐. 认知心理学［M］. 杭州：浙江教育出版社，2004：3.
[2]　王志良. 脑与认知科学概论［M］. 北京：北京邮电大学出版社，2021：18.

超越第一代认知科学所主张的认知即计算。教育学对认知的看法也受认知心理学的影响，兼具广义的认知和狭义的认知双重特点，并进一步将认知聚焦为学生的认知能力，学生的认知能力是指"接收、加工、储存和应用信息的能力"①。

认知具有系统性、层次性和差异性三个特点。认知的系统性既指向认知所包含的知觉、注意、记忆、思维等多种内部心理活动，也指向人的大脑活动和身体。人的认知活动从来不是只有一种心理活动，而是多种心理活动的复合物，涉及知觉、注意、记忆、思维等诸多方面；同时参与认知过程的也不只有人的大脑，人的身体同样也参与了认知的过程，人的认知是身心统一的过程。认知的层次性指向认知的不同水平。认知水平的划分主要是依据认知活动中所涉及的高阶心理活动，对人的认知水平划分比较有代表性的研究成果是布卢姆教育目标分类，低水平的认知主要是指识别、回忆等，高水平的认知主要指评价、创造等。认知的差异性是指不同个体的认知存在一定的差异性。加德纳的多元智力理论揭示了人的智力组成的多种可能性，智力的多元性表明人与人之间的认知并非同质化，而是具有差异性。

（二）理解的内涵

理解也是一个复杂的概念，不同的学科对于理解都有不同的观点与看法。理解关涉人的内心世界，涉及人的认知、情感、信念、精神等诸多方面，心理学、哲学与教育学都尝试揭示理解的内涵。

心理学对理解的定义主要分为两大类：一种是将理解视为心理活动的过程，如皮亚杰、奥苏贝尔、安德森等认为理解是建立新的经验与已有经验之间的联系，皮亚杰用"同化"和"顺应"来揭示儿童经验的习得。相较于皮亚杰等人将理解视作联系的建立，马扎诺更多是从信息加工的角度

---

① 周加仙. 为了每位学生的发展：基于脑与认知科学的通用教学设计 [J]. 全球教育展望，2010（01）：15-20.

认识理解，认为"理解负责把知识转化成适合在永久记忆中存储的形式"①，将理解视作知识编码为永久记忆的过程。另一种是将理解视作一种能力，而这种能力具体指向也有所差异，心智化理论侧重于理解人的行为背后的心理活动，关注的是社会交往情境中的理解，主张"理解是指理解能力，即人类所拥有的一种理解人与人之间行为活动背后所隐藏的心理活动能力"②。《心理学词典》认为理解是"对别人尤其是对他们关于某一件事的观点或对他们关于某一问题的信念的同感性鉴别力"③，这一解释侧重观点的理解。作为心理活动过程的理解与作为能力的理解实质上是理解的两个不同方面，前者聚焦于人是如何理解的，后者聚焦于人为什么能理解，事实上人的理解往往是两者交织在一起的，人理解知识、观点、行为、心理活动等对象的过程离不开理解力，反之人的理解能力是抽象、内隐的存在，需要借助一定的心理活动过程来外化。

二、认知与理解的对象及过程

（一）认知的对象与过程

1. 认知的对象

在学习过程中，"知识"即认知到的相关对象，而知识是一个内涵丰富的概念包括事实性知识、概念性知识、程序性知识和元认知知识。事实性知识是学习者在掌握某一类学科或解决问题时必须知道的基本要素，包括言语、非言语知识和具体细节要素。概念性知识指的是一个整体结构中基本要素之间的关系，包括类别、原理概括和理论、模式与结构。事实性知识和概念性知识是关于"是什么"的知识，程序性知识则是关于"如何做"的知识，关注解决问题的过程，可细分为"技术的知识"和"实践的

---

① （美）罗伯特·J. 马扎诺，约翰·S. 肯德尔. 教育目标的新分类学（第2版）[M]. 高凌飚，吴有昌，苏峻，译. 北京：教育科学出版社，2012：39.

② （丹）克里斯蒂娜·福特曼. 理解的心理学：心智化理论及其在沟通中的应用 [M]. 袁丽丽，译. 北京：中国轻工业出版社，2022：3.

③ （美）阿瑟·S. 雷伯. 心理学词典 [M]. 李伯黍，等译. 上海：上海译文出版社，1996：909.

知识"①，前者实际上仍然是一种陈述性知识，即知道了关于实践操作的知识，而后者真正指向实践，即能够完成某种任务。元认知知识涉及一般的认知知识和自我认知的知识，包括策略知识、认知任务的情境与条件的知识以及自我的知识。②

2. 认知的过程

关于认知的具体过程，信息加工学习理论、教育目标分类学以及国际学生评估项目（PISA）等国际大规模评价已经做了较多的探讨。

信息加工学习理论用计算机的运行方式模拟学习者头脑中的认知过程，并在此基础上提出了信息加工模型。信息加工模型由信息存储、认知加工和元认知三个部分组成，其中认知加工指的就是具体的认知过程，包括注意、知觉、复述、编码和提取五个阶段。注意是信息加工的开始，当学习者有意识地集中于某一个信息时注意就发生了，教师想要促进学习者认知的发生，就要合理选择教学内容吸引学习者的注意。知觉指的是学习者为注意到的信息赋予意义，知觉的过程尤为重要，每个人的背景信息不同赋予的意义也不相同，了解学习者的已有经验是促进知觉的关键。复述是通过重复来保持信息的过程，编码则能建立信息之间的联系帮助其更好地储存在长时记忆之中，主要的编码策略有组织化、精细化和主动性，教师可以从这三个方面入手促进学习者有意义的编码活动。提取的过程是学习者能够在需要时将储存在长时记忆中的信息顺利提取出来，这要求知识之间要相互关联，关联越多提取的线索也就越多。

在教育目标分类学中，对认知过程研究最具代表性的成果是布卢姆教育目标分类学。布卢姆教育目标分类将认知过程分为知识、领会、运用、分析、综合、评价六个阶段，安德森等在后续研究中对布卢姆提出的框架

---

① 夏正江. 论知识的性质与教学 [J]. 华东师范大学学报（教育科学版），2000（02）：1-11＋18.

② 盛群力，褚献华. 布卢姆认知目标分类修订的二维框架 [J]. 课程·教材·教法，2004（09）：90-96.

进行修订，将认知的过程分为记忆、理解、应用、分析、评价和创造六个阶段，新修订的框架将原本的"知识"所对应的主要心理活动记忆独立为认知过程，将"领会"和"综合"改为"理解"和"创造"。[①] 记忆（知识）指学习者从长时记忆库中提取相关知识；理解（领会）发生于学习者建构新知识意义并纳入原有认知结构；应用（运用）是指学习者运用不同的程序去完成操练或解决问题；分析是指将材料分解为其组成部分并确定这些部分是如何相互关联；评价是依据准则和标准来做出判断；创造（综合）要求学习者能够将要素整合为一个内在一致、功能统一的整体。如下表 6-1 所示。

表 6-1　教育目标分类学的认知过程分类情况

布卢姆认知过程分类[②]	安德森认知过程分类[③]
知识：具体知识、处理具体事务的方式方法知识、学科领域中普遍的原理和抽象概念知识	记忆：识别、回忆
领会：转化、揭示、推断	理解：解释、举例、分类、总结、推断、比较、说明
运用	应用：执行、实施
分析：要素分析、关系分析、组织原理的分析	分析：区别、组织、归因
综合：进行独特的交流、指导计划或操作程序，推导出一套抽象关系	评价：检查、评论
评价：依据内在证据来判断、依据外部准则来判断	创造：产生、计划、生成

①　周超. 八年级学生数学认知水平的检测与相关分析 [D]. 上海：华东师范大学，2009.

②　（美）布卢姆. 教育目标分类学：第 1 分册　认知领域 [M]. 罗黎辉，译. 上海：华东师范大学出版社，1986.

③　（美）安德森. 布卢姆教育目标分类学——分类学视野下的学与教及其测评 [M]. 北京：外语教学与研究出版社，2009.

PISA、TIMSS（即 The Trends in Inearnational Mathematics and Science study，国际数学和科学评测趋势）等国际大规模教育评价将心理学的相关成果应用于教育评价的实践中。PISA2022 以数学素养为主要测评领域，并对认知测评框架进行了修订，数学认知过程（Cognitive Processes）主要是指数学推理和问题解决模式，从推理（Reasoning）、构思（Formulating）、运用（Employing）和解释/评估（Interpreting/Evaluating）四个方面来描述具体的认知过程。[①] TIMSS2023 从理解、应用和推理三个层次建构认知过程（Cognitive Domains），了解（Knowing）主要指学生对知识的回忆与再现，应用（Apply）指学生能够根据情境应用数学知识，而推理（Reasoning）强调逻辑和推理性思维。相较于心理学中对认知过程的界定，大规模教育评价对认知过程的界定更贴合学生的学习实际情况，更好地刻画学生学习所涉及的认知过程。二者比较见下表 6-2 所示。

表 6-2　国际大规模教育评价的认知测评框架

PISA2022 数学素养测评框架的认知过程	TIMSS 2023 数学素养测评框架的认知过程[②]
推理：识别、辨认、组织、连接和表示等	了解：回忆、识别、排序、计算
构思：选择合适的模型、发现数学问题、识别数学结构等	应用：选择和实施解决问题的程序、策略和工具；再表达
运用：进行简单计算、得出简单结论、选择适当的策略等	推理：分析、整合、概括、评价
解释（评估）：解读以图形和/或图表形式呈现的信息、评估和解释数学结果、评估数学解决方案的合理性等	

---

① OECD. PISA 2022 Technical Report［EB/OL］. https：//www. oecd. org/pisa/data/pisa2022technicalreport/PISA-2022-Technical-Report-Ch-03-PISA-2022-Development-Core-Domains. pdf

② Ina V. S. Mullis, Michael O. Martin, Matthias von Davier. TIMSS 2023 Assessment Frameworks［M］. https://timss. bc. edu/timss2023/frameworks/index. html

（二）理解的对象与过程

1. 理解的对象

理解的过程指的是学习者能够主动调整原有的认知经验，积极地构建并赋予新知识意义，将其纳入原有的认知结构以及与原有认知经验产生联系。具体而言，学习者理解的对象包括如下五个方面。第一，理解事物及其表征，即理解知识的符号表征，学习者在理解过程中首先面对的就是事物及其符号表征，符号表征作为一种外在、客观的存在能够被学习者直接感知，在理解事物及其表征的过程中感知符号并将外在的、符号化的客观知识转化为个体的个性化知识。第二，理解逻辑及思想，事物从直接经验形态变为符号化的形态经历了分析与综合、归纳与演绎、抽象与概括、系统化与综合化等一系列逻辑思维过程，因此理解不能局限于事物及其表征，而是要深入其背后所蕴含的逻辑与思想，学习者要理解知识产生、形成和存在的逻辑依据是什么，即我们正在学习的这些知识是怎么来的。第三，理解关系及规律，符号表征的理解是知道知识是什么、逻辑和思想的理解是感受知识是怎么形成的，而关系和规律的理解则是洞悉知识为什么是这样，从而真正建立起知识之间的内在逻辑关联。第四，理解他人及自我，学习者需要理解学习文本的作者和人物，理解环境中的教师、同伴，更重要的是在理解文本的过程中关注人与历史、社会、文化的理解关系，理解自我、人生和社会生活，实现自我精神的生长发展。第五，理解意义及价值，通过学习者理解知识的符号、逻辑、思想，知识能够真正走进学习者的精神世界，从而使学习者进一步理解知识的意义，实现人生的发展和意义价值。[①]

2. 理解的过程

理解是思维的具体表现，是认知系统的重要组成部分，人类复杂的认知活动离不开理解，理解是想象、创造、问题解决等心理活动的重要基

① 伍远岳. 论深度教学：内涵、特征与标准 [J]. 教育研究与实验，2017（04）：58-65.

础。维克特罗在揭示生成性学习的过程时也揭示了理解的过程，理解的发生经历以下阶段：（1）长时记忆的相关内容和信息加工所涉及的倾向进入短时记忆；（2）对经验进行选择性注意；（3）建立知觉信息与长时记忆的联系；（4）建构新的意义；（5）如果建构意义不成功则重新尝试与其他策略建立联系；（6）建构意义成功则形成有意义理解；（7）将生成的新的意义归入长时记忆。[①]

教育目标分类学将理解的过程以具体的认知行为表现出来，布卢姆将理解的过程分为转化、解释、推断，安德森等在此基础上进一步将理解过程细化为解释、举例、分类、总结、推断、比较和说明。解释是指学习者能够将信息的一种表征方式转换成另一种表征方式；举例是指学习者能指出某一概念或原理的特定事例；分类具体指的是学习者能够识别某些事物是否属于某一类别；总结则指的是学习者能提出一个陈述以代表已呈现的信息或抽象出一般主题；推断是指学习者能够从一组事例中发现特征及联系，从而抽象出一个概念和原理；比较是查明两个及以上的事件、观念、问题和情境之间的异同；说明是指学习者能够完整地阐明某一系统中的主要部分是什么，它们之间是如何变化联系的。[②] 马扎诺认为理解涉及整合和符号化的过程，整合是用简约、条理化的形式重组、提炼出知识的主要特征的过程，而符号化指在宏结构中创建一个与知识相类似的符号过程。[③] 具体见表6-3。

① Osborne R J，Wittrock M C. Learning science：A generative process ［J］. Science education，1983，67（4）：489-508.

② 盛群力，褚献华. 布卢姆认知目标分类修订的二维框架 ［J］. 课程·教材·教法，2004（09）：90-96.

③ （美）罗伯特·J.马扎诺，约翰·S.肯德尔. 教育目标的新分类学 ［M］. 高凌飚，吴有昌，苏峻，译. 北京：教育科学出版社，2012：39.

表 6-3　关于理解过程的分类

分类	具体内容
布卢姆对理解过程的分类	转化、解释、推断
安德森等对理解过程的分类	解释、举例、分类、总结、推断、比较和说明
马扎诺对理解过程的分类	整合、符号化

三、影响认知与理解的因素

学习者认知和理解的过程既受自身的先验知识、认知结构等内部因素的影响，也受学习材料、学习情境等外部因素的影响。

（一）先验知识

先验论和经验论之间的争论贯穿了认识论的发展，随着科学的不断发展，人们不断意识到先验论和经验论各自的合理性，二者在认识论中逐步由对立走向统一。从认知和理解的主体来看，学习者不可能将其自身与其已有的观点和看法分割开来，并在学习时完全抛弃这些已有经验，事实上学习者不可避免地会带着先前的知识进入认知和理解过程中，而这些先验的知识正是认知和理解发生的起点。一方面，先验知识为认知与理解提供了知识基础，这意味着学习者的学习不必从头再来而是在其已有的基础上进行，"新知识，往往是同一个人以前模模糊糊地或清清楚楚地知道的知识相违背，或者是它的一种替代，至少可以说，是先前知识的重新提炼"[1]。新的知识于学习者而言并非完全陌生，而是与其以往的经验存在一定程度的关联，这种关联既可以是正向关联，即符合原有的经验，也可以是反向关联，即不符合原有经验。另一方面，先验知识潜在地影响学生学习机会的获得。布卢姆认为学习机会涉及学生实际接触并应该掌握的学习内容[2]，

---

① （美）布鲁纳. 布鲁纳教育论著选 [M]. 邵瑞珍，张渭城，等译. 北京：人民教育出版社，2018：51.

② National Academies of Sciences, Engineering, and Medicine. Methodological Advances in Cross-National Surveys of Educational Achievement [M]. The National Academies Press. 2002：233.

伯内特（Burnett）在其研究中指出在低年级缺乏机会获得重要知识和技能的学生，可能永远无法参加通常教授高阶技能的高级课程。[①] 学习者先前知识越丰富，在建构知识的过程中越有可能将新旧知识联系起来，从而获得更多的学习机会，相反如果学习者缺乏先验知识为支持，那么其实际学习机会就会减少。

（二）认知结构

认知结构也是影响认知与理解的重要因素，先验知识并不是零散、随意的形式而是以某种方式或者结构有序地存在于人的大脑，这种有序的方式即认知结构，"指由人过去对外界事物进行感知、概括的一般方式或经验所组成的观念结构"[②]。认知结构反映出学习者对知识的加工和理解程度，如果知识理解程度较低的话，那么其认知结构相对散乱。比格斯和克里斯提出的 SOLO 分类法将思维结构的发展水平分为五种：前结构、单一结构、多点结构、关联和抽象扩展水平[③]，从前结构水平到抽象扩展水平表明认知结构的抽象水平和复杂程度越来越高。认知结构既是认知与理解的产物，也会对新的认知和理解过程产生深刻影响。具体体现在以下几个方面，一是影响认知与理解的效率，"专家的推理和解决问题能力取决于良好组织的知识，这些知识影响他们所关注的事物和问题再现的方式"[④]，认知结构使知识以体系化的形式存在于头脑中，学习者在面对新的学习任务时通过认知结构可以快速提取相关经验，以实现对新知识的学习。二是影响理解的深度，学习是学习者借助已有的认知结构来学习新的知识，而

---

① National Academy of Science. Learning and Understanding [M]. The National Academies Press. 2003：121.

② 肖少北. 布鲁纳的认知——发现学习理论与教学改革 [J]. 外国中小学教育，2001（05）：38-41.

③ 吴有昌，高凌飚. SOLO 分类法在教学评价中的应用 [J]. 华南师范大学学报（社会科学版），2008（03）：95-99＋160.

④ （美）约翰·D. 布兰思福特. 人是如何学习的：大脑、心理、经验及学校 [M]. 程可拉，等译. 上海：华东师范大学出版社，2002：48.

原有的认知结构在一定程度上影响学习者对新知识的选择性编码，具体而言，高阶的认知结构往往能深入新知识的内部并将其重组至已有结构从而优化认知结构。三是影响认知与理解的准确性，已有的知识经验与新的知识之间并不是一一对应的，认知结构能够让学习者准确识别新旧知识之间的关联程度，从而建立真正的联系。

（三）元认知

学习者的认知和理解过程涉及多种具体的认知活动且充满了不确定性，需要学习者不断地思考采用何种策略来达成目标、这种策略能否达成既定的目标等方面的问题，而这正是元认知的价值所在，"要成为有效的问题解决者，学生必须具备元认知能力"[①]。元认知是对认知的认知，包含元认知技能、元认知知识和元认知体验三个基本要素[②]，这些要素均会影响学习者的认知与理解。元认知技能即对认知过程的计划、监控和调整，对认知与理解的影响最为直接。在面对学习任务时，学习者需要预期确定要达成的目标以及用何种策略来达成目标，在实际的学习过程中，学习者需要依据实际情况对所使用的策略进行评估，如果不能较好地实现预期目标需要及时调整策略。元认知知识为学习提供了知识支持，即在选择学习策略的时候学习者知道有哪些策略可供选择，那么学习者不需要通过不断地试错来调整策略。元认知体验指向学习者在对认知过程中所产生的感受，既指向对认知活动的感知和体验，也指向认知过程所产生的情感体验。相较于元认知技能与知识，元认知体验以间接的方式影响学习过程，通过对学习活动及其产生的情感体验进行反思，学习者能够对学习活动进行改进。

（四）学习投入

学习投入又称学生投入，指"学生在学业工作中的投入，为学生的指

① National Academy of Science. Learning and Understanding [M]. The National Academies Press. 2003：122.

② 汪玲，郭德俊. 元认知的本质与要素 [J]. 心理学报，2000 (04)：458-463.

向学业工作所要促进的学习、理解和掌握知识、技能和技术的心理投入及努力"①，相较于先验知识、认知能力等不可控内部因素，学习投入实质上是一种可控的影响学习的内部因素，是学习者为了完成相应的学习任务主动地调动自身的认知能力和非认知能力，反映了学习者的参与学习意愿以及实际投入情况。学习投入对认知和理解的影响主要是通过认知投入、情感投入和行为投入三个基本要素实现的。认知投入指向学习者的认知能力和策略，当学习者采用高阶认知策略时，更容易实现对知识的深度理解；情感投入指向学习过程中学习者的情感体验，当以好奇、喜悦、兴奋等积极的情感参与学习过程，能够唤醒学习者的学习动机，从而调动认知能力积极参与学习，而学习过程中的情感体验也会影响学生的后续学习投入；认知投入和情感投入具有一定的隐匿性，不易被直接观察，而行为投入指向学习者具体的行为表现，能够直观反映学习者的学习投入情况，当学习者缺乏相应的行为表现，难以真正实现对知识的认知与理解。

（五）学习材料

学习材料是学习活动的重要组成部分，其具体形式是多样化的，既包括教材、实物等物质形态，也包括模型、言语等非物质形态。学习材料作为直接学习对象，对学习活动具有重要影响，具体表现在学习材料的难度、学习材料的数量以及学习材料的形式等方面。学习材料的难度一方面指向学习材料的抽象、复杂程度，另一方面指向学习这些材料所需的高阶思维，当学习材料明显超出学习者的认知水平时，学习材料由发展的支架变为发展的阻碍，学习者难以形成对学习材料的有效理解。学习材料的数量是指学习者需要完成的相应学习任务，学习者的精力是有限的，过多的学习任务一方面需要学习者用更多的时间来完成，另一方面实际上缩短了学习者完成每一项任务的时间，隐性地增加了学生的认知负担。学习材料的形式主要是指以何种方式来表现学习内容，随着信息技术的不断发展，

---

① 孔企平. "学生投入"的概念内涵与结构 [J]. 外国教育资料，2000（02）：72-76.

学习材料的呈现方式不再局限于传统的纸质材料和实物，也可以借助信息技术，学习材料的呈现形式得到极大地丰富。然而学习材料的形式也会影响学习者的学习，纸质媒介需要高度的认知参与而数字教材降低了学习的认知深度[①]，数字化的学习材料降低了认知的难度，更易于学习者学习。

（六）学习情境

学习情境是认知与理解发生的外部环境，人的认知和理解过程总是发生在一定的环境之中，随着研究者对学习的深入研究，学习逐渐从大脑的内部活动变为人在现实世界之中的实践，学习情境也逐步从学习发生的外部环境变为影响学习过程的重要因素。任何知识的产生都有其特定的背景，而知识在抽象化的过程中情景性因素被剥离开，但是学习者在学习知识时需要再经历知识的发生过程，通过真实的学习情境来促进学生的学习。人的认知过程本身就是情景化，"儿童文化发展的每项功能出现两次：首先是人与人之间的层面（心理之间的），之后是儿童内部的层面（心理内部的）……所有高级功能起源于人类个体间的真实关系"[②]，在与他人的交往互动过程中，人的认知能力得以不断地发展。当下，课堂教学越来越重视学习情境的创设，通过信息技术、良好的人际关系来实现学习情境的学习功能。

四、如何促进学生的认知与理解

学习者的认知与理解受多种因素影响，促进学生的认知理解应当从经验、学习环境、学习活动的设计等方面入手。

（一）了解学生的已有经验，激发他们的学习动机和需求

学生带着已有的认知经验进入课堂学习，这些经验会影响他们未来的知识理解和迁移过程。信息加工理论认为学习以知识的加工整合为基础，

---

① 刘予佳，石鸥. 数字教材的媒介偏向及教育应对 [J]. 全球教育展望，2023（10）：32-41.

② （苏）维果茨基. 社会中的心智——高级心理过程的发展 [M]. 麻彦坤，译. 北京：北京师范大学出版社. 2018：72.

当学习者拥有与教学内容相关的认知经验时，信息加工、编码和提取过程会更顺利地进行。尽管学习者都有一定的认知基础，但每个学生的基础并不相同。如果教师忽略学生已有经验的差异性，采用相同的教学方法，可能导致基础较弱的学生跟不上学习进度，或者基础较好的学生由于已掌握教学内容而失去学习兴趣。教师在教学前了解学生的已有经验，并以此来设置教学内容调整教学方式是非常必要的。影响学生学习动机的因素可以分为外界激励和内在需求。外界激励包括教师期望效应、学习成就感知、奖励手段，内在需求包括学习者自身需求和对知识的兴趣。奥苏贝尔将影响学习者动机的力量分为认知内驱力、自我提高内驱力和附属内驱力，其中认知内驱力是指学生自己要求理解和掌握知识，被认知内驱力驱动的学生更具有学习的主动性，这正是认知与理解发生所需要的。教师要在与学生的交流中表达自己预期认知理解的发生，合理运用奖励机制让学生感受到学习带来的成就体验。更重要的是要培养学生深度认知理解的需求，让学生主动自发地进行认知学习。

（二）精心预设教学活动，营造利于认知理解的学习环境

精心设计的教学活动和宽松的学习环境能够最大限度地帮助学习在认知与理解层面顺利发生。"预设指的是教师要对教学过程进行合理的设计，积极开发课堂资源、教学内容，引导学生积极主动地参与教学过程。"① 预设的内容包括学习材料及其呈现方式、教学活动安排和学习氛围环境。教师应该为学生理解知识意义提供丰富的实例来促进学生认知，"提供高质量的实例和学习内容的其他表征形式是非常重要的，因为它们是学生建构知识的基础"②。除了丰富的内容表征，学习者接收到的学习材料还要与真实的生活情境相联系，与实际生活的联系越多，知识迁移应用的价值就越

---

① 蔡宝来，车伟艳. 课堂有效教学：内涵、特征及构成要素 [J]. 教育科学研究，2013（01）：12-17.

② （美）保罗·埃根，唐·考查克. 教育心理学：课堂之窗 [M]. 郑日昌，译. 北京：北京大学出版社，2009：320.

高。学习材料要以符合学生认知发展阶段和学习兴趣的方式呈现出来，教师在课堂中可以采用视觉和听觉相结合的呈现方式，促进学生认知的双加工，降低学习者认知负荷。教师在安排教学活动时要组织利于学生认知与理解发生的活动，如基于问题的学习能够提供真实的问题情境培养学生的探究意识；实践性学习能够丰富学生的亲身体验，发展迁移能力；主题性学习能够发展学生分析概括能力，帮助认知结构的完善。在教学活动进行的过程中，教师还要关注学习互动对学习者认知理解的帮助，高水平的互动能帮助学生共享知识、完善知识理解和表达思维。除了师生之间的互动，还可以通过合作学习增强学生之间互动，学生可以交流不同的观点，基于他人有益的观点建构自己的理解。平等、宽松、合作的学习氛围能够缓解深度学习带来的情绪压力，为学习者创造足够的空间进行深度认知和迁移。

（三）引导学生积极反思，提供多元化的评估以供学生及时调整学习状态

反思在学习过程中具有多重含义，"反思的过程既是积极的自我认知过程，也是深入的情感体验和感悟过程，又是自我调节的过程"[1]，而反思最终的目的是促进学生的发展。学习者是在批判反思原有认知经验的基础上建构新知识的意义，并在迁移创造的过程中发展解决问题的能力。更关键的是，反思能够帮助学习者发展元认知策略，培养学习者的批判性思维和创新思维，拥有独立思考的能力和习惯。想要促进学生的认知与理解，教师就要积极引导学生自我反思，不仅要反思原有认知经验还要反思深度学习过程，通过监控、评价、调节等反思活动实现对知识的深度理解。学习者的反思活动并不是面面俱到的，由于自我反思的局限性，促进学生的认知与理解还需要外在评估反馈的帮助。外在反馈主要包括教师、同伴对学习者学习状态和学习效果的评价，学习者是发展中的人，所以对学习者

---

① 康淑敏. 基于学科素养培育的深度学习研究 [J]. 教育研究，2016（07）：111-118.

认知理解的评价应该是发展性的、形成性、多元化的。多元化的评价主体能够为学生提供不同角度的学习反馈，如同伴之间的建议能让学生感觉更亲切、更容易接纳；形成性的评价方式能对学生认知与理解的过程进行整体观照，学生可以依据形成性反馈及时调整学习策略、安排学习进度；发展性的评价内容能够关注到学生学习的方方面面，理解性学习不仅要深度建构知识的意义价值，也要促进问题解决能力的提高和创新思维的发展，这要求对学习者认知理解过程的评价必须是具有发展性的。学习者只有在教师的引导下不断反思，依据多元化的评估及时调整学习状态，才能真正实现学习在认知和理解层面的发生。

第二节　体验与思维

一、体验的内涵与过程

体验与学习密切相关，素养导向下的学习客观要求梳理体验的内涵及其形成过程。

（一）体验的内涵

"体验"这一概念内涵十分丰富，最初来源于哲学领域，随后进入心理学领域，当前在教育学领域应用最广。哲学视域下的"体验"是指感悟生命的过程，是生命存在的一种方式。生命哲学家威廉·狄尔泰最早赋予体验概念性的功能，认为生命是不断延伸和推进的"现在"，体验是"现在"所形成的最小单位。后来，认知语言学家雷克夫和约翰逊反对西方主客对立的客观主义思想，于1999年出版《体验哲学——基于体验的心智及对西方思想的挑战》，提出体验主义（Experientialism），并进一步概括出体验哲学的三条基本原则：心智的体验性、认知的无意义性和思想的隐喻性。"由于著者用来表示体验的词虽 experience，但更多的是 embodiment，因此，体验的概念研究此时已出现新的趋势，即体验的具身研究。"① 同时期，德国哲学家伽达默尔认为体验的产生不仅与身体经验有关，而且个体必须在经验中获得意义，不能获得意义的身体经验不能称之为体验。德国哲学家马丁·海德格尔和现象学家胡塞尔从认知领域出发，认为体验是领会，人在领会中寻找存在的意义，因此体验具有认知性。

随后，"体验"一词进入心理学领域，从情感理论出发，体验被视为情感的本质或核心成分，是对他人情感和自我情感的觉察与认知；从心理活动理论出发，心理学家瓦希留克认为体验是个体面对具有威胁性情景时，为了恢复精神平衡而在大脑中进行的一种内部工作、内部活动；从存在论出发，美国著名人本心理学家马斯洛认为高峰体验是个体在追求自我实现的过程中瞬间产生的短暂的、极乐的体验，是一种终极体验。在教育领域，研究者倾向于将体验看作过程与结果的结合体，它既包括主体内在的历时性的知、情、意、行的亲历、体验与验证等多方面交织的复杂过程，也包括主体通过活动获得认知和情感的结果。主体在成功的体验中会产生愉悦感、满足感和成就感，这种积极的体验会促使主体全身心投入到客体之中，探究事物的结构及其对自身的意义，反之，则会抑制主体的积极性，不利于主体的发展。从上述三个领域对体验的论述可以看出，体验不仅涉及认知，而且也是主体产生情感、创造意义的过程。

（二）体验的形成过程

个体通过行或思的形式接触自然界、人类社会和精神世界的事物，并以理解和联想为中介建构事物与自身的意义，而后产生身体变化，即生理变化和心理变化，由此生成丰富多样的体验。这些体验通过反思和表达形成相应的信念指导新的实践活动，从而形成新的体验，如此循环往复，使体验一直处于生成与发展的螺旋上升状态。具体见下图6-1。

---

① 张鹏程，卢家楣. 体验概念的界定与辨析［J］. 心理学探新，2012（06）：489-493.

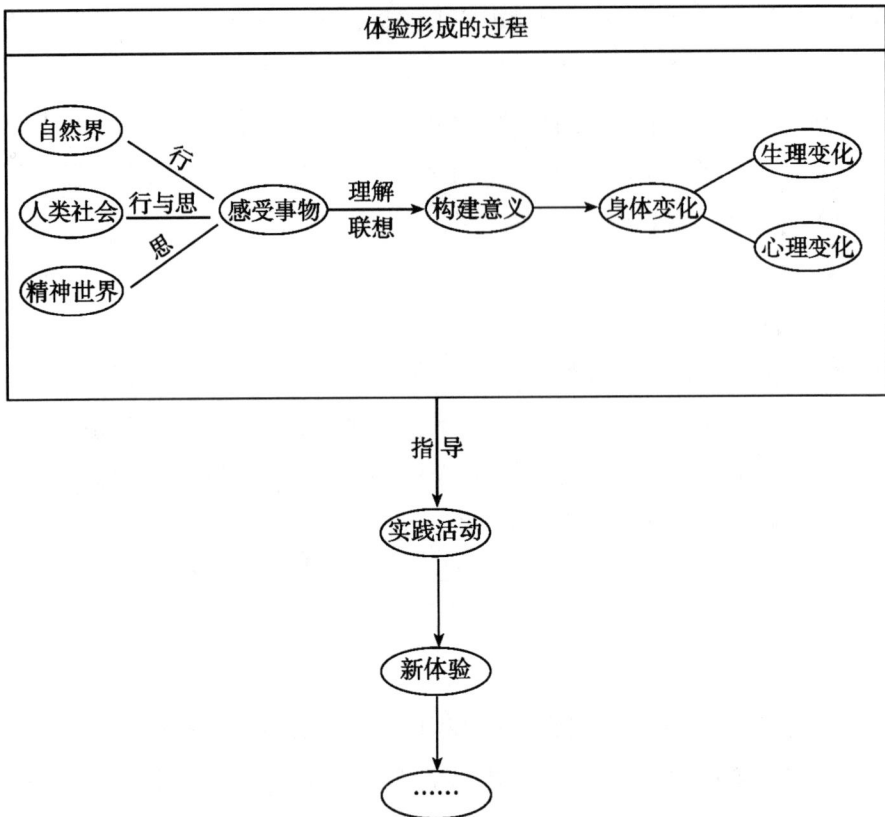

图 6-1　体验形成的过程

1. 感受事物

对事物的感受是体验形成的第一步，主体通过"行"和"思"两种方式感受事物。从类型上划分，世间万事万物可以分为：未经人类改造的自然界、经过人类加工后由精神物化而构成的人类社会及由概念、意识等构成的精神世界，其中自然界和人类社会是人体之外的事物，即客观对象，精神世界是人体之内的事物，即主观对象。一般而言，主体主要通过直接感知、参与活动和人生经验积累等"行"的方式，亲身经历某事获得直接经验，从而获得客观对象中的自然界。个体在"亲身感受中，主体往往是运用多种感官（眼、耳、鼻、舌、身、脑）去接触事物，因此会受到多感官刺激"[1]，从而产生更具体、更深刻的印象和感受，更容易生成情感和意义。个体主要通过阅读文字、观看视频和收听音频等方式，吸收符号信息获得间接经验，从而获得主观对象中的精神世界，更倾向于"思"的参与。而对于特殊的对象，即既包括客观因素又包括主观因素的人类社会，个体通常采取"行"与"思"结合的接触方式。

2. 建构意义

马克思主义哲学认为，主观能动性是人与动物最本质的区别，因而，主体并不会对所有接触过的事物产生体验，只有与自身有联系、相契合的事物才会引发个体独特的体验。意义是主体和外部世界相互作用之活动地给出与建构，发现事物与自身的联系与关系是形成体验的重要条件。而理解正是个体基于自身情况，从"自我"出发去探寻、发现、建构、丰富事物与自我的意义，最终将事物视为某种意义上我的所有物的过程。对事物理解得越深入、越详细，就会发现事物更多的可能性，从而使人从这事这物中联想到他事他物，或是将脑海中已有的相关的观念、概念、表征等联系起来，形成新的感受、观念、思想，即产生联想和想象，对该事物的想象越活跃，思维的创造性就更能得到发挥，就会建构更加丰富、更为独特、更有创造性的意义。可见，领悟和意义并非仅为直觉的产物，没有对事物深入的理解和丰富的联想就不能产生独特的、丰富多彩的意义，理解和联想是生成领悟和意义的基本条件。

3. 身体变化

具身认知理论认为心智嵌入大脑，大脑嵌入身体，身体嵌入环境，"认知过程深深地根植于身体与它周边物理环境的交互之中"[2]，心智与认知、大脑的神经系统、身体的特定结构与动作及不断变化的物理和文化环境构成一个完整的生态系统。因而，身体的变化不仅包括传统认知的生理

---

① 陈佑清. 体验及其生成 [J]. 教育研究与实验，2002 (02)：11-16.

② 杨南昌，刘晓艳. 具身学习设计：教学设计研究新取向 [J]. 电化教育研究，2014 (07)：24-29＋65.

变化，还包括因身体变化而产生的心智和认知的变化，即心理变化。身体的变化是形成体验的重要条件，没有身体的变化就不可能产生体验。身体变化既包括因生命体本身发生改变（饥饿、口渴等）而产生的变化，也包括因外界刺激改变（色彩、气温、响度等）而产生的变化，还包括因赋予事物心理意义不同而产生的变化，如同样的课程，你喜欢它时就会积极完成相关作业，并伴随着兴奋感与成就感，不喜欢它时可能甚至不愿意翻开书，并伴随着厌恶感和疲惫感。

4. 体验的形成与延展

当个体通过对事物直接和间接的感受，建构起事物与自身的独特联系和意义，并随之产生身体变化时，体验便形成了。体验主要包括：认知体验，即以言语符号为载体，伴随着认知活动以特定认知方式表达的体验，如新奇感和熟悉感；情感体验，即以表情符号为载体，伴随着情绪的变化以不同情绪表达的体验，如愉悦感和厌恶感；生理体验，即以感官变化为载体，伴随着生理的唤起以不同行动表达的体验，如轻松感和疼痛感。这三种体验在形成过程中不断相互作用，通过表达与反思形成相应的信念感，指导个体新一轮的实践活动。在新的实践活动过程中，个体会再经历感受事物、构建意义和身体变化的过程，从而形成新的体验，如此循环往复，从而使体验一直处于生成和发展的螺旋上升的过程中。

二、思维的类型与过程

知识的逻辑思维过程和逻辑思维方式是知识成立的证据条件，是知识价值的体现，梳理思维的类型及过程是理解学习发生层次的必然要求。

（一）思维的类型

"思维是对知识的组织和加工。"[1] 根据不同的划分标准，思维包括多种类型。根据思维内容来划分，可以将思维分为直观动作思维、具体形象思维和抽象逻辑思维。直观动作思维（又称实践思维）是指以具体、实际

---

① 赵国庆，熊雅雯，王晓玲. 思维发展型课堂的概念、要素与设计 [J]. 中国电化教育，2018（07）：7-15.

动作为基础进行的思维，解决的任务目标通常是直观的和具体的，比如初学算数时，学生可能用手指来计数。具体形象思维则是通过表象进行的思维，表象是其基础，例如，在课堂上，老师提出的假设会在学生脑海中形成表象用于思考。抽象逻辑思维是通过概念、判断、推理反映事物本质和内在规律的形式来思考，其中概念在抽象逻辑思维中起着支柱作用。

按照思维的逻辑性强弱来划分，可以将思维分为直觉思维和分析思维。直觉思维是在没有经过逐步分析的情况下，快速做出合理猜测、设想或领悟问题答案的思维，直觉、顿悟、灵感等都是直觉思维的例子。而分析思维是在经过逐步分析后，做出明确结论的思维，"三思而后行"体现了分析思维的重要性。按照思维的指向性来划分，可以将思维分为聚合性思维和发散性思维。聚合性思维是指在解决问题时思路集中到一个方向，形成唯一、确定的答案，例如最优解、最佳路线都是聚合性思维的体现。发散性思维是指在解决问题时，思维向各种可能的方向扩散，求得多种答案，例如一题多解或在完成一事时制订多种计划，发散性思维的学习者能从信息中获得多种解决问题的途径和方法。

按照思维的创新程度来划分，可以将思维分为常规和创造性两种类型。常规思维又称再造性思维，是指利用已有知识和经验，按照惯用的方法和固定的模式来解决问题的思维方式。而创造性思维则"是思维主体在不受自身与社会思维习惯影响的条件下对全行的外在世界的呈现和对业已存在的经验、知识进行思维，形成新观念、新知识、新理论的过程"①，具有创造性思维的学习者在思维内容和方法选择上具有新颖性和灵活性，比如，张衡通过细致考察和实验后发明了地动仪，用以预测地震的发生。

（二）思维的过程

思维过程是个体内在的不能被直接看到的思维活动，但可以通过观察、分析隔日的外在行为来推断个体大脑内部的思维活动。杜威提出的五

---

① 崔泽云. 论创造性思维的内容与方法 [J]. 求索，2004 (05)：167-168.

阶段思维过程是我们最熟悉的与思维过程紧密相关的理论。

1. 发现问题

所谓察觉到困难指的是，在大多数情况下，人们与环境之间的相互关系是一种不确定的、令人心神不安和进退两难的境况，即人们处于一个疑难的境遇。处在一个令人困惑、混乱的情境中，我们会产生怀疑，同时也会在不确定中寻求解决问题的方法，思维活动便自此展开。因而教师应给学生准备一个尚未完成的情境，学生在这一情境中会产生困惑、迷乱与怀疑，这一情境还必须与现有的生活经验相联系，能够引发学生的兴趣与思考；在教学过程中，教师同时根据学生的本能需要给予学生们暗示，让学生有去了解该问题的兴趣和欲望，从而获得现实生活所要求的经验。

2. 提出问题

杜威说，"问题和困惑就存在于现有条件对于所期望与企求的结果之间的冲突中"，就是目标与现有条件之间的冲突和差距。"他还进一步认为思维就是明确问题的方向，即在一个疑难境遇中，人们要明确何为疑难及疑难究竟何在。"[①] 第二个步骤跟第一个步骤往往是结合在一起的，此时就是将第一阶段所感受到的困难和疑惑逻辑化、理智化。在这个过程中，教师创设的情境和学生在生活中曾经经历过的情境有一定的相似之处，这样才有助于使学生充分调动自己所积累的经验和方法去提出问题，验证问题。学生也可以利用他人的经验以弥补个人经验的不足。同时，教师还要注意不能给学生提供一些现成的答案，而是要让学生做到自主思考，动手独立整理资料和解决问题。

3. 作出假设

"杜威认为，在对疑难有了更加明确的认识的情况下，人们就更可能

---

① 刘浩，庞丹. 杜威的科学技术"探究"思想解析 [J]. 东北大学学报 (社会科学版)，2016 (01)：18-22.

提出解决疑难的方案，即做出相应的假设。"① 其中，联想是做出假设的核心，借助于观察及其他心智活动，在大量收集事实材料的基础上，大胆联想并提出各种各样的可加以试探的设想方案。当然，在这一过程中学生会有多种设想，很可能利用既有的知识就能解决问题，当然更多的情形是既有的知识并不能解决问题，所以在这一阶段，学生要层次分明地开展自己设想好的解决问题的方法，并独立地去完成，去不断地训练，使得解决问题的方法一步一步地得到建立和排列，最终有条不紊，体验到这种思维创造性所带来的愉悦。

4. 推断假设

推论设想方案的各种结果，以"表明如果某种思维被采用，则有某种结论随之而来"，或"以演绎之法发挥臆想中所涵之义"②。杜威认为，推断之于寻求解决疑难的方法极为重要，而推断离不开人们已有的知识积累。在上一阶段，人们已根据疑难所在提出各种假设，所以这个阶段要逐一排查和判断各个假设，从众多的假设中寻找到解决问题的有效方法。在这个过程中，不仅需要运用过去已有的知识经验，还要通过探索和验证。有些起初似乎毫不相干的假设有可能通过验证转变为有效可取的解决方案。

5. 获得结论

在这一阶段，学生要进行小心求证，即通过应用验证自己的观念是否有效。没有对该假设进行有效的运用，那就缺乏意义和作用，只有通过应用才能验证自己的观念是否有效。"获得结论体现思维过程张自我调节与新认知结构的形成，这是创造性思维能力的体现。"③ 可以说，假设是一种

---

①　林丽颖. 杜威"思维五步法"在高中英语文学教学中的应用研究 [D]. 福州：福建师范大学，2017.

②　(美) 杜威. 我们怎样思维 [M]. 刘伯明，译. 上海：中华书局，1935：75.

③　兰春寿. 基于思维过程的高中英语文学阅读思维型课堂教学架构 [J]. 课程·教材·教法，2015 (12)：82-89.

开始，而应用使得这个开始的过程有一个圆满的意义和真实的性质。在其间，学生们有机会去进行验证，他们学会了在做的过程中自己去做出该有的判断。无论假设得到验证与否，学生在知识方面都能有所扩充，如果假设不能得到验证，那么这一假设之不可行也是一种知识的扩充；如果假设得到验证，那么学生就会学到新的知识。

三、影响体验与思维的因素

体验和思维是教育研究中的重要概念，了解影响体验和思维的因素，对于理解学习发生的层次具有启迪意义。

（一）影响体验的因素

目前对影响学习体验的因素的研究大多集中在在线学习体验方面，课程环境、课程设计、教师或助学者、学习者特征和社会性交互等四个方面是影响在线学习体验的重要因素。[①]

1. 课程环境是学习体验产生的基础，影响学习者对学习环境的情感感知

课程环境因素主要包括课程平台、学习资源、技术支持等方面，良好的课堂环境能让学生感受到来自教师和同学的信任感和包容感，获得来自教学环境的支持，拥有继续学习的动力和健康积极的心态。不安全的课堂环境会让学生产生焦虑感，害怕教师的提问和责备，学生一旦畏惧课堂和教师，就会放弃学习的机会，过度消沉还会影响学生的心理健康。有研究表明："智慧课堂中的学习行为主要从动机激发、技术易用性、亲历经验获得三个维度改善学习体验。"[②] 有效教学课堂中技术的使用创新了学习方式，为学生带来了更具有能动性、真实、富有挑战性的学习任务。当教学有了大数据和多媒体技术的支持，教师能够给予学生学习的主动权，学生

---

① 刘斌，张文兰，江毓君. 在线课程学习体验：内涵、发展及影响因素 [J]. 中国电化教育，2016 (10)：90-96.

② 彭红超，赵佳斌，闫寒冰. 技术赋能学习了吗？——学习者使用技术对学习体验的影响 [J]. 开放教育研究，2022 (02)：110-120.

能够与多媒体技术交互，能够优化学生的学习体验。

2. 课程设计模式也会对学习者的学习体验产生影响

课程设计主要包括教学法的设计、学习活动的设计以及反馈与评价的设计，"遵循学生的知识经验及认知特点，是促进学生对学习有兴趣、产生积极学习体验的基础"[1]。当教学内容与学生的发展规律相匹配，满足学生不同阶段的需求时，学生能够主动地建构知识并内化，不仅能提升学习的满足感，而且可以优化基于情境的认知体验。设定良好的课堂目标和活动安排让学生感受到学习具有内在逻辑和秩序，有助于学生更专注于学习，拓展认知。重视表现性和过程性的教学评价可以减轻纸笔测试和结果评价给学生带来的压力，学生不需要担心自己的所有努力只能通过一次评价展现出来。评价方式的多元化让学生在整个学习过程中都保持积极的学习心态，提升学生学习的开放感和可控感。通过有效的教学评价，学生可以增进与教师的交流和与同伴的互动，更明确自己的学习收获，产生积极的学习体验。

3. 学习者与教师、学习同伴之间的交互是影响体验生成的关键因素

积极的师生关系不仅是有效教学的关键，也是学生产生积极学习体验的关键。学生在课堂上体验到的信任感与支持能够影响其学习态度和效果。在有效教学课堂中，教师要构建对话型的师生关系，以积极的语言对学生学习进行反馈，这能够引发学生正向的学习体验，发挥学习优势。教师和学生就是在对话交流中达成共识、协同发展，在丰富体验、增长智慧的过程中实现教育的真谛。与同学的关系是学生在学习过程中要处理的另一重要关系，在马丁·布伯看来，"关系是相互的，切不可因漠视这点而使关系意义的力量亏蚀消损"[2]。一方面，学生与同伴之间的关系应该是一

---

① 侯兰，易长秋，黄琳，王强. 小学生课堂学习体验量表修订与应用 [J]. 教育科学研究，2022 (09)：24-30.

② （德）马丁·布伯. 我与你 [M]. 陈维纲，译. 北京：生活·读书·新知三联书店，1986：23.

种互帮互助的关系，而不是一种恶性竞争的关系，学生在教师的指导、促进下开展合作学习，通过倾听、对话、协作、分享，与同学就某个问题达成共识及共同完成任务，不仅获得了知识，而且增强合作意识、习得交往技能、提高班级凝聚力，促使个体能在不同的场合勇于表达自己的观点。

4. 学习者的个人特征影响其学习状态，进而影响学习者体验

学习者个人特征包括学习动机、学习策略、学习偏好等等，积极学习体验的培养基于学习过程中主体性的调动与发挥，教育教学的着力点应放在启发学生学习兴趣和关注内心体验上。从学生的感受出发，学习动机的提高能够增强基于动机的主体性学习体验，教师的有效互动能够增强基于协作的情感性体验。教师应该根据学生的特点，激发学生的学习动机，引领学生主动参与学习过程，让学生充分投入学习，激发他们的思考和理解能力。在教学中，认知投入可在各个环节中应用，贯穿着学习活动的全过程，只有以深层次的认知投入为核心的认知过程，才能促进学生包括高阶思维等素养的全面提高。在这一阶段，教师明确传达的学习挑战或同学的话语都有可能成为触发学生学习投入的事件。例如，唤起动机可以在课堂导入阶段起到关键作用。教师通过引发学生兴趣和好奇心的方式，例如提出一个引人入胜的问题、讲述一个生动的故事或展示一个引人注目的实物，刺激学生的思考和探索欲望。

（二）影响思维的因素

"思维能力的发展依托与丰富的问题情境，发生于潜在的认知冲突，依赖于思维技能的显性化，并在举一反三的变式运用中实现迁移。"[①] 问题情境、认知冲突、思维的可视化和变式的运用是影响思维发展的重要因素。

1. 好的问题情境可以成为学习者思维发展的依托

学习者在面对学习任务时，需要一个适当的问题情境来激发学习者的

---

① 赵国庆，熊雅雯，王晓玲. 思维发展型课堂的概念、要素与设计 [J]. 中国电化教育，2018（07）：7-15.

学习动机。这个问题情境还要尽可能地贴近学生的实际生活，因为相对真实的生活化情境更有利于学习的发生，所以教师要创设自然化、接近日常生活的学习情境。因为，学生在生活中"所遇到的问题情境往往不是一种单个的、独立的'纯'实践情境，而是由相互关联的、多样的个别情景所组成的准实践的情境"①，脱离情境的学习只能获得客观的符号知识，无法深入理解知识产生的背景与逻辑思维过程、无法明确知识的来龙去脉、无法获得原始思考的支持，最终导致不能根据不同的情境适应性调整所学知识、不能弹性适应新环境、更不能将所学知识迁移运用在课堂之外。

2. 认知冲突是促进思维发展的关键因素

"思维培养及思维教学虽然看起来是学校教育中颇为具体、微观的话题，但其与创造力、创新精神及创新素质的养成具有密不可分的关系。"②认知冲突是指学习者无法运用已有知识经验解决问题时产生的心理矛盾或冲突。皮亚杰的认知发展理论提到个体的认知发展是在认知不平衡时通过同化或顺应两种方式来达到认知平衡的，认知不平衡有助于学生建构自己的知识体系，促进素养的培育，所以适当的认知冲突更能够促进学习者主动思考和积极建构。学习是有意义的、动态的、建构的过程，在学生产生认知冲突时，教师要合理地引导学生理解两个概念之间的关系，剖析概念之间相互制约、相互生成的内在联系，为学生提供支架，使他们在思维动态活动中转变概念并产生积极的学习体验。

3. 思维的可视化可以实现知识的传递与创造

学习者的思维过程是在头脑中发生的，外界很难对学习者的思维过程和结果进行整体观照和即时反馈，思维的可视化则可以将学习者头脑中隐性的思维活动转化成显性的思维图示。思维可视化的具体工具包括思维导

---

① Joseph J. Schwab. Science, Curriculum, and Liberal Education [M]. Chicago: The University of Chicago Press, 1978: 35.

② 郅庭瑾，程宏. 国外中小学思维教学研究：争议与启示 [J]. 教育研究，2010(12)：98-102.

图、思维地图、概念图等，可视化的表达方式能够促进有意义学习的发生，降低学习者的认知负荷，并帮助学习者更快速地提取知识。另外，"知识的呈现方式会影响人对内在知识逻辑结构、情感态度等的理解和把握"[①]，知识可视化理论，强调通过转变知识的形态，将知识的表征由单调的文字符号变为更加生动的图形图像、声音和动画等，为学生带来强烈的、多感官的刺激，增强学生的学习体验，从而促进知识向能力、素养转变。

4. 变式的运用能够有效促进思维发展

变式包括概念性变式和过程性变式，概念性变式是指通过对概念的不同角度理解促进对概念的准确掌握，过程性变式是指通过层层递进的学习活动促进学生经验的增长。概念变式有助于学习者掌握思维技能方法，过程性变式为思维技能方法的现实问题的解决提供途径。问题解决是学习的目的，即学生获得了学科知识，掌握了学科思维，需要将其转化为真实情境中的行为，指向学生运用学科知识解决个体在未来真实、复杂社会情境中所遇到的问题，学习的目的即形成解决未来不确定问题的全面素质结构，形成应对未来生活的关键能力与必备品格。具体而言，学生不仅需要运用所学知识解决当前学科的问题，而且需要准确地在已有知识结构中检索与调动多学科知识解决综合性问题，更要将所学知识创造性地运用到未来不完整、不确定的现实情境中，获得"一种具有生态性的知识……当下的形式充满了不确定性，知识必须能够不断进行自我调适，以应对各种似是而非的、不完整的、不明确的和不可预测的因素"[②]。

四、如何促进学生的体验与思维

为了推进学习理论在教育实践中的应用，本研究提出通过以下几项措

---

① 许亚锋，张际平，高丹丹. 技术支持的体验学习研究述评［J］. 远程教育杂志，2012（04）：20-29.

② （法）安德烈·焦尔当. 学习的本质［M］. 杭零，译. 上海：华东师范大学出版社，2015：65.

施培养学生的思维、优化学生的学习体验。

（一）优化体验的途径

体验是对学生学习的整体描述，可以从学习环境的创设、学习过程的丰富和学习结果的深化三个方面优化学生的学习体验。

1. 以技术为支撑构建具身学习环境

《义务教育课程方案和课程标准（2022年版）》明确指出要"积极探索新技术背景下学习环境与方式的变革"，在技术的支持下，中小学校要以学习者为中心，重视学习者原有的知识、技能、态度，突出体现人的中心地位，构建具身学习环境。技术是实现学习者与学习环境交互的中介工具，构建具身学习环境需要以技术为支架创设合适的物理环境、反思的主体环境和互动的社会环境。移动和普适计算技术的快速发展丰富了学习者与环境的交互方式，在具身学习中，学习者通过与周围情境的交互获得最初的认知经验，为内部深度学习打下基础，这个情境并不局限于直接置身的真实情境，也包括间接置身的虚拟情境和混合置身情境。具身学习的物理环境创设应秉持"能实不虚""以虚补实""虚实融合"的原则，根据学习内容、学习对象等具体特点灵活创设，不断激发学习者的兴趣、好奇心和想象力，让学习者在体验和探究的过程中积累鲜活的、丰富的、具体的认知、情感和文化体验。

2. 以协作为中心丰富学习过程

学习科学分别从个体神经生物学层面、人际层面、群体层面等多个层面证实"学习的发生不只是行为及其后果的结合，还需要社会因素作为中介"[①]。优化学生的学习体验，需要增强学习的社会性，促进学生在社会交互中构建知识、形成意义。协作学习是学生个体相互交流、协商、沟通，达成共识，并分享学习成果的过程。但协作学习不同于合作学习，合作学习源自认知发展理论和行为主义学习理论，处理的是具有排他性的传统规

---

① 金莺莲，裴新宁. 学习科学视域中的社会性学习：过去、现在与未来 [J]. 开放教育研究，2014 (06)：81-87.

范知识，以个体为评价对象，认为学习是由个体独立完成的，个体所得的结果的总和为整个团队所得，而协作学习源自建构主义理论，以整个小组为评价对象，认为知识是不确定的，学习是对知识的社会性协作建构，个体并非各行其道，而是通过协商和分享解决共同的任务。因而，每个学习者都要承担相应的职责和任务，平等地参与协作，成员间可以通过阐述、讨论、共享信息和物质资源等方式来相互促进学习。

3. 以素养为指引深化学习结果

"体验是内化发生的前提条件，体验的过程就是内化和发展的过程。"①学科实践是学习体验的发生来源和过程逻辑，学生在参与系列实践活动的过程中产生多样丰富的体验，实现知识的内化和素养的发展。学科实践活动的设计应充分回应知识的产生过程，需要教师对知识进行深度处理，具体包括背景性处理与理解性处理、逻辑性处理与方法性处理、关联性处理与转化性处理。背景性处理与理解性处理为学习营造恰当的情境，让学生在知识产生的社会、文化、体制背景下感悟知识的文化内核，深入理解知识；逻辑性处理与方法性处理，引导学生经历知识的原始思考，体验学科知识背后特有的思维方式和学科方法论；关联性处理与转化性处理建立起知识本身与学生当下生活世界的关联，连接人类特定时期的历史经验与当下的现实生活，使知识与个体的情感、精神、生活、人生履历等密切相关，"构建知识意义、焕发生命活力、提升生命价值"②。

（二）培养思维的途径

思维体现了人类认识世界的过程和方式，教育者需要从以下五点出发培养学生的高阶思维。

1. 突出课堂承载的思维训练目标

思维发展型课堂的目标体现为"新思维技能的习得、已知思维技能的

---

① 陈佑清. 体验及其生成 [J]. 教育研究与实验，2002（02）：11-16.

② 陈亮，朱德全. 学习体验的发生结构与教学策略 [J]. 高等教育研究，2007（11）：74-77＋109.

巩固和迁移，以及引用已有思维技能对知识系统进行更深入的加工"①。核心素养背景下的教学目标设计要求学习者要拥有思考能力和问题解决能力。教师在课堂教学中也可以对学生提出类似"分析从 A 地到 B 地的所有可能路线"这样的要求来促进学习者发散性思维的发展。另外，思维训练目标的设定还要具有一定的挑战性，具有挑战性的学习任务和目标更能激发学习者主动思考的动机。教师可以通过设置高认知问题启发学生，并引导他们积极、主动地对学习材料提出多方面、多角度的质疑和探究，让学生在获得基于学习材料的个人理解的同时超越学习材料。

2. 创设含有认知冲突的教学情境

设计教学情境时，教师需考虑几个基础要素：①问题情境的水平要与学习者当前认知水平相一致，布置的学习任务要符合学习者认知发展规律，难度过低或过高的任务都会削弱学习者的学习动机。②问题情境的设计要充分结合学习者的生活实际，促进学习者主动思考解决问题。③问题情境要明确思维训练目标，避免学习者认知资源分散。明确教学情境的基础要素后，教师需要在情境中融入丰富的认知冲突来促进思维发展。代表性的设计方法有利用新旧知识之间的差异、利用书本知识与生活经验的不一致、利用学生反馈中的错误、利用一般和特殊之间的不一致、利用师生对话之间的不一致等来塑造认知冲突。例如，一般名词变复数是在单词末尾加"s"，但"person"这个单词的复数是"people"，教师可以设计复数变化一般形式和特殊形式之间的认知冲突来引导学生对"集合名词"这个知识点的思考。

3. 引导学生利用思维可视化工具形成思维图景

学习者不愿意主动思考往往是因为习得的知识点繁多又复杂，在"互联网＋教育"兴起的今天，学习者接触到的知识更加碎片化，更加不成结

---

① 赵国庆，熊雅雯，王晓玲. 思维发展型课堂的概念、要素与设计 [J]. 中国电化教育，2018 (07)：7-15.

构，零碎冗余的知识加重了学习者的认知负荷。为了降低学习者的认知负荷，可以通过思维可视化对学习者的思维过程进行梳理，将每一个知识点纳入到思维导图里，形成明确清晰的思维图景。

在课堂教学中，教师可以根据学生情况在不同的阶段进行思维梳理。在教学导入阶段，思维可视化可以引导学生对即将要学的知识进行大概的思考并形成自己的观点；在教学中间环节，思维可视化可以发挥知识深加工工具的作用，梳理学习者对新知识的思考并与已有认知经验建立联系，形成认知结构；在教学总结环节，思维可视化可以发挥整理和反思工具的作用，学习者运用思维导图回顾整个思维过程，形成观点明确的思维图景以便日后提取和迁移。

4. 引入思维策略工具支持学习者深入分析

思维工具主要包括思维可视化工具和思维策略工具。其中，思维可视化工具就是上文中提到的思维导图，而思维策略工具则是引导学习者从多个角度思考问题，帮助他们表达想法和创意，使其超越固有思维框架创造不同的问题解决方案。例如，三维分析法、因素分析法、结果分析法等。在课堂教学中，教师可以根据学习内容和思维训练目标选择适当的思维策略工具促进学习者的思维加工。"最有价值的知识，是人类理解世界时形成的七八种独特的、基本的和逻辑上明确的认知知识的形式"①，知识的逻辑思维过程和逻辑思维方式是知识成立的证据条件，是知识价值的体现。从学生的学习发生来看，学生的学习需深入到知识背后，去经历知识产生的思维过程、思维方式和方法路径，这表现为经历反映特定学科本质的学科逻辑、学科思想和学科方法。在学科教学中，教师必须要根据学科知识的逻辑结构来开展教学，充分发挥知识的内在价值，丰富学生的思维体验，提高学生的思维能力。

5. 运用不同的变式促进学习者深入理解和应用思维

---

① （英）怀特海. 教育的目的 [M]. 靳玉乐，等译. 北京：中国轻工业出版社，2016：123.

设计多样化的变式能够有效地自动化思维，通过大量变式练习，学习者可以自动运用思维工具进行思考，从而熟练掌握并运用思维技能。不同阶段应采用不同类型的变式，概念性变式有助于学习者理解思维技能的内涵和特点，适用于新技能习得阶段；过程性变式则可帮助学习者逐步了解思维技能的运用过程，拓展思维技能的应用范围，适用于技能习得后的应用迁移阶段。例如在解决数学问题时，要设计过程性变式帮助学生迁移应用。同一道题，因为运算思路不同，导致运算路径也会有差异。教师在平时的教学中，应引导学生理性对待运算：首先思考算法流程，若没有较优的算法，应该按照常规解法认真做好每一步的运算。算完后再思考，是否可以优化运算思路。在解题过程中进行一题多解或一题多变，并不等于不要常规的算法思路，每种算法思路蕴含着不同的数学思想，学生在尝试多种解题思路后，会让他们明白各种思路的优越性，从而选择最优解法，掌握其算法思路，形成自己的解题策略。

第三节　转化与生成

转化与生成，是学习过程中至关重要的环节。在这一阶段，学习者不仅将新获取的知识与既有认知结构相融合，实现知识的深化与拓展，更通过思维的加工与创新，生成新的理解与见解。然而，知识的转化与生成并非易事，它受到学习者内在经验、与他人的互动，学习环境等多种因素的影响。因此，有效促进知识的转化与生成是学习发生的重要问题。

一、知识转化与转化学习

在转化与生成这一环节中，知识转化显得尤为重要，它涉及学习者将新获取的信息与既有知识体系相融合，通过思维的加工与重构，实现知识的深化与拓展。转化学习则是这一过程的积极体现，它要求学习者不仅吸收新知识，更要将其内化为自身的一部分，形成独特的认知结构和思维方式。

（一）知识转化

知识转化的过程通常指学习者通过学习活动将人类总体经验转化为自身个体经验，将外在显性知识转化为内在隐性知识。有学者从教育心理学角度，借用"内化"概念描述知识转化过程，知识的内化主要通过两种重要方式：同化与整合。"同化"概念最早由赫尔巴特提出，皮亚杰和奥苏贝尔等学者对同化条件机制做出详细阐释。知识的同化广泛来说是学习者将接触到的新概念纳入到原有知识结构中，"新知识与学生认知结构中已有的有关观念相互作用，结果是旧的知识得到改造，原有的认知结构也得以扩充、拓展，新的知识为学习者理解，获得实际意义"。同化是知识转化过程的起点，学习者在这一步仅仅是接纳了新知识，在原有认知结构上做加法，"整合"才是知识转化的真正实现。皮亚杰的认知顺应过程就是知识整合过程，学习者要主动对原有认知结构、经验体系进行调整，使之顺应新的知识概念，使新旧知识形成相互关联、平衡有序的整体。"只有当主观、内部知识经过整合，把零散的、片段的知识融会在一起，才能形成系统而完整的知识体系，获得知识的充分意义，进而发现知识间的内在联系，把握知识的规律。"①

　　罗素在《人类的知识》一书中明确得出如下的结论："人类的全部知识都是不确定的不准确的和片面性的。"② 可以说知识问题是教育的核心问题，随着我国基础教育课程改革的不断深化，提倡尊重学生的主体性，关注缄默知识、隐性知识的提出，促使公共知识和个人知识之间的转化也显得更为重要。明确提出公共知识和个人知识的概念并对其之间的关系进行讨论则始于1958年波兰尼发表的《个人知识》一书，在此之后，对于公共知识和个人知识的讨论也逐渐丰富起来。公共知识是随着人类历史的发展产生、传递和保存下来的，为全体社会人员所认可和接受的认识成果；个人知识则是在学校教育中，学生通过与公共知识的互动，经过个体的主观

---

① 潘洪建. 知识获得：积极内化、主动生成、合作建构 [J]. 新疆师范大学学报（哲学社会科学版），2004（02）：152-155.

② （英）罗素. 人类的知识 [M]. 张金言，译. 北京：商务印书馆，1983：606.

经验、人生履历、生活经验、心理活动、情感表征等，所获得真正属于具体个人的知识。公共知识是一种公共性的存在，而个人知识是一种个人性的存在，知识的公共性存在和个人性存在之间是可以进行转化的，只有对公共知识的学习而缺乏个人生成的知识学习对个体发展具有一定的局限。从教育学角度来看，知识转化不仅是一个心理过程，也是一个教育过程，只有实现从公共知识向个人知识的转化，才能真正实现公共知识的发展价值，而这种转化对于学生的发展来说也是必要的。

公共知识向个人知识的转化是知识内化的重要环节。在教育过程中，学习者通过接触和理解公共知识，如教科书中的理论、公式或历史事件，然后结合自身的经验、背景知识进行反思和理解，最终将这些公共知识转化为个人独特的理解和认知。这一过程需要学习者主动思考和探索，将新知识与旧知识相联系，形成自己的知识体系和认知结构。另一方面，知识向素养的转化则是知识内化的更高境界。素养是指个体在特定情境中综合运用知识、技能和态度解决问题的能力，这种转化不仅涉及理论知识的掌握，更包括将这些知识应用于实际情境，解决实际问题的能力。因此，知识向素养的转化需要学习者将所学知识应用到实际生活和工作中，通过实践和体验来不断提升自己的能力和素质。在教育过程中，教师应该注重培养学生的实践能力和创新思维，提供多样化的学习资源和活动，帮助学生将知识转化为解决实际问题的能力。

（二）转化学习

转化学习关注的是个体如何通过反思和批判性思维，改变和重新构建自己对世界的认知和理解。这一理论认为，个体总是基于自身的各种生活经验对世界做出个性化解释，并以此作为参考体系对新经验做出习惯性假设，这种参考体系也被称为"意义结构"①。这种意义结构类似人们常说的惯性思维，包括认识、社会语言学和心理三个方面，是个体理解世界不同

———————
① 贾凡. 转化学习的基本理论探究及启示［J］. 河北师范大学学报（教育科学版），2010（03）：74-79.

领域的一种特定的价值判断或认知规则，诞生于先前的学习。但先前的学习结果并不总是对的，这导致个体的意义结构也会存在误解和偏差，在理解世界时就会产生认知冲突，形成认知困境。幸运的是，当个体意识到意义结构扭曲，与新经验无法相容想要主动脱离认知困境时，转化学习就发生了。转化学习发生后，还需要动力持续推动，这个动力就是反思。转化学习理论将反思分为三种类型，分别是：内容反思，即个体对自身在解决问题时做了什么进行思考与评估；过程反思，即个体对自身在解决问题时具体怎么做、如何做进行思考与评估；前提反思，即个体对自身在解决问题时为什么要这么做进行思考与评估，是一种批判性反思。在反思的过程中，个体不断地对意义结构进行自我提问和自我剖析，如同擦净一面蒙尘的镜子，最终看清意义结构存在的问题从而主动、持续地进行转化。

转化学习的发生起点、核心动力和学习结果共同构成了转化学习过程中的三个基本环节。转化学习的发生机制也围绕这三个阶段展开：第一个阶段是触发事件，主要指的是上文提到的意义结构的扭曲。触发事件会让个体意识到自己原有的意义结构无法对新出现的事件做出合理的解释，由此产生认知冲突和消极情绪，推动个体进入转化学习的第二阶段——质疑假设。质疑假设是反思的核心阶段，个体在经历无法赋予新经验意义的消极情绪后，开始对自己原有的意义结构进行疑问。只有对意义结构进行清晰的思考后，个体才能在转化学习的第三阶段重新整合中学习新经验，以修正原有的意义结构，整合成为一套更加完整的意义解释体系。需要说明的是，在触发事件、质疑假设和重新整合三个阶段全部经历后，转化学习才算真正发生，缺少任何一个环节都不能称之为转化学习。

从转化的内容来看，转化学习的发生主要是指个体通过对处于公共状态的知识进行认识、理解、感悟和反思，将社会性的知识个人化、外在性的知识内在化、客观性的知识主观化。一般而言，公共知识向个人知识的转化大致要经历如下几个方面的过程：公共知识的符号理解，个体的思维体验和个体的反思建构。符号是个体学习公共知识时最先接触的，也是个体对公共知识最直接的印象，个体只有通过理解符号，才能获得知识含义，建构公共知识与个体经验之间的关系，形成对公共知识中价值、意义的反思。知识的转化过程是一个动态的过程，个体在这个过程中进行着积极的思维活动与思维体验。"个体的思维体验一方面来自对公共知识产生过程中思维方式和思维过程的'复演'，另一方面又与个体的独特的认知方式、思维模式和方式密不可分。"① 如果说个体的思维体验在个人知识形成过程中还停留于"对象化"的阶段，那么个体的反思建构则是个人知识形成的"主体化"阶段。知识的转化是在动态的反思与建构过程中完成的，个体的反思建构包括两个方面：一方面，个体对公共知识本身进行积极的反思与建构，通过反思，学生能够对公共知识进行接受、批判、反思、改造或建构，使公共知识成为具个性化、情境化的个人知识。另一方面，个体对自身进行积极的反思，反思自身已有的知识结构、生活经验、情感态度与价值观等，进而建立起转化对象与个体自我之间的联系。

二、生成性与生成学习

生成性强调知识的动态性和创新性，它要求学习者在吸收新知识的同时，能够创造性地产生新的理解和见解。而生成学习则是一种积极主动的学习方式，它鼓励学习者通过自主探索和实践，不断生成新的知识和经验。

（一）生成性

生成性是学习过程属性的基本特征，所谓生成，即对预设的创造与超越，是学习过程的价值增值。首先，生成是创造，知识的学习过程并不是按照既定的预设按部就班地进行着，学生的学习活动实际上处于一个动态变化的进程中，情境的变化、情感的变化、思维的变化、关系的变化……这些变化都是否定预设的，都是学生创造的契机，学生对知识的个性化理解、思维的个性化发展、意义的个性化建构都是创造的过程，同时也是创

---

① 伍远岳. 知识获得及其标准研究 ［D］. 武汉：华中师范大学，2015.

造的结果。没有创造，就没有生成，没有生成，也没有创造。其次，生成是超越，这种超越体现在对学习内容、学习对象以及自我认知的深化与拓展。学生在学习过程中，通过生成新的知识理解实现对原有内容的超越，同时通过对自我学习过程的反思，实现自我认知的超越。这种超越不仅提升了学习的深度和广度，也促进了学生的全面发展。最后，生成是价值增值，价值增值是知识教育价值的内在要求，也是人的发展的内在要求，通过学习，学生生成新的体验、新的感悟、新的观念、新的经验、新的顿悟、新的结果、新的意义，即价值的增值。

在学生的学习过程中，生成性主要体现在目标的制定、过程的经历和结果的实现三个层面。目标的生成是指"每一个学生在与具体的教育情境的种种'际遇'中产生的个性化表现"[①]，生成性目标可以是对既定目标的补充、改变或超越，具有重要的发展意义。学习过程的生成主要表现为学生在学习中的个性化体验，学习并非像工厂流水线般简单执行任务，而是一个积极的建构过程。学生通过对新理解的获得改变观念，通过新体悟体验情感，通过反思调整学习方式，通过经历重构人际关系。结果的生成则意味着随着学习过程的推进，学生逐渐获得学习成果并与学习环境、他人和自我互动。

（二）生成学习

生成学习从学习的本质出发认为学习是主体内部的主动建构。在生成学习中，"人脑并不是被动地学习和记录输入的信息，而是有选择地去注意所面对的大量信息，并主动构建对输入信息的解释，从中做出推论，学习过程就是学习主题的原有认知结构与从环境中接受的信息相互作用，主动建构信息意义的生成过程"[②]。只有当新信息与已有经验结合形成新的认知模式，并被赋予意义，生成学习才算真正发生。生成学习的知识生成过

---

① 张华. 课程与教学论［M］. 上海：上海教育出版社，2000：178.

② Merlin C. Wittrock. Generative Learning Processes of the Brain ［J］. Educational Psychologist，1992（9）：531-541.

程可以分为三个阶段。① 首先是注意和选择性知觉阶段。学习者知觉和注意到新的学习内容，产生用特殊方式加工新内容的倾向（也称为学习动机），使学习者对知觉到的信息进行选择性注意，所关心的感觉信息开始进入短时记忆。第二阶段为主动建构意义阶段。为了理解所选择性的信息，学习者需要进一步建构该信息的意义，即找寻新内容与长时记忆中储存的已有经验（原有认知结构）之间的联系，并建立起某种特殊的联结。需要注意的是，学习者需要对刚建立的试验性联系进行检验，以确定建构意义是否成功。第三阶段为建构完成和意义生成阶段。当学习者在检验试验性联结时确定建构意义成功，达成对新信息的意义理解目的，学习者可以将这种意义按一定的类属从短时记忆添加进长时记忆的认知结构中，以实现同化或顺应。生成学习揭示了学习的本质是一个主动建构和意义生成的过程，强调了学习者在信息处理、意义建构和认知结构更新中的积极作用。

三、影响转化与生成的因素

转化与生成的过程受到多种因素影响，既包括学习者的内在经验，也涵盖与他人的互动，同时也受到学习环境以及社会实践等因素的影响。

（一）内在经验

学生的知识获得"既是学生积极地将外部的客观知识内化为主观知识，从而获得知识的客观意义的过程，又是学习者主动探索，创生新意义的过程，还是学生与教材文本、教师、同学开展对话、进行多视界融合的过程"②。通过维特罗克的生成性学习过程可以得出，学习者生成对所知觉事物的意义时，总是与其先前的知识经验相结合的。换句话说，"理解"涉及学习者原有的思维品质和认知结构，也就是学习者的经验背景。与信

---

① 谭敬德，陈清，张艳丽. 维特罗克生成学习理论认识论特征分析及其对教学设计的指导意义 [J]. 电化教育研究，2009（08）：22-25.

② 潘洪建. 知识获得：积极内化、主动生成、合作建构 [J]. 新疆师范大学学报（哲学社会科学版），2004（02）：152-155.

息加工的学习模式相比，生成学习更加强调学习者生成知识意义的主动性，这种主动性源自学习者个体与学习环境的互动，并在互动的过程中主动调整自身的认知结构。讨论转化学习的发生机制时，提到意义结构的扭曲是转化学习的发生点，意义结构是先前学习的结果，是个体基于先前的经验形成的一套认识世界、解释世界的规则。原有的认知结构、意义结构、内在世界等等都是学习者的内在经验，影响着学习者如何对新经验做出解释、赋予新经验意义。由于不同的学习者其内在经验有所差异，内在经验更加完整、丰富的学习者在学习时产生的认知冲突更少，而内在经验较为欠缺的学习者在学习时遇到的认知困境更多。差异性的内在经验世界也会影响学习者转化生成的倾向和动力，因此需要教师在教学前对学生的内在经验进行全面把握。

（二）与他人的互动

人的自我认知是在一定知识的基础上，在与客体、他人之间的互动与交往过程中实现的，"自我是在交往过程中产生出来的，这种交往既有理智方面的，也有感性方面的"①。互动有助于促进意义建构和生成学习，知识在学校教育实践中获得不断地发展，并在与教师、学生、情境互动的教育情境中不断实现其价值，并在整个过程中不断实现价值增值。学生的知识学习应进入知识的内部系统，任何知识的学习都应该回到学习者本身，不能回到学习者本身的知识学习永远只能是外在的，无法进入学习者的内部情感世界、精神世界和意义世界。转化学习理论也认为个体与他人的互动能够为转化学习的发生提供外部支持，并对互动应具备的特征进行描述：首先，互动的主体需要是关系密切的人。在个体感受到意义结构扭曲时会产生强烈的焦虑感和不安感，而关系密切的互动伙伴可以满足个体的信任需求，提出的建议和帮助也更容易被个体接纳。其次，互动的过程需要轻松和谐的理性对话。正如关系密切的互动主体能够为转化学习的发生

① （苏）伊·谢·科恩. 自我论 [M]. 佟景韩，译. 北京：生活·读书·新知三联书店，1986：34.

营造和谐、轻松的心理氛围，在这个过程中与个体展开和谐理性的对话"可以帮助个体顺利发生转化学习，学习者在反思的基础上，对别人谈及自己的新感触和新观点，与他人交流经验，以求得新思维方式的产生和新观点的升华"①。最后，互动的过程中还需要长期的鼓励与反馈。即互动主体尽量要在互动的过程中为个体提供可供实施的行动计划，并对个体采取的转化行动反复给予肯定，为转化学习的发生增添动力。

（三）学习环境

生成学习强调学习环境和学习情境的作用，认为意义生成的过程与学习情境是紧密联系的。生成学习过程中的学习者是学习环境的重要组成部分，并与学习环境建立起一种对话关系。学习环境是个体知识学习的重要外在因素，是个体知识学习的重要外在条件，良好的学习环境能够有效地促进对知识的转化与生成，而不良的学习环境则会阻碍知识的转化与生成。个体与环境的关系体验包括个体对环境的适应与融合和对环境的改造与改变，一方面，个体能够很好地适应学习环境并融入学习环境，使学习环境转变成为促进个体学习的内在因素；另一方面，当个体处于不良的学习环境中时，需要对环境进行改造与改变。在这种对话关系中，学习者"通过身体活动与环境实现双向建构；通过身体活动，学习情境内化为学习者知识技能的一个部分；同样，通过身体活动，学习结果外化为环境的有机组成部分"②。生成不同知识的意义需要不同的学习情境作为"摇篮"，例如，学习实用性的内容时，需要与实际生活紧密联系的学习情境作为背景和依托，辅助学习者建构实用性知识的意义；如果学习内容具有复杂性和多面性，充满互动的学习情境更能够帮助学习者在交流对话中对新知识做出个性化的解释。

① 李米雪，白滨. 转化学习与经验学习辨析 [J]. 中国成人教育，2016 (13)：9-13.

② 叶浩生. 身体的意义：生成论与学习观的重建 [J]. 教育研究，2022 (03)：58-66.

（四）社会实践

实践是作为主体的人的存在方式，是主体成长与发展的重要途径，学习者的知识学习离不开社会实践活动。个体的社会实践活动是个体与外部世界构成多元关系的纽带和桥梁，也是个体与客观知识建立关系的桥梁和纽带，社会实践"有助于建立主体与外部世界的内在联系，构成人的生成与发展的社会关系，引导学生'进入生活世界'"[①]。社会实践活动能够帮助学习者形成与丰富内在经验，促进内在经验的改造和重组。个体通过技术性体验实践、生活探究性实践及社会参与性实践，丰富自己的认知性经验、工具操作性经验及交往性经验。同时，学习者也在社会实践中找到新知识与内在经验的联结点，逐步将新知识顺应到原有认知结构中，实现认知结构的丰富与发展。

四、如何促进知识的转化与生成

谭敬德等人从认识论视角分析维特罗克的生成学习理论，并提出了促进知识生成的教学设计模式。[②] 生成教学设计强调学生主体，教师主导，从学习者特征分析、教学目标分析、学习内容分析、教学策略设计和教学评价设计五个方面促进知识生成。余文森认为促进转化与生成的课程实施需要促进交往和互动，尊重学生的主体性，为学生提供促进生成意义的课程资源，拓宽学生学习的活动空间，使教学过程因此成为课程内容持续生成与转化、课程意义不断建构与提升的过程，课程也由此变成一种动态的、生长性的生态系统和完整文化。综合各个观点，促进知识的转化与生成可以从学习者、学习目标、学习材料及内容和教学实施设计四个方面入手。

（一）尊重学习者的态度、需求、兴趣、认知策略以及先验经验

---

① 黄梅，李远蓉. 三维目标的知识加工与教学策略 [J]. 课程·教材·教法，2010 （04）：22-28.

② 谭敬德，陈清，张艳丽. 维特罗克生成学习理论认识论特征分析及其对教学设计的指导意义 [J]. 电化教育研究，2009 （08）：22-25.

学习者的个性特征与长时记忆中的认知结构相关，主体能否成功构建新经验的意义取决于他们的认知结构中是否有能够同化新经验的相关概念。促进知识生成的教学要重视学习主体的个性特征，对这些特征进行差异化分析，引导学习者从认知结构中提取正确信息来对外界的新经验进行注意和知觉，从而正确理解新的学习内容。教师要"视学生为知识的建构者、生成者，而不是知识的容器和接收人，关注学生主体性的发挥与学生进行积极的交往、对话和协商，引导学生自主建构、内化、生成知识的新价值、新意义"①。不同的学生会采取不同的认知方式和策略来生成知识的意义，"而不是仅仅机械地对知识进行表面的记忆和生吞活剥的背诵"。通过分析学习者的个性特征，教师可以引导学习者以最适宜的认知策略来生成知识的意义。

（二）强调学习意义的自主建构

在知识的转化与生成中强调学习意义的自主建构显得尤为重要，意义创生是知识学习的必然追求。自主建构学习意义，意味着学习者要主动参与知识的获取和加工过程，而非被动地接受知识灌输。这样的学习方式有助于激发学习者的内在动力，提升学习效果，当学习者能够主动思考、探索并解决问题时，他们就能更深入地理解知识，形成自己的独特见解。为了促进学习意义的自主建构，我们需要营造一个开放、包容的学习环境。在这样的环境中，学习者可以自由地表达自己的观点，与他人交流思想，共同探索问题的答案。同时，教育者也应该尊重学习者的个体差异，鼓励他们根据自己的兴趣和特长进行学习，激发他们的创新精神和探索欲望。此外，学习者还需要掌握一定的学习策略和方法，以便更有效地进行自主建构，形成自己的知识体系。同时，他们还需要学会批判性思维，对所学知识进行分析、评价和应用，从而不断丰富和完善自己的知识体系。通过学习意义的自主建构，能够唤醒学生个体的价值意识和正当性意识，帮助

---

① 潘洪建. 知识获得：积极内化、主动生成、合作建构 [J]. 新疆师范大学学报（哲学社会科学版），2004（02）：152-155.

其建立正确科学的价值标准，澄清日常所应该奉行和实践的价值原则，理解并认同多元文化，形成价值理性和积极的价值情感，养成良好和稳定的价值品格，解决个人生活中真实的价值难题。

（三）学习材料选择和组织的适当性、关联性

"教学世界不是一个死板的世界，而是人创造有意义的生活世界。"[1]教育者要为学习者提供难度适当的学习内容，让学习者体验到成功生成知识的愉悦，让学习逐渐成为一种学生自我维持的过程；尽量选择与学习者实际生活相关联的学习材料，有目的地使学生体验到知识的实用性。其次，学习材料的组织要具有关联性，这种关联性体现在两个方面：一方面，学习材料要与学习者原本的意义结构相互关联，能够促进学习者主动建构新材料与先前学习经验的联系，对学习内容进行重新整理和精加工；另一方面，学习材料内部之间也要相互关联，材料内存的关联性能够减轻学生精加工时的认知负荷，并最终由内存关联引导学习者生成学习材料与已习得的概念认知之间的外在联系。最后，学习内容的呈现方式要具有真实性，能够引导学生将公共知识与个体的生活过程、生活经验、内在世界建立联系。最常见的学习材料呈现方式就是教材，教师要合理利用教材，对教材内容、逻辑、情境进行重组和再开发，激发学生的好奇心和求知欲，让学生能够顺利地转化学习内容。

（四）合理设计教学情境、策略和活动

教师在教学实践中要对教学情境、策略和活动进行适应性理解，进而为学习者的知识转化和生成提供"脚手架"。生成性学习认为学习者通过与学习情境的对话和互动逐渐生成知识的意义，有意义的学习情境至关重要。因此教师"在设计学习情境时应主要考虑学习情境的背景、学习情境的呈现和模拟、学习情境的操作空间以及学习任务与学习情境相融合问题；创设符合教学内容要求的情境，提示新知识内部的相互联系、新旧知

---

[1] 邵小佩，杨晓萍. 追求理解精神的课堂教学——基于文化哲学的思考 [J]. 教育探索，2009（11）：23-25.

识之间联系的线索，帮助学生完成建构过程"①。在教学策略和活动设计上，教师应关注"引导""互动"和"反思"这三个要素。首先，教师应提供学习者自主学习的机会，激发学习动机，引导学习者基于内在经验主动对外在世界进行理解和建构；其次，通过协作学习鼓励师生之间的良性互动，引导学习者从多角度多方面展开学习行动，建立原有认知结构与新学习材料之间的意义联系。最后，教师应培养学习者反思的学习习惯，引导他们对自己的学习过程进行回顾和总结，调整和完善自己的认知结构、从而增强自控能力和学习热情。

第四节　迁移与问题解决

迁移与问题解决，作为学习发生层次的最高阶段，是知识运用与创新能力的集中体现。迁移与问题解决的能力，不仅受到学习者自身认知结构、思维方式的影响，还受到学习环境、教学方法等多种因素的制约。因此，如何有效促进迁移与问题解决，成为教育者和学习者共同关注的重心。

一、迁移的内涵与表现

迁移，作为学习过程中的关键环节，其内涵与表现对于深化理解和提升学习效果具有重要意义。深入探究迁移的内涵与表现，有助于我们更好地理解和把握学习的本质，为提升学习效果和解决问题的能力提供有力支持。

（一）迁移的内涵

迁移指的是"先前的学习对于新的学习和问题解决的影响"②。迁移是学习者利用所学知识和技能去解决新问题的过程，也是已经获得的知识和

---

① 谭敬德，陈清，张艳丽. 维特罗克生成学习理论认识论特征分析及其对教学设计的指导意义 [J]. 电化教育研究，2009（08）：22-25.

② （美）保罗·埃根，唐·考查克. 教育心理学：课堂之窗 [M]. 郑日昌，译. 北京：北京大学出版社，2009：385.

技能、态度和方法对新知识和技能学习产生影响的过程，这种影响可以是积极的，也可以是消极的。在行为主义心理学领域，迁移体现为行为的习惯化和泛化。个体在一种情境下形成的行为习惯，往往会在其他相似情境中自动表现出来。这种行为的迁移有助于个体快速适应新环境，但也可能导致刻板行为或思维定式的形成。在教育过程中，如何引导个体形成灵活多变的行为模式，避免行为迁移的负面影响，是一个值得探讨的问题。在认知主义心理学领域，迁移被视为一种学习策略的转化。当个体面对新的学习任务时，会不自觉地调动过去的学习经验和认知结构，以促进对新知识的理解和掌握。这种转化过程并非简单的复制，而是根据新情境的特点进行适应性调整。例如，在学习数学的过程中，学生可能会将之前学习的代数知识应用于解决几何问题，这就是一种典型的认知迁移。建构主义对迁移的内涵提出了新看法，认为"学习迁移是新颖情境中的建构"[①]，更加关注情境与建构在迁移过程中的作用。在不同的问题情境和学习任务中，迁移的表现机制各不相同。在人本主义心理学领域，迁移表现为情感的传递和共鸣。人们往往会将一种情境下的情感体验带入到另一种情境中，从而影响对新情境的情感反应。比如，一个人在工作中遭受挫折后，可能会将这种负面情绪迁移到家庭生活中，导致与家人产生矛盾。因此，情感迁移的研究对于理解人际关系、情绪调节等方面具有重要意义。总的来说，迁移作为心理学的一个重要概念，涉及个体认知、情感和行为等多个方面。研究者从迁移发生的学习类型和领域、迁移的影响效果、迁移发生的时间顺序、迁移内容的抽象概括水平、迁移发生的情境、迁移的方式和范围、迁移的自动化水平等方面，对迁移的表现做出了细致的分类。

（二）迁移的表现

迁移作为心理学中的核心概念，其表现形式多种多样，每一种形式都在不同层面上揭示了学习经验之间的相互影响。从迁移的影响效果来看，

---

① 王文静. 促进学习迁移的策略研究 [J]. 教育科学，2004（02）：26-29.

迁移表现为正迁移和负迁移。正迁移是一种学习对另一种学习产生积极的影响，如学习过古代史的人学习近代史时会更加顺利；负迁移是一种学习对另一种学习产生消极的影响，如学习了法语单词的人在拼写英语单词会出现拼错的情况。从迁移发生的时间顺序来看，迁移表现为顺向迁移和逆向迁移。顺向迁移是先前学习的经验对之后学习产生的影响，逆向迁移是之后学习的经验对先前的学习经验产生影响。[①] 从迁移内容的抽象概括水平来看，迁移表现为水平迁移和垂直迁移。水平迁移是处于同一抽象概括水平的学习经验之间的迁移，如先学习铁，再学习钢，二者都是金属处于同一学习水平；垂直迁移是处于不同抽象概括水平的学习经验之间的迁移，垂直迁移又可以分为自上而下的迁移和自下而上的迁移，如学习了"水果"的概念有利于学习"苹果""香蕉"，这是较高层次的经验影响较低层次的学习，学习了加减法有利于学习乘除法这是较低层次的经验影响较高层次的学习。从迁移发生的情境来看，迁移表现为近迁移和远迁移。在相似情境中发生的迁移是近迁移，如会骑自行车的人也会骑电动车；在不相似的情境中发生的迁移是远迁移，如在课堂中学习了气流的相关知识可以应用到跑车设计当中。从迁移的方式和范围来看，迁移表现为一般迁移和特殊迁移。一般迁移是指在一种学习中所习得的一般原理、原则和态度对另一种具体内容学习的影响，如开班会时教师说在课堂上要保持安静，学生在其他课堂中都会保持安静；特殊迁移是某一领域的学习经验直接对学习另一领域产生影响，如学会"moon"和"light"的意思就很容易知道"moonlight"的意思。从迁移的自动化水平来看，迁移表现为低通路迁移和高通路迁移。低通路迁移是"反复练习的技能自动化的迁移"，如骑不同类型的自行车；高通路迁移是将在某一情境中习得的抽象知识运用到新的情境中，如学习策略的应用。[②]

---

① 陈琦，刘儒德. 教育心理学 [M]. 北京：高等教育出版社，2011：268.

② Wolffolk, A. E.. Educational Psychology [M]. Boston：Pearson Education, 2004：304.

二、问题解决及其过程

问题解决作为学习发生的关键层次，对于学习者的知识运用能力以及逻辑思维能力提升等具有重要作用。深入理解和掌握问题解决的过程，对于提升学习效果和应对复杂挑战具有重要意义。

（一）问题解决的内涵

问题解决是学习的最终层次，学习的现实目的是解决实际生活中的问题。问题解决是指一个问题解决者以克服问题为目标去从事认识活动，是与学生的生活密切相关的一种活动。学生的问题解决是学生在不同情境下运用所知，融会多种学科知识和自己的经验处理具体而真实任务的过程。根据不同的标准，学生解决的问题可以分为不同的类型。根据问题情境呈现方式的不同，学生的问题可以分为符号性问题和操作性问题。符号性问题的情境通过符号（文字、表格、图片等）的形式表现出来，学生通过思维活动将符号转换成具体的情境，进而处理疑难，解决问题；操作性问题的情境是真实的，学生借助一定的工具直接解决现实的问题。根据问题情境对学生思维活动的需要来分，学生的问题可以分为决策、系统分析与设计、疑难排解。[①] 决策，是指根据设置的问题情境，学生在有限制条件的情况中从众多备选解决方案中作出选择；系统分析与设计，是学生通过认真分析，找出一个系统中不同部分之间的相互关系，或者通过设计一个系统来表述不同部分间的关系；疑难排解，是学生纠正错误的或是有故障的系统或机制。

根据问题本身结构性的不同，学生解决的问题可以分为良性问题和非良性问题。[②] 良性问题，问题的全部要素都已经典型地呈现出来，拥有正确、收敛的答案；非良性问题，问题的描述比较含糊，给定的信息也不完

---

① 何瑞珠，卢乃桂. 从国际视域论析教育素质与平等 [M]. 北京：教育科学出版社，2011：149.

② 袁维新. 国外关于问题解决的研究及教学意义 [J]. 心理科学，2011 (3)：636-641.

全，非良性问题主要指学生处理在日常生活实践中遇到的问题。根据问题的难易程度，学生解决的问题可以分为常规问题和非常规问题。常规问题是学生通过较少的心理步骤就能够轻易解决的；非常规问题，其问题情境较为模糊，学生需要花费大量的时间，进行大量复杂的思维活动才能解决困难。另外，根据学生对问题情境的熟悉程度，学生解决的问题还可以分为熟悉情境的问题和陌生情境的问题。从认知心理学的角度出发，问题解决是指消除目前状态与所想达成目标状态之间差异的过程，是"在问题的已知状态和目标状态之间寻找一条路径"[①]。为了寻找到解决问题的路径，思维的参与是必不可少的，因此，学生问题解决的过程是多种心理活动共同参与的过程，有着一系列的思维活动。

（二）问题解决的过程

诸多研究者都对问题解决的过程进行了阶段划分，心理学领域将问题解决的过程分为问题表征、策略选择、策略运用和结果评价，或者分为"表征—计划—执行—控制"[②] 四个阶段。教育家杜威认为问题解决是一个分步的、多阶段的过程，并据此提出了问题解决的五个步骤，即"遭遇困难、界定困难所在、建议问题的解答—提出假设、演绎推理出解答的结论、验证假设"[③]。事实上，杜威提出的问题解决的过程还是一种问题解决的心理模式，忽视了具体的场景和问题解决的主体——学生的具体活动。在教育情境中讨论学生的问题解决能力，不仅需要关注学生的思维活动，还应该关注学生在问题解决过程中的具体行动。在这里，我们采纳 PISA 测试中对学生问题解决过程的步骤划分：理解问题、描述问题、展示问题、解决问题、反思与交流解决方案。

---

① Newell A, Simon H A. Human Problem Solving [M]. Englewood Cliffs, New Jersey Prentice-Hall, 1972：39.

② （瑞典）T. 胡森，（德）T. N. 波斯尔斯韦特. 教育大百科全书（第3卷）[M]. 西南师范大学出版社，海南出版社，2011：31.

③ （美）约翰·杜威. 我们怎样思维·经验与教育 [M]. 姜文闵，译. 北京：人民教育出版社，1991：88.

1. 理解问题

理解问题是解决问题的前提。理解问题是从各种形式表现出来的信息中得出的基本结论，理解信息题目。[①] 这包括理解文本、图表、公式或表格等各种表现形式的信息，并从中得出一些结论；把不同来源的信息联系起来，并用学生已有的知识背景理解题目的信息。[②] 理解问题需要个体利用背景知识理解文本、图表、公式及具体情境的能力，包括对问题中显性的和隐性的线索的获取、对问题相关信息的比较、对问题情境的感受。[③] 具体经历了解问题、困难、障碍、任务；描述、分解问题，运用相关术语等描述问题，并根据相关原理、规则等分解问题；回忆已学知识，判断能否清楚地理解所分解出来的知识内容，并定位到相应学科及章节；如不能顺利理解并定位所分解出来的知识内容，则需要查阅书籍、笔记、网上资源等资料以促进理解和定位，接着再分析问题这几个过程。从学生的具体行为上，"理解问题"主要表现为：拿到问题后，学生需要首先阅读几遍问题，先从整体上了解问题的概貌，然后仔细地审视问题中的具体细节，弄清问题中所涉及的各类因素，包括已知条件、未知条件、直接条件、间接条件、隐含条件、多余条件等，全面梳理出所有因素的相互关系，最终将问题中的已知条件和所求目标建立起逻辑关联。[④]

2. 描述问题

描述问题是找出问题变量，确认变量间的相互关系，提出假设。这包括找出问题中的变量并注意其相互关系；确认哪些变量之间是相关的，哪

---

① 何小亚. 解决数学问题的心理过程分析 [J]. 数学教育学报，2004 (03)：34-36.

② 杨学敬，徐斌艳. 问题解决内涵的重构——来自 PISA 的启示 [J]. 教育科学，2007 (04)：32-35.

③ 伍远岳，谢伟琦. 问题解决能力：内涵、结构及其培养 [J]. 教育研究与实验，2013 (04)：48-51.

④ 王薇，刘莉. 问题解决的教育实践特征：基于心理学到教育学的转换 [J]. 教育学术月刊，2021 (06)：90-96.

些是不相关的；提出假设；检索、组织、思考并批判性地评价自己已有的信息。[①] 分析问题中的变量及其相互之间的关系，分清直接变量和间接变量，检索并组织能够用于提出问题解决假设的信息。[②] 描述问题首先需要分析哪些是已知信息，哪些是未知信息（即目标），以及为了解决问题是否存在新知需要了解，此外，如有需要，可将问题分解成多个小问题，逐一解决。分析问题是对问题进行分析，主要涉及对已知条件与未知条件的区分、辨别与再次描述。[③] 例如在解决数学问题的过程中，描述问题的方式主要有如下几种。将内部表征写出来。当问题解决者认知问题时，他就已经在头脑中表征这个问题，这是内部表征。对于一些需要复杂加工的问题而言，囿于工作记忆的有限容量，问题解决者必须把内部表征符号化，即用数学语言符号把内部表征写出来，以腾出工作记忆的空间来加工信息。画出示意图。在解决一些关系复杂的问题时，画出示意图形是表征问题十分有效的办法，示意图可以使一个错综复杂的问题变得简单明了。还可以列出表格。对于那些关系错综复杂的问题，可以按类别列出表格，依次填入已知的项目，然后考察未知的项目。此外，还能够构造模型。根据问题的条件构造出与问题"同构"的具体模型，而这个具体模型易于操作，容易发现其中的关系，从而使问题得到解决。[④]

3. 展示问题

展示问题即通过另一种形式把问题展现出来，并在不同表现形式之间进行转换。[⑤] 包括把题目以表格、图案、符号或文字的形式展现出来；把

---

① 杨学敬，徐斌艳. 问题解决内涵的重构——来自 PISA 的启示 [J]. 教育科学，2007（04）：32-35.

② 伍远岳，谢伟琦. 问题解决能力：内涵、结构及其培养 [J]. 教育研究与实验，2013（04）：48-51.

③ 樊雅琴，黄若琳，崔迎，等. STEM 教育背景下学生问题解决能力的培养 [J]. 现代教育技术，2019（01）：114-119.

④ 何小亚. 解决数学问题的心理过程分析 [J]. 数学教育学报，2004（03）：34-36.

⑤ 伍远岳，谢伟琦. 问题解决能力：内涵、结构及其培养 [J]. 教育研究与实验，2013（04）：48-51.

问题按照题目规定的形式表现出来；并在不同的表现形式之间进行转换。[①] 展示问题是问题解决过程中一个至关重要的环节，这一步骤不仅有助于个体更深入地理解问题，还能促进信息的有效传递和共享，从而推动问题的有效解决。展示问题首先要准确吃透所要解决的问题的含义，明确问题目标，梳理已知条件与目标之间的关系，是解决问题的起点，包括读、思、写、画这几个活动方式。例如，在解决数学问题时，可以通过绘制示意图来直观地展示问题的几何结构或数量关系；在解决物理问题时，可以利用符号和公式来表示物理量之间的关系；在解决社会科学问题时，可以运用图表来展示数据和趋势。此外，还可以根据问题的特点创造出新的展示形式，以更好地适应问题解决的需求。展示问题时一方面要确保展示形式与问题本质相符合，避免形式化而忽略问题的实质；另一方面要考虑到受众的特点和需求，选择易于理解和接受的展示形式；同时还要注重信息的准确性和完整性，避免遗漏或歪曲关键信息。总的来说应充分重视展示问题这一步骤，并灵活运用各种手段来展示问题，以达到更好的解决效果。

4. 解决问题

解决问题是一个复杂的过程，涉及做出决定，分析或设计一个系统，诊断、提出与实施解决方案。这些环节紧密相连，共同构成了解决问题的完整框架。首先，解决问题往往需要从做出决策开始。决策是解决问题的基础，它需要在面对多个选项时，根据问题的性质和目标，权衡利弊，选择最合适的行动方案。有效的决策需要考虑问题的整体背景、相关因素以及可能的风险和后果，这需要主体具备扎实的专业知识、敏锐的洞察力和丰富的经验。其次，解决问题有时需要分析或设计一个系统来实现特定的目标。系统分析涉及对问题的深入理解，识别系统中的关键要素和相互关系，以及评估系统的性能和效果。系统设计则是在分析的基础上，提出解

---

① 杨学敬，徐斌艳. 问题解决内涵的重构——来自 PISA 的启示 [J]. 教育科学，2007 (04)：32-35.

决问题的具体方案，包括确定系统的结构、功能、操作流程等。这一环节要求相关主体具备结构化思维和创新能力，能够构建出既符合问题需求又具备可操作性的系统方案。此外，解决问题还需要具备诊断问题的能力。诊断问题涉及对问题本质的深入剖析，找出问题的根源和症结所在。这需要敏锐的观察力和分析能力，能够从复杂的现象中提炼出关键信息，进而提出有效的解决方案。并且，在诊断问题的过程中，需要保持开放的心态，不断尝试新的方法和思路，以应对可能出现的未知因素。最后，解决问题需要提出并实施解决方案。解决方案的提出需要综合考虑问题的性质、目标、资源约束等因素，制订出切实可行的行动计划。实施解决方案则需要组织协调能力和执行力，能够确保计划的顺利实施并取得预期效果。同时，还需要对实施过程进行监控和评估，及时发现问题并进行调整和改进。

5. 反思与交流解决方案

反思与交流解决方案一方面是考察解决方案，从不同的角度评价问题解决的方案，另一方面是选择一定的形式向他人表述并交流问题解决的方案。问题解决的过程包括理解问题、描述问题、展示问题、解决问题、反思与交流解决方案这几个阶段，在中小学的学校教育中，知识的问题转化教学、实践探究与过程反思是培养与提高学生问题解决能力的重要途径和渠道。问题解决过程需要形成解决问题的策略并经过不断尝试和修正，这个过程有助于提升学生的自主学习能力和创新能力。[①] 那么反思主要运用思、说、算、写的方式。内容主要包括解决方案和解决过程两方面。一方面，我们要对最终提出的解决方案进行反思，另一方面，根据问题解决的结果，对问题解决过程中所采用的思路和方法进行讨论，反思在解决问题

---

① 杨学敬，徐斌艳. 问题解决内涵的重构——来自 PISA 的启示 [J]. 教育科学，2007 (04)：32-35.

的过程中还有哪些值得改进的地方。[①] 交流主要是指与他人交流对问题情境的理解、将问题解决的过程和结果展示给他人，可采取口头表达和书面表达两种方式。

三、影响迁移与问题解决的因素

影响迁移与问题解决的因素是复杂且多维的，既有学习者自身的主观因素，也涉及外部环境的客观因素。

（一）影响迁移的因素

1. 影响迁移的主观因素

迁移的发生会受到学习者主观的影响。主观因素包括学习者原有学习的质量、学习者背景知识的丰富性、学习者自身素质和学习者元认知能力。首先，学习者的已有经验是迁移发生的基础，"学生在新的学习过程中发生的迁移质量很大程度上是由原学习程度决定的"[②]。学习者的背景知识越丰富，可供学习者参考借鉴的例子越多，迁移也越容易发生。"在学习者建构那些准备要进行迁移的理解时，每一个例子都可以对其他例子所缺少的观点进行补充。并且背景和经验越丰富，新增的知识和例子与学习者背景知识中存在的例子和背景相似的机会就越大。"[③] 其次学习者的自身素质，包括年龄、智力水平等也会影响迁移发生的水平。高中生比小学生具有更强的迁移能力，因为他们年龄更高、智力发展更完善，在面对新的问题情境时更容易调动已有经验实现迁移学习。最后，元认知能力影响着学习者监控、反思并调整他们的学习策略和学习状态以促进迁移的发生。开放性思考的倾向、保守型的评判、寻找支持结论的实施和承担个人的学习责任都是学生很容易拥有的一般性倾向，并通过元认知活动来调整和促

---

① 王薇，刘莉. 问题解决的教育实践特征：基于心理学到教育学的转换 [J]. 教育学术月刊，2021 (06)：90-96.

② 王文静. 促进学习迁移的策略研究 [J]. 教育科学，2004 (02)：26-29.

③ （美）保罗·埃根，唐·考查克. 教育心理学：课堂之窗 [M]. 郑日昌，译. 北京：北京大学出版社，2009：388.

进迁移学习的发生。

2. 影响迁移的客观因素

客观因素主要指学习者外部环境中的条件与因素，对迁移的发生同样具有不可忽视的影响。影响迁移的客观因素包括学习情境的相似性和教师的指导。一方面，桑代克的相同要素说表明学习情境之间具有共同要素是迁移发生的必要条件。当新的学习情境与学习者先前经验中的情境具有相似性时，他们更容易将已有知识迁移到新的情境中，学习情境的相似性包括学习问题的相似性和学习材料的相似性。例如学生会回答"what color is your pen?"这个问题后，在回答"what color is your skirt?"时，就能很快得出答案；当学生学会了"going"中"-ing"的意义，就能很快理解"playing""singing"的意义。另一方面，教师的指导也是影响迁移发生的重要因素。教师在学习过程中起着重要的引导作用，教学过程中的鼓励和引导能帮助学生掌握新知识和问题解决的程序。通过开展元认知技能的训练可以促进学生一般技能的迁移，通过实现有意义的理解学习能够促进学生具体领域的内容知识迁移。

（二）影响问题解决的因素

1. 影响问题解决的个体内部因素

首先是个体已有知识经验。专家和新手在问题解决中的主要区别在于他们的经验水平和知识储备。专家拥有大量与问题相关的知识，并能够有效地组织和综合这些知识来解决问题。知识经验的积累影响个体对问题的表征方式和解决策略的选择。其次是个体的思维水平影响着问题解决。个体的思维能力，包括分析性、创造性和实践性思维，对问题解决能力具有显著影响。不同个体在思维能力发展上可能存在不平衡，这导致他们在面对问题时采用不同的解决策略。同时，个体的情绪和动机也会对问题解决产生影响。积极的情绪状态有助于学习者保持解决问题的主动性，促进问题的解决，而消极的情绪状态可能阻碍学习者的思考，影响问题解决的过程。动机则是激励个体行动、引导行动朝着特定目标发展的心理倾向或内在动力，具有解决问题动机的学习者更容易有效地解决问题。此外，一些非认知因素，如情感、价值和态度，也影响问题解决的过程。个体的信念、情绪和与任务无关的思想都可能影响解决方案的生成和目标的选择。

2. 影响问题解决的外部因素

问题情境和表征方式影响着问题解决。问题的呈现方式和空间布局，以及个体对问题的表征方式，都是影响问题解决的重要外部因素。问题的呈现方式可能直接影响个体对问题的理解和把握，而问题表征的质量则直接关系到解决方案的生成和选择。原型启发和酝酿效应是外部环境中潜在的解决问题资源或条件。原型启发指的是从其他事物或现象中获得的信息对解决当前问题的启发。我们生活中有很多原型启发的例子，比如飞机的机翼就是从鸟的翅膀启发而来。酝酿效应是指当长期致力于某一问题而又百思不得其解时，可以暂停思考，过一段时间后可能会突然获得问题解决的办法，所以酝酿效应又被称作直觉或顿悟。此外，思维定式和功能固着也会对问题解决具有影响，虽然这些更多与个体的认知过程相关，但它们也受到外部因素的影响。例如，社会文化和教育环境可能塑造个体的思维定式和功能固着，从而影响其对问题的理解和解决方式。思维定式是在先前活动中形成的一种心理准备，会影响后续活动。在类似问题情境下，思维定式帮助学习者迅速应用已掌握的方法解决问题；但当问题情境发生改变时，思维定式反而会阻碍学习者采用新方法解决问题。功能固着指的是仅看到事物通常功能，无法看到其他可能的功能，例如我们通常认为勺子只是用来吃饭或喝汤的，实际上它还可以用来撬罐头或切火腿肠等。功能固着会限制学习者发现事物其他潜在用途的灵活性，从而影响寻找问题解决方案的能力。

四、如何促进迁移和问题解决

关于迁移的发生与问题解决，有多种经典理论提供了不同的解释。迁移与问题解决能力的培养，是提升学习成效和应对复杂挑战的关键，教师可以采用以下策略来帮助学习者实现知识的迁移与促进问题解决。

（一）促进知识的迁移

1. 设立明确具体、实际的目标

"明确而具体的教学目标可以使学生对于学习目标有关的已有知识形成联想，即一个先行组织者，会有利于迁移的发生。"[①] 设立明确的目标就像预习一样，让学生在知识迁移之前先在脑海中搜索可能会应用到的知识以做好准备。

2. 建立各种学习内容之间的联结

虽然各学科的知识相对独立，但相邻学科之间存在内在联系，如语文课、历史课和政治课的内容可以相互串联整合，有助于学生的迁移和理解。教师在教学时应合理安排教学顺序，注意单元知识之间的内在逻辑和前后衔接，还要关注新知识与学生已掌握知识的关联，例如在教学"过去完成时"这一语法结构时，引导学生回忆"完成时"的语法结构，以促进学生的迁移。

3. 进行有意义的教学

建构主义认为，迁移的实现基于学生建构知识意义，只有学习者深入理解知识，将新知识与原有知识建立有意义的联系，才能更好地提取所需知识进行迁移。教师应为学生提供有意义的学习材料和内容，使学生能认识知识的实践应用价值。有意义的教学内容应符合学生兴趣和需求。

4. 为学生展示丰富多样的实例

概念教学认为："对概念或事物关键特征的识别是形成记忆回复，促进学生学习迁移，掌握概念或者认识事物的基础。"[②] 教师可以先引导学生识别概念或事物的关键特征，再通过列举简单到复杂的实例、鼓励学生用自主举例等方式培养学生的迁移概括能力。学生自主举例有利于学生将习得的原理和概念主动应用到问题情境中，进一步了解一般原理概念的适用性。

---

① 陈琦，刘儒德. 教育心理学 [M]. 北京：高等教育出版社，2020：206.
② 王文静. 促进学习迁移的策略研究 [J]. 教育科学，2004（02）：26-29.

5. 培养学生的迁移意识和灵活运用各种学习策略的能力

认知策略和元认知策略对知识的迁移有重要影响，认知策略的良好运用能够帮助学生获得迁移应用所需的知识，元认知策略能够监控调节学生迁移的整体过程。教师可以采用灵活多样的方法引起学生对学习策略的重视，通过课堂活动锻炼知识迁移的能力。

（二）促进问题的解决

1. 促进问题解决的课堂教学变革

随着教育理念的更新和教学方法的创新，如何通过课堂教学变革来提升学生的问题解决能力是教育领域的重要问题。首先，从教学理念层面来看，传统的课堂教学往往以知识传授为主，忽视了学生的主体性和实践性。为了促进学生的问题解决能力，要转变教学理念，从"以教师为中心"转向"以学生为中心"，强调学生的主动参与和实践探索。其次，在教学方法上，促进问题解决的课堂教学变革强调采用多样化的教学方法。问题导向教学、项目式教学、探究教学以及实践教学等方法都是有效的选择。这些方法的核心在于通过问题的提出和解决来引导学生主动思考和探索，培养他们的创新思维和实践能力。例如，在项目式教学中，学生可以通过团队合作的方式完成一个具体的项目，这不仅锻炼了他们的问题解决能力，还培养了他们的团队协作和沟通能力。最后，促进问题解决的课堂教学变革还需要注重教学评价的改革。传统的教学评价往往以考试成绩为主要标准，这种评价方式难以全面反映学生的问题解决能力。因此，我们需要建立多元化的评价体系，包括对学生的课堂表现、项目完成情况、探究过程等进行综合评价。这样的评价方式不仅能够更准确地评估学生的问题解决能力，还能够激发学生的学习动力和自信心。此外，学校还需要提供丰富的教学资源和支持，为课堂教学变革提供有力的保障。

2. 提供问题解决的学习支持

随着信息技术的迅猛发展，技术支持在问题解决中扮演着越来越重要的角色。智能教学系统、在线协作工具和虚拟现实技术等，为学生提供了丰富的学习资源和交互平台。例如，智能教学系统能够根据学生的学习进度和反馈，提供个性化的学习路径和策略建议，帮助学生更有效地解决问题。在线协作工具则为学生提供了跨时空的合作学习机会，促进思维的碰撞和知识的共享。虚拟现实技术则能够模拟真实场景，让学生在模拟环境中进行实践，从而增强问题解决的实操能力。学习方法支持是问题解决学习中的另一重要方面。有效的学习方法能够帮助学生更好地理解和分析问题，提高解决问题的效率和质量。例如，批判性思维的培养能够使学生具备分析问题、判断信息真伪和提出创新性解决方案的能力。此外，项目式学习、问题导向学习等学习方式也为学生提供了解决实际问题的机会，通过亲身参与和实践，学生能够更加深入地理解和掌握知识，并将其应用于实际问题的解决中。此外，教学场域作为学生学习的重要场所，对问题解决学习同样具有重要影响。一个开放、包容、合作的教学场域能够激发学生的探究欲望和创新精神，为他们提供充分的自主学习和协作学习的空间。同时，教师的角色也从传统的知识传授者转变为学习引导者和支持者，他们通过设计具有挑战性和启发性的问题，引导学生进行深入思考和探究，帮助他们建立问题解决的思维框架和方法论。总而言之，技术支持、学习方法支持以及教学场域支持在问题解决中发挥着不可或缺的作用。

3. 通过社会实践促进问题解决

传统教育过于偏重书本知识的传授，导致学生在面对实际问题时往往感到无所适从。因此，问题解决能力是教育的核心目标之一。首先，需要认识到问题解决并非简单的知识应用过程。它涉及对情境的深入分析，对多因素的权衡和判断，以及将认知、情感和意志等多方面因素融入其中的复杂过程。这种复杂性要求教育不再是单一的知识灌输，而是应该转变为一种基于问题、基于实践的学习模式。在这种模式下，学生不再是被动地接受知识，而是主动地参与到问题解决的过程中来。他们通过实际操作、观察和反思，将所学知识与实际问题相联系，从而实现对知识的深入理解和有效运用。这种学习方式不仅有助于提高学生的问题解决能力，还有助于培养他们的创新精神和实践能力。

为了更好地促进问题解决，学校需要开发具有实践性的课程。这些课程应该注重知识的转化和应用，引导学生将理论知识与实际情境相结合，通过实践探究和过程反思来深化对知识的理解。同时，学校还应该积极建立社会实践基地，为学生提供更多的实践机会和平台。社会实践基地的建设不仅有助于学生将所学知识应用于实际问题中，还有助于培养他们的团队协作能力和社会责任感。通过参与社会实践活动，学生可以更好地了解社会、认识自我，从而为他们未来的职业发展和社会参与奠定坚实的基础。

第七章
学习发生的条件

学习的发生具有复杂的过程和机制，也需要多种条件的支持，身体与脑功能、生活与前概念、情绪与动机、工具与方法、背景与情境是影响学习发生的重要条件。在学习过程中，教育者需要充分认识和利用这些因素，以形成最大的合力，帮助学习者的学习深入和高效进行。

第一节　身体与脑功能

一、作为身体部分的大脑

大脑是人类思考的物质基础，在学习的过程中大脑作为身体的指挥中心，始终发挥着关键作用。

（一）脑科学的大脑研究

最初的哲学研究中，古希腊人认为心或肺是人产生思想的地方。亚里士多德认为心脏是心理活动的场所，而脑袋只是用来降低血温的器官。此后，以毕达哥拉斯、柏拉图、阿尔克、希波克拉底为代表的主脑派逐渐兴起，毕达哥拉斯将人的灵魂划分为理性、智慧与欲望，其中欲望在心脏，而智慧和理性在大脑中；柏拉图认为大脑是知识的所在；阿尔克迈翁指出大脑是思维产生的地方，并能通过思考获取概念；希波克拉底认为大脑是情绪的控制器官和智慧的器官。我国典籍中也有类似的思想记载，孟子曾指出"心之官则思，思则得之，不思则不得也"，荀子也提出"心居中虚，以治五官"。李时珍是我国首次认识到脑是心理活动主要场所的学者，他提出"脑是元神之府"。在医学研究方面，我国古代学者刘智最先思考大脑功能定位问题，提出了人有上行和下行两个感觉传导系统，并开始思考大脑功能位置。国外研究中，笛卡尔指出大脑是由两个相同的半球构成，并提出了"反射"的概念。第一次工业革命后，脑神经科学家已能够对脑功能机能进行定位，并开始研究大脑的反射和突触，如巴甫洛夫的"条件反射"学说。第三次工业革命时，借助电子科技的发展，脑科学研究取得了新的进展，揭示了脑功能活动与神经细胞膜电位变化的根本规律。在1960年前后，脑科学正式成为独立的学科，脑研究逐渐成为前沿研究之一。2007年，经济合作与发展组织（OECD）相继出版了《理解脑：新的学习科学的诞生》与《理解脑：走向一门新的学习科学》两部重要著作，标志着教育神经学的正式诞生。[①] 近年来，随着生物科学和神经影像技术的发展，脑科学研究获得了前所未有的进展。

脑科学以其独特的视角和先进的手段，对大脑的发展阶段、各部分功能等进行了全面深入的探索，并逐步揭示人类的学习过程和心智特征。与教育心理学、认知心理学等一样，脑科学是一项能够有效促进教育发展的工具，以充分的证据向我们证明哪些是有效的教与学的方法，继而探索出适合学习者大脑工作和发展的教学模式，实现有效的教与学。因此，脑科学并不应该停留在实验室当中，应进入真正的教与学的场景，为教师的教和学生的学提供指导。教师可以通过学习脑、认识脑、了解脑，借助脑的知识促进学科教学，并在科学的学科教学过程中促进学生脑的发展，学生们也可以通过了解脑的知识更全面地认识自我，掌握高效的学习技能，获得较强的学习动机和更高的学习成就。然而，由于当前人们对于脑的认识还较为贫乏，尤其是一些媒体机构将某些教育产品、教育方法贴上脑科学的标签，但却未曾考量背后的科学性。例如："二分脑"的观点十分流行，人们将右半脑看作创造力的发源地，将左半脑看作是富有逻辑和理性的，然而人的左右半脑之间有数百万条联结，左右脑并非是独立存在的。若教师持二分脑的看法，那么很容易忽视学生在某些方面的潜能，产生许多错误认识，例如休息时大脑是静止的、儿童期过后大脑不会再发生改变等。

---

① 周加仙. 教育神经科学：创建心智、脑与教育的联结 [J]. 华东师范大学学报(教育科学版)，2013（02）：42-48.

因此，转变对脑的错误认知，掌握准确可靠的知识是促进学生学习和人健康和谐发展的应有之义。

（二）大脑发育的特点

脑是一个极为复杂的器官，其基本组成单位为神经元，人的大脑约由1000亿个神经细胞组成，人能具有非凡的思维、记忆和学习能力都是神经元活动的结果。具体而言，大脑的发育具有以下四个特点。

1. 整体性

虽然大脑被划分为不同脑区，每个脑区都有特定功能，但它们并不是独立运作的，而是协同合作的。学习某一认知功能时不仅需要激活大脑不同区域，而且需要建立不同区域大脑神经网络的连接，健全的大脑和复杂的神经网络连接是形成学习体验、产生学习的生理学基础。例如，同一信息的不同记忆片段可能分布在大脑的多个区域，提取信息需要多个区域之间的网络协同工作。对中风患者来说，某个脑区的受损可能导致他们无法识别元音，但却可以识别辅音，这表明信息可能分解并存储在不同脑区。另外，脑作为复杂的互联系统来运行，而不是作为离散信息处理器的集合。没有任何学习技能可以仅使用脑的一部分区域就能完成，脑的一个部分也不只有单一功能。相反，支持学习和学术性技能的脑系统是与人格融为一体的脑系统：即与认知、情感和文化功能，甚至是健康和生理生存不可分离的系统。

2. 个体性

以往，研究大脑差异时常以性别为标准，但我们应该意识到每个个体的大脑都具有独特的特征。"大脑是一个动态的发展器官，很大程度上是由经验塑造——由生物正在做的和已经做的所决定。"[①] 大量研究表明，脑结构的持续性变化是由于学习和经验的作用，并且这些变化会持续到老年期，即脑根据新体验修改联结的能力在个体的整个生命期里有效地发挥作

---

① （美）约翰·D. 布兰思福特. 人是如何学习的：大脑、心理、经验及学校［M］. 程可拉，孙亚玲，王旭卿，译. 上海：华东师范大学出版社，2002：139.

用。例如，图纳（Tuner）和格里诺（Greenough）的研究结果表明，学习对老鼠大脑产生了显著影响，与学习经验相关的活动能够促使神经元形成新的突触连接。与标准笼子饲养的老鼠相比，那些置身于复杂环境的老鼠在视觉皮质方面展现出显著的差异：它们每个神经细胞的突触数量比前者要高出 20％至 25％。这种变化不仅体现在突触数量上，事实上，大脑皮质的整体结构也会因为接触到更多的学习机会以及在社会环境中的学习经历而发生相应的改变。从本质上来说，个体所接触信息的质量高低以及习得信息的多寡，将直接反映在其大脑的终生结构之中。总之，动态变化的脑和环境寓居的经验在学习中双向交互作用，脑发展引领个体的行为和学习，反过来，学习也影响脑的发展和健康。大脑个体差异的存在对于教育教学有重要启示，强调了个性化教学的重要性。

3．神经可塑性

从认知神经科学视角来看，大脑的可塑性是认知发展的基础，具体而言"在细胞和分子层面上，长期增强——高频刺激后神经元之间突触强度的长期持久性增加——是学习的一个重要机制"[1]。神经细胞或神经元是通过突触接收信息和输出信息的细胞。人的大脑在刚出生时，功能并不健全，需要通过大量的刺激促使大脑神经元及其突触不断建立联结，激活更多的脑区，同时来自不同感官系统的刺激会激活大脑的神经网络相互联结，形成不同的神经结构，通过更多的感官通道生成学习体验，促进个体认知、情感和行为的健全发展。学习者每学习一个技能或者知识，大脑都会发生一定的改变。很多人认为超过 25 岁后，大脑就只会衰退，但研究表明，成人大脑重组的数量令人吃惊。可看出，为了适应外界环境，大脑在整个生命过程中都在持续地发展。

4．非连续性

---

① （德）弗兰克·费舍尔，（美）辛迪·赫梅洛·西尔弗，（美）苏珊·戈德曼，等. 国际学习科学手册 [M]. 赵建华，尚俊杰，任友群，等译. 上海：华东师范大学出版社，2022：75.

在人类发展早期，脑内神经元突触联结急剧爆发增长，大多数神经元在孕早期的几个月中就已经形成，大脑在出生前就有了一定程度的发展。1岁左右的婴儿平均脑容量能达到成人的70%以上，2岁时婴儿的平均脑容量能达到成人的80%以上，极大提升个体脑内部的"联网"能力和皮层传递信息的效率。虽然大脑的发展是终身进行的，但在2—11岁这个阶段，这种发展变化最为显著。这些关键时期反映了大脑在发育过程中需要特定刺激来加强神经连接。尽管在任何年龄段都可以学习这些知识，但在关键时期获得的知识将对未来产生更大的影响。例如，"狼孩"故事很好地证明了语言发展关键期的存在。因此，我们应根据不同的发育阶段设定不同的期望，采取更有针对性的措施。

二、大脑各部分的功能

在20世纪80年代，神经科学家麦克莱思（Maclean）提出了"三脑一体"模型，根据解剖生理学和脑部功能的不同将脑分为三个部分："认知脑指大脑皮层，主要负责所有的高级思维功能，包括阅读、计划、分析、决定等；情绪脑指大脑的边缘系统，主要参与情绪调节；行为脑包括脑干、小脑和基底核，主要控制人的行为。这三部分的功能相对独立，又协同一致，共同承担着大脑复杂的认知任务。"[1]"三脑一体"模型归纳了人类特定行为与特定脑结构之间的联系，为全面认识学习提供了一个新的视角。

（一）认知脑

大脑皮层是调节躯体运动或控制躯体运动的最高级中枢，包括额叶、颞叶、顶叶和枕叶四个脑叶。额叶靠近人的前额，与情绪、情感、人格发展密切相关，尤其是前额叶皮质，被称为脑中的"首席执行官"，在高级认知、管理行为、个性和角色等复杂执行功能中发挥着重要作用。前额叶皮质是利用脑部工作记忆资源的区域，在解决问题时首先调动我们的信

---

① 翟雪松，楚肖燕，胡美如，等. 从脑机接口到脑脑接口：认知传输与群体协同的教育变革［J］. 远程教育杂志，2022（03）：24-34.

息。它的发育成熟时间较晚，一般在 20－30 岁左右完成。额叶受损常表现出严重的精神症状，也可能出现语言、认知障碍，但有人切除部分额叶后并未出现异常情况。颞叶靠近耳朵，大脑皮层的颞叶负责处理听觉信息，与记忆、情感有一定关联。颞叶受损易出现癫痫现象，导致记忆、听觉、平衡及言语障碍。枕叶靠近后脑勺，主要处理视觉信息，受伤时会使观察的视野缩小。顶叶靠近头顶，是大脑皮层中重要的功能区，涵盖运动和感觉功能。一侧顶叶受损可能导致对侧肢体运动和感觉障碍，例如受伤后一侧手脚立即失去活动能力和感知。

（二）情绪脑

大脑边缘系统主要包括海马、杏仁核、下丘脑、丘脑上部、丘脑前核、中央灰质、脚间核等，在结构和功能上相互之间有密切的上下行纤维环路联系，组成了一个统一的功能系统，人类的快乐、悲伤、愤怒、惊讶、恐惧和厌恶等基本情绪均来自边缘系统。其中，海马位于内侧颞叶，是边缘系统的一部分，它的主要功能与学习和记忆形成、空间导航以及情绪控制有关，在情绪触发记忆的过程中也发挥作用。有研究表明，海马体能够生成新的神经元，且所生成的神经元有利于提高记忆力和情绪稳定，应对压力，减少抑郁情绪的产生。事实上，神经元的生成是可控的，例如，学习、兴奋的活动、健康的饮食等能促进神经元生长，而压力、睡眠不足、年龄增长则会抑制神经元的生长速度。虽然当前大部分研究是基于动物所开展的，但这些结论为人类提供了参考，说明我们可以通过多种活动调节记忆和情绪，间接影响神经发展。杏仁核也是边缘系统的一个区域，它与丘脑影响着我们对外界输入信息的反应方式。若丘脑所接收到的一些信息在没有经过大脑皮层监控和加工的情况下直接进入杏仁核，杏仁核便会引导我们做出粗糙反应，我们将其称为"低通路"，例如：在面对考试时表现为恐慌、绝望等行为。杏仁核同样也可以引导我们进入"高通路"，若外部输入的信息经过大脑皮层过滤后再进入杏仁核，人们能做出更理性的分析、决策和行动。

前额叶与边缘系统存在联系，边缘系统负责产生情绪，前额叶负责控制情绪。1848年，美国铁路工人菲尼亚斯·盖吉（Phineas Gage）在事故中受伤，伤及大脑前额叶皮层，使其性情大变。盖吉曾做事认真负责、友善，但受伤后却变得固执、任性、反复无常、粗鲁。脑科学家将盖吉作为前额叶皮质重要的研究资料，认为伤及大脑前额叶皮层是导致他情绪失控、丧失"道德行为"的主要原因。研究显示，前额叶皮层对边缘系统具有调节或控制作用，可以抑制冲动的爆发。通过前额叶皮质和边缘系统的共同调节，人类的最终行为受到影响。前额叶皮质发育相对较晚，儿童由于前额叶皮质发展不成熟，控制能力相对较弱，容易出现情绪不稳定、拖延、自我管理能力弱的现象。但一旦他们体会到前额叶皮质控制的感觉，会将相应的场景储存进边缘系统，为下一次前额叶皮质的控制助力。

（三）行为脑

"行为脑通过行为习惯养成，提升个人的自我决策和执行能力。"[1] 前额叶皮层是大脑的"执行控制脑区"，不仅可以控制情绪，更重要的作用是协调小脑、基底核等行为脑区，从而控制人的行为。学习行为正是在它的控制下进行的脑区（或同一脑区的不同部分）联结行为。数学概念、性质、法则、公式、定理等知识，一方面要通过记忆、概括、抽象、推理等思维活动来理解，另一方面有目的的、持续的、多角度的练习更容易达到认知自动化的水平。每一次练习都会引起大脑发生相应的变化：神经递质的分泌、突触的生长、脑皮层的加厚以及不同脑区联络的增强。正是经过长期的刻意练习，才形成了良好的学习行为习惯。在数学学习的过程中，很多学生感觉已经掌握了学习内容，但做起题来却经常出错，其原因就在于与认知、行为相关的脑区尚未形成牢固的联结，或者联结不够强壮有力。

---

① 张玉孔，郎启娥，胡航，等. 从连接到贯通：基于脑科学的数学深度学习与教学 [J]. 现代教育技术，2019（10）：34-40.

三、大脑的学习机制

学习是指个体在特定情境下经历练习或反复经验的过程而产生的行为或行为潜能上较为持久的改变，即经验的习得；而记忆则是将所获得经验和知识长期储存的能力，即经验的保持。因此，"学习过程中必然伴随着记忆，没有记忆就没有学习，二者密不可分"[①]。

（一）学习的生物机制

大脑主要的学习机制主要为突触机制。脑的基本组成单位是神经细胞（又称神经元），人的大脑约由 1000 亿个神经细胞组成。人能具有非凡的思维、记忆和学习能力都是神经细胞活动的结果。在学习活动中，外界信息进入大脑，首先由神经元的树突接收，再由神经细胞体加工整合，经轴突传至下一个神经元。神经元之间的信息传递则主要靠突触。突触是神经元之间实现信息传递的关键位点，其功能强弱取决于其信息传递效率，而突触传递效率受神经活动或经验的支配。

在人类发展早期，脑内神经元突触联结急剧爆发增长，尽管这种旺盛生长一直持续至青春期，但是神经元和神经突触也会被修剪。不断使用的神经突触被保留，而未使用的神经突触将被去除。去除不必要或未被使用的突触及神经元，将大大改善个体脑内部的"联网"能力和皮层传递信息的效率。受环境因素影响，儿童发展过程中的经验决定了哪些突触会得以增强而哪些不会，这就为将来的发展和学习奠定了重要的基础。专家与新手之间由于经验差异，导致调动信息处理问题的速度有所区别。大脑中如此多的神经元通过突触有条不紊地连接起来，形成信息传递和加工的网络，在多个神经回路的协同工作下发挥其高级功能。学习活动在神经元联结的过程中便产生，且随着神经元之间不断产生联结，脑不断长出树突，突触也不断得到强化，继而提高信息传递效率。

---

① 吕萍. 脑科学视野中的教学研究 [D]. 上海：上海师范大学，2004.

神经科学家发现"学习的唯一证据是记忆"①，根据识记与保持的时间的长短可以将记忆划分为瞬时记忆、短时记忆和长时记忆，其中瞬时记忆和短时记忆又被称为顿时性储存的记忆。"记忆是经验的结果，是行为变化的保存"②，短时记忆向长时记忆的转化需要经历一定的过程，海马、颞叶在这一转化过程中扮演着重要角色。有实验显示，切除了双侧颞叶、海马前三分之二部分的病人表现出严重的顺行性健忘。他们能够记住童年时的许多细节，但却很难学习新事物。此外，这些患者还出现了中度的退行性健忘，尽管智力和性格等方面没有变化，但短时记忆能力却受损，超过5秒的信息难以记住。实验还表明，两侧海马的记忆功能有所不同，切除左侧海马的患者语言保存和学习能力较差，而切除右侧海马的患者在非语言图形材料记忆方面较弱。如图 7-1 所示，为短时记忆向长时记忆转变的过程。

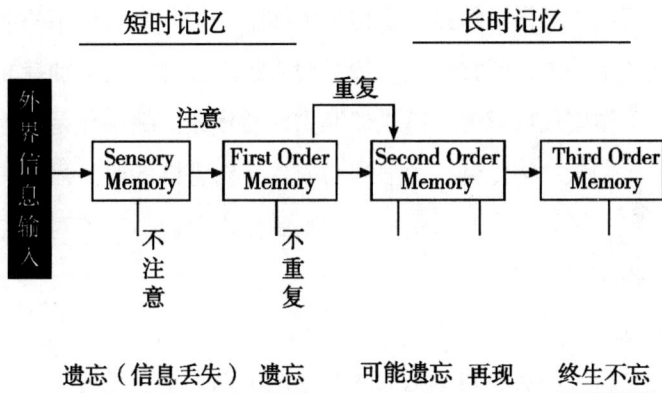

图 7-1　短时记忆向长时记忆转变的过程

---

① （美）Sprenger M. 脑的学习与记忆 [M]. 北京师范大学脑科学与教育应用研究中心，译. 北京：中国轻工业出版社，2005：54.
② 徐秉. 学习和记忆的神经生物学研究的若干进展 [J]. 心理学报，1981（02）：233-240.

（二）学习的过程机制

基于神经元突触传递的可塑性，可以将学习分为非联合型学习与联合型学习来探讨相应的学习机制。

1. 非联合型学习

非联合型学习，也称为简单学习，是指人或动物受到一次或多次单一刺激后形成的学习方式，包括习惯化、去习惯化和敏感化等。[①] 习惯化是突触传递的减弱，指当一个不产生伤害性效应的刺激重复出现时，机体对该刺激的反射反应逐渐减弱的过程。例如，对一个有规律地重复出现的强噪音，人们对它的反应会逐渐减弱，直至不再发生。习惯化是最普遍的学习形式，通过习惯化，动物和人类学会忽视那些已经丧失了新奇性或无意义的刺激，而将注意力转向更重要的刺激。习惯化被认为是人类幼儿时期出现得最早的学习过程，并被用于研究婴儿的智力过程，如注意、感知和记忆等。去习惯化是指已静默的生物神经细胞在强刺激条件下重新对已习惯化的刺激产生响应，使神经元保持对输入的敏感性。去习惯化机制可以使神经元的工作模式从习惯化模式切换到正常模式。敏感化是突触传递的增强，指当人们与动物受到较为强烈的或具有伤害性的刺激后对其他刺激的反应会增强。例如，人们对于强烈的刺激做出反应后可能对于温和的刺激也会产生相应的反应。

2. 联合型学习

联合型学习"需要协同地施加两个或两个以上的、具有一定时间关系的刺激来形成，属于这种类型的学习有经典的巴甫洛夫条件反射及操作性条件反射"[②]。通过动物联合型学习的实验发现，动物可以通过反复的实验推断出两个相伴发生的事情之间的联系而使自己的行为发生变化，即学到

---

① （美）葛詹尼加. 认知神经科学：关于心智的生物学［M］. 周晓林，等译. 北京：中国轻工业出版社，2011：349-356.

② 黄彦猷. 联合型学习的神经元模型［J］. 生物化学与生物物理进展，1988（02）：101-105.

知识。条件反射需要将无关刺激与非条件刺激多次结合，从而建立条件反射，同时，可以通过强化或惩罚的形式加强或削弱条件反射的效果。联合型学习是比非联合型学习更为高级和复杂的学习形式，虽然联合型学习与敏感化学习都需要多个刺激参与，但是联合型学习要求刺激具有同步性，如：在经典条件反射中需要非条件刺激紧跟条件刺激；在操作性条件反射中需要强化刺激及时反馈个体的操作。近年来，联合型学习也被应用于计算机领域的机器学习，例如谷歌推出"联合学习"，上千万手机协同训练一个共享神经网络模型，这种新的方法不将训练数据集中在一处，而是利用分散在成百上千万用户手里的多台手机，协同训练机器学习模型，而且所有的训练数据都保留在原来各自的设备上，这样一来不仅能够提升模型质量，降低延迟、减少功耗，而且能保护隐私。

第二节　生活与前概念

学生在进入学校接受教育时，头脑中并非一片空白，而是已形成了他们对周围世界的看法和观点，通常被称为"前概念"。了解学生的前概念，会对学生接受新的知识和构建新的思维体系起到积极作用。

一、生活中的前概念

前概念是影响学生学习的重要因素，理解前概念是理清学习发生条件的必然要求。

（一）前概念内涵

《辞海》将概念定义为："思维的基本形式，反映了事物的一般性质和本质特征。"建构主义认为学生并不是空着脑袋走进教室的，他们在正式学习各种概念之前，对于世界就已有了初步的感知与体验。奥苏贝尔在《教育心理学》中指出："假如让我把全部教育心理学仅归纳为一条原理的话，那么我将一言蔽之：影响学习唯一最重要的因素就是学生已经知道了什么，要弄清这一点，并据此进行教学。"① 可见，学习者已有的认识对于学习具有不可忽略的影响。当前学界将学习者已有的观点和看法称之为前科学概念（前概念）、迷思概念（错误概念）与相异概念等，其中迷思概念是研究之初大部分学者所支持的观点，即对事物不完整的、模糊的或者是错误的理解。虽然这一观点得到过大多学者与教师们的认可，但这一用语较为片面，否定了学习者的自我建构。于是，有学者提出了"相异概念"，即学习者对一系列事物所建构的基于经验的解释②，这一概念表述比较中立，且肯定了学习者的能动性。奥苏贝尔等学者认为教学的目的就是将学习者已有的观点和想法向科学概念转换，由此，前概念更加贴合教育研究者的本意，于是他们主张使用"前科学概念"描述学习者已有的观点，后渐渐简称为"前概念"。这一观点在内涵上更加中立，在相异概念的基础上加强了与科学概念的联系，突出了"前"字。

为进一步明确前概念的内涵，必须梳理与前概念相关的概念的区别与联系。前概念、科学概念和相异概念的区别具体体现在以下两个方面：第一，涵盖范围不同。前概念既包括与科学概念一致的内容，也可能存在与科学概念相悖的地方，而相异概念、错误观念仅仅包含后者；第二，形成时机不同。前概念是在正式教育之前所产生的，而错误概念、相异概念既可能是在正式教育前，也有可能在教学过程中形成，例如，当学生曲解教师语言或学生未深入思考理解教师讲解内容时会产生错误概念。综上，本研究将学习者在接受正式教育前，对于世界就已有的初步感知与体验称为前概念。有学者根据前概念的状态将其划分为五种类型：第一，空壳概念，即学习者仅知道某一概念的名称，但并不知道其内涵；第二，不完整概念，学习者把一个概念的某些特性忽略掉了，或者对一概念所包括的下

---

① （美）奥苏贝尔. 教育心理学 [M]. 余星南，宋钧，译. 北京：人民教育出版社，1994：2.

② Gayle Buck, Patricia Meduna. Exploring alternative concep-tions in our environm ental education classroom [J]. Science Scope, 2001：41-45.

位概念认知不全面；第三，异质性概念，即学习者将一概念的内涵增加，将某些特性强加于其中，导致其本质特征发生变化；第四，条件缺失概念，即学习者对某一事物及其属性的判断，忽略了其存在的前提条件；第五，绝对化概念，即学习者忽略了特例和反例。[①] 这种观点对于前概念划分得更为细致科学，有利于在教学中针对不同类型实施相应的策略以解决问题。

（二）前概念形成原因

前概念是指学生在开始新一轮学习前已有的认识，主要来源于日常交往、社会媒体、学校教育和学生自身。

1. 日常交往

学习者接触时间最长的环境是家庭，在不同的家庭环境中，学习者的认知思维方式也会获得不同的发展。若家庭成员注重教育，使用科学的教育方法，则形成错误前概念的概率就会降低很多，反之则较高。比如，父母仅仅带孩子观察小鱼、小猫、小狗等动物，会让孩子在脑海中形成对动物的不完善前概念，但是如果父母进一步扩大观察的范围，还带孩子观察了老虎、鲸鱼、斑马等更多样的动物，孩子对于动物所形成的前概念又会进一步丰富，继而更加靠近科学概念。此外，学习者会结识许多年龄相仿的朋友，组成同伴群体。为达到认知结构平衡状态，学习者在与同伴的交流过程中，会通过同化、顺应的方式对自己的认知进行调整。比如，其他同伴认为阿拉伯人穿长袍是因为宗教习惯，若自己缺乏这方面的知识，则会下意识地接受他人的观点。实际上，阿拉伯人穿长袍的习惯是由当地少雨燥热的沙漠环境所造成的，由此学习者便形成了错误的前概念。当然，同伴群体之间的交流也并非全无优点。埃里克·马祖尔（Eric Mazur）提出了同伴教学法，专门用于揭示学生的概念错误并引导学生深入探究科学

---

① 陈雨. 基于前概念的小学课堂教学研究［D］. 武汉：华中师范大学，2022.

概念①，学习者之间的沟通为学生提供了提出疑惑的机会，可以帮助学生重新思考他们已有的认知结构，从而实现前概念的转变。

2. 社会媒体

随着信息技术的快速发展，报纸杂志、电视电影、互联网以及自媒体等大众媒体开始崛起，所影响的范围越来越广，传播的速度也越来越快。社会媒体的兴起虽有利于拓展学习者的认知范围，促进知识共享，降低学习者们之间的认知差异，但社会媒体也具有生活性的特征，其中部分内容的科学度难以保证，容易给学生造成许多前概念的影响。再加上大多社会媒体是由具有权威性的机构所承办的，其内容说服度高，极易误导人们的认知。例如，在篮球比赛中，解说员经常会提到"滞空"一词，其实"滞空只是由于短时间内运动员的身体的舒展，而看起来好像在空中'停滞'一样"②，运动员在空中只受重力，并没有许多学生认为的"滞空力"一说。

3. 学校教育

在学校教育中，学习者获取知识的途径主要为教师与教科书。教师作为课堂的主导者，其一言一行都会对学习者科学概念的学习产生影响。在教学中为使抽象概念形象化，促进学生的理解，教师往往会采取比喻、类比的方法进行讲解。这样的做法虽形象易懂，但在使用时应注意语言的准确性，否则容易使学生停留在浅层认识，忽视科学概念的本质，产生错误前概念，特别是对于低年级学生来说，教师的语言更要简洁直白。教科书作为学生的主要学习材料，其呈现及编排方式需考虑学生的认识特点和心理发展规律，当前教科书主要采取螺旋式组织课程内容，当学习者初次接触某概念时，其表述往往较为简洁、粗浅，随着年龄的增长和知识的积累，再逐渐深入介绍，但有些学习者可能会难以体会其中的意义，而将概

---

① 余盈盈. 班主任管理方式对小学高年级同伴群体社会行为的影响 [D]. 温州：温州大学，2016.

② 张杰. 初中物理前概念转变研究 [D]. 西安：陕西师范大学，2015.

念绝对化，忽视了某些特性，从而形成了错误前概念。

4. 学生自身

相较于成人，儿童在认知上存在自我中心化、表面性、片面性、主观性等特点，不可避免地会形成未完善的前概念。奥苏贝尔指出，有意义的学习应当将符号所表达的观念与学习者原有的认知结构中的观念建立非人为的实质性联系，若想要构建新概念，则需要在原有的认知结构中找到与之相联系的背景知识。"我们在教学中就不能罔顾和忽视儿童个人的特点、联想和经验，要充分尊重儿童的经验并在教学中努力寻找知识（人类历史经验）与儿童生活世界的联结。"① 一旦学生的知识储备不足或模糊，就会显现出错误前概念与科学概念难以契合的现象。此外，概念是通过词语呈现的，每个人对语言的理解方式、理解程度不同，会对同一概念产生不同的理解。例如，某些学习者会细细推敲科学概念的内涵，还会借助思维导图等工具构建概念间的联系，明确对科学概念的认识，而有些学生倾向于以直觉、想象的方式得出结论。

二、前概念的特征

前概念是描述学习者头脑中概念观点的中性词汇，具有自发性与普遍性、个性与共性、顽固性与发展性和隐匿性等特点。

（一）自发性与普遍性

学习者对世界的认知并非从进入学校开始，事实上，自来到这个世界起，人们就会通过各种感官获取外界信息，并做出自认为合理的解释。可以说，学习者所处的环境将影响他们对事物的认知和体验。例如，我们熟知的孔融让梨的故事，孔融并没有接触过体积、单位的概念学习，但每天都接触到各种量，比如有几个小朋友、家里有几个人、房子有多大、上学有多远等，从而对物体的大小有了直观的感知，形成了体积、重量的前概念。可见，前概念是自发形成的，无需过多意志参与。此外，前概念广泛

---

① 夏淑玉. 从杜威"经验"理论看深度学习的发生 [J]. 四川师范大学学报（社会科学版），2020（03）：110-118.

存在于人们的思维中，不同国家、年龄阶段、性别、老少皆或多或少地具有一定的前概念，只是内容上有所差异。前概念同样存在于各个学科领域，"不仅仅局限在生物、物理和化学领域，也涉及政治、历史等人文科学领域"[①]。

（二）个性与共性

学习者所处环境是前概念形成的重要影响因素，个体的家庭背景、生长环境、父母的教养方式等外部环境的差异，导致不同个体能接触到的外部刺激不完全相同，因此，即使面对同一事物，不同学习者也会有不同的认识，每个人形成的前概念都会有所不同。总的来说，前概念是多样和各异的。杜威将儿童的生活看作是统一的、综合的经验整合，从这个角度来看，学生就不再是一张张等待涂满的白纸，而是承载着多样的、个性化的经验的独特个体，这些零散的、朴素的经验使得学生们拥有不同的兴趣和特点。"但是，学生的前科学概念因人而异，并不一定意味着这些前科学概念没有共性。"[②] 许多研究也表明，不同年龄、地区和时期的人们所持有的前概念具有一定的相似之处。例如，许多学生都认为"地球比太阳大""太阳在晚上会消失"。此外，英国研究者发现各个年龄段的学生都存在着诸如"植物的食物是从外界接受的任何东西，如水、矿物质、空气等""混合物与化合物是一样的概念"等前概念。

（三）顽固性与发展性

前概念是学习者在长期学习与生活中基于观察和体验形成的直观认识，有利于记忆和实际问题解决，提高了对前概念的认可度。后续学习时，学习者会基于前概念构建知识体系，形成自己的思维模式，使前概念根植于脑海。面临认知冲突时，学习者难以迅速改变前概念，需要一段时间体会科学概念的合理性和价值才会开始转变。研究指出，学生在解决问

① 马春燕. 前概念及其教学策略的研究［D］. 苏州：苏州大学，2008.
② 陈彦芬. 学生前科学概念的特点及对理科教学的启示［J］. 上海教育科研，2004（10）：44-47.

题时使用前概念进行直觉判断，同时在逻辑推理时应用正确的概念体系。这表明，尽管教师在课堂上强调科学概念，但学习者缺乏深刻理解时仍难摆脱前概念的约束，这是因为学生"日常认知是建立直觉经验和心理意向之间的同一，科学认知则是建立'法则'之间的同一，而法则是不可能被感知到而只能通过间接的方式得到的东西"[①]。不同年龄阶段的学习者对同一概念的认识会更加深入全面，逐渐形成科学概念。例如，有学者对幼儿园、一年级和三年级学生进行了关于速度概念的测试，发现学生从位置决定论逐渐过渡到综合考虑距离和时间。[②] 由此，也有人将前概念称为"发展中概念"。

(四) 隐匿性

人的思维缺乏可视性，导致前概念不易显现，尤其是对内向的学生而言，与老师的交流机会有限，有些学生甚至担心自己的想法与科学概念不符而遭受批评和讽刺。因此，教师很难准确了解学习者的前概念。有些教师为追求课堂教学效率，只关注思考结果，却忽略学生的前概念和思维过程。在一堂数学课上，教师布置了一个任务，要求把天平平衡，起初左端刻度 8 处有四个砝码，右端刻度 2 处有一个砝码。有学生认为只需让左右两边的砝码数量相等，于是将 3 个砝码放在右端刻度 10 处，以完成任务。若教师只看到结果，而不了解学生的思考过程，将会导致学生进一步强化错误的前概念，阻碍后续学习。因此，教师需要关注学生学习过程，主动发现学生的前概念，设置变式训练以激发认知冲突，这是一个发散阶段，其特征是大脑猛烈抨击、质疑和信息交流，学生在这个阶段对相关信息进行更全面的探索，通过批判和反思在个人世界和公共世界之间穿梭，感知、掌握问题的本质，实现个体的思想探索。学习是有意义的、动态的、建构的过程，在学生产生认知冲突时，教师要合理地引导学生转变概念。

---

① (德) 石里克. 普通认识论 [M]. 李步楼，译. 北京：商务印书馆，2005：25.

② 吴娴，赵光毅，罗星凯. 一项关于低年级儿童速度概念发展的研究 [J]. 广西师范大学学报 (哲学社会科学版)，2005 (01)：95-98.

三、前概念对学习的影响

学生进入教室时，并不是一张一尘不染的白纸，而是带着大量的前概念进入课堂，开启学习，"儿童自己已有的知识形成的经验，对他们学习新知识具有支持性"[①]。

（一）激发学习动机

前概念是复杂多样的，其中包括许多不完整的和错误的概念，教师应根据不同类型的前概念充分发挥其价值，将学生潜在的可能性变成更完善的、更系统的、经过反省的经验，为更系统的、更科学的学习打下基础。学生对很多事物有表面理解，即不完整的前概念，比如像"彩虹有七种颜色""雷雨天气不能站在树下""黑土地的营养更加丰富"等，这些知识源自学生亲眼见证或生活经验，但他们很难深入解释。在这种情况下，学生的学习动机最为强烈。教师可充分利用这些不完整的前概念引起学生的注意和思考。这种启发式的教学能够吸引学生的注意力，从而引起学生的思考，为后续的课程打下基础。对于学生错误的前概念，教师可以通过提出问题、介绍科学概念、对比前概念与科学概念等方法引起学生的认知冲突，从而促使学生进一步探索。

（二）提高教学效率

进行教育问题研究的最终目的是追求更有效的教学，这里的"有效"不仅指达成教学目标，而且要追求教学的效率。初步感知学习者在开始正式教育时已有的前概念，对教学过程有重要影响。认知心理学家一致认同儿童在走进学校、走进课堂之前，已经拥有了自发的概念结构，且这些基于日常经验观念，往往是根深蒂固，很难转变的。特别是数学和物理领域"能量""力""密度""分数"等抽象的概念要比"狗""桌子""水果"等具象的概念要难学得多。忽视学生的前概念，认为他们对某些事物毫无了解，会导致教学内容过于简单，浪费时间，降低效率，抑制学生学习动

---

① 李吉林. 学习科学与儿童情境学习——快乐、高效课堂的教学设计 [J]. 教育研究，2013（11）：81-91.

机，以及限制创造能力和逻辑思维。相反，了解学生的前概念对制订合理的教学计划和选择恰当教学内容至关重要，有助于提高教学效率。在教学前，确定学生需要掌握的知识和已有的前概念，通过各种方式分析学生经验是否相同，及时捕捉学生的前概念，在学生产生认知冲突时，教师要合理地引导学生转变概念。

（三）促进知识迁移

迁移是指一种学习对另一种学习的影响，根据迁移的效果划分，包括正迁移、零迁移与负迁移三种类型，其中"正迁移是指，学习者所拥有的固有知识经验使学习者顺利地处理所面对的问题"[①]。学习者能否习得新知识，取决于学习者认知结构中是否具有能够同化新知识的观念。若教师及时关注到学生正确但不完全、不完善的前概念，将其作为先行组织者，则可唤醒学生的记忆，引导学生积极建构与新知识之间的联系，从而实现知识的正迁移。负迁移是指学习者所拥有的固有知识经验阻碍了学习者处理所面对的问题，例如，生活中门框、窗户呈四边形，导致学生易认为四边形也具有稳定性。错误的前概念导致学生在习得新概念时产生了负迁移，且大多错误前概念都较为顽固隐蔽，若师生未及时发现纠正，将会对今后的概念学习产生较大的阻碍。因此，教师应通过创造认知冲突、创设情境、类比等策略积极纠正学生的错误前概念，以降低负迁移的概率。《义务教育课程方案及各学科课程标准（2022 年版）》明确提出"重视必备品格和关键能力培养"，即培养学生解决一件事情所需的全部能力。在教学过程中，我们自然应当突出迁移能力的培养，使学生们能够利用正迁移的效应为自主学习科学概念、形成问题解决能力提供帮助。

（四）促进科学概念的构建

波斯纳基于皮亚杰的同化顺应机制，将概念的转变过程划分为了同化与顺应两阶段，并提出了概念转变模型，简称为 CCM 模型。波斯纳指出

---

① 冯忠良. 教育心理学［M］北京：人民教育出版社，2004：146.

概念转变需要四个条件：对前概念的不满、科学概念的可理解性、科学概念的合理性和科学概念的有效性。[①] 前概念虽为科学概念的构建提供了固着点，但大部分前概念存在不完善、不清晰，甚至是错误的部分。因此要想实现前概念到科学概念的转变，就应先使学生感受到二者的差异，形成认知冲突，激发学生的求知欲、好奇心。另外，前概念具有顽固性，其构成是复杂的，短时间内难以轻易改造，还应加强学生对科学概念的应用，当学生处于新的问题情境中，需要准确地在已有知识结构中检索与调动有助于问题解决的知识，将所学知识应用于新的情境中，即"学生在一定的教学情境中将已有的经验和已掌握的知识通过语言、行为或作品等方式表现出来的过程"[②]，使学生在问题解决过程中体会科学概念的价值，以提高概念转变的可能性，也体现了知识的外化。

第三节　情绪与动机

情绪和动机是影响学习发生的重要条件，二者虽都是来自学习者内部要素，但对学习却存在不同的影响，因此需要进一步厘清二者的内涵和对学习的具体影响。

一、情绪及类型

情绪是一种复杂的心理现象，一方面具有丰富的内涵，涉及多个方面，另一方面具有多样化的具体表现形式。

（一）情绪的内涵与特征

情绪是一种生理本能，人和动物都能够产生情绪反应，然而人的情绪却更为复杂，涉及多种成分、多种维度以及多种水平，是"多成分组成、

---

① Posner G. J., Strike K. A., Hewson P. W., et al. Accommodation of a scientific conception: Toward a theory of conceptual change [J]. Science Education, 1982, 66 (2): 211-227.

② 王永明，汪明. 基于教学认识论视角的知识教学发生机制探析 [J]. 教育学报，2018 (02): 41-48.

多维量结构、多水平整合并为有机体生存适应和人际交往而同认知交互作用的心理活动过程和心理动机力量"①。学业情绪作为一种特殊的情绪，其内涵与一般的情绪也有所不同。1998年，美国教育研究联合会召开了主题为"情绪在学生学习与成就中的作用"的学术年会，教育中的情绪问题受到学者们的关注。德国心理学家佩克伦（Pekrun）等人最早界定了涉及学习情绪的概念，他们将其称为学业情绪，即所有与学业相关的情绪，不仅指学生主观认识上因学习失败或成功而形成的喜悦或沮丧等各种情绪，还应该包括学生在学习、考试、完成作业和合作交流讨论等产生的一系列情绪。国内研究者认为佩克伦对学业情绪的定义过于宽泛，他们认为学业情绪是学生在学校情境、课堂教学情境或学习过程中产生的、与学业成就有关的情绪体验②，这一界定更加突出学业情绪的情境性。学业情绪具有以下特点，首先学业情绪主体为学生，不同于其他类型情绪，学业情绪指向学生，是学生在学习过程中所产生的情感体验；其次，学业情绪来源的范围广泛，学业情绪既可以产生于学生自身的学习过程，如因解决学习问题所带来的成就感，也产生于师生、生生之间的交往互动中；最后，学业情绪种类丰富，学生在学习过程中既能产生兴奋、愉悦等正向情感，也会产生难过、失望、沮丧等负面情感。

（二）情绪的类型

情绪是一个复杂的结构，依据不同的划分标准，学业情绪可以分为多种类型。

1. 积极情绪与消极情绪

以愉悦度为标准，可以将情绪分为积极情绪与消极情绪。积极情绪反映了一个人感到热情、活跃和警觉的程度，而消极情绪是一种主观上的痛

---

① 孟昭兰. 情绪心理学［M］. 北京：北京大学出版社，2005：6.

② 董妍，俞国良. 青少年学业情绪问卷的编制及应用［J］. 心理学报，2007（05）：852-860.

苦和不愉快的情绪状态。① 具体而言，积极的情绪包括了喜悦、高兴、好奇等具体情绪，这些情绪除了让人能够感到愉悦之外，往往也能产生激励、促进等正向作用；而消极情绪包括了愤怒、沮丧、忧伤等具体情绪，这类情绪往往也被视为负性情绪，发挥着破坏、瓦解或阻断的作用。② 积极和消极情绪的划分仅以愉悦度为标准，是一维式的划分，二者之间是相互独立的。

2. 积极高唤醒度情绪、积极低唤醒度情绪、消极高唤醒度情绪与消极低唤醒度情绪

积极情绪和消极情绪的分类并不能完全解释情绪的种类，研究者在此基础上将唤醒度纳入情绪分类标准，形成了积极—消极和高唤醒—低唤醒的二维情绪分类方式。该分类方式将情绪分为四类：积极的高唤醒情绪（如学习的乐趣、对成功的希望或自豪感）、积极的低唤醒情绪（如解脱、成功后的放松、满足感）、消极的高唤醒情绪（如愤怒、焦虑和羞愧）以及消极的低唤醒情绪（如无聊、绝望）。③ 在此基础上，佩克伦等人将9种主要学业情绪：愉快、希望、宽慰、焦虑、愧疚、骄傲、失望、愤怒和厌烦归入四类情绪类型中。④

二、情绪对学习的影响

情绪与学习属于两个不同的领域，然而在实践中，情绪和学习往往是交织在一起的，学生的情绪会影响其学习过程，而在学习过程中学习者也

---

① Watson D., Clark L. A., Tellegen A.. Development and validation of brief measures of positive and negative affect: the PANAS scales [J]. Journal of personality and social psychology, 1988, 54 (6): 1063.

② 孟昭兰. 情绪心理学 [M]. 北京：北京大学出版社，2005：14.

③ Pekrun R., Goetz T., Titz W., et al. Academic emotions in students' self-regulated learning and achievement: A program of qualitative and quantitative research [J]. Educational psychologist, 2002, 37 (2): 91-105.

④ Pekrun R., Goetz T., Frenzel A. C., et al. Measuring emotions in students' learning and performance: The Achievement Emotions Questionnaire (AEQ) [J]. Contemporary educational psychology, 2011, 36 (1): 36-48.

会产生新的情绪体验，并影响其后续学习行为。总体而言，情绪会对学习投入、学业成绩、心理韧性以及师生关系等方面产生明显影响。

（一）学习投入

学生的学习投入本身就伴随着情绪的投入，情绪自然会影响着学生的学习过程。在积极情绪动机作用的影响下，学习者能够充满热情地投入到学习过程中，关注知识的多个方面，并乐于对其进行深入的思考，从而挖掘更多、更深刻、更有价值的资源以解决问题，获得一定的价值感和愉悦感，感受到学习的乐趣，提升自我效能感，为未来的学习与挑战积累丰富的活动经验。

情绪对于学生调动心理资源具有一定的影响力。佩克伦的认知动机理论、汤姆金斯（Tomkins）的情绪动机理论、伊扎德（Izard）的情绪动机—分化理论，以及布拉德利等人（Bradley & Lang）的情绪动机模型都表明情绪对学习动机的驱动作用。在情绪的驱动下，学习者的学习行为被激发，开始认知加工，研究表明，情绪的动机作用也会影响学习者的注意力。在注意力广度方面，处于积极高唤醒度的情绪（如期望）和消极高唤醒度的情绪（如愤怒）会使注意范围较窄，而积极低唤醒度的情绪状态则会扩大学生的注意范围，且注意的灵活性更强[1]；在注意力持续时间上，愉悦情绪对抗干扰具有显著正向作用，而消极情绪对注意力集中则具有显著负向作用。[2] 通过对心理资源的调动，情绪进一步深入学习过程中，成为影响学习的重要因素。

（二）心理韧性

心理韧性又称为抗压能力、应对能力，指人的心理发展并没有受到重大挫折所带来的消极影响，甚至被激发起个体的斗志和战胜挫折的信心，

---

① 王春梅，吕勇. 情绪的动机性对认知加工作用研究评述 [J]. 心理研究，2016 (01)：15-21.

② 林晖芸. 情绪对注意力训练效果迁移的影响 [J]. 黑河学院学报，2016 (08)：34-35.

从而积极地应对当前的现象。席居哲、左志宏通过对高中生进行检测发现，意志力、自控力较强的个体会始终保持积极向上的心态，情绪也较为高涨积极，面对问题能够看到正向的一面，从而获取更多更有效的信息。对于消极情绪，这类个体大多会选择忽略或快速转换情绪，以保持积极心态。[1] 可见，拥有积极情绪的个体能更好地处理逆境、困难，即心理韧性获得一定发展。也就是说，积极学业情绪对心理韧性的发展有促进作用。在良好心理韧性发展下，消极情绪会逐渐减少，学习过程中获得的幸福感也会显著提升。这类人在处理各种社会关系时会更加从容，以更加积极的状态应对工作和学习，对社会创造更大的价值。此外，他们会在工作记忆中持续保持和增强积极情绪，具有更强的情绪表达和恢复能力。

在学习过程中，学生不可避免地会遇到许多困难和挫折。有研究显示，小学阶段积极学业情绪较高，初中阶段随着学业压力的增加，情绪逐渐降低，高三时学业情绪最低。[2] 小学至高中阶段正是青少年身心快速发展的时期，面对纷至沓来的考试和知识，学生往往被压得难以喘气，极易产生疲倦、厌学、无助、沮丧等消极情绪。因此，关注学生积极情绪发展，引导学生用希望、高兴、自豪等积极情绪应对困境，从而间接培养学生心理韧性，形成良好的心理品质以应对不同情境，实现持续向上发展。

（三）师生关系

从教师方面来看，在传统教学过程中，教师作为教学中心，具有较大的话语权，师生之间的对话大多属于技术性对话或一种伪装的对话，往往是为了完成某项任务而展开。在流于形式的师生互动影响下，师生之间较为疏离，情绪交流较少。再加上在教学中，教师需要处理教学工作以及各种人际关系，在繁忙的工作中极易出现倦怠现象，具体表现为失去对学生

---

① 席居哲. 基于社会认知的儿童心理弹性研究 [D]. 上海：华东师范大学，2006.

② 祁芸，赵永发. 国内学业情绪研究的现状、热点与趋势——基于 CiteSpace 知识图谱分析 [J]. 兰州石化职业技术学院学报，2022（03）：70-74.

的耐心与爱心，工作积极性下降等现象。然而，师生间的互动既是教师情绪产生的重要来源，也是教师情绪发挥作用的重要场域，在情绪的传递功能作用下，教师微小情绪也有可能引起学生的共鸣。因此，教师情绪不仅会影响自身的教学工作，还会影响学生对该教师的态度，继而延伸到对教师执教学科的认可程度。从学生方面来看，有研究表明积极的情绪对学习的影响持续时间较长，直至最后形成关于该领域的积极学习状态，而消极情绪不易形成稳定的学习状态。[①] 因此，在师生互动中，教师应注重对学生的赞扬、鼓励与奖励，使学生获得成功体验，形成积极学习状态，同时也可根据具体情况进行适当的批评、惩罚，以激励学生，但应避免过多的惩罚，防止学生形成消极学习状态。

(四) 学业成绩

情绪与学业成绩的关系是双向的。学业成绩是学生情绪的来源，但情绪对学生的学业成绩也有着巨大的影响。首先，考试是评价主要方式之一，学生对学业成绩的归因方式会引发不同情感体验。韦纳提出的成败归因理论将归因方式划分为三维度六原因，揭示了内部归因对情感体验的影响结果。内部归因包括能力高低、努力程度与身心状态三大类。若学生将优异的学业成绩归因自身高能力，则会产生自豪、满足的积极高唤醒情绪，反之则会产生内疚、羞愧的消极高唤醒情绪，甚至会产生绝望的消极低唤醒情绪。其次，情绪对学业成绩具有预测作用。积极高唤醒情绪对成绩正向影响最大，消极低唤醒情绪负面影响最大，而积极低唤醒情绪、消极高唤醒情绪对学业成绩的影响是多面的、复杂的。[②] 例如，焦虑属于消极高唤醒情绪，适当的焦虑有利于提供学习动力，提高学习效率，但过度焦虑会导致学业成绩不良影响。当前，对学生成绩的考查不再局限于基础

---

① 林炜，尹弘飚. 中学生数学学业情绪的特点及其与数学学业成就的关系 [J]. 数学教育学报，2022 (04): 21-27.

② 赵淑媛. 基于控制—价值理论的大学生学业情绪研究 [D]. 长沙: 中南大学，2013.

知识与基本技能，人们逐渐注重创造力、创新能力等方面的培养。从学业情绪与学习投入的关系可知，在积极情绪影响下，学生能高度投入学习，注意广度、时间以及策略灵活性有保证，其创造力表现也会随之显现[①]，从而获得更加满意的学业成绩。

三、动机及类型

动机伴随学习的全过程，是影响学习的重要条件，对学习有着激励、维持和调节的作用，依据动机的来源、作用等标准，学习动机可以分为多种类型。

（一）动机及其来源

人做出某种行为的背后必然有其原因，这个原因实质上就是动机，动机是激发和维持个体行动的心理倾向，个体在动机的驱动下达成特定的目标，动机往往具体表现为兴趣、目的、需要等因素，具体到学习中，学习动机指"激励并维持学生朝向某一目的的学习行为的动力倾向"[②]。学习动机具有内隐性，不容易被其他人所察觉，要了解学习者的动机往往通过其自我报告或行为来进行判断。学习动机对学习具有激励、维持和调节作用。激励作用指学习动机能够引发学习者的学习行为，使学习者朝向学习目标而调动认知和非认知资源；维持作用指学习动机能够维持学习行为，在学习过程中学习者受外界因素干扰而中断学习，合适的学习动机让学习者排除外界干扰从而完成学习；调节作用指学习动机能够使学习者根据实际情况不断调整学习策略、学习方式以实现学习目标。

学习动机的来源主要分为内部因素和外部因素。内部因素指由学习者本人内在的需要所激发，如兴趣、能力、自我决定等，具有较强的稳定性和持续性；外部因素来自学习者之外的他人、环境等，如奖励、惩罚、他

---

① 杜夏雨，史从戎，赵子仪，等. 情绪效价和动机情绪对创造力的影响 [J]. 心理与行为研究，2021（02）：160-165.

② 陈琦，刘儒德. 当代教育心理学（第二版）[M]. 北京：北京师范大学出版社，2007：211.

人的赞赏等，这类因素容易受到外界干扰，具有一定的不可控性。相较于外部因素的刺激，来自内部的因素具有内生性，更容易持续性地激励学习者的学习。在教育实践中，学习动机的产生大多是内部和外部因素的共同作用，纯粹依赖内因和外因的学习动机较为少见。

（二）动机的类型

学习动机依据不同的标准可以划分为不同类型，常见的分类方式有：内部动机和外部动机、近景学习动机和远景学习动机、认知内驱力、自我提高内驱力与附属内驱力等。

1. 内部动机与外部动机

内部动机指由学习本身所引起的动机，即学习者不需要外部要素的激励能够主动、积极投身于学习。马斯洛的需求层次理论中的求知与理解的需要、美的需要、自我实现的需要就属于典型的内部动机。外部动机指由学习结果所引起的动机，即学习者能够因为学习结果获得外界的赞赏、奖励或避免惩罚。内部动机和外部动机之间并非截然对立，外部动机可以在动机内化的过程中转化为内部动机。

2. 近景学习动机与远景学习动机

据动机作用和学习活动的关系远近可划分为近景学习动机与远景学习动机。近景学习动机指学习者以短期目标为学习的动力，关注当下学习的当前价值，如以考试、升学为目的的学习属于近景学习动机。远景学习动机指学习者以长期目标为学习动力，关注学习的长远价值，例如将学习与未来的职业发展、个性成长相关联就属于远景学习动机。近景学习动机和远景学习动机本身并无优劣，但如果学习者长期以近景学习动机激励学习，则会忽视学习的发展性价值，反之学习者长期持远景学习动机，则会容易忽视学习过程所带来的体验。

3. 认知内驱力、附属内驱力与自我提高内驱力

奥苏贝尔的动机分类对教育心理学产生重大影响，他认为"成就动机是由下述这三种不同的成分组成的：（1）认知的内驱力，（2）附属的内驱

力，(3)自我提高动机"①。认知的内驱力来自于学习和知识本身，是一种求知的需要，是一种最重要和最稳定的动机，在此动机下，学习者不必在学习之外找寻学习的动力，学习本身就能促使学习。附属内驱力指学习者为了获得教师、家长的认可而表现出的把工作做好，这种动机依赖于他人，具有较强的从属性，同时也会随着学习者年龄增长而逐步退居次要地位。自我提高内驱力能够使学习者因自己的学习或工作胜任力而获得相应的地位，这种动机看似也在追求达成学习目标，实质上追求的是学习结果所带来的影响。

4. 主导性动机和辅助性动机

根据在活动中的地位，学习动机可划分为主导性动机和辅助性动机。人的学习活动往往不是受一种学习动机影响，而是多种动机交织在一起，这意味着在学习活动中既能存在内部动机也能存在外部动机，既能存在近景学习动机也能存在远景学习动机。虽然学习动机可以多种并存，但往往是以某种动机为主，其他动机为辅，因此在学习活动中起主导作用的动机为主导性动机，起辅助作用的动机为辅助性动机。主导性与辅助性动机的划分标准更为灵活，而且这是一种相对的分类，即某一动机在此次学习活动中起主导作用，在下一次学习活动中可能起辅助性作用。

四、动机对学习的影响

学习动机是影响学习者学习的重要非智力因素之一，然而学习动机并不是直接影响学习，而是通过学习态度、学习策略、学习效率和学业成就间接影响学习。

(一)学习态度

"学习态度是学习者对学习的较为持久的肯定或否定的内在反应倾向"，学习动机对学习态度的影响一方面表现于学习者起初是否能够积极主动参与学习活动。有研究显示不论内部动机还是外部动机均具有引发学

---

① (美)奥苏贝尔. 教育心理学：认知观点 [M]. 佘星南，宋钧，译. 北京：人民教育出版社，1994：486.

生主动性的作用。更具体来看，相较于外部动机，内部动机与学习中的拖延行为呈更大程度上的显著负相关。[①] 这是由于内部动机的稳定性所决定，个体只有真正认识到学习行为的合理性、有效性与价值性，才会全身心投入其中。另一方面，学习动机能够促使学习者以积极的态度面对学业困难。在学习过程中，学习者不可避免地会遇到困难与挫折，这需要学生具备一定的学业韧性，以坚持不懈的态度面对障碍。学业韧性即指学生在面临学业困境时，能够有效利用他人支持以及充分发挥个人心理特质以取得学业成就的现象。[②] 对于内部动机较强的学生来说，会表现出更为坚决的态度，学业韧性较强。他们会更倾向于选择具有挑战性的任务，在高强度学习动机的驱动下，他们更加主动投入到学习活动中，并及时调节方法策略以解决问题，积极向他人求助，最终在达成目标的同时实现自我价值。反之，对于内部动机较弱的学生来说，一旦遇到具有挑战性的困难，则会因为内驱力的缺失、学业韧性较弱等因素选择放弃，影响目标的达成。

（二）学习策略

学习策略是指学习者为了提高学习的效果和效率，有意识、有目的地制订关于学习过程的方案，一般将其划分为认知策略、元认知策略与资源管理策略。以元认知策略为例，它指的是学习者对自身的学习过程进行监控和调整的策略，只有个体对任务有较高水平动机，才能发现任务所需的条件和特点，制订相应的计划，并主动修正和改进计划，最终实现目标。在资源管理策略中，有一种策略称为学业求助策略，将同学、教师或书籍资料视为资源以促进学习任务的完成。当学生遇到困难时，可能会出现三种求助情况：工具性求助、执行性求助、回避求助。学习动机水平越高的学生越能选择有效、适当的学习策略，在寻求帮助时，倾向于选择工具性

① 刘芽妃. 小学高年级学生学习动机和学习拖延的现状及干预研究 [D]. 长沙：湖南师范大学，2021.

② 简云龙. 学习动机与学业韧性的关系及其对教育结果的影响 [D]. 重庆：西南大学，2022.

求助以获得更多自豪感和成功体验。在积极运用各种学习策略的过程中，学生能提高学业成就，进而促进动机水平提高，形成良性循环。相反，动机水平较低的学生遇到困难会产生沮丧、放弃的情绪，更倾向于选择执行性求助或回避求助。

（三）学习效率

学习动机与学习效率之间高度相关，然而二者之间的关系并非简单的线性关系，即学习者学业动机越高，其学习效率越高。著名的耶克斯-多德森定律以倒 U 型曲线阐明了动机强度与学习效率之间的关系：在一定的范围内，动机强度与学习效率之间成正比关系，但若超出该界限，动机水平越高，学习效率反倒会下降。学习动机并非越高越好，因为在过高强度的动机状态下，学习者对其结果的期望极高，容易处于过度焦虑、紧张的情绪状态，反而影响注意力、思维活跃性等，从而降低了学习效率。学习任务也会影响学习者的学习动机，进而影响学习效率，不同的学习任务对应着不同的最佳动机水平，如面对难度较高的任务，低学习动机反而更容易完成任务。因此，为达到最高的学习效率，学习者应适当地激励自己，调节身心，追求最佳动机水平。

（四）学业成就

学习动机对学业成就具有显著的影响作用，然而这并不意味着动机越强，学业成就越高。有研究表明，内部动机与学生的学业成绩呈正相关而外部学习动机与学生的学习成绩呈负相关。[①] 从自我效能感理论来看，学生在学习上的自我效能体现为对其完成学业任务能力的判断与自信，自我效能的高低会影响学生对学习任务的认知、努力程度等，进而影响学生的学业结果。许多实证研究表明，学生的自我效能与学业成就呈显著的正相关。从成就目标理论视角来看，成就目标包括任务目标和能力目标两种，

---

① 周世科，顾慧，姚继军. 从"苦学"到"巧学"：探析影响学生学业成绩的关键因素——基于江苏省 262245 名学生学业质量监测数据的实证研究 [J]. 中小学管理，2018 (11)：39-43.

任务目标是指个体将任务是否完成作为目标，重视任务完成过程以及个人的努力，强调自身对能力的评价。能力目标重点关注自身能力是否有所提升，重视与他人的比较。任务目标属于内部动机，任务完成的优秀标准由个体自身决定，其驱动力来源于个体自身，这种内在的力量不需要他人的监督，这种动机越强，个体所付出的努力也更多，成功后便会获得良好的体验，即使失败了，也不会因他人的标准而动摇，直到成功为止。因此，任务目标是有利于学生的学习，进而获得满意的学业成就。相反，能力目标作为一种外部动机，比较依赖外界的评价。若当下的表现没有得到外界满意的评估，动机便会减弱，个体的自尊也难以得到保护，学业成就也会受到影响。[①] 总体而言，学习动机能直接影响学业成绩，但更多还是作为一种中介性因素来影响学业成绩。

第四节　工具与方法

学习工具与学习方法是学习发生的外部支持条件，学习工具侧重为学生的学习提供合适的工具支持，学习方法侧重为学生的学习提供解决问题的路径支持，通过二者的有机融合实现学习的真正发生。

一、学习工具及其类型

如同人类的其他实践活动一样，学习往往也需要借助一定的工具来展开，学习工具依其形态和功用可以划分为不同的类型，对学生的学习具有重要价值。

（一）学习工具内涵

就工具本身的定义来看有广义和狭义之分，广义的工具指"完成某一操作或在某一专业实践中必需的东西"[②]，狭义的工具指生产劳动所需要的工具，人们更多地使用广义的工具概念。工具的实质是中介，人类可以通

---

① 梁海梅，郭德俊，张贵良. 成就目标对青少年成就动机和学业成就影响的研究 [J]. 心理科学，1998（04）：332-335＋383-384.

② 成丽娟. 认知工具的理论与教学应用研究 [D]. 南昌：江西师范大学，2005.

过工具来认识世界和改造世界，工具的使用与制造延伸了人的活动范围，是人区别于动物的标志。学习工具服务于学习过程和学习目标的实现，是"有益于学习者查找、获取和处理信息，交流协作，建构知识，以具体的方法组织并表述理解和评价学习效果的中介"①。学习工具作为一种特殊的工具，既具有工具的一般属性即功用价值也具有自身独特属性即学习价值。功用价值指学习工具能用、好用，一方面学习工具能够为教师和学生所用，另一方面学习工具要能够便于教师和学生的使用，从而能够提升学习的质量。学习价值即学习工具的认知性，在学习过程中学习者会使用多种工具，而并非所有的工具都是学习工具，只有那些承担了一定认知功能的工具才可以称为学习工具。

（二）学习工具类型

学习工具具有多种类型，依据形态和功能，可以将其分为物质形态学习工具与非物质形态学习工具，资源管理工具、课堂协作工具、学习评价工具与沟通交流工具。

1. 物质形态学习工具与非物质形态学习工具

根据学习工具的物质形态，可以将其分为物质形态学习工具和非物质形态学习工具。物质形态学习工具又可以进一步细分为传统学习工具和数字学习工具，传统学习工具主要包括教材、词典、教具等。随着信息技术的发展，以电子书、学习软件、音像资料以及以增强现实（AR）、虚拟现实（VR）、混合现实（MR）等技术为支持的穿戴设备等数字学习工具不断涌现。非物质性形态学习工具主要指认知工具，即人类精神生产的工具，具体指语言、符号、认知结构、认知策略等心理层面的工具。物质形态学习工具与非物质形态的工具之间并不是完全对立的关系，物质层面学习工具的使用是为了形成学习者个体的心理层面工具，在物质工具的支持下，特别是数字学习工具，人们的学习发生的过程得到了揭示，更好地服

① 钟志贤，张琦. 论学习环境中资源、工具与评价的设计 [J]. 开放教育研究，2005（03）：62-67.

务于个体的心理工具建构。

2. 资源管理工具、课堂协作工具、学习评价工具、沟通交流工具

按照学习工具的功能来分，学习工具可以划分为资源管理工具、课堂协作工具、学习评价工具、沟通交流工具。资源管理工具即能够协助学习者整理、筛选、储存所学知识，并提供资源共享功能的工具。由于当前学习资源来源广泛，形式多样，质量良莠不齐，因此在学习过程中需要学习者根据自身发展情况进行辨别，对有价值的资源进行归纳整理，形成系统化的认知结构。为了达成教学目标，教师往往会采用多种工具如多媒体、教具、实验器材等来协助进行课堂教学，这类工具就是课堂协作工具。在课堂教学中，教师的语言是传达信息的主要渠道，然而有的内容学生难以靠教师的语言而学习，因此需要这类工具来提升课堂教学的直观性。学习评价工具即能够记录学生学习过程，并展示学习结果的工具，这类工具的使用为过程性评价的开展提供了空间，有利于师生回顾反思自己的学习历程，从而做出调整，以获得更优的发展。沟通交流工具即为学习者们提供交流渠道，提高交流效果的工具，如合作学习清单、线上会议室等工具，此类工具不仅为各个层次、各个地区之间的学习者提供沟通平台，还能够为他们之间的交流提供导向。

二、工具对学习的影响

学习工具在教学活动中的参与能够丰富学习者的学习体验，形成知识的个性化理解，实现知识的深度学习。

（一）丰富学习者的学习体验

在广义的语境下，学习工具属于学习环境的重要组成部分，能够给学生带来丰富的认知体验、具身体验和实践体验。学习工具能够丰富学生的认知体验是由其本身的属性所决定的，学习者通过多样化的学习工具经历知识的推演与抽象过程，直观感受知识背后的思维过程和逻辑力量。以信息技术为代表的学习工具一方面能够提供具身的学习环境，使学生不必真的亲临就能体验现实情境，拉近学生与知识、现实社会的距离；另一方面

能延展和放大学生的感官体验，"所谓放大，是指技术转化了人的知觉，使人的能力得到了扩展和延伸"①，为学生的身体参与学习过程创造更多的机会。此外，学习工具能够丰富学生的实践体验。一方面学习工具为学生的科学实践提供了材料与工具，学生的学科实践不是凭空发生的，教材、教具、语言、符号为学科实践提供知识支撑、思维方式支撑。另一方面使学生的学习真正接近实践的过程，以往的学习大多是符号性的知识学习，学生通过教师讲—学生听的方式获取知识，与真实实践相去甚远，学习工具能够让学习更接近知识发生的过程，使知识的学习真正成为学科实践。

（二）形成知识的个性化理解

知识本身具有严谨的逻辑、鲜活的思想、丰富的文化等要素，在抽象、体系化的过程中这些要素被隐匿于符号之下，学生所直接接触的是抽象的符号，为了让学生理解符号及蕴含的价值，教师往往会借助学习工具来促进学生的学习。具体而言，学习工具一方面将抽象的知识具象化，在学习过程中，教师会准备教具、视频资料或者多媒体技术将抽象的内容以较为直观的形式演示，让学生能够初步地感知知识。另一方面，学习工具帮助学生将经验体系化，学生所获得的直观经验是相对零散的，并非知识本来的样貌，教师借助语言、符号、认知结构等将学生的直接经验抽象化、体系化，实现从直接经验到抽象思维的转变。知识是以逻辑化、体系化的形式存在着，那么学习者在学习过程中要依据客观的知识结构体系变为个体的知识结构体系。学习工具能够打开知识原本的结构体系，让学习者进入知识体系当中，获取知识内部和知识之间的联系，并通过学习工具对知识结构进行加工，建立独属于个体的知识之间、知识与个体内在的逻辑和意义关联。

（三）促进学习者深度学习

尽管深度学习最初源自机器领域，但目前在教育领域的研究趋势不断

---

① 王美倩，郑旭东. 在场：工具中介支持的具身学习环境现象学 [J]. 开放教育研究，2016 (01)：60-65.

增长。然而，对于深度学习的定义却存在各种说法，例如理解说、思维说、迁移说、过程说以及多元说等，尚未有明确的共识。综合现有观点发现，目前深度学习的内涵更趋向于机器取向，而忽视了人类学习的独特性。因此，一些学者将深度学习定义为学习者基于特定生活情境并投入到学习活动中，通过深度思考从开放、混沌的生活情境中确定问题领域，发现一般问题并解决之，以促进个体生命成长与发展的学习活动。[①] 这种定义强调了学习者在深度学习活动中的问题发现与解决、知识的生成创造以及情感的参与。与人类相比，虽然机器具有较高的问题解决能力，但在问题发现方面却存在一些不足，这正是人类深度学习的独特之处。问题的提出始于问题情境，为了培养学习者的问题发现意识，可以利用媒体技术创造真实情境，使学习者与情境建立联系，进而提出新问题。每一种学习工具都能促进深度学习，例如使用学习评价工具激发兴趣和创造力，使学习者产生提问的冲动；可以利用沟通交流工具，让每位学习者都参与到提问和质疑的活动中。为了提高问题解决能力，可以使用资源管理类工具，在总结整理过程中梳理知识的联系，并利用工具获取课外资源，从而解决复杂的问题。

三、学习方法及类型

除了学习工具，学习者达成学习目标还依赖于学习的方法，常见的学习方法有自主学习法、合作学习法、项目式学习法等。

（一）学习方法的内涵

学习方法是学习者在特定学习活动中为实现学习目标采取的手段和措施，是对学习的看法、调节活动和加工活动的综合。[②] 学习方法具有以下

---

① 程建坤. 智能时代机器取向深度学习：困境与突破 [J]. 课程·教材·教法，2021（05）：54-60.

② Wierstra R. F. A., Kanselaar G., Van der Linden J. L., et al. The impact of the university context on European students' learning approaches and learning environment preferences [J]. Higher education, 2003, 45: 503-523.

几个特点：首先学习方法的行为主体是学生而非教师，学习方法是从学生的角度思考如何实现学习目标，这从根本上将学习方法与教学方法相区别。其次，学习方法由学习内容决定。虽然学生是学习方法的行为主体，但这并不意味着选择什么样的学习方法能由学习者所决定的，实际上"我们所认定之实现一定目标的手段的方法，是受其应当实现的客体（内容）所制约的"①。最后，学习方法具有层级性，学习方法的层级水平主要是通过其所体现的认知水平来进行判别，高水平的学习方法体现了评价创造等高阶认知水平，低水平的学习方法体现了记忆、识别等低阶认知水平。

学习方法、学习方式和学习策略等概念相近，因此需要进行区分以更清晰地理解它们之间的关系。在这些概念中，学习方式是最上位的概念，指"学生在学习过程中为达到某种学习目标而采取的作用于特定学习对象的具体路径"②，具体路径意味着其涵盖范围广泛，包含了学习策略、学习方法等下位概念。学习策略是学生为获取、保存和提取知识与作业而采取的操作和程序，是一系列规则，学习方法是学习策略的上位概念，学习策略是学习方法的具体形式，直接指向学习任务的解决过程。

（二）常见学习方法的类型

学习方法类型多样，常见的学习方法有自主学习法、合作学习法和项目式学习。

1. 自主学习法

自主学习法是学习者依据自身的需要有目的制订学习计划并自主展开学习。自主学习法的核心是学习者自主掌控学习，即不依赖于他人，自主设定学习目标、选择学习内容与学习策略、监控学习过程并对学习进行反思。这种学习方法对学习者本身的学习意识和学习能力要求较高，需要教师有意识地教给学生学习策略以培养学生自主学习能力。

---

① （日）佐藤正夫. 教学论原理 [M]. 钟启泉，译. 北京：教育科学出版社，2001：284.

② 陈佑清. 教学论新编 [M]. 北京：人民教育出版社，2011：226.

2. 合作学习法

合作学习法是学习者通过合作的方式共同来完成学习任务，强调成员之间的相互协作。合作学习法将学习者由独立的形态走向共同体，以集体的力量来解决问题，充分发挥学习者各自优势，同时将学习任务合理拆解为一个个子任务，从而降低任务的难度。合作学习需要处理好如何分组、如何管理、如何评分这三个关键问题[①]，这影响着合作学习法功能的实现。

3. 项目式学习法

项目式学习法是学习者在教师的指导下以一定的项目（主题或问题）为依托展开学习，是一种任务驱动型学习方法。项目式学习法强调学习者在真实的情境解决真实的问题，并将学习成果进行展示交流。这种学习方法将学生的学习靠近专家的研究过程，让学生从学习者变为问题的探究者、研究者，从而培养学生的研究能力、创新能力和解决问题能力。

四、学习方法对学习的影响

对学生而言，最有用的学习是学习过程的学习，也就是让学习者"学习如何学习"，一堂课结束的标志不是学生掌握了"需要知道的东西"，而是学会怎样掌握"需要知道的东西"，而这正是学习方法的价值所在。

（一）培养自主学习能力

联合国教科文组织所发布的《教育——财富蕴藏其中》一书中指出，为了应对未来社会的挑战和冲击，应将"学会认知、学会做事、学会共同生活、学会生存"作为教育的四大支柱，而这四大支柱的背后是学生的自主学习能力，结合全球发展来看，终身教育背景下自主学习能力的培养成为了一种迫切的需要。自主学习能力并不是一朝一夕便能形成的，"随着学习经验、学习技能的增加，自我意识的逐步增强，学生对自己的学习活动的独立监控、判断、评价的日益增多，其自主学习能力就从低级到高级

---

① 高筱卉，赵炬明. 合作学习法的概念、原理、方法与建议 [J]. 中国大学教学，2022（05）：87-96.

发展起来"①。学习工具在自主学习能力发展中起重要作用，具体而言，学习离不开学习工具的支持，在此过程学习工具起着支架的作用即提供问题情境、解决问题的思路与方法，学生沿着教师提供的学习工具逐步掌握学习的方法，形成属于个体的学习工具，并逐步开始独立学习，将个体学习工具用于学习活动中，实现自身自主学习能力的发展。具体而言，借助数字学习工具中的电脑、平板等获取丰富的学习资源，为自主学习的发生提供学习的对象；思维导图、概念图等认知工具能够帮助学习者感悟知识间的联系，提高归纳整理能力，并使学习者在构建过程中对自身思考过程进行监控调节，发展元认知能力，继而促进其自主学习。

（二）提高学习效率，改善教学效果

1955 年 7 月，教育部正式发布了我国第一份"减负"文件《关于减轻中小学生过重负担的指示》，其中指出"现阶段部分地区的中小学生负担过重"的问题。从 1955 年至今，教育部已发布五十余次减负文件，可见学生学业负担现象的严重性。② 造成学生学习负担的原因，一方面是因为课程数量增多，内容范围变广，难度不断提升，另一方面是因为学生并未在多门课程中掌握科学高效的学习方法。因此重视学生学习方法的掌握，教会学生科学高效地学习，能够使学生在短时间内掌握尽可能多的知识，从变中寻找到不变的原则、规律，继而提高学习效率，减轻学业负担，改善教学效果。

（三）促进学生形成核心素养

现代社会的高速发展呼吁人才观念的转变。各国对人才的需求正在逐渐从知识型向素养型人才转变，即需要具有极高适应能力的个体，能够灵活、理智、创造性地处理新问题和情境。学会学习和创新已成为公认的教

---

① 庞维国. 论学生的自主学习［J］. 华东师范大学学报（教育科学版），2001（02）：78-83.

② 李康旗. 高中生数学学习方法的现状及对策研究［D］. 延安：延安大学，2021.

育目标。经合组织（OECD）在 DeSeCo 项目中首次提出了核心素养的概念，指出核心素养是指能够成功应对复杂情境下工作要求的能力，比知识和技能更为广泛，是涵盖了工作所需各种素质的集合体。[1] 党的十八大以来，"落实立德树人根本任务"成为我国教育的基本宗旨，教育部在《关于全面深化课程改革 落实立德树人根本任务的意见》中提出了基于核心素养的课程目标，并贯彻到各门课程中。我国提出核心素养旨在培养适应未来社会需要的必备品格和关键能力，满足立德树人的需求，体现教育的价值。在教育过程中，发展学生的核心素养就是要培养他们成为"会做事的人""会实践的人""会行动的人"，而不仅仅是"有知识的人""会思考的人""会考试的人"。教育育人无需将所有做事的程序教给学生，而是要培养他们具有迁移性的核心素养。[2] 学习方法的掌握是落实核心素养的重要路径之一。教师可通过组织多样活动，使学生在能动参与和独立完成任务的过程中逐步掌握学习方法，积累活动经验，发展应变能力、适应能力、创新能力等。随着将这些能力迁移至其他活动并延伸至生活中，学生能够做到"以不变应万变"，从而提高适应社会发展的能力，最终形成核心素养。

第五节　背景与情境

学习发生的条件复杂而多元，背景与情境作为学习发生的两大核心要素，深刻影响着学习的质量与效果。通过明确背景与情境在学习过程中的重要作用，促进学习的优化与发展。

一、背景及类型

背景是一个宽泛的概念，根据不同的划分标准，背景可以分为多种类

---

① OECD. The definition and selection of key competencies：executive summary [R]. Paris：OECE，2005：4-8.

② 陈佑清，胡金玲. 核心素养导向的课程与教学改革的特质——基于核心素养特性及其学习机制的理解 [J]. 课程·教材·教法，2022（10）：12-19.

型。通过对背景内涵和类型的深入探讨，我们将更加清晰地认识到背景在学习过程中的重要地位。

（一）背景的内涵

人的认知并不是在一块白板上进行的，在学习新知识之前，不同的主体均有了一定的认识，已有的认识作为当下认识的起点，对新知识的获得产生或多或少的影响。不同主体面向同一事物往往会产生不同的认识，根本原因就是背景对于认识的作用。① 《现代汉语词典》将背景解释为："①舞台上或影视剧里的布景。放在后面，衬托前景。②图画、摄影里衬托主体事物的景物。③对人物、事件起作用的历史情况或现实环境。④指背后倚仗的力量。"② 从其内涵可以看出，背景是为了突出主体的辅助性内容。在教学领域，"背景"这个概念最早是由美国语言学家沃尔夫于1941年提出来的，并在外语教学与语文教学中开展了广泛的应用。1996年，联合国教科文组织为促进教育可持续发展开展了国际讨论，埃德加·莫兰发表了《未来教育所必需的七种知识》的报告，提到：在教学中要善于抓住总体的和基本的问题，发展学生把任何信息在一个背景中和一个总体中加以定位的自然的赋能，使他们能够在一个复杂的世界中掌握部分和整体之间的关联与影响，因为人们的认知主要不是依靠精确化、形式化和抽象化而进步的，而是依靠实行背景化和整体化的能力而进步的。③ 在教学中，背景可以理解为学习者已有的整体知识以及有关某一内容的专门知识。整体知识是指在校内外各种活动中所获得经验的总和，而专门知识则是指理解某一内容所需要的专门知识，比如外语学习中的文化背景根据背景来源可以将其划分为生活背景与知识背景。新课改明确指出教学应当与学生的生活相结合，让学生获得适应生活和发展必须具备的知识、思路与经验。生活

① 高岸起. 论知识背景在认识中的作用 [J]. 云南社会科学，2000（04）：9-14.
② 中国社会科学院语言研究所词典编辑室. 现代汉语词典（第7版）[M]. 北京：商务印书馆，2016：57.
③ （法）埃德加·莫兰. 复杂性理论与教育问题 [M]. 陈一壮，译. 北京：北京大学出版社，2004：6-8.

背景与所学事物越吻合，理解便越容易。知识背景是指在学校教育过程中所获得的基础性知识、技能与情感态度价值观。例如，在数学教学中，整数的认识能够为小数、分数的认识提供背景。

（二）背景的类型

1. 个人生活背景

个人生活背景作为每个人独特成长经历的总和，深刻地影响着个体的认知、情感和价值观。在学习的过程中，个人生活背景不仅为新知识提供了理解的土壤，还决定了每个人对同一事物可能产生的不同认识。个人生活背景的内涵极为丰富，它包括了从出生到成长的每一个阶段所经历的家庭环境、社会交往、文化熏陶、教育经历等多方面的因素。这些因素共同构成了一个人的认知框架，决定了其看待世界的视角和方式。每个人的生活背景都是独一无二的，因此，即使面对相同的学习内容，不同的人也会因为各自的生活背景而产生不同的理解和感受。

个人生活背景的表现方式多种多样。首先，它体现在个体的思维方式上。由于每个人的生活经历不同，因此，在面对问题时，人们往往会根据自己的生活经验来思考，形成独特的思维模式。这种思维模式不仅影响着个体的学习过程，还决定着其解决问题的能力和方式。其次，个人生活背景还表现在个体的情感反应上。每个人的情感反应都是基于自己的生活背景而形成的。对于相同的事物，有的人可能会感到亲切和熟悉，而有的人则可能会感到陌生和疏离。这种情感反应不仅影响着个体对学习内容的接受程度，还决定着其在学习过程中可能产生的情感体验。此外，个人生活背景还影响着个体的价值观。价值观是个体对生活中各种事物和现象的评价标准，它决定了个体在面对选择时可能做出的决策。由于每个人的生活背景不同，因此，其价值观也会有所不同。这种价值观的差异不仅影响着个体的学习态度和动力，还决定着其在未来生活中可能做出的行为选择。

在教育领域，充分认识和利用个人生活背景的重要性不言而喻。教师需要了解每个学生的生活背景，以便更好地理解他们的学习需求和困难，从而制订出更加贴合学生实际的教学计划。同时，教师还需要帮助学生认识到自己的生活背景对学习的影响，引导他们积极利用自己的生活经验来理解和掌握知识，提高学习效果。

2. 知识发生的背景

知识发生的背景涵盖了知识产生、发展和应用过程中所依赖的各种条件和因素。这些背景因素不仅影响着知识的形成和演变，也深刻地塑造了我们对世界的理解和认知。首先，知识发生的背景包括历史背景。每一个知识点都是在特定的历史环境下产生和发展的。例如，科学知识的进步往往与当时的社会、政治和经济环境紧密相连。在数学领域，古希腊的几何学与当时的哲学思考密不可分；而在近代，物理学的革命性进展则与工业革命和科技进步息息相关。历史背景为知识提供了深厚的土壤，使其得以生根发芽。其次，文化背景也是知识发生背景的重要组成部分。文化是一个民族或社会在长期历史发展过程中形成的共同价值观念、信仰、习俗等的总和。不同的文化背景下，人们对同一事物可能会有截然不同的理解和解释。例如，在东方文化中，哲学思想往往强调天人合一、和谐共生；而在西方文化中，则更加注重逻辑分析、实证探究。这种文化差异也反映在不同学科的知识体系中，使得知识呈现出多元化的特点。此外，知识发生的背景还包括技术背景。随着科技的飞速发展，新的研究工具和方法不断涌现，为知识的产生和应用提供了强有力的支持。例如，在生物学领域，基因编辑技术的出现使得人类能够以前所未有的方式干预生命的进程；在计算机科学领域，人工智能和大数据技术的发展则推动了信息处理和知识挖掘的革新。技术背景的不断变化，为知识的发展提供了新的动力和可能。知识发生的背景还表现为知识本身的逻辑关系和内在结构。每一个知识点都不是孤立存在的，而是与其他知识点相互关联、相互支撑的。这种逻辑关系构成了知识的网络结构，使得我们能够更加系统地理解和掌握知识。同时，知识的内在结构也反映了人类思维的特点和规律，为我们提供了认识世界的重要工具。深入理解知识发生的背景，有助于我们更加全面、深入地掌握知识。

3. 社会生活背景

社会生活背景涵盖了人们在特定社会环境下所经历的种种生活现象与条件。这些背景因素不仅塑造了人们的思维方式和行为模式，也深刻地影响了社会文化的形成和发展。从内涵上看，社会生活背景是指个体或群体在特定社会环境中，通过日常生活实践所形成的生活经验和文化背景。它包括了物质生活的方方面面，如经济状况、职业环境、居住条件等，也涵盖了精神文化层面，如价值观念、风俗习惯、宗教信仰等。这些因素共同构成了人们生活的社会环境，为人们提供了认识世界和理解社会的基础。在社会生活背景的表现方面，我们可以从多个维度进行观察和分析。首先，在物质生活层面，不同的社会背景导致了人们经济状况的多样性。例如，在发达社会中，人们可能享有较高的生活水平和丰富的物质资源；而在发展中或贫困地区，人们可能面临生活困难和资源匮乏的挑战。这种物质生活的差异，直接影响了人们的学习方式与学习观念。其次，在职业环境方面，社会生活背景也表现出了明显的差异。在不同的社会背景下，人们的职业选择和职业发展路径可能截然不同。此外，在精神文化层面，社会生活背景也呈现出丰富多彩的特点。不同的社会背景下，人们的价值观念、道德观念和宗教信仰可能存在显著的差异。这些差异不仅影响了人们的思维方式和行为模式，也塑造了不同社会的文化特色和精神风貌。但社会生活背景并不是一成不变的。随着社会的不断发展和进步，人们的生活条件和文化环境也在不断变化和演进。因此，需要以动态的眼光来看待社会生活背景，不断适应和应对社会的变化和挑战。

二、背景对学习的影响

在实际教学过程中，仍然存在着教师主导，学生直接接受的情况，对于被迫接受的知识，学生往往感到枯燥乏味，并对学习产生抵触情绪。了解学生已有的生活背景与知识背景能够有利于创设更贴切生动的情境、选择更具针对性的教学内容，使教师关注认知动态发展过程，为其提供个性化支持，促进学生认知发展、强化学生在学习过程中的情感体验，提升学习的整体质量与效果。

（一）促进学生认知发展

现代认知心理学认为，人的认识是外界客体信息与主体头脑内部信息相互作用的过程，学习不仅仅是信息的简单传递与接收，而是个体与环境相互作用、建构认知结构的过程。在这一过程中，背景知识起到了举足轻重的作用，为学生认知的发展提供了有力的支持。首先，背景知识是学生认知发展的基石。学生在学习新知识时，并非从零开始，而是基于已有的知识和经验进行建构。这说明，背景影响着主体对外界事物的感知能力。有关知识的背景越丰富，那么接受和理解知识的能力也就更强。背景知识为学生提供了认知的起点，帮助他们更好地理解和吸收新知识。其次，背景知识有助于提高学生的信息处理能力。学生需要具备筛选、整合和应用信息的能力。背景知识为学生提供了筛选信息的标准，使他们能够更快地找到与学习内容相关的信息。同时，背景知识还能够帮助学生整合信息，将新知识与已有知识相联系，形成更加深入的理解。当学生遇到与背景知识相关的新信息时，他们能够快速将其纳入自己的认知结构中，形成更加完整和系统的知识体系。此外，背景知识有助于培养学生的批判性思维。批判性思维是认知发展的重要组成部分，它要求学生能够独立思考、分析问题并做出判断。背景知识为学生提供了思考的素材和依据，使他们能够更加深入地分析问题，提出有见地的观点。同时，背景知识还能够帮助学生辨别信息的真伪和优劣，提高他们的信息鉴别能力。背景知识在学习中为学生提供了认知的起点和支撑，因此，在实际教学中，教师应充分重视并利用学生的背景知识，通过创设生动的教学情境、选择针对性的教学内容以及提供个性化的支持等方式，促进学生的认知发展。

（二）获得情感体验

在学习过程中，学生不仅仅是接受知识的容器，更是情感体验的主体。背景知识的引入，为学生提供了丰富的情感体验素材，使他们能够在学习过程中获得深刻的情感体验。首先，背景知识能够帮助学生感受知识的内涵，从而产生情感共鸣。知识不仅仅是抽象的概念和理论，更是蕴含着人类智慧与情感的结晶。当学生在学习过程中接触到与背景知识相关的内容时，他们能够更好地理解知识的内涵，感受到其中蕴含的情感价值。例如，在学习历史课程时，了解历史事件的背景和人物的情感经历，可以使学生更加深入地理解历史事件的意义和影响，从而产生强烈的情感共鸣。其次，背景知识能够使学生接受文化的熏陶，培养良好的品格。文化是一个民族的精神的集中体现，蕴含着丰富的道德观念和价值追求。通过引入与学习内容相关的文化背景，学生可以接触到不同文化的精华，受到其优秀品质的熏陶。这种熏陶不仅能够培养学生的审美能力和文化素养，更能够引导他们树立正确的价值观念，形成良好的品格。此外，背景知识还能够激发学生的学习兴趣和动力。当学习内容与学生的生活经验和情感需求产生共鸣时，他们会更加投入地学习，积极探索知识的奥秘。背景知识的引入，为学生提供了一个与学习内容紧密相关的情感连接点，使他们能够在学习过程中产生积极的情感体验，从而增强学习的主动性和自觉性。情感体验是学习过程中的重要组成部分，它能够促进学生的认知发展、提高学习效果。而背景知识的引入，正是为学生提供了获得情感体验的重要途径。在实际教学中，教师应充分重视背景知识的引入，将其与教学内容相结合，为学生创造一个充满情感体验的学习环境。

（三）提升学习的整体质量和效果

背景知识不仅是学习的起点，更是促进学生深度理解和应用新知识的重要工具。一方面，背景知识为学生的学习提供了坚实的基础。在学习新知识时，学生如果能够将其与已有的背景知识相联系，就能更快速地理解和吸收新内容。这种联系不仅能够帮助学生形成完整的知识体系，还能够提高他们的记忆效果。背景知识还可以帮助学生填补信息的空白，使他们能够更好地理解和记忆文本或课程中的详细内容，具有丰富背景知识的学生在学习新内容时表现出较强的理解能力和记忆力。另一方面，背景知识还能够激发学生的学习兴趣和动机。当学生发现学习内容与自己的生活经验和兴趣点紧密相关时，他们会更加投入地学习，积极探索新知识。这种兴趣和动机的激发有助于学生在认知发展过程中保持持续的学习动力和探索精神。此外，背景知识还能够指导学生如何应用所学知识解决实际问题，提高他们的实践能力和创新精神。在学习的过程中，学生不仅需要理解知识本身，还需要对知识的来源、真实性和价值进行判断，背景知识能够为学生提供解决问题的思路和方法，帮助他们更好地应对复杂的学习任务。当学生在面对复杂问题时，如果他们能够运用相关的背景知识进行分析和推理，那么他们就更有可能找到有效的解决方案。总体而言，背景知识对学习效果具有一定影响，能够帮助学生更快地理解和吸收新知识，提高记忆效果，激发学习兴趣和好奇心，以及提升问题解决能力。因此，在教学过程中，教师应注重学生背景知识的重要性，并引导学生有效地利用这些知识来促进学习。

三、情境及类型

学习发生的条件中，情境作为关键因素之一，其内涵与类型的理解对于深化学习理论研究、优化教学实践具有重要意义。

（一）情境的内涵

"情境"一词被广泛应用于教育学、心理学、语言学等多个学科，但在不同的领域其界定也各有不同。最早由国外学者提出，并根据英语单词"situation"翻译而来，许多学者也将"context"翻译为"情境"，两者在多数时候可以进行互换，但也存在一定程度的差别。"Situation"一般多被用于教育教学、学习领域，多指事物所处的环境、情况、形势、局面等，如情境认知理论（Situated Cognition Theory）使用"situation"一词表示学习者所处的环境；而"Context"则更多依附文本中的上下文语境和背景信息，如在国际大规模评价项目中，PISA 使用"context"，国内也多将其翻译为"情境"。《辞海》将情境界定为："一个人在进行某种行动时所处的特定背景，包括机体本身和外界环境有关因素。"① 在教育领域，我们一般将情境定义为：与学生所学习的内容相适切的、包含问题的生活事件。②

情境一般需要同时具备三个特征：真实性、实践性和社会性。③ 其中真实性是指，情境应当是人的活动与行为赖以存在的真实世界中的情境，即使是虚构的情境也应包含真实因素；实践性是指情境应该是人们从事实践活动的情境，是人们与外部世界相互作用、相互影响等实践活动发生的场景，而不是完全脱离实践的某种抽象的或符号化的情境；社会性是一切实践活动的本质特性，因此情境也应涵盖一定的社会关系，促进人的社会化进程。除此以外，教学过程中的情境还应体现复杂性特征。真实性在某种意义上就意味着复杂性。在简单性思维的影响下，当前设计的学习情境大多是简单的，学生将按照预设的轨道推演出早已确定的结论，缩减了生成的空间。然而，一旦学生遇到现实生活中的复杂事件，便很难正确应用所学知识。这类学习情境不能引导学生真正理解知识的含义，也无法发展他们应用知识解决实际问题的能力。因此，教学过程中所设计的情境应当是复杂的，应保持事件的完整性，保留事件全部的基本元素，避免以知识内容为标准来任意剪裁事件。④

（二）情境的类型

经济合作与发展组织（OECD）自2000年开始展开的"国际学生评估项目"（即PISA），每隔三年对OECD成员国和其他参与国家（地区）15岁左右学生进行阅读、数学和科学素养的测试，以评价学生在义务教育结束时将所学知识应用于具体情境中的能力。从类型上来看，PISA框架对

---

① 夏征农，陈至立. 辞海［M］. 上海：上海辞书出版社. 2000：2810.
② 赵蒙成. 学习情境的本质与创设策略［J］. 课程·教材·教法，2005（11）：23-27.
③ 张琼，胡炳仙. 知识的情境性与情境化课程设计［J］. 课程·教材·教法，2016（06）：26-32.
④ 赵蒙成. 学习情境的本质与创设策略［J］. 课程·教材·教法，2005（11）：23-27.

情境所作的分类得到了较广泛的应用，该框架使用欧洲理事会制定的《欧洲共同语言参考框架》（CEFR）改编的类型学对情境进行分类。在 PISA 评价项目中划分了个人情境、教育情境、职业情境、公共情境这几种情境类型。

1. 个人情境

个人情境在 PISA 评价项目中占据着重要地位，它主要关注的是学生如何将所学知识应用于满足个人兴趣和需求的实际场景中。这一情境类型旨在评估学生在日常生活和休闲活动中，如何有效地运用阅读、数学和科学等基本技能。首先，个人情境的内涵非常丰富，它涵盖了个人生活的多个方面。这包括但不限于个人的兴趣爱好、情感表达、信息获取和处理等。在这一情境下，学生可能通过阅读不同类型的文本来满足自己的知识和情感需求。这些文本不仅有助于提升学生的阅读理解能力，还能帮助他们更好地理解和应对生活中的各种挑战。其次，个人情境还涉及电子媒介的使用。在数字化时代，电子邮件、即时消息和博客等电子媒介已成为人们日常生活的重要组成部分。学生在这些平台上进行信息交流和情感表达时，需要运用阅读、写作和沟通等技能。因此，PISA 评价项目也将这些电子媒介的使用纳入个人情境的考察范围。此外，个人情境还强调个人与他人关系的建立和维护。通过阅读信件、参与社交活动等方式，学生可以学习如何与他人建立联系、理解他人的观点和情感，并发展出有效的沟通技巧。这些技能对于个人在社会中的生存和发展具有重要意义。

2. 教育情境

教育情境侧重于评估学生在教育环境中如何运用所学知识和技能，特别是通过阅读专门为教学目的设计的文本。这一情境类型不仅反映了教育过程的实际需求，也体现了学生终身学习和发展的基础。教育情境的内涵丰富多样，它涵盖了教育过程中的多个方面。印刷教科书、电子教科书和交互式学习软件等是教育情境的典型材料，这些材料经过精心设计，旨在帮助学生获取知识、提升技能和理解概念。同时，教育情境还涉及学生在课堂上进行的各种学习活动，如小组讨论、项目研究等，这些活动都需要学生运用阅读、写作、数学和科学等基本技能。其次，教育情境强调学生的主动性和参与性。虽然教育材料通常由指导教师指定，但学生在阅读和理解这些材料的过程中需要发挥主观能动性，积极思考、分析和解决问题。同时，教育情境也鼓励学生参与课堂讨论和合作学习，通过与他人交流和分享来深化对知识的理解和应用。此外，教育情境还关注学生的学习过程和策略。在阅读专门为教学目的设计的文本时，学生需要掌握有效的阅读策略，如预测、推理、总结等，以便更好地理解和吸收信息。同时，学生还需要学会如何有效地利用教育资源，如图书馆、互联网等，以获取更多的学习资料和信息。

3. 职业情境

职业情境旨在评估学生在完成实际工作任务时，将所学知识应用于具体职业场景中的能力。这一情境类型不仅反映了现代社会对职业技能的需求，也体现了教育对于培养学生未来职业发展的重要性。职业情境涵盖了学生在未来职业生涯中可能遇到的各种情境和任务。这些任务可能包括找工作、遵循工作场所的指示、与同事和客户进行有效沟通等。为了完成这些任务，学生需要掌握一定的职业技能和知识，如阅读和理解工作文件、运用数学知识进行计算和分析以及运用科学知识解决实际问题等。其次，职业情境强调学生的实践能力和问题解决能力。在职业情境中，学生不仅需要掌握理论知识，更需要将这些知识应用于实际工作中。他们需要学会分析问题的本质，提出有效的解决方案，并付诸实践。这种实践能力和问题解决能力是学生在未来职业生涯中取得成功的关键。此外，职业情境还注重学生的职业素养和团队合作能力。在现代职场中，良好的职业素养和团队合作能力对于个人职业发展至关重要。学生需要学会尊重他人、遵守职业规范、积极参与团队合作，并能够在团队中发挥自己的优势，共同完成任务。在 PISA 评价项目中，职业情境的设置充分考虑了现代社会职业发展的多样性和变化性。评估任务不仅包括传统的职业技能，还涵盖了新兴职业领域的知识和技能。

4. 公共情境

公共情境聚焦于学生在更广泛的社会背景和公共事件中的参与和应对能力。这种情境类型不仅反映了学生作为社会成员的角色和责任，也体现了教育在培养学生社会素养和公民意识方面的重要性。公共情境涵盖了学生在日常生活中与更广泛社会活动和关注点之间的交互。这些活动可能包括关注官方文件、了解公共事件的信息、参与社区讨论等。在这些情境中，学生需要理解并应对各种公共议题，例如社会问题、政治议题、环境保护等。这种理解和应对能力要求学生具备批判性思维、信息筛选和整合的能力，以便能够准确理解问题、形成观点并有效表达。

其次，公共情境强调学生的社会责任感和公民意识。作为社会的一员，学生需要了解并关心社会的运行和发展，积极参与社会公共事务，为社会的进步贡献自己的力量。在公共情境中，学生需要学会如何与他人合作、沟通、协商，以共同解决社会问题。这种合作和沟通能力对于培养学生的团队合作精神和领导能力具有重要意义。此外，公共情境还关注学生的信息素养和网络素养。在现代社会，信息技术和互联网已经成为人们获取和交流信息的主要渠道。在公共情境中，学生需要学会如何有效利用这些工具，搜索、筛选、整合和分享信息。同时，他们还需要具备网络安全意识，保护自己的隐私和信息安全。在 PISA 评价项目中，公共情境的设置充分考虑了现代社会的发展和变化。通过评估学生在公共情境中的表现，可以了解他们在面对现实社会问题时的思考方式和应对策略，从而为教育改革和社会发展提供有价值的参考。

四、情境对学习的影响

在教育中，情境有着复杂深远的意义。"学习不可能脱离具体的情境而产生，情境是整个学习中的重要而有意义的组成部分，情境不同，所产生的学习也不同，学习受到具体的情境特征的影响。"[1] 情境对学生的学习具有多方面影响。

（一）凸显学生主体，提升学习效果

在新课标的指导下，教育以学生的核心素养培养为核心，更加注重学生的主体性和主动性，情境学习恰好能够凸显学生的主体地位，进而提升学习效果。一方面，情境能够将抽象乏味的知识转化为生活事件，让学生在过程中获得丰富的感受和情感体验。例如，在语文教学中，可以通过创设情境让学生从过去字词句篇的分析和训练中脱离出来，继而去体验文章中真善美的意境，激发学生想象、交往的愿望和冲动。[2] 另一方面，情境学习通过设计与学生生活、兴趣紧密相关的场景，使学生能够主动参与到学习过程中，从被动接受知识转变为积极探究和构建知识。这种学习方式不仅提高了学生的学习兴趣，还培养了他们的自主学习能力和解决问题的能力。此外，情境学习能够使学生通过亲身实践和体验来理解和掌握知识。在情境学习中，学生可以自由表达自己的观点和想法，与同伴进行交流和合作，共同解决问题。在这种情境下，学生不再是知识的被动接受者，而是成为学习的主导者，通过亲身实践和体验来构建和理解知识。并且，情境学习作为一种有效的教学方法，有效帮助学生深度理解和内化知识。通过创设与现实生活紧密相关的情境，学生能够将抽象的知识与具体的生活实践相结合，形成直观、生动的认知。这种学习方式有助于激发学生的学习兴趣和积极性，提高学习效果。

（二）创设学习情境，促进有意义的学习

新课标强调知识的应用性和实践性，而情境学习正是通过创设真实或模拟的学习情境，使学习内容与现实生活紧密相连，促进学生的有意义学习。若仅凭学生在情境中的直觉经验获取知识，那么难免会出现认识肤

---

① 姚梅林. 从认知到情境：学习范式的变革 [J]. 教育研究，2003（02）：60-64.

② 祝辉. 情境教学研究 [D]. 上海：上海师范大学，2005.

浅、耗时的问题。例如，儿童看到同样重量的铁块沉下去、木块浮起来就会认为铁块的重量比木块重。同样，若只通过教师讲解抽象符号、学生直接接受定论的方式开展教学，其弊端也显而易见，极易使知识脱离文化性、境域性。因此，为解决问题，创设情境不失为一条有效的途径。在情境学习中，学生可以在模拟的情境中运用所学知识解决实际问题，这种学习方式有助于将抽象的知识转化为具体的实践，加深学生对知识的理解和记忆。并且，创设情境有利于学生按照知识产生、发展脉络进行学习，帮助他们解决问题并深刻理解知识。知识本身具有情境性，相对于知识的一般性、抽象性而言。学习者的理解、掌握和运用知识需要情境的支撑，情境提供了知识掌握和运用的背景，同时影响其习得。在不同情境中，知识可能具有不同意义，丰富多样的情境能够为知识提供丰富的附着点和生长点，促进学习者有意义的学习。

（三）注重学习过程，让学习真实发生

在新课标的引领下，教学过程中越来越注重学生的学习过程和学习体验，而非仅仅关注学习的结果。情境学习作为一种有效的教学方法，能够使学生在学习过程中获得丰富的情感体验和认知体验，使学习变得更加真实和深刻。情境学习强调学习过程的真实性和实践性。在情境中，学生可以亲身体验知识的形成和应用过程，通过参与各种活动和任务来探究和解决问题。这种学习方式不仅能够帮助学生深入理解知识的本质和内涵，还能够培养他们的实践能力和解决问题的能力。与传统的课堂教学相比，情境可以将被淡化的情感、意志、态度等心理要素重新确定为教学的有机构成，将学生的兴趣、特长、态度、价值观等素质的重要构成重新确立重要位置，更加注重学生的实际操作和实践经验，使学习变得更加真实和有意义。此外，情境学习还能够帮助学生建立正确的学习态度和价值观。在情境中，学生可以感受到学习的乐趣和价值，从而更加珍惜和重视学习的过程。情境有助于关注学生在学习过程中的体验和感受，对于学生未来的成长和发展具有重要的影响。

第八章
学习的样态及其设计

学习样态是指学生在学习过程中所呈现出的各种行为和表现方式，关注学生在学习过程中的行为表现，并反映了学生的学习过程、学习方式和学习效果。随着以核心素养为导向的课程改革逐渐深入，学生学习过程、学习方式的变革成为改革的焦点，基于对学习发生的维度和条件的分析，学习的学习样态呈现出多元化的特征，本章主要讨论具身学习样态、关系学习样态、问题解决学习样态、实践学习样态。

第一节　具身学习样态

在当前教育过程中，学生被要求克制身体欲望。成长中的身体失去活力、意志，成为被动、悲观、呆滞的身体，身体内涵被简化为肉体或躯体。[①] 对身体的错误与片面认识导致教育的终极目标成为塑造理性和传递知识，随之而来的是感性的贫穷、身体主义的失落。针对身心二元、主客分离等弊端，具身认知理论为理解身心关系提供了新的视角，为重构学习过程开辟了新的途径。通过整理具身认知理论发展历程及基本主张，阐明具身学习样态过程，进一步总结其基本特征。

一、具身认知：具身学习样态的理论基础

具身认识理论作为第二代认知科学，有着深远的研究历程。该理论主张认知的具身性、环境嵌入性与整体性，旨在重新认识身体"感知—运动"系统在认知过程中的作用，与传统认知科学所强调的思维计算和表征

---

① 李政涛. 身体的"教育学意味"——兼论教育学研究的身体转向 [J]. 教育理论与实践，2006（21）：6-10.

的本质截然不同，为理解学习提供了新视角。

（一）具身认知理论及其发展

具身认知源于哲学思辨。具身思想提出前，身心二元论长期占领主流地位。柏拉图将世界区分为感性世界与理念世界，感性世界依赖于人的身体感官感知理解世界，理念世界依托于人的理智与思维，只有人们摆脱身体束缚，超越感官局限才能抵达理念世界。[①] 该划分使身体与灵魂、欲望与理性呈现截然对立的态势。笛卡尔同样将身体与思维看作独立实体，提出"我思故我在"著名命题。身心二元论视角下，人要么是灵魂、精神，要么是被动的物质，而重新审视身体和心灵的关系，是摆脱这种非此即彼选择的关键。

尼采首先提出"肯定对肉体的信仰，胜于对精神的信仰"[②]。海德格尔强调"我"和"世界"的关系是浑然一体、水乳交融的，虽未明确指出身体对于认识的重要性，但摒弃了主客二分的认识模式，突出了外界环境、他人对于个体认识的影响，是具身认知理论"认知—身体—环境"关键思想的重要来源。法国身体现象学家梅洛-庞蒂在《行为的结构》一书中最早系统阐明身体、环境等因素在认知活动中所发挥的作用，并在《知觉现象学》中进一步确立了身体的主体地位，指出："知觉是一切行为得以展开的基础，是行为的前提。"[③] "身体本身就在世界中，就像心脏在机体中。当我在我的寓所里走动时……我当然能在思想中俯视寓所，想象寓所，或在纸上画出寓所的平面图，但如果不通过身体的体验，我就不可能理解物

---

① （古希腊）柏拉图. 斐多：柏拉图对话录之一 [M]. 杨绛，译. 沈阳：辽宁人民出版社，2000：56.

② （德）尼采. 权力意志——重估一切价值的尝试 [M]. 张念东，凌素心，译. 北京：商务印书馆，1998：178.

③ （法）莫里斯·梅洛-庞蒂. 知觉现象学 [M]. 姜志辉，译. 北京：商务印书馆，2001：5.

334　　学习发生论——深度教学的学习机制研究

体的统一性。"① "桌子的尺寸和高度让我们的身体有所依托，这是它的实用意义，而这个意义源于我的身体构造；它是我父母的遗物，附着有父母对我的养育之恩和我对父母的思念，因而它有了情感意义；桌子的形状古朴大方，放在那里让我的居室古色古香，这是它的美学意义。这一切都是我的身体构造和生活体验决定的。若离开了身体，桌子的意义就无从谈起。"② 梅洛-庞蒂描绘了具身认知的雏形，开辟了突破主客二元论的新道路。

在心理学领域，皮亚杰将动作看作感知起点与思维基础③，认识不来自客体，也不来自主体，而以动作为中介的客体与主体之间的相互作用为来源④。维果茨基认为高级心理活动源于外部活动，在内化中逐步进入头脑，即高级心理活动的形成基础是身体活动。⑤ 在最近发展区理论中，维果茨基突出强调社会文化环境的重要性，师生在教学过程中形成"学习共同体"⑥，在社会互动中建构意义。

在生理学领域，意大利帕尔马大学神经科学中心发现了镜像神经元，为具身认知引入了实证要素。在猴子大脑皮层中有一类特殊的神经元，既能响应自身动作，又能在观察同类或人类行为时被激活，像镜子一样映射外界动作。⑦ 基于此，心理学家借助技术手段对人脑进行类似实验，发现

---

① （法）莫里斯·梅洛-庞蒂. 知觉现象学 [M]. 姜志辉，译. 北京：商务印书馆，2001：261.

② 叶浩生. 身体的教育价值：现象学的视角 [J]. 教育研究，2019 (10)：41-51.

③ 张博. 从离身心智到具身心智：认知心理学研究范式的困境与转向 [D]. 长春：吉林大学，2018.

④ 刘丽红. 皮亚杰发生认识论中的具身认知思想 [J]. 科学技术哲学研究，2014 (01)：51-55.

⑤ 张博. 从离身心智到具身心智：认知心理学研究范式的困境与转向 [D]. 长春：吉林大学，2018.

⑥ 麻彦坤. 维果茨基对现代西方心理学的影响 [D]. 南京：南京师范大学，2006.

⑦ 叶浩生. 镜像神经元：认知具身性的神经生物学证据 [J]. 心理学探新，2012 (01)：3-7.

人脑中也存在镜像神经元，能通过与外界环境的交互以及体验理解他人的行为，且可以延伸至通过观察他人行为激活自身执行这一行为①，进一步证明了人是通过身体体验与感受来认知世界的。

20世纪末，语言学家莱考夫和约翰逊对认知科学的发展历程进行了明确区分，将以表征主义等为代表的离身认知科学归为第一代认知科学，强调身心一元论的认知科学为第二代认知科学，即具身认知科学。这一划分使我们更清晰地理解认知科学的历史演变及其不同阶段的特征。

（二）具身认知理论的基本主张

目前，具身认知流派较多，学界还并未形成统一的概念界定，大致可将其基本主张归纳为：认知的具身性、认知的环境嵌入性与认知的整体性。

1. 认知的具身性

认知的具身性指认知与身体联系紧密，其形成与发展均依赖于身体的物理属性。心理学家瓦雷拉说明人的颜色体验不是外部世界预先赋予的，也不是心智单独表征的，而是在个体的体验中逐步获得的。② 身体不仅塑造着对外界物质属性的认识，对于抽象概念的认识也有所帮助。例如："冷淡"和"热情"的抽象概念源于人的身体对于外界温度"冷"和"热"的感性认知，日常生活中常使用的上下左右前后等方位词，也是基于认知主体的身体所提出的。③ 综合可知，身体直接影响着人的认知，认知与身体无法分离。

2. 认知的环境嵌入性

认知的环境嵌入性指绝大多数认知活动是情境化的或者说与外界环境

---

① 殷明，刘电芝. 身心融合学习：具身认知及其教育意蕴 [J]. 课程·教材·教法，2015（07）：57-65.

② （智利）瓦雷拉. 具身心智：认知科学和人类经验 [M]. 李恒威，等译. 杭州：浙江大学出版社，2010：157.

③ 张博. 从离身心智到具身心智：认知心理学研究范式的困境与转向 [D]. 长春：吉林大学，2018.

直接相关。持激进具身观的学者们主张，认知信息不仅蕴含于大脑和身体结构之内，更广泛地分布于外部环境之中为人们所共享与利用。[①] 这里所指的环境既包括认知或行为发生时个体所处的情境，还包括借助其他工具手段对现实环境的模拟和再现，以及蕴含在环境之中的文化、规范、行为规则等。具身认知所强调的环境嵌入性突破了传统认知心理学的局限，建立了内部心智与外部环境的密切联系。

3. 认知的整体性

具身认知理论从整体视角审视认知，指出认知并非是头脑内部的孤立事件，而是由诸多因素相互作用所构成的整体事件，是物理、生理和心理过程的耦合循环。其中物理过程是外部环境对人体器官的刺激，涵盖温度、光照、颜色等物理因素；生理过程是对神经系统的激活；心理过程包含认知（如感知、记忆、思维等）、情感（对事物的态度体验）和意志（有意识地克服困难以达成目标）等方面。[②] 物理、生理和心理三者在认知过程中相互关联、循环作用，构成了一个动态有机系统。综合来说，认知是个体身体、心灵和环境相互影响的生成过程。

（三）具身学习的内涵

具身认知理论的兴起为人们理解学习、促进学习提供了一个新视角，对教育领域产生了革命性的影响。相关研究者发现传统心理学影响下的教学设计带有很强的"离身"烙印，将教学过程视为传授既定客观知识的过程，忽视学生自身经验与生活实际，造成知识与经验、知识与情景相脱离的教育症结，使得学习成为发生在"脖颈以上"的无身学习。中国古代早在《尚书·商书·说命中》中提到"非知之艰，行之维艰"说明理解道理并非难事，然而将其真正付诸实践却十分艰难。相应的，学生在进行学习时，应该明晰地认识到，掌握理论知识固然重要，但实际运用却十分不

---

① 何静. 具身认知的两种进路 [J]. 自然辩证法通讯，2007（03）：30-35＋110.
② 王美倩. 具身视野下教育中人与技术关系重构的理论探索 [D]. 武汉：华中师范大学，2018.

易。学习应该是一种启发式、思辨性的过程，而非简单的灌输知识和死记硬背进行学习，这只会使理论和实践之间产生巨大鸿沟。只有将所学知识运用到实际中，才能真正领悟其内涵与意义。这需要学生在学习过程中不断思考、实践，在实际操作中累积实践经验，才能真正理解与掌握所学内容。因此，在教学过程中应注重理论与实践的有效结合，思考与实际操作的结合，方能使学生取得更为丰硕的成果。前有孔子"多闻择其善者而从之，多见而识之，知之次也"这句箴言，强调了广泛学识的重要性，以选择优秀的榜样为导向，透过见闻来辨识，从而达到对于事物的认知。后有王阳明提出"知行合一"的理念，强调认知与行动应当合二为一，不可割裂。因此，无论是古代圣贤还是后世哲人，都诠释了知识与实践之间的紧密联系，知识与现实情境应当相互融合，不能脱离实际行动的根本。在追求知识的道路上，不可只空谈空论，要用理论、认知来推动实践，进一步用实践来修正或补充理论和认知。意识到具身经验对学习效果的提升，开始重新阐释依赖于身体参与的学习活动——具身学习（Embodied Learning），"即学习者在生活、工作或学习中通过身体及其感知运动系统与环境的交互，获取具身经验，使个体在行为或行为潜能上产生积极的、相对持久的变化的过程"[①]。因而，具身学习既包括通过学校教育中的具身学习设计，获取知识或技能提升的过程，也包括通过社会培训、家庭教育等形式积累具身学习体验，获得心理、情感和行为发展的过程。

二、具身学习样态的过程

从具身认知的角度来看，具身学习是基于身体感知的认知构建过程。在此过程中，认知和体验扮演了重要角色，具身学习既是学习者通过体验进行反思的过程，也是学习者通过反思构建自身体验的过程。"因此，身

---

① 陈醒，王国光. 国际具身学习的研究历程、理论发展与技术转向 [J]. 现代远程教育研究，2019 (06)：78-88＋111.

体、体验、认知和反思成为具身学习的四大要素。"① 具身学习既包括基于自身身体体验的自我学习建构过程，也包括学习者之间的交互学习建构过程。两者均依托于具身学习环境，具身环境是具身学习的发生场域。

（一）自我学习建构过程

自我学习建构过程具体描述了身体、体验、认知、反思四种学习要素之间的关系，按照学习启动点分类，可划分为直接学习建构过程和间接学习建构过程，前者由身体感知开始，后者由认知知识开始。

直接学习建构过程是身体直接参与的直接学习，具体指"身体—体验—认知—反思"过程。艾斯特·西伦（Esther Thelen）指出："认知源于身体与世界的相互作用，心智依赖机体的各种经验，这些经验来自具有独特知觉和运动能力的身体。"② 具身行动可以将抽象的、无法借助语言描述的知识与可观察的、可感知的、可表达的认知联系，建立思想世界与语言世界、可见世界与不可见世界的联系。③ 同时，具身行动能够进一步唤醒学习者的身体及心理体验，并在此基础上将新认识纳入已有的认知结构（同化）或者通过新认识改善已有的认知结构（顺应）。但是经过同化或顺应的认知结构不能立刻指导学习者的后续行为，需要经过学习者个体的反思过程。反思是对学习者认知的第二次调试，既能使认知匹配学习情境所承载的学习挑战，也有助于达成学习目标，进一步指导学习者有效地行动。直接学习建构过程明确了以身体为载体的具身行为对认知的支持和建设作用，体验参与了认知的建构和重组，反思提升了学习者的心智技巧，两者都是有效学习的工具。但身体并不仅仅是直接学习建构过程中的被动工具，也是主动的操作者，身体能够通过特定的行为来改变学习者的个体

---

① 宋耀武，崔佳. 具身认知与具身学习设计 [J]. 教育发展研究，2021（24）：74-81.

② Esther T. The Dynamics of Embodiment：A Field Theory of Infant Preservative Reaching [J]. Behavioral and Brain Sciences，2001（24）：1-86.

③ 宋岭. 具身课程知识观及其知识生成路径——默会认识论的启示 [J]. 中国教育学刊，2022（02）：46-50.

体验并进而影响其认知和后续的反思。例如，习惯讲授法的学习者初次面对小组讨论学习法并不一定能够适应，但是在身体参与小组讨论的过程中，产生投入和成就体验，进而产生"小组讨论法更能帮助我理解知识"的认知。

此外，具身视角下主体虽需要借助身体知觉理解知识，但简单地将身体放在学习过程中并不会直接引起学习效果，在学习过程中主动地对具身活动中自身的行为、体验、经历进行反思尤为重要，是升华所学、提质增效的关键。[①] 通过对"身体—体验—认知"过程进行反思可以帮助学习者判断具有主体性特征的身体所引发的身体体验与后续的认知能否与学习情境所承载的学习挑战相匹配、是否有助于学习目标达成。由于学习时间的有限性、学习内容的规模性和学习情境的限制性等因素都是直接学习发生的阻碍，间接学习成为了学习的最主要方式。

间接学习建构过程描述了身体在间接学习过程中的中介作用，具体指"认知—体验—身体—反思"过程。具身认知理论认为描述某个理论会激发学习者大脑中的心理体验，体验能够帮助认知转化为大脑的动作，这一动作涉及某一知识、理论或概念与个体意义的相关程度，也与个体动态的心理表征有关，当学习者"在进行推理、问题解决、意义建构、产生推论时，他们也在运用动作和感官"[②] 等具身动作。具身认知理论认为，越抽象、越难以描述、越难理解的知识和认知结构，越需要学习者发展有助于理解的心理动态图像，以激活运动系统和个体既有的体验。[③] 因此，间接学习过程中强调的具身动作，并非单纯地指沉浸的、嵌入真实学习环境中

---

① 宋耀武，崔佳. 具身认知与具身学习设计 [J]. 教育发展研究，2021 (24)：74-81.

② 王辞晓. 具身设计：在感知运动循环动态平衡中发展思维——访美国具身认知领域著名专家多尔·亚伯拉罕森教授 [J]. 现代远程教育研究，2019 (02)：3-10.

③ Glenberg A. M.，Robertson D. A.. Symbol Grounding and Meaning：a Comparison of High-dimensional and Embodied Theories of Meaning [J]. Journal of Memory and Language，2000 (03)：379-401.

的、基于现实的动作，也可以是基于想象和隐喻的动作，"学习者根据认知线索在头脑中完成这些动作并获得这些动作所带来的学习增益"①。可见，具身学习不仅仅发生在可视化的空间环境中，也可能仅仅发生在头脑之中，以无法观察到的形式进行，这体现了学习者的适应性学习能力。

（二）交互学习建构过程

交互学习建构过程是由学习者直接学习建构过程与学习者间接学习建构过程交互形成的，体现了交互价值。学习者在观察、模拟和对话的动力机制下进行交互构建，促进具身学习的展开。观察是交互建构的方式之一。镜像神经元的存在证明，学习者在细致观察他人的行为后，可以在自身的动作系统中重放他人行为表征来理解别人。例如，榜样的作用。可见，身体不仅是认知的载体，它本身也具备认知功能，是具身学习的关键组成部分。模拟是交互建构的方式之二。脑科学的发现表明大脑能够捕捉到学习者自身及其存在环境中的事件，并存入长时记忆中，形成知觉模拟器，因而学习者在事件未发生时就能构建出对它们的具体模拟和判断。②学习者已有的经验一旦被激活，就能在头脑中进入抽象的认知加工过程，对他人的行为进行模拟并得出预测结果，从结果中得到反馈，从而实现具身理解。对话是交互建构的方式之三。对话是交流的过程，但交流的载体不仅是语言，身体行为与感知也是交流的重要载体，后者以隐蔽的方式表达学习者想法，丰富了学习者自我交流、生生交流与师生交流的内容。学习者的体验不仅受具身行为与个性化的认知影响，还需要回应不断变化的环境，这使得体验变得更加动态化，成为具身学习过程中不可或缺的中介。对话能帮助学习者不断反思，生成新的具身体验与知识，不断构建新的思想与意义。"因此，学习进程是以身体参与为基础的、体验为中介的、

---

① 宋耀武，崔佳. 具身认知与具身学习设计 [J]. 教育发展研究，2021 (24)：74-81.

② Barsalou L. W. Perceptual Symbol Systems [J]. Behavioral and Brain Sciences，1999 (04)：577-660.

认知为意义建构的对话过程。"①

（三）具身环境对具身学习的承载作用

具身学习是个体最大限度利用内部心理资源与外部环境条件，以达到心智、身体与环境之间动态平衡的过程，②且任何知识都是具体的，依赖于情境的，离开具体的情境，知识缺少了针对性与准确性。由此，具身学习应让学生从特定情境中获得经验，将自然发生的环境事件和物理工具作为能动性的认知资源。具身环境是指基于认知理论建构的认知嵌入身体、身体嵌入环境的多元内嵌性学习环境，通常包括内容支持、资源支持、技术支持、空间支持等功能，辅助学生在"真实"情境中通过具身交互与沉浸式体验进行有效学习。梅洛-庞蒂强调被知觉的物体需要背景的衬托才能够凸显其存在，正如白纸上的红点，其可见性是由白纸作为背景所凸显的，即"物体—背景"结构，且此结构在人的"身体"参与下才具有意义，由此构成的"物体—背景—身体"结构被称为现象场。新知识或者是新观念的获得需要三者的动态互动，现象场结构要素缺少其一就无法获得知识。因此，具身环境既是学习者自我学习建构和交互学习建构发生的场域，又承载着学习者自我学习建构和交互学习建构的反作用，是动态生成的、持续改良的。具身环境的包容与限制、加持与延展推进了具身学习进程，促进了具身学习目标的达成。

三、具身学习样态的特征

过往教学实践中"去过程""去身体""去情境"等症结突出，具身认知理论所提出的身体、环境、认知"三位一体"的认知观恰好为理解学习提供了新的思考方向。具身学习样态旨在揭示身体作用，体现出具身性、体验性、嵌入性、交互性与动态性基本特征。

---

① 宋耀武，崔佳. 具身认知与具身学习设计 [J]. 教育发展研究，2021 (24)：74-81.

② 叶浩生. 身体与学习：具身认知及其对传统教育观的挑战 [J]. 教育研究，2015 (04)：104-114.

（一）具身性

具身性是具身学习样态最突出、最鲜明的特征。具身认知理论认为没有脱离身体的心智，认知依赖于身体的物理属性，例如身体的肌肉状态、身体感觉状态和身体运动状态等。首先，身体的物理状态可以直接塑造认知的内容，这种塑造作用不仅体现在物质概念上，而且体现在抽象的理性概念范畴。以抽象观念"先进"与"落后"为例，二者都源于人的身体构造。人的身体结构决定了可以看到前方，前方是安全的，因而是积极的，于是有"先进"的概念；而后方无法被看到，不可知不安全，因而是消极的，于是有"落后"的概念。如果人的身体结构能够同时看到前后左右四面八方，就不会有先进和落后的抽象概念。① 其次，认知方式受身体物理属性左右。例如，主体身体和头部所处位置的差异会导致观察物体时所处的角度不同，由此形成左右眼的不同视差，因此在左右眼视网膜上形成的映像存在大小差异，当主体移动身体或转动头部时会产生新的差异，进一步强化主体的知觉。最后，认知结果也受身体物理属性的影响。格兰特（Grant）和托马斯（Thomas）通过眼动实验发现，操纵眼动能促进问题的解决，并能提高抽象和推理的能力。② 可见，"人的知觉能力，如知觉的广度、阈限，可感知的极限都是由身体的物理属性决定的"③，身体的感觉及运动是认知的关键，人是通过身体来认识世界的。

（二）体验性

体验性是具身学习样态的另一重要特征。具身认知理论认为认知来源于身体与外界环境相互作用所造成的身体变化，即主体身体的体验。那么身体究竟是如何形成体验的？身体与外界事物互动的过程以及结果都会直接或间接地引起认知主体肌肉骨骼状态等诸多身体结构的变化，从而使主

---

① 叶浩生. 身体与学习：具身学习及对传统教育观的挑战 [J]. 教育研究，2015（04）：104-114.

② 陈玉明. 具身认知研究述评 [J]. 心理学探新，2014（06）：483-487.

③ 叶浩生. 具身认知：认知心理学的新取向 [J]. 心理科学进展，2010（05）：706.

体的知觉状态也发生变化，这些变化就是主体对外界事物的体验与内化。从具身认知的角度来看，我国当前输入式的知识传授方式忽视了人类认知的基本规律，不能真正帮助学生理解、领悟、把握和内化知识。安塞尔在非洲艾滋病高发国家进行调查，发现对少年儿童进行艾滋病常规知识的教育并不能降低感染风险，而进行预防疾病的情境技能实践却能显著降低感染艾滋病的风险。[①] 研究者据此认为，学习应从心智逻辑转向具身体验。但是在体验的过程中，"由于主体身体状态的差异性（肌肉骨骼状态、身体激素水平、神经递质的个体差异），导致其体验的差异性"[②]。说明不同主体由于各自身体状态主导下的体验方式、体验内容、体验结果的不同造成不同的认知方式、认知内容和认知结果，即主体的身体感知、体验影响其认知。具身学习应尊重学习者的个体差异，秉持积累身体体验并更好地服务个体经验的理念，让其在具身交互的过程中体验式地感知世界、积累经验、促进认知。

（三）嵌入性

嵌入性是具身学习样态的又一重要特征。认知与身体密不可分，而身体是人类适应环境的结果。因此，学习不仅根植于身体，也根植于环境。"心智'嵌入'在身体中，而身体则'嵌入'在环境中，环境通过身体制约和影响心智活动，学习可以看作心智—身体—环境建立平衡的动态过程。"[③] 可见，具身学习不能脱离学习情境而独立存在。这种情境不仅包括学习场景、物质资源、环境状态等外部情境，还包括学习气氛、人际关系、心理状态、文化背景等社会文化情境。例如，心理学家的实验表明：个体在与他人接触过程中，对方态度上的冷淡或热情会导致个体产生冷或

---

① Cook R., Bird G.. Mirror Neurons: From Origin to Function [J]. Behavioral and Brain Sciences, 2014 (02): 177-192.

② 殷明，刘电芝. 身心融合学习：具身认知及其教育意蕴 [J]. 课程·教材·教法，2015 (07): 57-65.

③ 杨子舟，史雪琳，荀关玉. 从无身走向有身：具身学习探析 [J]. 教育理论与实践，2017 (05): 3-6.

热的身体物理感受。① 因而，教师在教学过程中必须要创设生动、逼真的学习情境，在活动中利用学生的身体运动系统，充分调动学生的感官，让他们看到、听到、触到、嗅到直观实体，引导学生进行充分的身体体验，获得最为直接、真实和深刻的体验，更容易使教学内容转化为学生的素养。在交互技术如此发达的今天，教师还可以将信息技术与学习相结合，利用可触控和可穿戴的设备来突破时空的限制，再现各种情境，让学生更广泛、更生动、更具体、更深入地体验知识的产生与发展的过程。具身情境的创设为具身体验创造了前提，使具身反应成为可能。

（四）交互性

交互性也是具身学习样态重要特征之一。具身视野下，师生关系是基于对话、交往与理解形成的主体间性关系，而不是传统的"传授—接受"关系。巴西教育家保罗·弗莱雷形象地对其做出比喻，"学生就像是银行里开的'户头'，教师则是'储户'，教师通过讲授存款，学生在被动听讲、接受、记忆和重述中进行储存。"师生之间的"你储我存"取代了相互"交流"，学生的身体使用权、创造权、思考权等被侵占，学生的创造力被降到最低甚至完全被抹杀，继而丧失了改造世界、创造世界的能力。若师生之间缺少真正平等的对话与交流，则难以形成积极的情感体验。因此，具身学习过程中主体之间的积极交互极为必要。因而，教师作为引导者，应尽量以开放性、探究性问题激发学生的对话欲望，在对话过程中逐级引导，做到"不愤不启、不悱不发"，让学生像学科专家一样主动进行研究。其次，教师应充分发挥身体作用，做到"以身为范"，为学生的"以身致知"提供演示。最后，教师还可以运用身体主动与学生进行"身身互动"，以一个微笑、一个眼神、一个鼓励动作拉近师生心理距离，促进情感交互，建立学习信心与兴趣。

---

① Zhong C. B., Leonardelli G. J.. Cold and Lonely: Does Social Exclusion Literally Cold? [J]. Psychological Science, 2008 (19): 838-842.

（五）动态性

动态性是具身学习样态应体现的重要特征。具身认知理论指出："教学认识从来不是简单的观念循环，不是从一个大脑到另一个大脑的'投射'，而是在身体与环境的互动中不断修正的认知。"① 也就是说，人的行为和认识是非结构化的，是随着时间的变化而变化的动态发展过程。同时，认知是非线性的，而是与外界教学环境、课堂教学参与主体等因素相关的、耦合生成的动态过程，并不是符号主义所描述的简单输入过程。在动态生成的学习过程中不存在最优方案，只要有利于促进预期发展结果实现，都可以纳入到学习过程之中。教师在课堂中除了关注知识逻辑之外，各主体在情感体验、问题意识、批判精神等方面的发展也显得尤为重要。在体现动态过程的具身学习之中，师生不受预期计划的限制，应当让学生在"参与、行动、实践基础上，创造、创生具有具身性、情境性和复杂性的知识产物"②，进一步促进个性化学习，彰显课堂生命力和创造力。

第二节　关系学习样态

在学习过程中，个体与知识、个体与自我、个体与他人以及个体与环境之间存在着多维度的互动与联系，基于马丁·布伯的关系本体论和佐藤学的对话学习，学习的过程就是学生在教师的指导下，围绕一定的学习内容，通过多样的活动，而构建客观世界的意义、编织自己与他人关系、探索和塑造自我，从而实现人际与意义关系重建的过程。通过对学习活动中个体与知识、自我、他人和环境之间的多维关系的重建，实现学习的具体方式变革，进而提高学习质量。

---

①　邱关军. 从离身到具身：当代教学思维方式的转型［J］. 教育理论与实践，2013（01），61-64.

②　张良. 具身认知理论视域中课程知识观的重建［J］. 课程·教材·教法，2016（03）：65-70.

一、关系学习样态的理论基础

学习不仅仅是个体获取知识的过程，更是一种个体与环境、个体与他人之间动态互动的社会实践活动，是构建知识、形成理解和发展思维的关键机制。在这个过程中，马丁·布伯的关系本体论为我们提供了一个理解个体与世界关系的哲学视角，而佐藤学的对话学习则为我们如何在教育实践中应用这种关系本体论提供了具体的方法论指导。

（一）马丁·布伯的关系本体论

本体论是探究世界本源的哲学理论，主要研究的是存在的本质和基本结构。本体论试图回答"什么是存在"这个核心问题。马丁·布伯将关系视为本体，他认为："起初就是关系。"① 即世界上没有独立存在的主体，亦没有独立存在的客体，人或事物总是在关系中存在的，关系本身就是本体。简言之，马丁·布伯主张"关系本体论"，即"本体乃关系"，关系先于实体，实体由关系而出。也就是说，关系在实体之前存在，实体是由关系构成的。"我—你"与"我—它"是布伯的两个原初词，"我—它"代表着西方哲学传统，不是一种真正的关系，只有"我—你"的关系才是一种真正的关系，人类的存在并不是独立于他人的，而是通过与他人之间的亲密交往和深刻互动而得以体现和彰显。在人与人的互动中，个体不仅能感受到他人的存在和影响，也能更加深刻地认识到自身的内在价值和存在意义。然而，"我—它"的关系是不平等的，"我"是主动者，"它"是被动决定的，"我"是经验"它"，利用"它"的主体，"我"，主体具有对象化的能力，而"它"不过是对象而已。

与"我—它"相反，"我—你"是一种根本的关系，这种本源性关系的首要特征是"直接性"。马丁·布伯认为"与'你'的关系直接无间，没有任何概念体系、天赋良知、梦幻想象横亘于'我'与'你'之间……

---

① Buber, Martin, and Ronald Gregor. Smith. I and Thou [M] / Martin Buber; Translated by Ronald Gregor Smith. Second edition / with a postscript by the author. London: Continuum, 2004. Print.

一切中介皆为阻碍"①，中介是一种达到目的的手段，直接性即否定"关系"中"中介"的存在。"我—你"关系还存在"相互性"，"关系是相互的，切不可因漠视这点而使关系意义的力量亏蚀消损"②。在马丁·布伯看来，人们生活于相互性中，"栖居于万有相互玉成的浩渺人生中"，真正的沟通和联系是通过"我—你"的关系而实现的，这种关系是一种对等和真诚的相互认同，而非单向的将对方客观化或者仅仅出于利益交换。从动态来看"我—你"关系，其实质就是"相遇"，人们步入"之间"的领域，即我与你的相遇，在相遇中，他者虽外在于我，但我可以对他有同情的洞见，"当我们沿某种路径行走，有人践行他的路与我们相遇，我们只能知悉我们的路途，但在相遇中我们可以体察他的路途"③。由此，相遇给交流创造了机会，给"言谈"创造了机会，相遇是"言谈"的前提，异在的东西与我相遇，这就使我超出自身，处于世界之中，而非固守内在的自我。马丁·布伯对现代社会中人际关系被物化、形式化的现象感到担忧，试图提出一种关系导向的本体论，以强调人与人之间的真实连接和对话的重要性。

　　"我—你"关系和"我—它"关系既有联系又有区别，"我—你"源于自然的融合，是一种真实的、基于相互认同和尊重的关系；而"我—它"源于自然的分离，更多的是一种客观化、工具性的关系，但两者之间也是有联系的，暗示它们之间的某种衍生关系，即"我—它"是从"我—你"之中生成出来的。"在我们的世界中，每一个'你'注定要演变成'它'，

　　① （德）马丁·布伯. 我与你 ［M］. 陈维纲，译. 北京：生活·读书·新知三联书店，1986：127.
　　② （德）马丁·布伯. 我与你 ［M］. 陈维纲，译. 北京：生活·读书·新知三联书店，1986：23.
　　③ （德）马丁·布伯. 我与你 ［M］. 陈维纲，译. 北京：生活·读书·新知三联书店，1986：98.

此乃我们命运中被颂扬之悲哀①。"虽然"我—它"关系背离了本源关系，但它也是人们生存于世所必不可少的，人们靠它生存发展，"人无'它'不可生存，但仅靠'它'则生存者不复为人"。马丁·布伯进一步强调"'我—它'仅为用的关系，只有'我—你'才是体的关系，人们切不可沉溺于用，而遗忘了本体的'我—你'关系"②。在社会生产生活中人们需要利用客观的、工具性的关系来生存和发展，但如果过度沉溺于这种关系而忽略了"我—你"的本质关系，就会失去人性的一部分。

（二）佐藤学的对话学习

对话学习（Sato Learning Dialogue）是一种基于对话的学习方法，由日本教育学家佐藤学提出。对话学习的核心理念在于通过与他人进行开放性的对话，共同探索问题、交流观点、分享想法，从而促进学习者的深度思考、批判性思维和自主学习能力。对话学习强调学习者之间的互动和合作，通过积极参与开放性对话，学习者有机会与其他人分享自己的思考和观点，同时也能够从他人那里汲取新的思维启发。在这种积极的学习环境中，学习者可以理性地辨析不同的观点，并通过互相讨论和挑战来进一步深化自己的思考。这种深度的思考过程有助于学习者培养批判性思维，能够更加全面地审视问题，提出合理的分析和解决方案。学习者通过参与开放性对话，还能够培养自主学习的能力。

在对话中，学生需要积极主动地提出问题和表达自己的观点，同时也需要倾听他人的意见和建议，这种积极主动的学习态度使得他们能够更好地理解和吸收他人的经验和知识，进而不断拓宽自己的知识领域，成为自主、有创造力的思考者和学习者。学生是否能够与同学伙伴之间协作、通过与教员或者是当地相关人员进行对话以及基于前人哲学家思想来思考，

---

① （德）马丁·布伯. 我与你 [M]. 陈维纲，译. 北京：生活·读书·新知三联书店，1986：32.

② 孙向晨. 马丁·布伯的"关系本体论" [J]. 复旦学报（社会科学版），1998（04）：91-97＋142.

从而实现扩大和深化自己想法的"对话学习"，是学生对是否进行多方面深入理解，拓展思维、深化思考的关键。

具体而言，对话学习包括学生与教师的对话、学生与学生的对话两个方面。一方面，教师通过互动教学，不仅分享知识，还激发学生的求知欲和创造力，同时帮助他们建立坚实的学术基础。另一方面，学生间的对话能促进彼此之间的交流与合作，通过交流不同见解，拓宽解决问题的视野。事实上，对话学习的对象不仅仅局限于学生之间的同级学习，可扩充到学生可以接触到的老师、生活中的相关工作人员、相关服务者、或者是具有经验和知识积累的先驱者中，学生亦能够将自己的观点和想法与他人的观点和想法进行比较，获得自己不易察觉的观点和角度，使思维得到扩展和深化。

二、关系学习样态的内涵

自然界、人类社会和人的思维都处在普遍的、客观的、多样的联系之中，每一个事物都不是孤立的存在物，而是由该事物本身及该事物与其他事物间的关系共同构成而存在的，是事物和关系的集合体。"理解一个事物时，不是从此事物去理解此事物，而是从与此事物相关的他事物去理解此事物，即从一事物的存在去把握相关的他事物，或从他事物的存在去把握相关的一事物。"[①] 学习活动是一项与其他事物、活动密切相关的活动，同时在其内部也存在着诸多关系密切的要素，学习的过程就是学生在教师的指导下，围绕一定的学习内容，通过多样的活动，而构建客观世界的意义、编织自己与他人关系、探索和塑造自我，从而实现人际与意义关系重建的过程。

（一）人与知识的关系

从人与知识的关系来看，人与知识的关系体现了知识在个体与社会之间的传递、交流和转化过程。在这一关系中，个体通过学习和体验不断获

---

① 王智. 关系思维与关系属性 [J]. 东岳论丛，2005（5）：153-157.

取新知识，同时也通过自身的认知和理解将知识转化为个人的智慧和素养。知识社会的来临大大加深了人与知识的关系，具体表现在两方面：一方面，人一来到世间，知识即构成其巨大的生存背景，而在一个人的终身学习与知识创新中，人又极大地拓展了知识的经验性存在；另一方面，知识不但以其精神化表征拓展人的精神世界，也以技术化的方式融入人的身体自我，加深了人与知识的一体关系。① 因此，人与知识是一个动态、互动的关系。除此之外，人与知识之间实质上是在不断地进行客体主体化和主体客体化的活动。一方面，作为客体的知识（概念、原理、规律、规则、公式、定理等）实现了人化，不断向人生成，逐渐获得属人性质，成为个人化的知识。另一方面，作为主体的人通过对知识的学习，吸收知识的价值和意义，实现主观世界的改造，重新建构包括他的需要、能力、知识结构、思维模式等等在内的心智结构，重新建构自己的世界观、人生观和价值观，建构自己对人生意义的理解与认同，丰富自己的精神力量，实现人的本质力量的确证与增加。

（二）人与自我的关系

在学习过程中，学习是一种以自身为对象的特殊实践，是一种"人性自我建构的实践活动"②。在自我建构的活动中，人既是学习活动的主体又是客体，通过主客体的相互作用而不断改造自己、发展自己、完善自己，对自身已有的心智结构进行审视与反思，"积极推进已有心智结构按所需要的方向发生相应的变化，实现预期目的的对象化、现实化"③。这种变化不仅仅是为了应对外部世界的需求，更是为了实现个体的自我实现和自我超越。"人是一种对自己的存在不断进行自我认识、自我探究的存在物"④，在人与自我的对话中，学生个体不仅通过学习建构着客体的意义，建构着

---

① 阳泽. 知识社会中人与知识关系的教育学审视 [J]. 教师教育学报，2018 (05)：1-7.

② 冯建军. 教育成"人"：依据与内涵 [J]. 教育研究与实验，2010 (6)：1-5.

③ 鲁洁. 教育：人之自我建构的实践活动 [J]. 教育研究，1998 (9)：13-18.

④ 夏甄陶. 人是什么 [M]. 北京：商务印书馆，2000：1.

同世界的关系，更重要的是，人类通过自我内在的对话，重建自己的内部世界，建构着同自我的关系，建构自我的认识世界、情感世界、精神世界和意义世界，进而形成对它们的深层次理解，是个体自我建构和自我实现的基础。人类建构自我的活动是在对自我的不断反思与追问中实现的，因为"只有当对话成为反思性对话时，对话才真正具有它的深刻意义"①。这种反思和追问的过程是学习活动的重要组成部分，也是学习作为伦理性实践、存在性实践的重要标志。

(三) 人与他人的关系

交往是人与人之间的社会联系，交往本身就是一种实践活动，通过交往，人构成了各种社会关系，促成了人的社会本质。学习活动作为人类发展和社会进步的基础，它不仅仅是个体获取知识和技能的过程，更是个体在社会关系网中进行互动和交流的体现。这些关系从对象上可以分为同伴关系和师生关系两大类，同伴关系能够促进知识的共同建构和深入理解，师生关系则能够为学习者提供一个安全、积极的学习环境，增强学习者的自信心和学习动机。② 而从类型上则又可以分为物理关系、空间关系、心理关系和精神关系等多个层面。如果说物理关系和空间关系涉及学习环境的布局和设计，那么心理关系和精神关系则更加关注学习者的内在心理状态和精神世界。因此，人类需要面对、处理和创造各种各样的关系。人类的学习活动就是在各种关系中进行的，通过交流、沟通开展着"建构伙伴"的实践，即"一切的学习都是内蕴了同他人之间关系的社会性实践，课堂里的学习是在师生关系与伙伴关系之中实现的"③。在这个过程中，增强了自己对知识的认识与理解，改造了自己的身心结构，同时通过自己的

---

① 李冲锋，许芳. 对话：后现代课程的主题词 [J]. 全球教育展望，2003（02）：48-53.

② 张文新，李新影. 同伴关系研究的进展与展望 [M]. 北京：人民教育出版社，2006（5）：642.

③ （日）佐藤学. 学习的快乐——走向对话 [M]. 钟启泉，译. 北京：教育科学出版社，2004：39.

思想、行为、价值、精神、情感影响他人，实现共同提高。

（四）人与环境的关系

环境作为个体生存和发展的基础，不仅提供了必要的物质条件，还构成了个体社会化和认知发展的重要背景。环境泛指个体存在于其中的，在个体的活动交往中，与个体相互作用并影响个体发展的外部世界。作为生物体的人类，无法割裂自身与环境的联系，人的发展和学习始终受到环境的影响，而环境又是由人的行为与互动所塑造的。具体表现是人能够创造环境，但同样环境也能够制约和影响人，人与环境的发展是同步的，作用也是同时的。恩格斯就此还指出："人本身是自然界的产物，是在自己所处的环境中并且和这个环境一起发展起来的。"① 个体在与环境的互动中，接受来自环境的刺激和信息，然后通过认知过滤、分析和综合，转化为内在的知识结构，并在这个过程中逐步建立起对周围世界的理解和认知框架，从而形成个人的知识体系和价值观。同时，也正是在这个过程中，个体通过行为实践、知识创新等途径，积极塑造环境，实现对环境的持续改善和优化。因此，环境创造人的同时，人也在创造着环境，人与环境之间的互动性体现了一种互依互赖的复杂关系。在这一动态系统中，任何单向度的强调或忽略个体或环境任一方的作用与影响力，都将导致对这一关系认识得不全面和不精确。

三、关系学习样态的特点

关系学习样态不仅关注知识的传递与接收，更加重视学习者在多维互动中的价值实现、知识内化和意义生成。在此基础上，关系学习样态展现出其独特的价值性、完整性和过程性三个基本特征，这些特征共同构成了关系学习样态的理论框架。

（一）价值性

关系学习样态具有价值性。关系学习样态聚焦多维人知关系的形成，

---

① 宇文利，杨席宇. 马克思恩格斯"人与环境"关系论及其思想政治教育应用 [J]. 思想教育研究，2016（05）：26-30.

这也是学习活动的重要目的，具体而言，学生通过学习活动所建构的人知关系应超越对象占有的关系，走向人知双向互动的关系，"在学生和知识的占有关系中，重占有的观念强调了关系双方中的一方即知识，忽略了关系的另一方——学生"[①]，在人与知识的双向互动关系中，知识不再是外在于个体，而是与个体的情感、精神、生活、人生履历等密切相关，知识学习不再是"无人"的活动，而是充满生命气息的旅程，是个体通过双向的互动，将自身的精神、人格投射到知识中，改变了知识"非人格化"的特性，使知识具有了个体性；学生通过学习活动所建构的人知关系应超越符号认知的关系，走向价值关系与意义关系，"凡是人与客观世界发生对象性关系的领域，都存在着各种形态的价值关系"[②]，人作为价值性与意义性的存在，其在知识学习过程中不断追问知识的价值与意义，也在不断地生成个体的生命意义。

（二）完整性

关系学习样态是基于关系的学习，明确学习过程中各种要素之间的联系，这既包括人类知识和客观知识本身所体现出来的各种关系，也包括学习活动情境中的各种具体关系，如知识与能力的关系、学习主体与学习内容的关系、符号与意义的关系、问题与情境的关系、作者与读者的关系、文本与情境的关系、个人与他人的关系、个人与环境、个人与自我的关系等，教育者要排斥用孤立、静止的思维来看待学习活动，孤立、静止的思维将学习和情境、内容割裂开来，破坏了学习过程的完整性与统一性，也破坏了人的发展的完整性与丰富性。关系学习样态体现了学习活动中的关系思维，即从事物与事物的关系出发理解与把握事物，将事物置于一个与其相关的关系网中去理解，否定了将知识作为客观存在物的实体性思维，

---

① 齐慧甫. 占有与存在——论学生和知识关系的重建 [D]. 石家庄：河北师范大学，2005.

② 陈贵山. 人的认知关系和人的价值关系的统一和倾斜与文学 [J]. 社会科学战线，1997 (3)：109-117.

而将知识视为关系性的存在物，将学习视为关系性的活动。关系思维是动态的思维、联系的思维、逻辑的思维，形成关系思维，要用动态的视角来看待个体知识学习过程中的各种关系。学习活动如忽视学习过程中的各种关系，就难以深入到知识内部，获得对知识"真"的理解，也难以获得对知识"善"与"美"的把握，更难以多层次、多角度地看待学习过程。

（三）过程性

关系学习样态具有过程性。世界的本质就是过程的存在，过程哲学家怀特海认为过程是"事物各个因素之间在时间上和空间上构成的联合体而进行的内在的、复合的运动"，离开了过程，事物不可能存在，也不可能产生变化和发展。"教育的过程是教育活动的主体（教师和学生）围绕一定的活动主题，在特定的情境中，通过互动式交往进行的建构性实践活动的结构，是教育要素之间交互作用的变化和发展过程。"[①] 立足关系思维，探讨学习过程和学习结果之间的关系。学习过程和学习结果之间并不是简单的线性关系，而是错综复杂的，过程中有结果，结果中有过程，学生在学习中的过程体验本身就是重要的学习结果，同样，学生获得的学习结果亦是学习过程的一个环节。明确学习过程和学习结果之间的辩证关系，消解过程与结果的过度分化所造成的"只顾结果不顾过程"或"只顾过程不顾结果"的弊端，兼顾过程与结果，这才是彰显关系学习样态过程属性的应然追求。关系学习样态注重学生在学习过程中的关系体验，通过对知识符号的认知与理解进而深入到知识所反映的各种关系，是学习活动的重要本质。学习中的关系体验体现在学习的认知、思维、意义建构和问题解决的过程中，"按照马克思主义的理解，人的本质可归结为一切社会关系的总和。处于社会关系中的人，就是在这种复杂的关系中存在、发展，人生

---

① 郭元祥. 论教育的过程属性和过程价值——生成性思维视域中的教育过程观 [J]. 教育研究，2005（9）：3-8.

的意义就在对社会关系的把握过程之中。"① 可以说，学习的意义也就体现在学生探究、发现、获取、应用多种关系的过程中。

四、关系学习视野下多维关系的重建

在深入探讨关系学习视野下的多维关系重建时，必须首先审视和解构传统知识观念及其所构建的人与知识之间的占有关系。然而，关系的重建不仅仅局限于人与知识之间，它还涉及个体自我认知的深化、与他人的社会互动以及与环境的和谐共生。

（一）人知的关系重建

"占有的关系是认为人与世界的关系是占有者与被占有者的关系，是一种我想把每一个人、所有的一切包括我自身在内都变成我自己的财富的关系。"② 学校教育中的知识占有关系，指的是个体将知识作为对象来加以理解与接受，这种占有关系是单向度的，知识被认为是固定的客体与对象，个体学习知识的过程被看成是个体将固定的客体"拿来"为己所用的过程。"占有指向的学生，在听一堂讲座时，是捕捉字句，理解其逻辑联系和意义，并尽可能面面俱到地记笔记……课堂上的内容并没有融为他们自己思想的组成部分，也更谈不上丰富和扩展他的思想。"③ 这种对知识单向的、对象化的占有，将知识作为财富去接受，将知识物质化、功利化与工具化了，知识中所蕴含的对个体生命、生活、精神、情感的丰富价值被抛弃了。在占有关系中，知识缺乏生命特征，缺乏个性色彩，个体所得到的只是表征知识的各种符号，而知识对个体人生发展、人生意义建构的价值则丢失了。"在学生和知识的占有关系中，重占有的观念强调了关系双

① 郭元祥. 论学习观的变革：学习的边界、境界与层次 [J]. 教育研究与实验，2018（01）：1-11.

② 齐慧甫. 占有与存在——论学生和知识关系的重建 [D]. 石家庄：河北师范大学，2005.

③ （美）埃·弗罗姆. 占有或存在 [M]. 杨惠，译. 北京：国际文化出版社公司，1989：26.

方中的一方即知识，忽略了关系的另一方——学生。"① 知识是学校教育的核心，而知识学习的主体——学生的主体性、能动性被彻底排除在学习过程之外，也就是忽视了知识学习过程中人的存在。人与知识之间的单向度占有关系将知识视为静态的、可被个体完全控制和拥有的对象，不仅可能导致知识的物化倾向，忽视了其动态生成和社会实践的本质，还可能使个体在追求知识占有的过程中经历人格的异化，从而在知识与个体发展之间造成断裂。

随着知识观的演进，人知之间的占有关系受到越来越多的批评和反对，个体与知识之间的关系需要从占有走向互动，即建立人与知识之间双向互动的关系，"只有当学生在互动中充分理解课程知识的精神内涵并内化为自身的精神组成部分时，课程知识对人成长的意义才能得以充分体现"②。人与知识之间的双向互动关系强调了主体间性的建立，打破了传统的主体与客体关系。在这种关系中，个体与知识相互影响，共同成长。个体不仅学习知识，还参与其创造与构建，而知识也塑造个体的认知与成长。知识不再是抽象、客观的存在，而是与个体的情感、精神和生活紧密相连。学习成为一场充满生命力的旅程，个体将自身精神和人格融入知识，赋予其个体性。教学过程也由单向传授转变为双向互动，教师与学生之间的互动促进了教与学的共同发展，使得人知关系和教与学的关系都更加丰富和动态。

（二）自我关系的回应

"人我关系"是指个体与自我之间的关系。人我关系涉及个体对自身的认知、意识、情感和行为等方面，帮助人们更好地理解自己的内心世界和外部环境。人我关系可以体现为个体对自己的意识和认知，对自我价值

---

① 齐慧甫. 占有与存在——论学生和知识关系的重建 [D]. 石家庄：河北师范大学，2005.

② 赵荷花. 教育学立场的课程知识研究 [D]. 武汉：华中师范大学博士后出站报告，2014.

和角色的认同，以及个体与他人、社会和环境之间的互动。个体通过自我反思、自我认知和自我管理，不断调整和完善自己的人我关系，实现个人成长和发展。如在自我导向教学中，教学设计和教学活动要充分关注学生的自我世界，关注学生已有的自我认识，了解学生的自我发展需求，并在教学过程中回应学生的自我。体现在教学目标的设计上，教师应充分认识学生自我发展这一内在的发展性教学目标；在教学实施过程中，教师应引导学生建立起教学内容与自我世界的联系，通过引导学生自我与教学内容的对话深化对客观世界和自我的认识；在学生学习方法引导上，教师应有效引导学生采取最适宜的促进学生更新自我认识、深化自我理解、实现自我超越的学习方式；在教学评价中，需要关注学生自我发展的状况。在这种教学下，学生会根据自身的认知结构、情感体验和自我观念对学习过程中的信息和经验进行解读和反思，从而形成对知识的理解和价值判断。

（三）人他关系的互动

人类作为关系性的存在，其核心在于多元化的交际与社会活动。自我与他人的关系既是自我发展的重要力量，也是社会生活的重要基础。[①] 在人际关系中，人们往往会通过与他人的互动和对话，不断调整和修正自己的认知框架，拓展视野，形成更加全面和深刻的理解。这种过程要求个体将自己置于"他者"的宏观背景下，通过不断地扩展对"他者"的认识和理解，来实现对自我的更全面和深刻的认识，进而完成自我认同和自我确证的过程。[②] 此外，与他人建立积极和支持性的关系对于激发学习者的学习兴趣和积极性具有显著效果，它能够促进情感体验的共鸣。个体在与他人的关系互动中，不仅能够实现对知识的理解，还能体验情感并在社会互动中得到发展。这种互动还包括合作、交流和分享，通过这些活动，个体建立起丰富的人际关系网络，从而获得更多的社会支持和帮助，这对于个

① 孔繁昌，张妍，陈红. 自我—他人表征：共享表征还是特异表征？[J]. 心理科学进展，2010（08）：1263-1268.

② 吴宁，冯琼. 论安德烈·高兹的自我观 [J]. 哲学研究，2014（9）：27-32.

体的学习和成长至关重要。

（四）人与环境关系的依存

人与环境的关系问题既是一个久远的思想命题，也是一个鲜活的实践命题。[①] 人类生活在由自然和社会条件构成的环境中，这些环境从出生起就开始塑造个体的发展轨迹。历史时期、地域条件、种族和社会阶级等因素都在个体发展中起着重要作用，对个体的生活和学习产生深刻影响。没有背景的知识是不存在的，知识的自然背景、历史背景、社会背景、文化背景不仅阐释了知识的起源和演变，而且对于理解知识的深层含义至关重要。因此，人类依存环境生存和发展，环境的影响使得人们获得独特的经验、知识和能力，并形成多样化的思维和行为模式。虽然人在一定程度上受到环境的制约和作用，但却始终具有主体性，并由此具备环境所难以企及的主动性和主导性，这是由人的本质及其根本属性所决定的。马克思指出："人是唯一能够挣脱纯粹动物状态的动物——他的正常状态是一种同他的意识相适应的状态，是需要他自己来创造的状态。"[②] 因此，正是由于人具有相对于环境的显著的主体性和主导性，在处理人与环境关系时就既要看到环境的制约性，也要在允许的范围内和可能的条件下充分地且正当地发挥人的主体性和能动性，发挥人改造环境的积极性和主动性。[③]

第三节　问题解决学习样态

儿童既是问题的生成者也是问题的解决者，在学习活动中，问题是学习发生的起点，问题解决是学习的目的。随着以核心素养为导向的课程改革逐渐深入，学生基于问题、通过问题解决来学习愈来愈成为学习方式变

---

① 宇文利，杨席宇. 马克思恩格斯"人与环境"关系论及其思想政治教育应用 [J]. 思想教育研究，2016（05）：26-30.

② （德）马克思，恩格斯. 马克思恩格斯文集（第9卷）[M]. 中共中央马克思恩格斯列宁斯大林著作编译局，编译. 北京：人民出版社，2009：408.

③ 宇文利，杨席宇. 马克思恩格斯"人与环境"关系论及其思想政治教育应用 [J]. 思想教育研究，2016（05）：26-30.

革的趋势，这既是学生知识学习的必然要求、学生问题解决能力的提升，也是其核心素养在真实、复杂情境中的具体体现。问题解决学习的核心在于学习者面对一个或多个问题时，通过一系列具有目标指向性的认知操作过程来寻找解决方案，进而获得与运用知识，发展与表现素养。

一、问题的内涵与类型

从教学的角度而言，问题应该是能够引起学生思考的、学生想弄清楚或力图说明的东西，是个体未能直接达到目标所处的情境。[①] 按照不同的分类标准，问题具有不同的类型，不同类型的问题具有不同学习价值，在开展问题解决、问题学习时有不同的路径和方式。

（一）问题的界定

在词源上，"问题"一词最早见于《续资治通鉴·宋太宗太平兴国八年》"进士免贴经，只试墨义二十道，皆以经中正文大义为问题"，意指"要求回答或解释的题目"，后来衍生为"需要加以解决的矛盾或疑难""关键、重要点""事故或意外"之意。《现代汉语词典》对"问题"的解释是：要求回答或解释的题目；矛盾、疑难。而在《牛顿大词典》中对"问题"一词阐释为：指那些并非可以立即求解或较困难的问题，那种需要探索、思考和讨论的问题，那种需要积极思维活动的问题。[②] 此外，在英语中与"问题"对应的单词有"problem"和"question"两词。"problem"源于希腊语"proballein"，原意是"向前扔的东西"，东西被扔到前方必然会形成阻碍，称为"问题"，意指壁垒、盾牌或行动的障碍。"question"指由于疑惑不解而提出的疑问、亟待答复的问题。两者的区别在于"question"指主观存在的疑惑或疑问，需要回答（answer）；而"problem"倾向于客观存在的和遇到的疑难问题，需要解决（solve）获得解答

---

① 袁维新，吴庆麟. 问题解决：涵义、过程与教学模式［J］. 心理科学，2010（01）：151-154.

② 陈会. 小学生数学问题解决能力现状的研究［D］. 长春：东北师范大学，2012.

(solution)。

问题的三个一般特点是：给定条件、目标、障碍。即一个个问题总是由已知的条件、未知的因素和一定的目标指向三个要素构成的。当有一个目标存在，运用现存的知识无法直接达到，需要采用新的解决方案或者将原有的知识综合成为新的解决办法时，一个问题就出现了。这表明问题的决定因素始终包含在个体和环境相互作用的不平衡状态中，这种不平衡状态是一切未解决的情境在生物学上的先行条件，是人们"感到有需要"而"需要暂时得不到满足"的一种表征。简单地说，问题就是理想与现实之间的差距。[1]

（二）问题的类型

按照不同的维度对问题进行划分，可以清晰地界定出不同的问题类型。根据问题情境呈现方式的不同，学生的问题可以分为符号性问题和操作性问题。符号性问题的情境通过符号（文字、表格、图片等）的形式表现出来，学生通过思维活动将符号转换成具体的情境，进而处理疑难，解决问题。操作性问题的情境是真实的，学生借助一定的工具直接解决现实的问题。[2]

以问题解决主体的知识作为分类依据，可将问题分为常规问题和非常规问题。常规问题一般是封闭型问题，问题解决者已经具备解决同样的问题或极为相似的问题的知识和经验，解决这个问题只需要调用先前的思维过程[3]，是学生通过较少的问题心理步骤就能够轻易解决的问题，学生解题方式主要从已有认知结构中提取，体现为常规性、复现性而不是探索性。非常规问题的问题情境较为模糊，学生需要花费大量的时间，进行大量复杂问题的思维活动才能解决困难；学生解决问题不能直接用已知经验

---

① 余文森，龙安邦. 以问题为导引：指向核心素养的课堂教学过程 [J]. 天津师范大学学报（基础教育版），2023（03）：1-6.

② 伍远岳，谢伟琦. 问题解决能力：内涵、结构及其培养 [J]. 教育研究与实验，2013（04）：48-51.

③ 危怡. STEM 教育中的问题解决评价研究 [D]. 上海：华东师范大学，2019.

来处理当前的情景，而是需要以原来的认知结构作为思维素材，通过独立思考形成新的高级的认知结构，以用于解决问题，方式更多地体现为创造性和探索性。[①]

除此之外，根据问题本身结构性的不同，可以将问题分为结构良好问题和结构不良问题。结构良好问题的所有组成要素都已明确清晰地呈现出来，问题的起始状态和目标状态有明确规定，具有正确、收敛的答案，有明确的解决方法，学生根据明确的解决步骤来达到解决问题的目的。结构不良问题是指问题的初始状态或目标状态以及可能的认知操作都不清楚，或没有明确说明，使问题具有不确定性。[②] 这类问题大多是顿悟式问题，需要解决者以新颖的方法进行思考，思考方法不能从问题的表征方式中显而易见地看出来。例如，科学、技术领域大量的问题都属于结构不良问题，这些问题不仅缺少既定的解决方案，受到很多潜在因素的影响，甚至很多是问题本身就是潜藏的，不易为人们所发现。[③] 与结构良好问题相比，结构不良问题具有如下特点：①和具体情境相联系；②问题的描述比较含糊；③给定信息不完全；④目标不确定；⑤不知道哪些概念、规则和原理对于解决问题有用。[④]

二、问题解决学习的过程

问题解决学习是以问题场景或真实问题为驱动，引导学生经历问题解决的完整过程，进而实现自身能力获得和素养发育的一种学习样态。其过程主要包括理解问题、描述问题、展示问题、解决问题以及反思和交流解决方案五个步骤。

---

① 袁维新，吴庆麟. 问题解决：涵义、过程与教学模式 [J]. 心理科学，2010（01）：151-154.

② 李祥兆. 基于问题提出的数学学习 [D]. 上海：华东师范大学，2006.

③ 朱小虎. 基于 PISA 的学生问题解决能力研究 [D]. 上海：华东师范大学，2016.

④ 袁维新，吴庆麟. 问题解决：涵义、过程与教学模式 [J]. 心理科学，2010（01）：151-154.

（一）理解问题

理解问题是指从通过多种形式表现出来的信息中得出基本结论，理解题目信息。[①] 这既包括理解文本、图表、公式或表格等各种表现形式的信息，并从中得出一些结论，把不同来源的信息联系起来，用已有的知识背景理解题目的信息[②]，也包括对题目中显性和隐性的信息的获取，以及对问题相关信息的比较，对问题情境的感受。"理解问题"的标志是：以文字、图像、符号、表格等方式，对问题所涉及的相关因素及关联性做出可视化的表达，在头脑中形成该问题的整体的、清晰的图景。[③] 学生理解问题，一般包括如下四个步骤，第一，了解问题、困难、障碍、任务；第二，描述、分解问题，运用相关术语等描述问题，并根据相关原理、规则等分解问题；第三，回忆已学知识，判断能否清楚地理解所分解出来的知识内容，并定位到相应学科及章节；第四，如不能顺利理解并定位所分解出来的知识内容，则需要查阅书籍、笔记、网上资源等资料以促进理解和定位，接着再分析问题。

在理解问题的过程中，学生可以采用如下两种策略：直译策略和问题模式策略。直译策略即学生试图根据题文中的关键字和数据来表征题文，具体表现为学生在问题解决时，根据问题文字表述中的"关键字"来选择相应的计算方法，比如看到"一共"就用加法计算，看到"……比……少"就用减法计算，看到"……是……的几倍"就用乘法计算，看到"平均分"就用除法计算。问题模式策略是指学生组织题文信息，并根据上下文将题文转换成基于问题情境描述的心理模型，据此进行解释和论证，如学生根据问题表述中的数量关系来建立数学表征，并选择相应的计算方

① 何小亚. 解决数学问题的心理过程分析 [J]. 数学教育学报，2004（03）：34-36.

② 杨学敬，徐斌艳. 问题解决内涵的重构——来自 PISA 的启示 [J]. 教育科学，2007（4）：32-35.

③ 王薇，刘莉. 问题解决的教育实践特征：基于心理学到教育学的转换 [J]. 教育学术月刊，2021（06）：90-96.

法，很少受"关键字"的影响。[①]

（二）描述问题

描述问题即找出问题变量，确认变量间的相互关系，提出假设，具体包括找出问题中的变量并注意其相互关系；确认哪些变量之间是相关的，哪些是不相关的；提出假设；检索、组织、思考并批判性地评价自己已有的信息。[②] 学生的问题描述包括两个步骤：第一，分析哪些是已知信息，哪些是未知信息（即目标），以及为了解决问题是否存在新知需要了解；第二，如有需要，可将问题分解成多个小问题，逐一解决。

具体而言，描述问题的形式主要有如下几种[③]。

1. 将内部表征写出来

当问题解决者认知问题时，他就已经在头脑中表征这个问题，这是内部表征。对于一些需要复杂加工的问题而言，囿于工作记忆的有限容量，问题解决者必须把内部表征符号化，如用数学语言符号把内部表征写出来，以腾出工作记忆的空间来加工信息。

2. 画出示意图

在解决一些关系复杂的问题时，画出示意图形是表征问题十分有效的办法，示意图可以使一个错综复杂的问题变得简单明了。

3. 列出表格

对于那些关系错综复杂的问题，学生可以按类别列出表格，依次填入已知的项目，然后考查未知的项目。这样，可以帮助我们发现隐含的关系。

4. 构造模型

---

① 邹学红，周钧. 基于问题理解的学生问题解决错误"诊断"研究 [J]. 数学教育学报，2021 (06)：46-51.

② 杨学敬，徐斌艳. 问题解决内涵的重构——来自 PISA 的启示 [J]. 教育科学，2007 (4)：32-35.

③ 何小亚. 解决数学问题的心理过程分析 [J]. 数学教育学报，2004 (03)：34-36.

根据问题的条件构造出与问题"同构"的具体模型,而这个具体模型易于操作,容易发现其中的关系,从而使问题得到解决。

(三)展示问题

展示问题即通过另一种形式把问题展现出来,并在不同形式之间进行转换,包括把题目以表格、图案、符号或文字的形式展现出来;把问题按照题目规定的形式表现出来;并在不同的表现形式之间进行转换。[①] 这要求学生能够在问题的已知条件和目标要求之间建立逻辑关系,能用口头、文字、符号、图形、表格等方式呈现思维过程,并能提出预设的问题解决的思路。问题展示包括两种表征方式,即问题转译和问题整合。问题转译就是将问题中的每一句话转化为特定领域的专业表述,如在数学学科中用符号、图表表征已知条件;问题整合就是将问题的所有信息放在一起,归纳整理成具有逻辑关系的表述方式。

(四)解决问题

解决问题即做出决定,通过分析或设计一个系统,诊断、提出与实施解决方案,具体包括在需要作决定的情况下做出有效的决定、在需要进行系统分析和设计的情况下来设计一个系统以实现不同的目标,以及在需要排除故障的情况下诊断并提出解决方案。

从过程上说,学生的问题解决包括提出假设、检验假设和执行计划。提出假设是指学生在分析问题的基础上提出问题解决的方案,包括问题解决的方法和途径。提出假设是问题解决的关键步骤,它是具有创造性的阶段,需要对已有的知识经验进行重新组织,以适应问题的解决。检验假设是指通过一定的方法,确定所提出的假设是否可以有效地解决问题。检验假设的方法有两种:一种是直接检验,即通过实际操作来检验假设解决问题的实际效果;另一种是间接检验,即通过思维活动来检验,例如对医疗方案、作战部署等一般采用间接检验。但是,最终的检验还是要通过实践

---

① 杨学敬,徐斌艳. 问题解决内涵的重构——来自 PISA 的启示 [J]. 教育科学,2007(04):32-35.

的直接检验。计划执行主要指问题经过转译整合之后的分析实施阶段，以及在这一过程中采取的交流与合作的问题解决方式。如采取逻辑推理、计算分析、动手操作、小组合作等方式实现对问题的解决。

（五）反思和交流解决方案

反思和交流解决方式是指从不同角度评价问题解决的方案，并选择一定的形式向他人表述并交流问题解决的方案。反思和交流解决方案是提高学生问题解决能力的重要途径，也是提升学生自主学习能力和创新能力的重要举措。

学生反思和交流解决方案既包括对解决方案的反思与交流，也包括对解决过程的反思与交流，对解决方案的反思与交流包括考察解决方案并寻找其他的信息，在试图重新构造解决方案时，从不同的角度评价解决方案并使它们在技术等方面更容易让人接受；并证明这个方案的正确性；对解决过程的反思与交流则是根据问题解决的结果，对问题解决过程中所采用的思路和方法进行讨论，反思在解决问题的过程中还有哪些值得改进的地方。① 学生通过对问题情境的理解、提出的假设和动手操作的过程进行审视，找出其中可能存在的问题和值得改进的地方，进而总结解决这类问题的一般规律。

三、促进问题解决学习的实践路径

促进问题解决学习的实践路径主要为问题导向教学（PBL）、项目式教学以及议题式教学三种。

（一）问题导向教学

问题导向式教学的英文全称是 Problem-Based Learning，简称为其缩写"PBL"，意为以问题为基础的教与学的方式。20 世纪 60 年代，PBL 最

---

① 王薇，刘莉. 问题解决的教育实践特征：基于心理学到教育学的转换 [J]. 教育学术月刊，2021（06）：90-96.

先由美国神经学教授霍华德（Howard）提出，应用于医学教学领域。[①] 20世纪80年代，美国学者埃德温·M.布里奇斯（Edwin M. Bridges）以及菲利普·海林杰（Philip Hallinger）对PBL进行推广与实践，出版了一本名为《以问题为本的学习在领导发展中的运用》的专著，首次将问题导向教学应用于教育领域。[②] 自此以后，众多教育研究者纷纷将PBL应用于课堂教学中，并取得了颇为丰硕的研究成果。21世纪初至今，专家学者们对PBL研究相较之前更具体和细致，对PBL研究进行了调整与创新，主要从构建PBL教学模型与PBL教学实践应用两方面进行。

　　PBL强调以学生为主体、问题为中心，以提出问题、研究和解决问题为主线，开展以自主和合作探究为主要学习方法，从而达到增强学生的问题意识、提高理解掌握运用知识水平和解决问题的能力为主要目标的学习活动。[③] 其主要包含5个关键要素，各个要素相互关联，缺一不可。[④] ①问题或项目；②解决问题所需要的技能和知识；③学习小组（一般4—6人为宜）；④问题解决的程序；⑤学生自主学习的精神。PBL与传统教学模式相比，在教师地位、学生角色、媒体作用等教学要素的角色方面都发生了深刻的变化，如表8-1所示。

---

　　① Howard S., Barrows. M. D., Ann M. K. M. A.. Problem-Based Learning Learning: A Total Approach to Education [J]. Southern Illinois University School of Medicine Department of Medical Education, 1993, 96 (22): 6.

　　② （美）埃德温·M.布里奇斯，菲利普·海林杰. 以问题为本的学习在领导发展中的运用 [M]. 冯大鸣，等译. 上海：上海教育出版社，2002：28.

　　③ 孙天山. 指向"基于问题的学习（PBL）"模式的思考与实践 [J]. 教育理论与实践，2014 (26)：53-55.

　　④ 梁瑞仪. 基于问题的学习模式的研究 [J]. 中国电化教育，2001 (06)：15-17.

表 8-1 PBL 教学模式与传统教学模式的对比[①]

教学要素	传统教学模式	PBL 教学模式
教师	教学中的主角，以向学生传授知识为主，教师具备单科知识即可	教学中的引导者，以指导学生获取解决问题的策略为主，教师担当学科专家、资源引导者和任务咨询者等多重角色
学生	教学中被动获取知识者，获取的主要是前人经验知识，学生以单独个体形式参与学习	教学中主动获取知识者，获取的既有前人经验知识，也有各种学习和生活的能力，学生以团队小组形式进行写作学习
媒体	主要为教师在讲授过程中向学生传播演示知识服务	主要作为学生获取、处理信息和解决学习项目和认知工具

显而易见，PBL 主要由学习的主体——学生、教学情境的建构者——教师以及主体与客体相互联系的桥梁——中间媒体构成。在 PBL 教学过程中，被教育的对象和学习的主体都是学生。学生是否认同问题导向教学法是能否有效开展问题导向教学的决定性因素。[②] 此外，教师在 PBL 教学模式中发挥的引导者角色至关重要，是确保该教学方法顺利实施的关键要素。在这一教学过程中，教师扮演着精心设计问题序列的角色，这些问题由简单到复杂，层层递进，紧密相连，旨在引导学生逐步深入探究，通过循循善诱的方式激发学生的潜能，促使他们自主思考、发现问题并探究问题的本质。其具有目标多维性、过程渐进性、能力多元性和学习自主性等基本特征。这打破了以讲授灌输为主的封闭式教学体系，取而代之的是师生共同创设学习问题，在教师的点拨和启发下，学生自主探究、合作学习，从而解决问题。课堂教学以提出问题、分析问题、解决问题和内化问题为主要线索，并贯穿于整个教学过程。其基本流程如图 8-1 所示。

---

① 梁瑞仪. 基于问题的学习模式的研究 [J]. 中国电化教育，2001 (06)：15-17.
② 杨晓峰，刘全. 工程问题导向型材料力学教学法改革与实践 [J]. 力学与实践，2018 (04)：442-445.

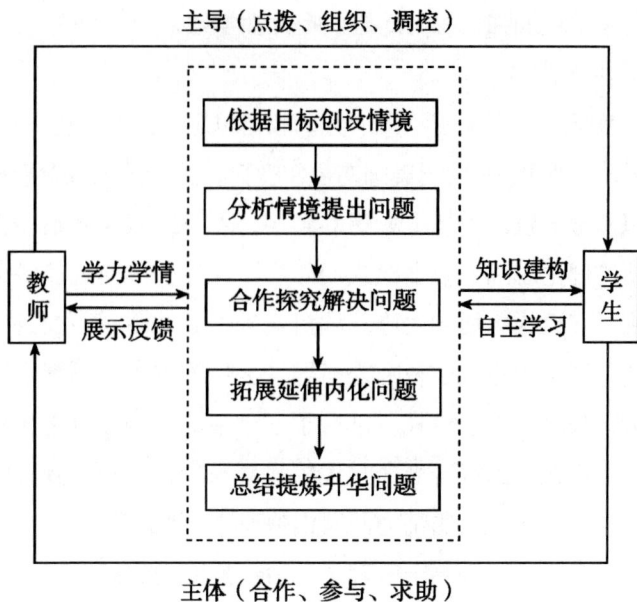

图 8-1 PBL 基本流程①

在整个过程中，教师是把学习设置到复杂的、有意义的问题情境中，通过让学习者合作解决真实性（authentic）问题，来学习隐含于问题背后的科学知识。② 学生是以积极主动的态度去参与学习过程的。在这样的情境当中，学生从被动参与者变成了主动学习者，能够最大限度发挥自己的特色和优势，同时在团队合作中优势互补，不断提升自己的综合能力水平。③ 这不仅有助于培养学生自主学习能力、协作能力、分析和解决问题能力，激发学生学习主动性，而且能够促进教师角色的转变，教师发挥引

---

① 孙天山. 指向"基于问题的学习（PBL）"模式的思考与实践 [J]. 教育理论与实践，2014（26）：53-55.

② Hmelo, C. E. , Ferrari, M. The problem-based Learning tutorial：Cultivating higher order thinking skills. Journal for the Education of the Gifted, Vol. 1997，20（4），401-422.

③ 新香邵. 问题导向式教学法在课堂教学中的应用 [J]. 教学方法创新与实践，2021（2）：7-12.

导作用，使学生更加独立思考，进而提升教学效果。①

（二）项目式教学

项目式教学最早产生于欧洲的劳动教育思想，其发展可以追溯到18世纪欧洲的工读教育和19世纪美国的合作教育，并与美国教育家杜威的"做中学"思想理念一致。受杜威思想的影响，项目式教学开始盛行，逐渐成为一种重要的理论思潮与教学模式。如今，这种教学模式在多个国家的多个领域得到了广泛的应用和实施。项目式教学于2000年左右在我国出现，其倡导的"以项目为主线、教师为引导、学生为主体"颠覆了以往"教师讲，学生听"被动的教学模式，创造了学生主动参与、自主协作、探索创新的新型教学模式。这符合当今时代的教育需求，开始受到国内学者的广泛关注与重视，投入大量的精力开展相关理论与实践研究。

项目（Project）一词源于管理学，后也被引用到教育学中，产生了项目式教学，即 Project-Based Learning，又译为"项目学习"或"基于问题的学习"。美国巴克教育研究所将其定义为："一套系统的学习方法，它是对复杂、真实的问题的探究过程，也是精心设计项目作品、规划和实施项目任务的过程，在这个过程中，学生能够掌握所需的知识和技能。"② 这是一种建构性的教与学方式，教师将学生的学习任务项目化，指导学生基于真实情境而提出问题，并利用相关知识与信息资料开展研究、设计和实践操作，最终解决问题并展示和分享项目成果。③

项目式学习作为一种学习方式，有学习的共性，主要表现在以下五个方面：一是有目标，学科知识教学目标、项目任务目标，并把目标分解为更具体的任务；二是有计划，把目标转化为教学设计和策略；三是有实

---

① 赫永达，张卫国，陈亚丽.PBL模式在双语教学改革中的应用研究——以"计量经济学"教学为例［J］.教育理论与实践，2022（12）：49-53.

② （美）巴克教育研究所.项目学习教师指南：21世纪的中学教学法［M］.任伟，译.北京：教育科学出版社，2008：4.

③ 杨明全.核心素养时代的项目式学习：内涵重塑与价值重建［J］.课程·教材·教法，2021（02）：57-63.

施，按计划实施项目教学；四是有评估，按计划及评估标准对项目实施状态及教学效果进行评估；五是有反馈，对过程性成果与评估结果进行反馈，改进教学设计与策略，促进后续教学水平提升。同时，其作为区别于传统教与学的方式，又有其项目及管理体系的特征，并构成了项目式学习的独特特征：产品引领、情景真实、整体系统、团队协作以及渐进探究。[①]而从常规教学而言，项目式学习主要有以下几方面的特征：一是学习的问题性；二是学习的合作性；三是学习的探究性；四是学习的真实性；以及评价的过程性和结果性。项目式学习在课堂教学中的开展，包含一系列开展科学规划的过程，从设计驱动问题、规划项目评价到管理项目过程形成一个科学有序、环环相扣的教学系统。因此，开展项目式教学需要教师把项目的教学目标和项目活动联系起来，项目实施中采用配套的评估方法，评估学生在项目中学到了什么。[②] 所以，项目式教学主要由内容、活动、情境和结果四大要素构成。其实施步骤主要包含选定项目、制定计划、活动探究、作品制作、成果交流和活动评价等六项，具体如图 8-2 所示。总之，项目式学习能为发展学生实践能力和综合素养提供载体与具体抓手，有助于发展学生学科核心素养和学科能力，促进学生科学精神和人文精神的养成，同时还有利于"实践育人"课程改革理念的落实，最终促进育人方式的转型。

---

① 卢小花. 项目式学习的特征与实施路径 [J]. 教育理论与实践, 2020 (08)：59-61.

② 胡红杏. 项目式学习：培养学生核心素养的课堂教学活动 [J]. 兰州大学学报（社会科学版), 2017 (06)：165-172.

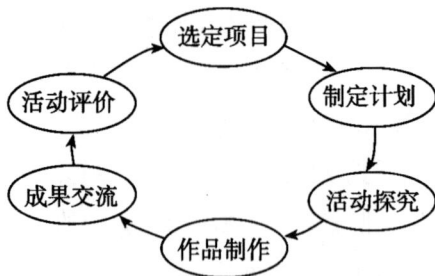

图 8-2 项目式教学的实施步骤①

（三）议题式教学

议题式教学，亦称议题中心教学法，其起源可追溯至 20 世纪初的美国社会科教学之中，是围绕社会中发生的争议性问题而组织学生展开讨论的一种教学方式。20 世纪初，美国进步运动盛行，引领与社会领域相关的课程蓬勃发展，议题中心式教学法也因此应运而生，为教育领域注入新的活力。1995 年，来自中国台湾的刘美慧开展了一项"有争议的课题教学研究"，将议题式教学应用到社会科教学中，这被公认为国内议题式教学研究的开端。随着新课改的不断深入，议题式教学逐渐走入教育学者的研究视野。

议题式教学是一种围绕议题，借助情境，进行有逻辑的认知思辨和可选择的活动探究的课堂教学方式，是以"议"为解决问题主要方式的意义建构过程。② 议题与问题、话题、主题间相互联系又相互区别：议题式教学要立足"话题"展开、延伸，但不是空洞地泛泛而谈；主题规定了议题方向、内容或任务，主题确定下来后才能制定议题，即"议题是将主题置于话题讨论中的"；问题则是对议题的呈现和承载，好的问题是议题的起点和具体路径（如图 8-3）。在教学中一般使用两种议题：一种是实证性议

---

① 刘景福，钟志贤. 基于项目的学习（PBL）模式研究 [J]. 外国教育研究，2002（11）：18-22.

② 沈雪春，颂爱勤. 议题式课堂教学设计：中国特色社会主义、经济与社会 [M]. 西安：陕西师范大学出版社，2020：54.

题。这类议题在学科课堂教学中较多使用，学生在学习中通过探究活动来建构知识。一种是争议性议题。这类议题涉及价值判断和价值选择，它是没有模板的，需要学生结合个人实际和认知水平来进行价值判断和价值选择。[①] 课堂教学议题的确立为议题式教学找到了抓手，但只有明确议题式教学的目的，采用恰当的实施策略，教学议题才能真正发挥作用，议题式教学才能落实到位，学科核心素养才能落地生根、走过厘清概念，转化议题。明确目的这"三重门"，议题式教学才能步入正轨。[②]

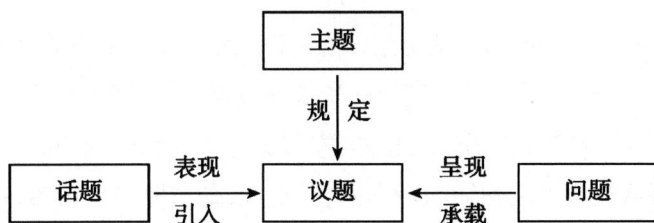

图 8-3　议题与话题、主题、问题之间的关系[③]

议题式教学特征主要为：议题呈现问题化、议题形成序列化、议题设计情境化以及议题实施活动化。即议题、情境与活动有机结合，共同指向教学目标的实现。教学目标在议题式教学中处于核心地位，情境和活动作为工具为议题式教学服务，议题对教学进行更加清晰的目标定位，体现了议题教学的开放性、引领性。三者共同构成了一个具有高度稳定性的议题式教学模型（如图 8-4）。

---

① Lockwood, A. L.. Controversial issues：The teacher's crucial role [J]. Social Education，1996（1）：28-31.

② 张翰，肖雪. 思想政治课议题式教学要跨越的"三重门" [J]. 教学与管理，2019（10）：56-58.

③ 向颖. 道德与法治课议题式教学的内涵、困境及实施路径 [J]. 教学与管理，2022（10）：45-48.

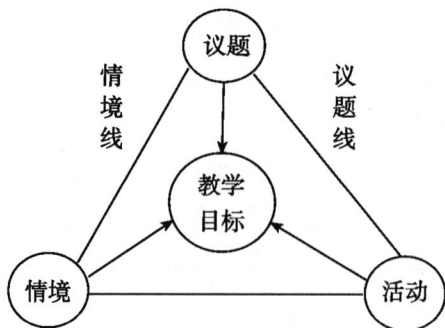

图 8-4 议题式教学模型①

　　在教学实践中，议题式教学的开展可以基于"是什么—为什么—怎么样"的思维活动线索，创设"商议—争议—决议"一题多"议"的序列化活动，将"议"贯穿教学全过程。具体表现为：一是议题"商议"：在议题情境的多重描绘中回归知识教学的基点；二是议题"争议"：在议题辩论的思维碰撞中强化价值引领的基点；三是议题"决议"：在议题决策的反复斟酌中直面问题解决的难点。② 议题式教学有助于培养学生的社会责任感和公民意识。通过参与议题讨论，学生能够更加关注社会现实，了解社会问题的复杂性和多样性，从而增强他们的社会责任感和使命感。同时还有利于构建民主、平等的课堂氛围。在议题式教学中，教师和学生共同参与讨论、相互尊重、相互倾听，形成了一种开放、包容的学习氛围。这种氛围有助于激发学生的学习兴趣和积极性，提高学习效率和效果。

第四节　实践学习样态

　　马克思主义认为，人是实践活动的主体，是人能动地改造世界的物质活动，实践构成了人的特殊的生命活动形式，是人的存在方式，具有自觉

---

① 向颖. 道德与法治课议题式教学的内涵、困境及实施路径 [J]. 教学与管理，2022 (10)：45-48.

② 孙杰. 思想政治课议题式教学的实施路径 [J]. 教学与管理，2019 (07)：60-62.

能动性、客观实在性、社会历史性三个特征。① 在学习、工作以及生活的方方面面，实践都扮演着至关重要的角色。它不仅是发现与解决问题的关键环节，还是提升个人技能和知识水平，推动个人成长与发展的有效途径。实践对于人的重要性不言而喻，正因如此，马克思主义强调教育与生产劳动的结合是达成人的全面发展的必由之路。② 对于学生这一学习主体而言，深入探究其能动性学习在实践中的价值及其发生过程，具有极为重要的理论与实践意义。

一、实践的学习价值

实践学习活动指的是学生在真实环境中综合运用所掌握的知识来解决问题，在此过程中探究新知、自主建构个体经验的学习，旨在实现学科学习、生活经验与个体实践的贯通，培养学生的创新精神和实践能力。③ 因此，实践学习成为学生学习中不可或缺的重要方式之一，对学生的学习具有极其重要的价值。

（一）有助于深化主体理解与认识，增长才干，提升能力水平

首先，从个体获取知识的角度看。认识和实践在人的发展过程中相互依存、相互促进，构成了人类成长的两个不可或缺的根本方式。认知作为实践的前提和基础，为实践提供了必要的指导和支撑；而实践是认知的深化和拓展，通过实践，人们能不断加深对世界的理解和认识。从某种程度上讲，通过认知或学习获得的"作为人类认识的成果"的知识，其实只能告诉人们"关于世界的知识"（Knowledge of the World），这种知识往往停留在表面，未能深入触及人与世界的真实互动关系，而不能使人获得"进入世界的知识"（Knowledge of and in the World），即能够指导我们在

---

① 周丹. 再论马克思主义的理论特性 [J]. 新时代马克思主义论丛，2023（01）：82-97.

② 林崇德. 构建中国化的学生发展核心素养 [J]. 北京师范大学学报（社会科学版），2017（01）：66-73.

③ 堵琳琳，金雷. 实践性学习活动：学生素养提升的突破口 [J]. 人民教育，2022（11）：46-49.

世界中行动、与生活世界融为一体的知识。① 教育作为塑造人的重要途径，不能仅仅满足于传授"关于世界的知识"，它更应致力于引导学生获得"进入世界的知识"，使他们能够在实践中运用所学，与世界建立真实而深刻的联系。站在学生生命成长的角度，教育所传递的一切知识，无论其学科属性如何，最终都应归入人文知识的范畴。因为人文知识不仅仅是对世界的描述和解释，更是一种指导我们如何在世界中生存和发展的智慧。值得注意的是，认知或知识的学习过程，往往将人对外部世界的认知和理解简化为一种抽象的、符号化的过程。这种简化虽然在一定程度上提高了认知的效率，但也可能导致我们忽视了人与世界的真实联系和互动。因此，在教育的过程中，我们需要更加注重实践与认知的结合，使学生在获得知识的同时，也能够真正理解和体验世界。

其次，从知识的产生发展角度看，人类的知识是物质生产实践与精神生产实践统一的结果，并在人类长期的实践中得到不断地丰富和发展。② 对于个体而言，人类的知识具有公共性，属于"公共知识"，个体通过社会生活实践，将"公共知识"与个体生活体验相结合进行知识的"再生产"，生成"个人知识"③。所谓实践出真知，其最本质的"真知"并非指从前人那里继承下来的认识成果，而是指个体在前人认识成果基础上自我重建的个人理解、个人观念，以及处事的个人智慧。"个人知识"的不断建立，为个体社会实践能力的增强奠定了坚实的基础。学生通过实践学习能够真正进入客观世界，建立起自然世界、社会世界和自我精神世界的内在联系，并在实践中增长处理各种关系的核心能力。

（二）有助于丰富主体经验，促进社会生活经验的改造或改组

① 赵汀阳. 心事哲学·长话短说［M］. 北京：东方出版社，2001：189-190.

② 郭元祥. 实践缺失是我国基础教育的根本局限［J］. 教育研究与实验，2014（03）：1-8.

③ 郭元祥. 实践缺失是我国基础教育的根本局限［J］. 教育研究与实验，2014（03）：1-8.

首先，在实践过程中，主体不仅能够深化对自然、社会及自我的认识，从而积累适应社会生活的宝贵经验，而且还能形成对外部世界丰富而深刻的体验。无论是新经验的获取还是旧经验的转变，都离不开主体亲身参与的实践环节。实践不仅促使主体建立并融入社会关系，更进一步培养出处理与自然、社会及自我关系的能力和经验。这或许正是杜威反复强调经验在教育中的重要价值的原因之一。经验对于人的成长发展而言，其影响力不亚于知识。经验的系统化及主体对经验的深入反思，共同推动人的成长与进步。据此，杜威提出了脍炙人口的教育理念："教育即生活"，强调教育应与生活紧密相连；"教育即生长"，意味着教育应促进个体的持续成长与发展；"教育即儿童经验的不断改造或改组"，指出教育应当帮助儿童不断改造和重组他们的经验；"从做中学"，强调亲身实践学习的重要性。这些信条共同构成了杜威教育思想的精髓，强调实践与经验在人的成长中的不可或缺的作用。

　　其次，实践是形成经验的必要条件。通过实践，主体能够建立并丰富"进入生活世界"的经验。这些经验并非先天具备，也非通过间接学习前人知识所得，而是源于主体与客观世界直接交互作用的感性体验。相较于科学知识，主体的体验对于人的成长和发展更具生动性、直接性和鲜活性。科学知识的教育价值在于为儿童青少年提供人类文化成果的基石，避免他们在生活的丛林中迷失方向。奥地利现象社会学家阿尔弗雷德·舒茨（Schutz，A.）在其著作《社会世界的现象学》中，深入探讨了生活世界中的经验问题，他将人的生活历史描述为"生平情境"或"履历情境"①，这无疑是生活经验历史积淀的结晶。人的生活经验不断累积，形成系统性的经验体系，进而推动人的发展。零散的经验无法凝聚成智慧，唯有通过持续的实践，主体的经验才能得以丰富，并在理性的反思中转化为人生的一种力量。因此，实践不仅是经验的源泉，更是推动个体成长与智慧形成

---

　　①　杨善华. 当代西方社会学理论［M］. 北京：北京大学出版社，1999：23.

的关键所在。

（三）有助于沟通行为主体与外部世界的联系，引导学生进入生活世界

"实践是人与客观世界的关系活动，客观世界是人的生成的背景和基础，人通过接触客观世界，了解客观世界来获得对人自身的理解，并获得人生成的外在客观条件。"[①] 实践是连接我们主观想法和客观世界的重要方式，它让主体和客体能够相互融合。通过实践，我们得以与自然界、社会以及我们的内心精神世界建立起紧密的联系。哈贝马斯提到的"生活世界"这个概念，其实就是在强调我们存在的意义，以及我们与周围世界的关系。在哈贝马斯的眼中，"生活世界"主要由三个部分组成：一是"我在自然中"，这表示我们与自然界的关系，也就是我们所说的"客观世界"；二是"我在他人中"，这代表了我们与他人和社会的联系，也就是"社会世界"；三是"我生"在其中，这关注的是我们与自己的关系，即"主观世界"。这三个世界分别对应着不同的内容。客观世界是关于自然事物的知识以及它们对我们的意义；社会世界则是关于社会的道德、法律和艺术；而主观世界则是关于我们如何构建自己的个性。通过实践，我们能够更好地理解这些世界，并与之建立和谐的关系。

同样，马克思的历史唯物主义也特别关心人们在社会中的生活，重视人的存在、价值和成长。在马克思看来"生活世界"其实就是人们通过实践，也就是劳动，与周围世界互动的过程。[②] "在社会主义的人看来，整个所谓世界历史不外是人通过人的劳动而诞生的过程，是自然界对人说来的生成过程。"[③] 马克思指出，生活世界不是一个与我们无关的地方，它不仅仅是一个实体，更是一个充满各种关系的复杂体系。生活世界就是人与世

---

① 郭元祥. 论实践教育 [J]. 课程·教材·教法，2012（01）：17-22.

② 李文阁. 回归现实生活世界 [M]. 北京：中国社会科学出版社，2002：155-158.

③ （德）马克思，恩格斯. 马克思恩格斯全集（第42卷）[M]. 中共中央马克思恩格斯列宁斯大林著作编译局，编译. 北京：人民出版社，1995：131.

界互动、成长的过程。如果没有人的成长和发展，也就没有了"生活世界"。而人的成长和发展，只有真正参与到这个"生活世界"中，才能实现。

主体通过与外部世界的积极互动，即实践，能能动地建立起各种社会关系，进而形成"物—我"关系、"我—你"关系和自我关系。这一过程使得主体不再孤独地存在于世界之中，消除了对自我内心世界的孤独感、对外部世界的迷茫感、对人世间生活的陌生感以及对现实世界的厌恶感，从而真正"融入世界"。并且单一依赖符号知识的接受性学习，只会让人的灵魂在虚幻的符号世界中徘徊，无法真正认识自己。脱离实践的主体生命，难以在社会关系中找到自己的定位，无法认知自己、发现自己并自我反思，进而形成自我感和意义感。实践对于人的生成和发展至关重要，它是主体认识世界、理解自我、实现自我价值的根本途径。离开实践，人的成长和发展将变得不可想象。同样，离开了实践育人，仅依赖理论知识的传授，难以实现"立德树人"的教育目标。因此，实践不仅是人认识世界的方式，更是人实现自我发展和提升的关键所在。在教育过程中，必须强调实践的重要性，通过实践育人，促进学生的全面发展。

二、实践学习的过程

实践学习是一种兼具过程性、体验性与反思性的深度学习方式，它对学生个体的全面发展具有重要价值。这种价值并非孤立存在，而是贯穿于实践学习的始终，通过完整而系统的实践活动过程得以实现。一般而言，完整的实践学习应当囊括以下四个关键过程，每一环节都不可或缺，否则实践学习的发展价值将大打折扣。因此，我们应确保实践学习的每个阶段都得到充分开展和深化，以最大限度地发挥其对学生全面发展的促进作用。

（一）情境理解

首先，情境是实践的载体，实践学习是在具体情境中开展的学习活动，若离开具体的情境，实践学习就剥离了其最本质的特征。杜威提出的

"五步教学法"的第一步便是"疑难情境"，就充分体现了情境在实践学习中的重要性。其次，人的实践是在特定的复杂的真实的情境中发生的，"实践是感性的活动，不是纯理性的思辨活动，对情境的依赖性，是由实践的本质决定的"[①]。而情境本身具有一定的复杂性和综合性[②]，因此，理解情境所表达的意思是实践学习的基础与出发点，是实践学习赖以存在的前提。情境理解是指学生对实践情境的认知，是学生通过分析、综合、比较等思维方式对具体情境及其复杂关系的识别和认知，进而形成对情境理性认知的过程，包括了解实践活动的领域、涉及的知识点、技能要求以及可能遇到的困难和挑战。

在实践学习过程中，学生所面临的情境实质上是一种富含挑战性的问题情境，它充满了复杂性和不确定性。这种情境多是由多种因素交织在一起，变化多端，甚至可能产生冲突与矛盾。面对这样的复杂问题情境，学生需要深入剖析问题的来源、本质及类型，通过对问题的细致分析，明确实践学习的目标与方向。同时，学生还需结合具体情境与自身实际，进行自我反思与评估，从而对自己的知识储备、能力水平形成清晰的认识。这种情境理解的能力至关重要，它不仅是学习的重要目标，更是实践学习能否取得成效的关键因素。在情境理解阶段，学生对情境的理解程度越高，其在实践学习过程中的目标设定、计划制订及执行效果就会越显著。反之，若对情境理解不足或完全缺乏理解，那么实践学习很可能沦为盲目、形式化的活动，无法达到预期的学习效果。因此，提升情境理解能力，对于确保实践学习的有效性具有重要意义。

（二）方法选择

---

① （德）马克思. 1844 年经济学哲学手稿［M］. 中共中央马克思恩格斯列宁斯大林著作编译局，译. 北京：人民出版社，2014：53.

② 张婧婧，于玻. 指向复杂性的"新经验主义"：论教育研究的范式演进与创新［J］. 中国远程教育，2024（02）：47-61.

马克思主义哲学深刻指出，手段在实践活动中占据着重要的地位①，作为实践的关键要素之一，它直接影响着实践的效果和目标的实现。在实际运用中，方法和手段往往被视为同义，都代表着为达成实践目的而采取的具体行动方式。因此，方法同样是实践不可或缺的组成部分，方法的选择与实践学习的成效紧密相连，堪称实践学习的精髓与基石。实践学习的过程，本质上就是方法选择与应用的过程。离开了科学的方法，任何实践或学习活动都将失去方向，难以有效达成预期目标。无论是体验学习中的情感沉浸与反思，探究学习中的问题提出与解决，操作学习中的技能掌握与实践，还是交往学习中的互动合作与知识共享，都需要恰当的方法作为支撑和保障。具体来说，在实践学习中，方法帮助学生更深入地感受和理解学习内容；引导学生发现问题、分析问题、解决问题；促进学生技能的精准掌握和熟练运用；有助于学生更好地与他人合作与交流，实现知识的共享与创造。综上所述，方法在实践学习中扮演着至关重要的角色，是完成学习任务、达成学习目的的基本保障。因此，应高度重视方法的选择与应用，不断探索和实践更加科学、高效的学习方法，以推动实践学习的深入发展。

学生在进行方法选择时，其依据主要源自对实践情境的深刻理解。只有在对问题及其形式有了明确的认识后，学生才能根据具体的问题情境，选择合适的方法。实践学习中，可供选择的方法多种多样，如参观、访问、调查、考察、设计、制作、访谈等。每种方法都有其特定的适应范围，只适用于某种或某几种特定的问题情境。不存在一种方法可以通用于所有问题情境，有时甚至需要综合运用多种方法来解决复杂的问题。因此，学生在选择方法时，首先要对各种方法有深入的了解，包括它们的适应范围、使用原则和规范。同时，学生还需对具体的问题情境进行深入分

---

① （苏）A. 奥古尔佐夫. 马克思主义哲学中的实践问题 [J]. 晓林，译. 哲学译丛，1978（06）：63-67.

析，判断哪种或哪些方法最适宜解决当前问题，即方法的适宜性。恰当的方法选择能够极大地提高实践学习的效率，帮助学生顺利达成学习目标，并在此过程中获得积极的体验。

综上所述，不仅要求学生对各种方法有充分的认识，还需要对具体的问题情境有深入的理解。只有这样，学生才能选择恰当的方法，从而有效地推进实践学习进程，实现学习目标。

（三）过程体验

过程体验，亦可称之为方法体验，它是学生个体将所选方法应用于特定问题情境，通过与客观对象的互动作用，进而解决问题的动态过程。这一环节不仅是实践学习的中间阶段，更是关键环节。情境理解和方法选择作为实践学习的前提和基础，为学习者铺设了通向实践的道路，而过程体验则是这条道路上的实际行动与探索。没有过程体验，也就没有真正意义上的实践，没有真正意义上的实践学习。过程体验不仅是实践学习的现实开展，更是学习者主体性得以彰显的基本保证和基本要求。在过程体验中，学习者不再是被动接受知识的容器，而是成为主动探索、积极解决问题的主体。他们通过亲身实践，与客观对象进行深度互动，从中获得直接经验和深刻认识。过程体验不仅有助于学习者深化对知识的理解与掌握，更能培养其问题解决能力、创新思维能力以及实践操作能力。通过不断的实践体验，学习者能够逐渐掌握方法运用的技巧与规律，形成自己的独特学习风格与思维方式。

在过程体验阶段，学习者所经历的体验活动呈现出多维度的特性，单一的体验活动无法支撑起完整的实践学习。一般而言，实践学习中的过程体验主要包括程序体验、工具体验和方法体验三个层面。[①] 程序体验要求学习者全面经历问题解决的基本流程，从而深刻理解其内在逻辑；工具体验则侧重于学习者运用各种工具进行问题解决的过程，凸显工具的辅助作

---

① 郭元祥. 论实践教育 [J]. 课程·教材·教法，2012 (01)：17-22.

用；而方法体验则是学习者将精心选择的方法应用于具体的问题情境，通过方法的灵活运用来解决实际问题。在实践学习过程中，学习者原有的知识和能力对完整的过程体验起着积极的推动作用。学习者能否有效地将已有的知识和能力融入问题解决的过程，不仅直接关系到问题解决的质量，也深刻影响着学习者过程体验的有效性。此外，学习者在过程体验中可能会遭遇重复的情况，这正是他们通过实践不断验证对情境的理解是否正确、选择的方法是否有效的过程。一旦发现情境理解存在偏差或方法选择不当，学习者需及时回到情境理解阶段或方法选择阶段，重新审视问题，重新进行情境理解或方法选择。通过这一过程，学习者不仅能积累宝贵的实践经验，还能够不断提升自身的问题解决能力和创新思维水平。

（四）反思提升

"反思就是思考。在教育学领域，反思含有对行动方案进行深思熟虑、选择和做出选择的意味。"[①] 实践学习不仅聚焦于学习者在过程中所获得的知识、能力的提升以及情感体验的深化，同样重视学习完成后的反思。反思是实践学习的最后且至关重要的阶段，它承载着深化认识、发展能力、升华情感和价值观的重要使命。作为实践学习的内在要素，反思能够充分发挥实践学习对学生潜在发展价值的促进作用。

在实践学习中，学习者的反思与其实践过程紧密相连，互为补充。一方面与过程体验相似，反思也涵盖多个维度，包括程序反思、工具反思和方法反思。程序反思要求学习者对问题解决过程进行深入追问与思考，从中积累宝贵经验，发现潜在的问题，为未来实践提供借鉴。工具反思侧重于学习者对工具运用的分析与评价，通过反思，学习者能够更精准地掌握工具的使用方法，提升工具使用的效率。方法反思要求学习者对解决问题的方法进行深入的思考和反省，通过反思，学习者能够发现自身方法选择的优点与不足，为未来的实践学习提供改进的方向。另一方面，与过程体

---

① （加）马克斯·范梅南. 教学机智——教学智慧的意蕴 [M]. 李树英，译. 北京：教育科学出版社，2002：131.

验不同，反思涵盖情感反思和元反思两个层面。情感反思是学习者对自身在实践学习中的情感、态度和价值观进行的深刻反思，通过反思，学习者能够更清晰地认识自己在实践学习中的情感状态以及价值观的正确性，从而调整自己的心态，提升学习效果。元反思则是学习者对反思活动本身的反思，即对反思的再反思，它要求学习者对自身的反思方式、反思结果进行深入分析，以优化反思过程，提升反思质量。

综上所述，反思能够帮助学习者发现问题、积累经验、丰富情感、调整态度、纠正价值观，为未来的实践学习奠定坚实的基础，发挥重要的促进作用。

三、实践学习的具体样式

在学生的学习活动中，体验、探究、操作和交往占据着举足轻重的地位，它们共同构成了学生学习活动的主要方式，并进而塑造出实践学习中丰富多彩的学习样式。

（一）体验学习

体验指主体对客体的感知和体验。[①] 体验学习萌芽于 20 世纪初期的实用主义教育思想，美国著名教育家杜威认为"所有真正意义上的教育都来自于体验"[②]。他倡导的"做中学"理念是体验学习的基本雏形，强调儿童亲身经历实践活动的过程，以获得发展经验，实现已有经验持续不断改造。后经教育家和研究者的延续和发展，体验逐渐成为一种学习方式，即体验学习。体验学习实际上是"一种以体验为中心的学习观和学习方式"[③]，"一种以学习者为中心的、从体验和反思中获得进步的学习方式"[④]。如，美国体验学习的集大成者大卫·库伯（David A. Kolb）把"学习看作

---

① 陈佑清. 体验及其生成 [J]. 教育研究与实验，2002（02）：11-16.
② Bernstein R. J. John Dewey [M]. New York：Washington Square Press，1966.
③ 金业文. 体验学习的局限与超越 [J]. 中国教育学刊，2013（03）：43-45.
④ 王嘉毅，李志厚. 论体验学习 [J]. 教育理论与实践，2004（23）：44-47.

是体验的转换并创造知识的过程"①。中国台湾学者李坤崇认为体验学习是："教师引导学生亲身体验大自然，参与社会服务，实地进行调查、访问、参观与实验，实际进行讨论或发表见解，设计与生产工艺作品以及进行生产等真实活动，并经由实践、体验、省思与分享，以觉察活动意义和达成学习目标的学习。"② 由此可见，经历、经验、感悟、反思是体验学习的内在要素，体验学习既包括学习的过程——经历，又包括学习的结果——经验，还包括学习后主体的活动——反思感悟，若离开这三者，体验学习就失去了对学生的发展价值。

另一方面，体验学习对学生的发展价值不仅体现在通过体验获得知识，更体现在能够在体验的过程中触及学生的情感、人格和社会性的发展。体验学习不仅强调学生通过亲身参与和感受来获取知识，从而增强学生的直观理解能力和实践能力，而且更有利于学生在体验学习，深入实际情境中，通过观察和体验，发展自身的情感态度价值观。并且体验学习具有情感性、反思性和感悟性。首先，学习者是带着自己的情感经历活动的，而不是单纯地"做"，在"做"的过程中，学习者将自己的情感、态度、价值观融入其中，通过活动、思考，进而获得新的感悟与经验。其次，学习者在体验活动结束之后，需对自己的活动过程、活动结果进行反思，提炼、升华自己的经验。最后，学习者通过批判、充足、抽象、总结自身在学习过程中的感受，形成自己的价值观。

（二）探究学习

"探究学习"最早由英文"inquiry learning"翻译而来③，可追溯至18世纪法国教育家卢梭，他认为人与生俱来就有探究的欲望，后经杜威、布鲁纳、施瓦布等的发展，探究学习成为教育中有生命力的、有可操作性的

---

① 石雷山，王灿明. 大卫·库伯的体验学习 [J]. 教育理论与实践，2009（29）：49-50.

② 李坤崇. 综合活动学习领域教材教法 [M]. 台北：心理出版社，2001：256.

③ 徐学福. 探究学习的内涵辨析 [J]. 教育科学，2002（03）：33-36.

一种学习方式。当前相关探究学习的研究主要借用施瓦布的定义，即探究学习指："儿童通过自主地参与获得知识的过程，掌握研究自然所必需的探究能力；同时，形成认识自然的基础——科学概念；进而培养探索未知世界的积极态度。"[①] 由此可见，探究学习以实现科学素养教育为目标，注重让学生在获得科学知识的同时，掌握探究技能、形成科学态度。

自第八次基础教育课程改革以来，探究学习成为教育研究和实践的热点问题。徐学福基于探究学习的特性及探究学习的应然过程，将探究学习定义为"学生在教师指导下，为获得科学素养以类似科学探究的方式所开展的学习活动"[②]。在探究学习的过程中，学生积极模拟科学家们的探究流程和方法，通过主动提问与求解，深入参与知识的探索与积累过程。与科学研究的路径相呼应，探究学习同样遵循一套典型且系统的程序：首先，学生需要从日常生活和实践中发现问题，形成探究的起点；接着，会积极搜集相关的数据资料，为问题的解决提供支撑；然后，基于掌握的信息，提出自己的假设；之后，通过实验或观察等方式检验这些假设的正确性；最后，交流并分享探究结果，以便互相学习、共同进步。简而言之，即形成问题、搜集数据、提出假设、检验假设、交流结果五个环节，这一完整的过程需学生运用多种思维方式，如分析与综合、归纳与演绎、分类与比较、系统化与综合化等，这样的研究活动不仅能锻炼学生的思维能力，也能培养他们的实践能力和科学素养。

问题是探究学习的核心驱动力，贯穿于整个学习过程。一方面，问题是学习的起点，是推动学生深入探究的动力；另一方面，学习过程本身是不断发现问题、提出问题、分析问题和解决问题的过程。因此，探究学习具有鲜明的主体性、问题性、情境性和过程性。在探究学习中，学生面对的问题情境可以是真实存在的，也可以是模拟构建的。但不论情境如何，学生的主体性都必须得到充分体现，他们需全程参与探究活动的每一个环

---

① 钟启泉. 现代教学论发展 [M]. 北京：教育科学出版社，1998：363.

② 徐学福. 探究学习的内涵辨析 [J]. 教育科学，2002（03）：33-36.

节。这一过程不仅有助于提升学生搜集与整理资料的能力、分析与解决问题的能力，还能锻炼他们的交流与合作能力以及实践能力。更为重要的是，探究学习强调学生的探究精神和创新能力。它鼓励学生不畏权威，敢于质疑，敢于提出自己的观点与方法。这样的学习方式，学生不仅能够获得知识，更能够培养起终身学习的能力和不断进取的精神。

（三）操作学习

操作学习又称动作性学习，是学习者依靠操作外部实物或自身肢体器官而进行的一种动态学习活动。"此类学习活动以对实际事物的操作或身体器官的动作为对象，如实验、实习、制作、游戏、音乐、绘画、舞蹈、体育活动等。"[①] 操作学习主要有两种类型：一是以锤炼操作技能为核心的操作学习，其目标是提升学生在特定领域的操作技巧；二是辅助知识理解或情感体验的操作学习，旨在通过实践操作来深化学生对知识的理解、丰富他们的情感体验。[②] 尽管与操作学习最直接相关的是学习者的动作技能，但这一学习过程并不仅限于此。在操作学习中，学习者在明确的目标和意图驱动下，带着自己的情感，运用所学的操作技能作用于特定的对象或工具，从而实现操作对象或工具的变化。同时，这一操作过程也反过来影响学习者本身，不仅促使他们的动作技能得到锻炼和提升，还使他们的情感体验得到进一步的深化。因此，操作学习是一个综合性的过程，它融合了动作技能、知识理解、情感体验等多个方面，共同促进学习者的全面发展。

实践活动是知识习得的基础。杜威指出，学生掌握知识要经历三个阶段，其一，通过活动和直接的动手操作形成直接的经验；其二，在动手操作的基础上，学习的学科知识使直接经验实现横向和纵向的意义拓展；最后，将经验的意义系统化、理性化，从而形成科学知识。从这三个阶段可

①　陈佑清. 学习方式的多样性及其选择 [J]. 江西教育科研，2003（07）：20-22.
②　陈佑清. 操作学习：类型、特征及其教学过程 [J]. 基础教育课程，2015（13）：35-38.

见，实践活动是知识习得的条件，科学知识要在直接经验的基础上才能习得。美国在现代课程中设置的"hands-on"以及法国的 LAMAP 课程，都是操作学习的基本范式，都具有操作学习的基本特征。第一，操作性学习的对象和工具是物质性客体（如实践）或肌肉动作（如体育活动），并以动手操作完成学习的过程。所以以文字符号作为表征的书本知识不能算是操作学习的对象。第二，操作学习的心理表征形式是动作表征。有关行为、活动等方面信息的记忆和处理，显然，动作表征是最为有效的。在动作表征中，不但有关于行为或活动的连续动作形象的信息，还有行动者从施予客体的肌肉力量大小，以及客体对人的肢体器官的反作用中所获得的感受、体验等信息。第三，操作学习主体在学习过程中获得的反馈是肌肉感觉反馈，主要有运动感觉反馈、来自对动作结果观察的反馈、来自外部信息资源的反馈三种。第四，操作学习是身心整体参与、身心活动相互依赖和转化的学习。操作学习需要学习者认知能力的参与，不是单纯的、机械的肢体活动，没有认知能力参与的操作只是个体本能的行为。[①]

（四）交往学习

"现实的个人是在社会实际生活过程中进行实践活动的人，他们是在生产和交往中产生的。"[②]"离开社会交往的媒介，特定的个体就无法具有人的属性，社会交往的变革是人的全面化发展的前提。"[③] 由此可见，交往是人类存在和活动的前提，是人的本质形成的前提，个体通过交往活动，使自己纳入自身所处的社会关系中，形成自己的个体本质。马克思主义哲学亦将交往作为人类实践的重要方面，马克思主义哲学认为："人的实践包括两个基本方面的活动，即以物为对象的生产活动和以人为对象的交往

---

① 陈佑清. 操作学习：类型、特征及其教学过程 [J]. 基础教育课程，2015（13）：35-38.

② 李海滨. 交往的历史形式及其根据 [J]. 哲学研究，1992（08）：33-40.

③ 林剑. 人的社会交往与人的本质、人的发展 [J]. 哲学研究，1993（07）：81.

活动。"① 因此，交往本身是一种实践②，交往学习亦成为实践学习的一大样式。所谓交往学习，是指学习者在与他人的对话、互动、合作中共同探讨、分享知识、经验和见解，进而实现个人和集体共同成长的一种学习方式。这种学习方式强调了学习者之间的社交互动与合作，是现代教育理念中不可或缺的一部分。

与交往学习紧密相关的概念是"合作学习"。虽然两者都是建立在与他人交往的基础上进行学习，但它们并不完全等同。合作学习是交往学习的一种具体形式，它强调学习者之间的分工协作、共同努力，以达成共同的学习目标。交往学习则更为广泛，它不仅包括合作学习，还涵盖了学习者之间的日常交流、讨论、辩论等多种形式。在交往学习中，学习者通过与他人对话、互动，不断拓宽自己的知识视野，深化对问题的理解，同时锻炼自己的沟通、表达和协作能力。其中，对话、合作、理解、讨论、质疑等是交往学习开展的基本形式，尊重、平等是交往学习得以顺利开展的基本要求。"交往是造就人的素质和能力的一个基本途径"③，在交往学习中，交往的对象均具有不同的生活经验、人生履历、知识背景和认知方式，通过对象之间观点、思维、价值等方面的交流、互动、碰撞、激发，能够让不同的学习者增长知识、获得态度、启发观点，提升自身的素质和能力，这些素质和能力包括观察、表达、理解、合作等。同时，交往学习还"能为个体学习提供参照、启发、借鉴和多种视野，从而使个体学习超出个体经验的局限"④。

① 李海滨. 交往的历史形式及其根据 [J]. 哲学研究，1992（08）：33-40.
② 丁立群. 交往、实践与人的全面发展 [J]. 哲学研究，1992（07）：10-15.
③ 朱葆伟，李继宗. 交往·主体间性·客观性 [J]. 哲学研究，1992（02）：19-28.
④ 陈佑清，罗芳. 不同类型学习在学生发展中的关系 [J]. 教育研究与实验，2011（02）：42-46.

第九章
技术支撑下的学习

　　大数据时代，信息技术已经迅速渗入到现代社会生活的方方面面，信息技术与教育深入融合成为教育变革的重要趋势，在技术的支撑下，作为学习主体的学生，其主体性发展也正遭遇新的调整。在学生的学习过程中，技术支撑下的学习需坚持以学生为主体，处理好技术与人的发展之间的关系，用技术来帮助、支持学生更好地学习。同时，大数据时代的教育评价在套用基本范式的同时也需要保持谨慎，做好三重判断，实现高效科学、精准可视的教育评价。

第一节　技术与学习主体

　　主体性问题是哲学的核心问题，也是教育的根本问题，人的主体性是教育应该追求的重要目标。自 20 世纪 80 年代以来，主体性教育思想与实践对我国基础教育领域产生了广泛的影响，在很大程度上改变了我国基础教育中主体遮蔽的现状，也为我国基础教育发展指明了方向。在新的时代背景下，主体性教育仍然具有强大的生命力，其对教育实践仍将发挥重要的影响力。当前，人工智能的发展正在对教育产生越来越大的影响，甚至在一定程度上改变了教育的形态，由此，我们需要思考，人作为认识主体与人工智能之间的关系究竟为何？人工智能是否具有作为认识主体的可能性？人工智能背景下个体主体性的内涵发生了什么变化？在人工智能背景下培养学生的主体性应该如何处理人与机器之间的关系？……只有明确了这些问题，才能明确人工智能背景下主体性发展与主体性培育的基本方向。

一、人工智能与认识主体的关系澄明

人工智能的发展，引发了研究者对人工智能与认识主体之间关系的广泛讨论，就当前而言，人的认识活动与人工智能之间还有着本质的区别，人仍然是认识活动的唯一主体，智能技术是作为认识主体的延伸而存在着。

（一）认识活动和人工智能之间具有本质差异

"第一代认知科学主张：人的认识或智能活动的本质，就是对符号进行按照规则操作的过程，即按'形式规则'处理'信息'，亦即对表征进行计算的过程。"① 这种对智能的狭义界定将人的认识活动等同于机器的活动，认为机器也是认识主体。符号主义对智能的理解难以有效地解释人作为认识主体的认识活动和机器活动之间的本质区别，事实上，认识活动和人工智能之间有着本质的区别，而只有认识这些区别，才能从根本上澄清人工智能与认识主体之间的关系。从来源上说，人的认识活动来源于实践，实践活动是认识的来源，个体通过获取直接经验和间接经验的两大途径而获得认识，从而生成自己的本质，获得认识主体地位；人工智能是通过形式化、模型化的算法来运行的，而算法是由人来进行设计的，因此，从根本上说，人工智能的"智能"来源于人。从对象来说，人的认识活动对象既包括客观的物理世界，也包括主观的自我世界，个体通过与客观世界和主观世界的交互进而形成认识；而"人工智能以数据作为其信息处理的'原料'，……类比于人的认识，这里的数据原料就相当于认识对象"②，即人工智能的活动对象是以虚拟形式存在的数据。从特点来看，人的认识活动具有多重辩证属性，如理性与非理性，科学性与人文性，生物性与社会性，客观性与主观性，以及文化性、情感性、价值性、意义性；人工智能的机器活动仅仅具有理性与一定的科学性，算法无法表现非理性的因

---

① 肖峰. 人工智能与认识主体新问题 [J]. 马克思主义与现实，2020 (4)：188-195.
② 肖峰. 人工智能与认识论新问题 [J]. 西北师大学报（社会科学版），2020 (5)：37-45.

素。"人类是理性与感性的集合体，如果说理性包含了经验归纳和逻辑推理易于被人工智能技术所识别，那么至少在感性认知上，人类所具备的情感要素是人工智能难以企及的，也是人类区别于智能机器的一个关键特质。"[①] 而从表现形式来看，人类认识活动可以表现出多种形式并转化为一定的行为，而人工智能更多是通过逻辑和形式表现出来，"人工智能的语言和符号是逻辑的、形式的，而作为人类心理工具表征的语言、符号是一个有机的系统，它扎根于人类文化，并成为人格中不可或缺的部分，它能以身体的认知为起点，逐步发展出神话的认知、浪漫的认知、哲学的认知和批判的认知"[②]。综上，人的认识活动与人工智能之间有着本质的区别，机器能够执行人的活动，但无法替代作为认识主体的人的活动，人工智能不具备作为认识主体的可能性。

（二）人工智能不具有作为认识主体的属人性

作为认识主体的人具有如下几个基本特征：自然性、社会性与意识性。人在客观自然中存在，也在由人所结成的社会及其活动中存在，人进而具有自然人和社会人的双重本质，这是人成为认识主体的前提条件，同时，作为认识主体的人还具有意识性，作为认识与活动的主体，人的活动是在一定的意识支配下进行的，具有明确的目的性。这说明了人作为认识主体是具有属人性的，属人性亦称自为性，"'自为性'是与'自在性'相对立的，人为自己建构了主客体结构，形成了'万物皆为我'的主客体结构。主体在与客体的关系中有'为我'的倾向"[③]。"属人性"是人作为认识主体的根本属性，而人工智能不可能完全像人所充当的认识主体，因而在属人性上难以成立。一方面，人工智能无法建立与其"认识对象"之间

① 李海峰，缪文升. 挑战与应对：人工智能时代高校应重视价值判断教育 [J]. 中国电化教育，2020（2）：43-49.

② 张务农. 人工智能时代教育哲学"技术理论"问题的生成及论域 [J]. 电化教育研究，2019（5）：25-31＋63.

③ 任小琴. 一分为二，一分为三，还是一分为多——论哲学上的自在性与自为性 [J]. 湖南医科大学学报（社会科学版），2009（6）：4-6.

的"为我"关系，甚至可以说，人工智能的活动是"为他"的，是为人有意识的自主性的活动服务的，人是唯一具有智能的自为体，而"技术的使用必然是与使用者的使用目的相契合的，而技术的使用目的无非是达致使用者所追求的价值结果，即使是最尖端的技术，处理的也只是物质层面的东西而已，教育活动中人工智能技术之使用也同样如此"①；另一方面，人工智能不具有人作为认识主体的具身性，"身体是人类与人工智能之间最明显的区别。对人类而言，身体是认识事物的基础，人类通过身体的感知与外界建立深度联系，获得生命的意义感"②，人工智能没有像人一样的身体，无法形成类似于人的具身体验和相关认识活动，人工智能是对虚拟数据符号的表征，而虚拟的数据符号表征是与意义无关的，"因而，德雷福斯从海德格尔的此在现象学出发，批判了传统人工智能的表征主义症结，他认为人工智能只能实现可表征的、形式化的活动，而人类真正的智能是身体性的、无法表征"③。最后，人类的大脑经过进化，能够成为很好的学习者，通过抽象概念的学习，理解因果关系，进行价值判断，能从少量经验中学到更多的东西，每个人都是唯一的生命体"与世界中的每一在者，每一生命的每一实在关系皆是唯一的"④，但机器是可以批量生产和复制的，不同的机器运用同样的算法可以从事相同的功能性活动。因为属人性的缺失，人工智能就无法拥有属人的情感、思想和意志，虽然阿尔法围棋（AlphaGo）击败了世界围棋冠军，"然而获胜后的机器人却无法体会到胜

① 李海峰，缪文升. 挑战与应对：人工智能时代高校应重视价值判断教育 [J]. 中国电化教育，2020 (2)：43-49.

② 刘磊，刘瑞. 人工智能时代的教师角色转变：困境与突围——基于海德格尔技术哲学视角 [J]. 开放教育研究，2020 (3)：44-50.

③ 孙田琳子，沈书生. 论人工智能的教育尺度——来自德雷福斯的现象学反思 [J]. 中国电化教育，2019 (11)：60-65＋90.

④ （德）马丁·布伯. 我与你 [M]. 陈维纲，译. 北京：生活·读书·新知三联书店，2002：67.

利的喜悦，因为机器人没有人所独有的情感和意识"①，虽然随着技术的发展，人工智能技术可以在一定程度上识别人的情感，但对人情感的识别和真实的情感体验是有着本质区别的。

（三）人工智能作为认识主体的延伸而存在

在人工智能和认识主体的关系上，人工智能只能作为认识主体的延伸而存在，"技术环境下的学习终究是一种旁观者知识模式，知识经过预设并在机器终端直接呈现出来，没有经过师生之间充分的交流、争论与思维碰撞，学生很难将其内化到自己头脑中"②。人工智能是人类智能的延迟，扮演着人类"智能帮手"的角色，人们借助人工智能技术来代替或放大人的身体功能，如计算机视觉技术延伸人的视觉，语言识别技术延伸人的听觉，海量数据的分析处理延伸人的思维，然而，人工智能技术对视觉、听觉和思维的延伸都是不带感情的，只是在完成算法设定好的视觉、语言或信息处理过程，即"人工智能技术便是在试图延伸人的功能，其特定的意向结构反映的是预先设计好的一些内容"③。人工智能作为认识主体的延伸，有着重要的价值，能够突破人类在认识活动中的一些缺陷与不足，提高人处理一些机械重复性劳动的效率，增强人对已有知识和数据进行收集、加工和处理的精确性和有效性，进而丰富人对客观世界的认识。同时，人工智能作为认识主体的延伸，也能深化个体对自我世界的认识，智能机器能够为个体认识自我提供数据和证据的支撑，进而帮助个体认识自己的长处和不足，加深对自我的理解。总之，人工智能能够拓展人类认识活动的深度与广度，然而，人工智能作为认识主体的延伸，需要在主体价值观的引导下开展活动，需要满足个体的需要和意志，而不能任由技术来

---

① 孙婧，骆婧雅，王颖. 人工智能时代反思教学的本质——基于批判教育学的视角 [J]. 中国电化教育，2020 (6)：16-21.

② 刘丙利，胡钦晓. 人工智能时代的教育寻求 [J]. 中国电化教育，2020 (7)：91-96.

③ 李芒，张华阳. 对人工智能在教育中应用的批判与主张 [J]. 电化教育研究，2020 (3)：29-39.

改变作为认识主体的基本属性，"我们应该清醒地意识到人工智能是人类智能的延伸、而并非完全取代，冰冷的智能技术没有'人'的社会属性和社会关系，更没有道德、情感、精神等人类特性"①，这是人类利用信息技术来拓展自身认识活动需要明确的。

二、人工智能赋予个体主体性新的内涵

不可否认，人工智能正在改变并将继续改变教育，在人工智能背景下，因虚拟技术、大数据、人机交互和机器算法的存在，个体主体性的社会性、选择性、能动性与创造性也发生了一定的变化，赋予了个体主体性新的内涵。

（一）现实与虚拟融合的社会性

人是社会的动物，人既不能脱离社会而孤立地存在，也不能超越社会而存在，社会性是人的本质，也是人的主体性不可或缺的基本特征，"社会性是主体性的根源、基础"②。一方面，人的主体性是在社会情境中、通过社会实践活动而逐渐发展起来的，个体在社会中的实践活动是对象性的活动，对象性的实践活动是现实个人的存在方式，也是个体主体性的存在依据。另一方面，人的主体性因人在与他人及社会发生关系时而发挥作用，"社会本身，即处于社会关系中的人本身"③，社会中的人除了具有固有的生物属性，当个体与他人、社会发生关系，也就具有了关系属性，个体在认识、理解、参与和处理各种社会关系时，其主体性得以体现出来并作用于一定的对象，即人的主体性通过社会关系发挥作用；再一方面，人的主体性的性质由个人所处社会的政治、经济、文化和价值观而决定，社会发展制约着人主体性的力量与方向。

---

① 孙田琳子，沈书生. 论人工智能的教育尺度——来自德雷福斯的现象学反思 [J]. 中国电化教育，2019（11）：60-65＋90.

② 王道俊，郭文安. 关于主体教育思想的思考 [J]. 教育研究，1992（11）：31-37.

③ （德）马克思，恩格斯. 马克思恩格斯全集（第46卷）[M]. 中共中央马克思恩格斯列宁斯大林著作编译局，译. 北京：人民出版社，1979：226.

作为人主体性根源与基础的社会性，并不是抽象的，而是具体的，不是固定不变的，而是随着特定社会历史而不断发生变化。人工智能的发展，实现了虚拟与现实的融合，这也进一步丰富了个人主体性的社会性意蕴。虚拟与现实的融合改变了社会的分工，分工是马克思论述人的社会性的一大思路，认为社会分工体现的是一种社会力量，在现实生活中，社会分工主要是指不同领域、行业的分工，而人工智能所创造的虚拟社会实质上也是数字化的人类社会，是现实的镜像，社会分工在虚拟社会中同样存在着，虚拟社会中的社会分工是真实社会中分工的延伸，人工智能拓展了分工的领域，也延展了个人主体性的社会性范围。同时，现实与虚拟的融合实现了线下生活的网络延伸和线上生活的现实体验，为人的社会性发展创造了更为广阔的链接纽带，进而丰富了个人在社会生活中形成的各种交往关系，即个体在虚拟社会中因交互活动而形成一种虚拟的社会关系，虚拟的社会关系与真实的社会关系共同构成了个人社会性得以存在和发挥作用的条件。最后，虚拟和现实的融合也推动着个体社会生活实践的创新，从实践对象上来说，个体不再仅仅围绕着一定的物质、工具来进行改造客观世界的活动，数字、信息符号成为了实践的对象；从实践情境来说，虚拟社会中的社会实践突破了物理空间和工具的限制，个体在互联网、现代通信技术营造的虚拟空间中开展实践活动，如信息传播、虚拟实验；从实践特征来看，虚拟社会中的社会实践虽具有现实中社会实践的一般品格，如交往互动性，但虚拟社会中的实践活动更具有双向对象化、主体建构性等特征。虚拟与现实融合的社会性，既拓展了个体社会性的内涵与范围，也创新了个体社会性的具体表达方式。

（二）海量数据支撑下的选择性

人的对象性活动是以对象性关系为前提的，而在对象性关系的形成和确立过程中，个体对客观对象的选择发挥着重要作用，由此使得选择性成为个体与客观对象之间的一种特殊关系，也是个体主体性的重要体现。个体对客观对象的选择规定着什么样的客体及其方面将被主体所认识或实践，从此决定着个体认识活动和实践活动的方向，而个体的认识活动和实践活动是个体主体性形成的重要途径，即主体是经过对客体（对象）的选择而形成和发展主体性的。学生在教育活动中的选择性，主要包括认识活动的选择性和实践活动的选择性两个方面，认识的选择性"最充分地体现在对客体、认识手段、工具和方法的选择上"①，而实践活动的选择性主要表现为对实践内容、实践过程、实践方式等方面的选择上。

学生主体选择性的彰显需要满足如下两个方面的条件："一是要适应学生的认识和实践能力，二是能满足学生个体的主体需要。"② 在人工智能时代，技术的发展为学生选择性的彰显创造了更优越的条件，这集中表现为海量数据为学生选择性提供了支撑。海量数据，又指大数据，是指"规模巨大到无法通过现有数据库工具在合理时间内获取、存储、管理、处理和整理的数据集"③。在人工智能时代，每一个人都是大数据的使用者，也是大数据的来源，大数据是信息技术革命与经济社会活动相互碰撞和交融的产物，不仅仅表现为数据量大，更多地体现在数据的多元上，多元的大数据改变了人的行事方式，也改变了人的思维方式，改变了人的选择。当前，教育大数据正推动着教育智能化不断走向深入，为学生提供更为多元和个性化的选择。一方面，大数据为学生认识自己提供支撑，学生的选择要适应学生的认识和实践能力，而教育大数据能为学生全面、深入地了解自己提供数据的支撑，通过采集、分析和处理学习者全流程的学习行为和学习过程事实状态的大数据，可以对学习者的知识能力进行精确诊断，既包括对学生知识水平的诊断，也能够明确学生情感感知和实践方式偏好，进而为学生基于自身真实情况进行选择提供事实和数据支撑，提高选择的适应性。另一方面，教育大数据为学生提供真正满足个体需要的个性化学

<hr>

① 陈文江，何云峰. 论认识的选择性和实践的选择性及其相互关系 [J]. 长白学刊，2000（2）：15-17.

② 张天宝. 主体性教育 [M]. 北京：教育科学出版社，1999：9.

③ 沈阳，田浩，曾海军. 大数据时代的教育：若干认识与思考——访中国科学院院士梅宏教授 [J]. 电化教育研究，2020（7）：5-10.

习，增强学生选择的个性化。大数据驱动下的个性化学习是人工智能时代的主流学习方式，个性化选择实质上体现了学生学习中选择的个性化，大数据能够为个体的学习选择提供个性化的学习资源、自适应的学习模式，通过算法匹配进而为学生选择个性化的学习路径，体现教育的个性化与灵活性。另外，通过对教育大数据的分析处理，能够发现诸多新的、之前未曾发现的相关关系，通过事物的数据化能够对学生的选择结果进行精准的预测，提高选择的科学性，"这一方面是因为它所拥有的数据更为全面，另一方面也是因为它对数据的处理能力空前提高"①。在海量数据的支撑下，学生的选择性将更加具有适宜性和个性化，同时通过对选择结果的预测提高选择的科学性和有效性。

（三）人机交互背景下的能动性

能动性，亦称自觉能动性或主观能动性，是指"主体在对象性关系中，自觉、积极、主动地认识客体和改造客体，而不是被动地、消极地进行认识和实践活动"②，能动性是人类特有的能力与活动，是人区别于动物的重要表现，也是主体性的基本特征。人类在长期的劳动中，对外界或内部的刺激或影响做出积极、有选择的反应，实现自身思维与认识对象或实践对象的结合，进而主动、自觉、有目的地反作用于外部世界。主体的能动性在个体的对象性活动中体现出来，包括主动、积极地作用于认识客体所提供的信息，以及在实践过程中的计划、管理组织和调控。主体的能动性具有目的性、超前性和可控性，其发展与个体的认识力和内驱力紧密相关。

人机交互是现代信息技术、人工智能技术研究的热门方向，主要处理的是人、机器之间的关系及相互作用的问题，新一代的人机交互主要有语音识别、触摸屏、手势识别、眼动追踪、触觉和脑机接口几种类型，能够

---

① 陈志伟. 大数据方法论的新特征及其哲学反思 [J]. 湖南师范大学社会科学学报，2020（1）：24-31.

② 张天宝. 主体性教育 [M]. 北京：教育科学出版社，1999：11.

为学习者提供接近自然的交流形式，提升学习的参与感，而多通道的输入也为适应性学习和泛在学习提供了可能。[①] 人机交互架通了生理、认知和心理的桥梁，而个体能动性的形成与发展亦与其生理、认知和心理密切相关，因此，人机交互背景下的个体能动性亦具有了新的内涵。从能动性得以形成的对象性活动来说，人机交互使得主体的对象性活动更加情景化、多元化和智能化，其良好的交互性、多通道感知和兼容便捷性能够帮助个体更好地感知外部世界，并为个体提供针对性的信息，帮助个体克服障碍以更好地改造客观世界，就个体的学习而言，脑机接口能够读取脑神经信号并将其转化为行动，"计算机对学习者在学习过程中的脑电信号进行监测与识别，从而调控学习行为，可促进有效学习"[②]。从能动性的特征来说，人机交互运用设备和技术能够精准地明确个体的个性化需求，并通过算法为个性化需求的满足提供多渠道的信息，其目的性更强，目的的实现也更为高效；同时，个体的能动性本身具有超前性，而人机交互为个体在活动前对活动过程、结果、成效的超前思考提供了更多的支撑，使得人的超前思考建立在可靠信息与证据的基础上；人机交互背景下的能动性还具有过程可控的特征，人机交互具有提供实时监控和及时传输的功能，如脑机对接是"是一种不依赖于外周神经和肌肉组织，以一定的交互方式来完成大脑与计算机之间通信的信息交换技术"[③]，及时的信息交换能够帮助主体及时纠正活动过程中存在的问题，"脑机交互的信号监测与表征学习状态，目前在关注和提升学习者注意力、自我效能感、态度和理解力方面，

① 徐振国，陈秋惠，张冠文. 新一代人机交互：自然用户界面的现状、类型与教育应用探究 [J]. 远程教育杂志，2018（4）：39-48.

② 胡航，李雅馨，曹一凡，赵秋华，郎启鹅. 脑机交互促进学习有效发生的路径及实验研究 [J]. 远程教育杂志，2019（9）：54-63.

③ Wolpaw J. R., Birbaumer N., Heetderks W. J., Mc Farland D. J., Peck-ham P. H., Schalk. G., Donchin E, Quatrano L. A., Robinson C. J., Vaughan T. M.. Brain-computer interface technology：A review of the first international meeting. *IEEE Transactions on Rehabilitation Engineering*，2000，（10）2：164-173.

已经显示出了一定可能性"①。人机交互已经逐渐发展成一个双学习系统，极大地增强了人的认知力，同时其智能技术的发展也增强了个体的内驱力，这都促进了个体能动性的发展。

（四）高效算法驱动下的创造性

创造是人类所特有的本质，也是人之所以高于其他生命体的重要标志。创造性"是以探索和求新为特征的，它是个人主体性的最高表现和最高层次，是人之主体性的灵魂"②，因此，创造性是人的主体性的本质特征，是主体能动性发展的高度表现。主体的创造性既表现为对外部事物的超越，也表现为对自身的超越。在教育中，学生的创造性与人类一般的创造性有所差异，其创造性不限于首创前所未有的新知识、新见解，而更多地表现为想象力的形成和创造性思维的培育，以及学生对知识的灵活运用及创造性的问题解决，"创造性这个概念不仅与学生的学习活动及结果相联系，更重要的是指向学生主体的品质、特征和属性"③。

在当前，研究者对"人工智能还不具有创造性"这个观点基本上已经达成共识，尽管 AlphaGo"战胜"了世界围棋冠军，但其关键是作为人工智能技术核心的算法在起作用，而"算法的思维层面创新仍旧是人的思维创新"④。在强人工智能时代到来之前，人工智能是不具有创造性的，但不可否认的是，人工智能的计算技术却为人的创造性发挥提供了条件。在人工智能领域，算法实质上是一系列逻辑规则，代表着用系统方法描述解决问题的策略机制，"人工智能各种算法模型的本质是对真实世界的抽象"⑤，

---

① 胡航，李雅馨，曹一凡，赵秋华，郎启鹅. 脑机交互促进学习有效发生的路径及实验研究 [J]. 远程教育杂志，2019（9）：39-48.

② 张天宝. 主体性教育 [M]. 北京：教育科学出版社，1999：11.

③ 张天宝. 主体性教育 [M]. 北京：教育科学出版社，1999：14.

④ 李芒，张华阳. 对人工智能在教育中应用的批判与主张 [J]. 电化教育研究，2020（3）：29-39.

⑤ 杨欣. 人工智能"智化"教育的内涵、途径和策略 [J]. 中国电化教育，2020（3）：25-31.

因此，算法本身遵循着逻辑推演的基本规则。人工智能对个体创造性发挥的辅助作用主要表现在如下几个方面：第一，算法能够提高学生对科学知识的使用效率，通过运用复杂的算法，能够将学生将要学习的科学知识以最佳的方式呈现给学生，并为学生的学习提供最优化的路径；另一方面，多元的算法能够提升学生创造的变通性和独特性，进而帮助学生举一反三、触类旁通，用新的角度和观点分析问题，用新的方式和模式解决问题；再一方面，高效的算法能够帮助学生验证其研究问题和假设，通过具有确切性算法的操作，能够快速地对学生的研究问题和假设予以验证，进而提高学生创造的效率。最后，算法能够帮助学生避免创造活动中的重复性劳动，因为算法具有可行性，算法的每一步都可以被分解为基本的可执行的操作步骤，明确的操作步骤能够避免重复性，继而为学生开展多种创造性尝试提供可能。人工智能的高效算法对人的创造性发挥提供了重要的辅助作用，但同时也需要注意算法可能导致的一些问题，如算法伦理、算法公正性、算法歧视等。

三、人工智能背景下的学生主体性培育

人工智能不具有作为认识主体的可能性，但对于人的主体发展有着重要的辅助作用，我们需要进一步深化认识本质的研究，形成人机之间的合理分工，同时需要保持人对技术的超主体地位，在教育活动中加强价值教育与意义教育，这是对人工智能背景下培育学生主体性的基本要求。

（一）深化认识本质研究，明晰技术支持下人的认识本质和机制

认识活动是人类特有的活动，认识的本质是认识活动质的规定性。关于人的认识本质，不同的领域和理论流派都提出了各种各样的观点。马克思主义从认识与实践的具体历史统一的关系出发，认为认识的本质是主体在实践基础上或通过实践对客体的能动的、创造性的反映；认知心理学将人看成是一个信息加工者，认识是符号表征与信息加工的结果；行为主义心理学认为认识是刺激—反应之间的联结；建构主义则认为认识是主体在思维中对客体信息的重构。不同领域对认识本质的研究从不同的角度解释

了认识的发生过程和机制，丰富了对认识本质的认知。

在人工智能背景下，人的认识及认识活动受到多方面的挑战，人作为认识主体的含义也在一定程度上产生了新的变化，认识主体的属人性受到一定的质疑，因此，要培养人工智能背景下的学生的主体性，实践主体性教育，需要进一步深化对人的认识本质的研究，明确技术支持下的人的认识本质和人的认识发生机制。一方面，深化人作为认识主体的属性研究，当前，"人工智能的出现使认识主体的属人性这一特征或'人是唯一的认识主体'这一信念受到了极大的冲击甚至挑战"①，机器是否可以作为认识主体和人一样进行认识活动？人是不是唯一的认识主体？……这些问题都需要进一步研究和明确。另一方面，深化对认识对象的研究，除了客观的现实世界，虚拟的数据是否能够成为认识的对象？再一方面，深化对认识过程的认识，即在信息技术的支撑下，人的认识是如何发生的？认识发生的机制是什么？算法、算力和数据能够对人的认识活动创造什么条件？有可能造成什么影响？最后，深化对认识目的的研究，在信息技术的支撑下，如何处理人的认识活动的工具性与目的性的关系？只有对如上一些问题进行清晰的回答，才能真正明确在技术支撑下人的认识活动的性质与特点，而人的认识活动是主体性教育的重要内涵，因此，也才能明确信息技术背景下学生主体性培育的实践方向。

（二）明确边界和限度，形成符合人的价值和目的的教育分工

在人工智能技术的支撑下，人的认识活动发生了一定的变化，但不可否认的是，在当前，人工智能所进行的类似认知的活动实质上并非真正意义的认识活动，因为人工智能的算法仍然是人的认知和思维的体现，技术只是在执行操作，将人的认识活动转化为相应的操作和行为，"体现着人

---

① 肖峰. 人工智能与认识主体新问题 [J]. 马克思主义与现实，2020（4）：188-195.

类主体地位和根本价值的价值判断依然属于人类本身"①。也就是说，人的活动和机器活动之间仍存在着实质的区别，有着一定的边界，同时，人的活动和机器活动又有着各自不同的限度，如作为主体的人的活动具有目的性和情感性，而机器活动具有工具性和手段性，在信息的搜集、分析和处理上，机器具有人远不可及的高效率，但机器与其所进行的操作之间无法建立起一定的意义关联和价值关联，"人是理性动物，同时也是情感动物，有爱有恨，会伤心会快乐，会追求使命，会寻求意义，而人工智能本质上是不理解情感和意义的"②。明确作为主体的人和机器（智能技术）之间的边界与限度，进而形成符合人的价值和目的的教育分工，是人工智能背景下培育学生主体性的必然要求。

因为作为主体的人的活动与机器活动之间的边界与限度的存在，使得人与机器的教育分工成为必然。合理的分工意味着让适合机器完成的事情交给机器完成，而适合人开展的活动由人去主宰，合理分工的一个基本原则是分工要符合人的价值与目的，让技术成为发展人的主体性的重要支撑而不是由技术主宰人的活动，凌驾于人的主体之上。要形成符合人的价值与目的的合理分工，首先需要明确人的部分工作是可以被智能机器代替的，而且是必须代替的，但这种替代是局部替代，这是合理分工的基本前提。其次，需要明确"哪些认识任务可以更多地交由智能机器去做，哪些则需要留给人自己去做"这个基本问题，而要回答这个问题，则需要处理好人机之间的能力比较问题，机器在信息处理方面类工具性活动中具有独特的优势，而人在处理情感类、意义类和价值类等目的性智能活动中的作用是不可替代的，智能机器可以通过算法进行高效的数据处理，但算法的设计仍需要由人去完成。最后，要明确人作为认识主体仍然具有不可替代的作用，合理的分工应该以人的自由解放为目的，"人不断创造出新的技

① 李海峰，缪文升. 挑战与应对：人工智能时代高校应重视价值判断教育 [J]. 中国电化教育，2020（2）：43-49.

② 王作冰. 人工智能时代的教育革命 [M]. 北京：北京联合出版公司，2017：7.

术来替代自己的功能，使自己摆脱充当工具和手段的地位，获得一种主体性的解放和自由，越来越多地实现'人是目的，不是手段'的境地"①，这是人工智能时代构建人机和谐关系的关键，由此，才能实现人作为认识主体的智能和机器作为工具智能的和谐统一、动态平衡与角色互补，人由此成为真正意义上的全面的主体，"人的类特征恰恰就是自由的自觉的活动"②，因此，这也是彰显人作为认识主体类特征的必然要求。

（三）保持人对技术的超主体地位，培养学生的智能技术素养

随着人工智能技术进一步发展，当强人工智能时代来临，智能机器则具有了拥有自主意识的可能性，也就具有了主体地位的可能性。人类如何处理与强人工智能之间的关系，直接决定着人工智能背景下学生主体性培育的未来走向。无论是在当下弱人工智能时代抑或是在未来强人工智能时代，人应该始终保持对于技术的价值主宰，即以价值可能性统摄技术可能性，以确立人对技术的超主体地位，由此，"技术在人的'存在'中充当了'代具'的角色，人们为了完善自身性能需要不断寻求新技术的存在，最终形成了融为一体的'人—技术'结构"③。同时，在处理人与智能技术之间关系时，要注意培养学生主体的智能技术素养。

确立人对技术的超主体地位，并不是完全否认未来人工智能技术拥有主体地位的可能性，而是指人在处理与技术关系时的绝对主体地位的消解，超主体意味着以人的共同价值追求引领技术的发展，赋予技术以人文关怀，彰显技术的人文价值，在人工时代的教育中，我们"不可偏执技术的工具理性，将人的培养误解为器物的制造，而应寻求技术与情感、交流、点化等不确定性的融合，实现人工智能的工具理性与教育活动的价值

① 肖峰. 人工智能与认识主体新问题 [J]. 马克思主义与现实，2020（4）：188-195.

② （德）马克思，恩格斯. 马克思恩格斯全集（第42卷）[M]. 中共中央马克思恩格斯列宁斯大林著作编译局，译. 北京：人民出版社，1982：96.

③ 孙田琳子，沈书生. 论人工智能的教育尺度——来自德雷福斯的现象学反思 [J]. 中国电化教育，2019（11）：60-65＋90.

理性之统一"①。而要保持人对技术的超主体地位，则需要注意培养学生的智能技术素养。学生的智能技术素养不仅仅是指对技术的掌握和应用，是包括智能技术知识、智能技术应用、智能技术态度、智能技术伦理的综合性素养。在以上的四要素之中，技能技术知识是基础，是形成和应用智能技术的前提和条件；智能技术应用是目的，是学生利用人工智能技术分析与解决问题的重要体现；智能技术态度则是智能观念和意识的体现，是学生处理人与技术之间关系的关键；智能技术伦理是核心，体现了学生在与技术打交道时需遵循的伦理和道德规范，学生的智能技术应用都需要在一定的伦理和道德规范的约束下进行。学生的智能技术素养是人工智能时代的重要素养要求，只有培养学生的智能技术素养，才能真正处理好人与技术之间的关系，使智能技术在人的价值引领和伦理规范下良性地发展，促进人类的自由与解放，实现智能与生命的双和谐。

（四）彰显人类认识主体的独特性，加强价值教育和意义教育

在人工智能背景下，人作为认识主体的认识活动已经发生了一定的变化，但仍然保持着人类作为认识主体的独特性，根据马克思主义哲学的观点，人作为认识主体具有自然性和社会历史性的双重属性，同时还具有主观能动性。这就使得人类的认识活动既具有科学性，也具有人文性、情感性、意义性与价值性，这是人类认识主体独特性的重要体现，因此，在人工智能背景下，要培养学生的主体性，需要加强价值教育与意义教育，这是对人类认识主体性的回应，是人工智能背景下主体性培育的新发展，也是对当前基础教育阶段学生主体迷失问题的回应。

加强对学生的价值教育和意义教育对于人工智能背景下的学生主体性培育具有重要的价值，一方面，能够引导学生正确处理人与技术的关系，避免个体沦为技术的"奴役"和受到技术的束缚，避免人的异化和教育的

---

① 张务农. 人工智能时代教育哲学"技术理论"问题的生成及论域 [J]. 电化教育研究，2019（5）：25-31＋63.

异化；另一方面，加强价值教育和意义教育，能够避免人在与智能技术打交道时的价值迷失和意义失落，而个体的价值迷失和意义失落又会导致个体主体意识的缺失；最后，加强价值教育和意义教育能够帮助学生形成科学的智能技术应用的价值观，引导学生科学合理地使用技术，发挥技术的价值。在人工智能背景下加强价值观教育和意义教育，需要引导学生进行积极的价值理解与价值反思，进而形成学生与知识之间的价值关系和意义关联；需要引导学生回应自我，促进自我理解，提升自我认识，处理好知识世界、技术世界和自我世界的关系；需要回应文化，通过积极的文化反思和文化对话，形成文化自觉，在利用智能技术时以"文化自觉"的使命实现新的文化创造。加强价值教育和意义教育，实现学生的价值自觉与意义建构，是人工智能背景下实现人性教育、生命教育的关键。

第二节　技术与学习过程

2012年教育部颁布的《教育信息化十年发展规划（2011－2012）》提出"探索现代信息技术与教育的全面深度融合，以信息化引领教育理念和教育模式的创新，充分发挥教育信息化在教育改革和发展中的支撑与引领作用"；2018年颁布的《教育信息化2.0行动计划》再次强调"发挥技术优势，变革传统模式，推进新技术与教育教学的深度融合"，信息技术与教育教学的深度融合，为当前课堂教学变革指明了方向与路径。当前已有不少学者研究技术与教育如何深度融合，但大多数的成果停留在理论逻辑上的框架构建，且仅关注教学过程中的"教"的手段与方法问题。构建"教师主导，学生主体"的课堂教学模式，需要我们聚焦"教"与"学"的双向互动过程，既要为教师更有效地开展教学工作提供便利，也要走进学生的学习过程，在学习过程的每个阶段给予一定的技术支持与帮助，使得技术真正走进"学生主体"课堂，走进学生的学习过程。

一、精准学习分析，有效分析学情

学情分析是个性化教学的基础，课堂教学模式要求教师全面了解每位学习者的学习情况，以满足不同学习者的需求，从而促使教学过程顺利展开。教师仅仅依靠通过提问和检测等传统方式评估学习者的情况，往往会因为主观判断而影响分析效果，难以全面了解所有学习者的问题和需求，并及时给出个性化指导。

（一）技术对学情分析的价值

"在智能技术的推动下，以学习者学习数据为客观依据的学情分析能够精准获知学生的学习状态、学习障碍等情况，教师在此基础上设定的教学目标、教学活动、教学评价等更符合学习者的学习需求，以更加精准、快速、高效的优势助力精准教学的实现。"[①] 现代技术使客观真实地分析学情成为可能，技术将所有学习者的学习情况转化为数据来直观呈现。教师结合数据能够主客观结合地去看待每一位学习者，通过数据分析精准解读学习者的学习需求，让学情分析变得更加科学高效，从而实现个性化的指导教学，促进学习者的个性化发展。

现代技术能帮助学情分析突破时间和空间的限制，实时收集学习者学习相关的数据并及时反馈给教师，为学情分析提供了客观和全面的视角，使得学情分析更加智能化、个性化，进而让教师可以随时随地为学习者答疑解难，提供个性化辅导，彰显学习者的主体地位，激发学习者的学习兴趣，增强学习者学习的针对性，进一步促进学习者的全面发展。

（二）学习分析的常用工具

学习分析是教育技术发展的第三次浪潮，其核心在于搜集和分析与学习行为相关的数据，包含数据收集、分析、学习、受益方和干预五大个要素。[②] 这便要求用于学习分析的工具能够融入学习发生的整个过程，从收集相关数据信息入手，利用工具和算法将收集信息进行处理并及时反馈给

---

① 郭炯，丁添. 智慧课堂环境下指向数学学科能力的学情分析研究：理论框架与实践进路 [J]. 中国电化教育，2024（02）：100-107.

② Malcolm Brown. Learning Analytics：The Coming Third Wave [EB/OL]. http://net.educause.edu/ir/library/pdf/ELIB1101.pdf，2011-04-15.

各方主体，以实现整个学习分析过程。

1. 教育数据挖掘

进行学习分析首先是收集真实可信的相关教育数据。数据收集的来源应该多样化，以学生为中心发散，收集来自学生个人、学校、教师以及家长的各方数据。

学生会在各类社交媒体如微信、微博等发表自己的日常学习生活中的感悟，与此同时各类高校也在尝试搭建学习网络平台，让学生们彼此交流学习情况，畅所欲言。例如，首都师范大学的 Blackboard 网络学习平台缩小网络教学范围，运用博客群组和个人日志拉近师生之间、生生之间的距离，学生在平台上分享学习心得与困惑，教师逐一回复。除此之外还可以通过慕课（MOOCs）、智慧树等平台收集学生登录相关学习软件或平台的频率、浏览内容和学习行为等数据。

各学校的学生信息管理系统也可以很好地运用到学习者的学习情况的分析中。随着"素质教育"的进一步推广，各学校纷纷响应号召，改革课堂教学实施与学生评价策略，将学习者的平时表现与大大小小的测验成绩记录在档案袋里形成"档案袋评价"。在技术的帮助下，许多学校纷纷建立了"电子档案袋"。[①] 电子档案袋中可以获取学生的基本信息、学习历史和成绩记录以及各科教师对该学生的评价。

"问卷星"程序和学校网站上的"量化评教"活动允许学生和家长就学习情况和教师教学效果畅所欲言。这提供了有关教学质量、课程内容、教学方式等方面的反馈信息，有助于进行相应的教学分析及教学改进。

2. 教育数据处理

教育数据分为数字类数据和文本类数据，数字类数据可以运用 SPSS 等软件进行相关性分析或构建结构模型方程，更好地将数据进行处理归类。文本类数据则可以运用 Nvivo 对原始帖子进行标注或编码、交叉引用

---

① 庄秀丽. 电子档案袋评价与网络互联学习 [J]. 中国电化教育，2005（07）：56-58.

和简短评论；CATPAC、LIWC 可以进行基于词典的文本分析；北京师范大学知识工程研究中心开发的智能化内容分析工具 VINCA 能进行专门的内容分析。[①]

3. 教育数据反馈

将处理好的数据及时反馈给学生，有利于学生查漏补缺，进行自我反思和自我改进；数据反馈给家长，能让家长及时掌握学生学习近况，辅以适当的帮助和监督；数据反馈给教师能让教师了解学生的学习进度以及学习中存在的问题，更好地给出学习指导策略和更加具有针对性的个性化学习指导。

智慧学习环境中的 EDM 和 LA 技术能记录、连接学习过程，将物理学习空间和虚拟学习空间紧密联系，实现教师的智能化教学决策。此外，具备一定信息素养的教师可利用 Python、Excel 等编写相关程序，深入分析学习情况数据，并在数据呈现基础上融入个人理解，发现学生潜在问题及需求，形成更贴合教学情况、适用于班级、具有个人特色的学情分析程序。

现在国内 MOOCs、智慧树、学习通等学习系统具有学习分析的整个完整流程，在为学生提供学习平台的同时，也使学习分析更加流畅。在记录学习者学习进度的同时也会在学习进行时和结束后提供相应的习题供学习者自测，这些数据会被后台反馈给任课老师，以便更好地进行针对性的指导。同时设置了专门的问答区域，学习者在任何时候遇到了问题都可以在此区域对任课老师进行提问。任课老师收到后再予以相应的指导和帮助。教师可以利用这些软件分析学习者的学习进度、习题完成情况和存在的困惑，从而为学习者制订个性化的学习计划。

（三）如何利用技术进行学情分析

从上述学习分析工具的实际应用来看，利用技术进行学情分析是一种

---

① 李青，王涛. 学习分析技术研究与应用现状述评 [J]. 中国电化教育，2012（08）：129-133.

高效、精确的方式。从数据入手，充分考虑学生个性，从而实现针对性的学习指导。学情分析智能化为学生自主发展及教师教学实施正确奠定了基础。

1. 收集学习数据，整合各路数据

全面、详细的数据是利用技术进行学情分析的充要条件，如何将学生的学习情况转变为数据，如何收集真实准确的数据显得尤为重要。学习分析基数的数据来源有两类：一类是学生数据，另一类是智能化数据。学生数据即"学生在学习过程中由移动终端、社会性软件和学习管理系统（MOOCs 等）所记录的数据"[1]；智能化数据即"通过语义分析以及连接技术来处理源自课程、学期考试和其他来源的数据，与学习者的学习过程间接相关"[2]。收集来的学习情况数据丰富且多样，例如在 MOOCs 中就记录着大量的关于学生学习行为的信息，例如学生学习进度、学习表现、随堂及课后测验的表现、同伴互动和师生互动的有效数据。各种来源的海量数据使个性化学习支持和针对性学习指导成为可能，随之而来的挑战就是如何将多样性数据整合起来。整合不同来源的数据，可以使分析阶段更加全面和准确，通过将不同表现情况数据加以不同维度的标签、进行量化处理实现数据整合，再通过相应的数据分析软件进行下一步的分析和运算。

2. 分析学情数据，呈现可视报告

在数据分析过程中应该将定量研究和定性研究方法相结合，运用多重技术，发现剖析个体学习过程的规律。[3] 目前相对成熟的分析技术有网络分析法、话语分析法、内容分析法等。网络分析法主要关注学习进展情况，例如 Mzinga 工具可以分析学习者的学习参与程度；话语分析法可以

---

① 顾小清，张进良，蔡慧英. 学习分析：正在浮现中的数据技术 [J]. 远程教育杂志，2012（01）：18-25.

② 顾小清，张进良，蔡慧英. 学习分析：正在浮现中的数据技术 [J]. 远程教育杂志，2012（01）：18-25.

③ 刘三妍，李卿，孙建文，等. 量化学习：数字化学习发展前瞻 [J]. 教育研究，2016（07）：119-126.

运用于分析学生网络交流与互动的话语中的文本性含义，Nvivo11 就可以对文本内容进行整合、编码等定性研究；内容分析法可以将定量分析与定性分析相结合，分析、预测学习者行为。[①] 穆肃效仿国外设计了基于教学活动的课堂教学行为分析系统，称之为 TBAS (Teaching Behavior Analysis System)。该分析系统从"教学活动的视角来分析信息化教学环境中的课堂教学行为，将课堂教学分为教师活动、学生活动和无意义教学活动等三大类，建立分类编码规则；然后采用定时抽样获取分析样本并进行行为类型编码；根据编码结果建立数据矩阵，从而进行教学行为分析"[②]。

考虑到师生、家长等不同群体对于信息技术的掌握程度参差不齐，需要将分析结果以直观、清晰的可视化报告形式呈现。可视化的方式能帮助学生清晰地了解自己的学习成果以及学习中存在的不足，教师能够通过直观的报告敏锐地捕捉到学生学习过程中的短板，并结合自己的主观感受进行进一步调整和分析，家长也能从中了解孩子的成长情况，减少不必要的焦虑。同时可视化报告也有利于教育相关部门将结果二次利用，进行深入分析，为制定相关政策提供便利。

3. 提供个性支持，实现智能指导

"基于大数据学习分析的个性化学习已成为教育技术的新范式，若想通过设定的指令来满足每个学生的个性化需求，一定离不开技术的帮助，大数据学习分析技术，使教育回归本质，关注每个学习者的个性化发展，实现真正的个性化学习。"[③] 2019 年，中共中央、国务院印发《关于深化教育教学改革全面提高义务教育质量的意见》提出"精准分析学情，重视差异化教学和个别化指导"，因此，借助信息技术收集学生相关学情数据并

---

① 顾小清，张进良，蔡慧英. 学习分析：正在浮现中的数据技术 [J]. 远程教育杂志，2012 (01)：18-25.

② 穆肃，左萍萍. 信息化教学环境下课堂教学行为分析方法的研究 [J]. 电化教育研究，2015 (09)：62-69.

③ 杨雪，姜强，赵蔚. 大数据学习分析支持个性化学习研究——技术回归教育本质 [J]. 现代远距离教育，2016 (04)：71-78.

进行分析呈现，可以帮助教师更好地了解学生真实的学习水平，进而为制订符合学情的教学计划提供支持。

同时，学习软件也可以为学生推送个性化的学习资源和学习路径。例如，在 MOOCs、智慧树等软件中会根据学习者的自评和选择的感兴趣板块推送不同种类的课程，通过个性化学习平台的搭建，形成个体学习"电子档案袋"，进而根据学生的学习情况推送不同难度的学习内容。学习过程中实时监测和反馈学生的学习情况可以帮助教师及时调整教学策略，帮助学生更深入地理解学习内容，更好地参与到课堂中去。同样，在课后巩固、拓展与迁移阶段，教师可以根据分析结果设置不同难度的作业，帮助学生更好地查漏补缺，为个性化学习提供依据。

二、营造交互环境，提升学习体验

教育与信息技术的"深度融合"需要建立信息化教学环境，学习环境的构建是优化学习过程的必要内容。利用技术营造交互环境可以极大地提升学习体验，激发学生的积极性和主动性。通过技术的支持和创新，学习变得更加生动有趣，促进了学生的参与与互动，提高了学习的效果和效率。

（一）技术支持下学习环境的特征

1. 学习环境的个性化

"智慧学习环境应更好地提供适应学习者个性特征的学习支持和服务。智慧学习环境强调对学习者学习的过程记录、个性评估、效果评价和内容推送；根据学习者模型，对其自主学习能力的培养起到计划、监控和评价作用。"[1] 技术支持下的学习环境可以根据学生的兴趣、能力和学习风格提供个性化的学习体验。通过学习管理系统和智能学习推荐算法，系统可以根据学生个体的学习记录和行为数据提供定制个性化的学习资源、学习路径和反馈建议。个性化的学习计划的实施和学习资源的推送能够最大限度

---

[1] 黄荣怀，杨俊锋，胡永斌. 从数字学习环境到智慧学习环境——学习环境的变革与趋势 [J]. 开放教育研究，2012 (01)：75-84.

地满足学生的学习需求，提高学习的效果和效率。

2. 学习环境的互动性

"网络学习环境中，以计算机网络为媒介的通讯可以作为功能强大的交互媒介，不受时空的限制，支持同步、异步交互，可以是一对一的交互，也可以是一对多、多对多的交互或进行个别化的自我交互。"① 与传统的学习过程不同，技术支持下的学习环境能够创设与真实世界相似的虚拟空间，实现学习者与所认知事物更加直观有效的互动，从而加深对所学事物的印象。同时也进一步增加了师生互动和生生之间的频率。不仅课堂上师生和学生之间可以进行交流，课前和课后学习者也可以通过在线讨论平台进行互动交流。学习者可以实时分享自己的学习感受和体验，提出在学习过程中遇到的问题，在交流中与同伴合作，并与教师共同解决困惑。互动不仅拉近了师生和学生之间的距离，也有利于教师进行教学策略调整，帮助培养学生的互助意识和合作精神。

3. 学习环境的开放性

技术支持下的学习环境可以提供丰富多样的学习资源，如网络图书馆、数据信息库、在线课程以及相关的教育应用软件。"网络学习环境是面向所有学习者开放的，满足不同层次的学习者学习和使用。开放性便于不同思想的交流和多元文化的传播，使得学习者在任何时间、任何地点、任一网络终端的接入方式下都能满足学习的需求和个性的展现。"② 学生可以根据自身需求选择适合的学习资源，探索感兴趣的问题。这在一定程度上解决了不同学习者学习风格的差异。同时，农村和偏远地区的学习者也能通过网络接触到现实生活中难以获得的知识和场景，有助于拓宽他们的知识视野和学习范围，对实现教育公平具有一定意义。

---

① 李盛聪，杨艳. 网络学习环境的构成要素及特征分析 [J]. 电化教育研究，2006（07）：52-55＋62.

② 李盛聪，杨艳. 网络学习环境的构成要素及特征分析 [J]. 电化教育研究，2006（07）：52-55＋62.

4. 学习环境的跨时空性

技术支持下的学习环境遵循"以学习者为中心的设计思想，给学习者更多的选择和追求自己兴趣的机会"①。在技术的支持下，学习者不再受限于教室、教师和时间。通过在线学习平台和易懂的学习应用，学习者能随时随地展开学习，使学习更加灵活。学生可以利用碎片化时间探索兴趣，及时上网搜索解答生活中的问题。学习者的学习变得更加自由和灵活，部分学习时间掌握在自己手中，更好地适应个人生活和学习的节奏。

（二）交互环境对学习体验的价值

学习体验是学生在学习过程中的心理状态、情感反应、认知活动等的综合体验。师生以及学生之间的互动交流对学习者的学习体验具有一定的影响。在技术支持下的交互环境为学习者与学习内容、学习者与教师以及学习者之间提供了实时交流互动合作的平台。在交互环境中，"每个学习者都掌握学习的主动权，人工智能可以帮助他们找到志同道合的伙伴和相互匹配的导师，推送适配的学习资源，提供精准的学习支持，从而开展积极主动的个性化学习。它不是为了'统一的教'，而是为了'个性的学'，要利用数据和算法的力量来读懂学生、发现学生、服务学生"②，从而增强学生的学习体验。

首先，交互学习环境能够激发学生的学习兴趣和积极性，引导学生深度学习。传统的教学模式往往以教师单向传授为主，尽管现在的教学模式有了一定的改善，仅仅在教室、在课堂发生的交流和互动属实有限，学生无法对学习内容形成属于自己的深度理解。"我们必须转变教育观念，加快推动学习方式变革，从'学以致用'走向'用以致学'，更加重视每个学生的独特体验，鼓励他们在解决问题中学会解决问题，在做事中学会做

---

① 唐剑岚，胡建兵. 自主学习模式下的网络环境设计 [J]. 现代教育技术，2003（06）：32-35.

② 曹培杰. 智慧教育：人工智能时代的教育变革 [J]. 教育研究，2018（08）：121-128.

事，成为能够适应未来复杂挑战的人才。"① 交互环境可以通过多媒体、虚拟实境、游戏化等方式，构建与教学内容有关的情境，让学生身临其境去观察、去探索、去创造。学生通过手势和触屏等方式与学习内容发生独属于自己的互动，在掌握知识的同时也构建了自己的理解，让学习体验变得丰富多样、生动有趣。

其次，交互环境提供了教师与学生、学生与学生之间更多的交流互动和合作机会，促进了学习的社交性和合作性。"通过高科技加强互动，将学习者与教师、学习者与学习者、学习者与各种媒体友好地链接在一起，并能随时进行心灵联系和情感交互。"② 学习者在学习过程中遇到问题都可以与教师实时交流，向教师寻求帮助和指导；同时也可以与同伴合作学习，共同解决问题。这使学生从被动接受转变为主动建构，进一步培养了学生的合作精神与沟通能力。

再次，交互环境还提供了个性化学习的机会。每个学生在学习上都有自己的特点和需求，而传统的课堂教学往往只能以平均水平为标准进行教学。通过交互环境，教师可以根据学生的个体特点和学习需求，提供个性化的学习资源和学习路径。

最后，交互环境还可以实时检测和反馈学习者在学习过程中的情况，帮助教师和学生了解相应的学习进展和学习成绩。这有助于教师及时调整教学策略、学习者及时改进学习策略，提高教学质量，提升学习者的学习体验。

（三）如何利用技术营造交互环境

"智慧学习环境主要由学习资源、智能工具、学习社群、教学社群、

---

① 曹培杰. 智慧教育：人工智能时代的教育变革 [J]. 教育研究，2018 (08)：121-128.

② 任瑞仙，张敬环. 网络学习环境中的情感交流 [J]. 中国远程教育，2004 (09)：37-40＋79.

学习和教学方式等要素构成。"① 利用技术营造交互环境也可以从以下方面入手，打造智慧学习环境。

1. 扩充优化学习资源

拓宽学习资源获取途径，增加资源数量。一方面增加学习资源的获取途径，如搭建多种在线课程平台、构建在线学习社区，方便学生通过多种途径获取学习资源；另一方面增加并优化开放式课程资源储备量，例如扩充学校电子图书馆的储备量，提高图书质量要求，筛选适合学习者身心发展水平的资源。保证资源库的容量大、质量高。同时使学习资源适配移动设备或放至在线平台，让学习者随时获取并利用碎片化时间学习。

2. 升级智能工具平台

在线学习平台利用大数据分析和人工智能技术分析学生的学习进度、兴趣和能力水平，为学生量身定制学习路线，提供个性化学习资源，并提供针对性的练习与反馈，满足不同学生学习风格和需求。此外，在线学习平台还可包含互动学习工具，如在线讨论区、在线问答平台以及语音问答区，考虑到不同年龄阶段学生表达能力的差异。还可以合理利用其他具有信息沟通功能的平台，通过远程指导和文档共享，让学习者远程参与学习，共同发现、讨论和解决问题。同时，运用虚拟现实（VR）和增强现实（AR）技术，为学生提供沉浸式学习体验，促使学生与学习内容产生共情。

3. 构建双向交互社群

现阶段许多高校均进行了尝试，比如清华大学设计的"雨课堂"构建在线虚拟学习班级，创设促进学生高参与、深互动、易探究的学习情境。② "该软件实时互动等移动互联网手段，将师生和教学内容的距离拉得更近，

---

① 黄荣怀，杨俊锋，胡永斌. 从数字学习环境到智慧学习环境——学习环境的变革与趋势 [J]. 开放教育研究，2012（01）：75-84.

② 张兴文，唐冬雁. 信息技术辅助教学活动的模式创新 [J]. 中国大学教学，2019（12）：54-56＋60.

互动更加人性、便捷、准确，并能够对完整教学过程进行跟踪监测和实时评估。"① 基础教育也可以借鉴高校的做法，建立双向交互社群，通过阅读学生的学习心得与困惑，掌握学生和家长的需求，及时沟通交流，增进相互理解，提高教学效果。

4. 创新课堂教学设计

要求教师提高自身专业知识素养和信息素养，重新解读和分析学习内容。利用现代技术将学习内容融入游戏化的学习环境中，通过游戏关卡、竞赛、奖励机制等元素提供丰富的互动体验。学生可以在游戏中探索、冒险、解决问题，从而增强对学习内容的理解和应用能力。

三、聚合学习资源，精准推送资源

聚合学习资源，精准推送资源是信息技术对学习内容的优化，也是信息技术与教育深度融合的有效尝试。从多样的学习资源中选择学生个体所需要的，正是信息技术支撑下精准教学的要义。② 通过大数据分析法聚合各种学习资源，如在线课程、学术文章、多媒体课件等，进一步拓宽教师的电子辅助教学资料库和学生的自主学习资料库；利用智能推荐算法分析学习者的薄弱之处和兴趣所在，从而精准推送资源，能够更好地满足学习者不同的学习需求和学习风格，提高学习者的学习效率，促进学生的个性化学习和自主学习的发展。

（一）技术支持下学习资源的特征

"学习资源不仅包括各种形态的知识载体，还包括学习者在资源使用过程中所需的支持服务，更包含学习者使用资源的过程及产生的学习制品，如学习笔记、完成的练习以及讨论文本等，即'载体＋服务＋过

---

① 王帅国. 雨课堂：移动互联网与大数据背景下的智慧教学工具 [J]. 现代教育技术，2017（05）：26-32.

② 唐彩斌. 大数据时代小学数学精准教学评的整体优化 [J]. 全球教育展望，2021（06）：95-104.

程'。"① 由此学习资源与传统的学习内容有一定的区别，技术支持下的学习资源具有多样性、精准性、互动性与生成性。

1. 技术支持下的学习资源具有多样性

技术支持下的学习资源覆盖内容广泛，不仅包括传统的教科书、课堂讲义，还涵盖了各种在线学习平台、虚拟实验室、沉浸式虚拟现实学习环境等新兴学习形式。多样化的学习资源从不同感官途径、用各种学习形式吸引学习者的兴趣，提高学习者学习的积极性，从而提升学习体验与效果。

2. 技术支持下的学习资源具有精准性

技术支持下的学习资源开发能够从学习者的个性差异出发，量身定制学习资源内容，精准规划个性化学习路径。学习者在学习过程中遇到的各种问题也可以实时反馈，通过智能算法精准地生成指导策略，帮助细则顺利解决问题。根据学习者的学习表现和学习进度，在线学习平台会有针对性地提供相应的讨论与练习，帮助学习者深入理解学习内容。

3. 技术支持下的学习资源具有互动性

技术支持下的学习资源不再是依赖于符号存在的文字，可以是特定情境下的动画演示，也可是虚拟环境中需要自己动手操作的仿真实验，还可以是基于学习内容设置的趣味性游戏，具有互动性，能够参与学习中的交流互动。基于此，学习者能与学习资源发生互动，让自身更好地参与到学习过程中去。同时学习者也可以通过在线问答、讨论等方式与教师和同伴发生交流互动，营造交互性的学习环境，提升学习的趣味性与满足感。

4. 技术支持下的学习资源具有生成性

技术支持下的学习资源能够及时更新与调整，具有生成性。"信息技术与教学的深度融合适用于预设性教学而不太适用于生成性教学，课堂是

_____

① 余亮，魏华燕，弓潇然. 论人工智能时代学习方式及其学习资源特征 [J]. 电化教育研究，2020（04）：28-34.

一个动态的过程，技术无法预测生成性教学中出现的每一个问题以及教学走向。"[①] 柯洁与 AlphaGo 的围棋博弈、实现人机实时对话的仿真机器人都已说明信息技术已经能够实施接受并处理信息，这也使提供生成性的学习资源成为可能。此类学习资源能够根据课堂实时走向与学习者的学习状态及时更新和调整学习内容和教学策略，帮助学习者突破疑难困惑。

（二）利用技术精准推送资源的要求

精准推送资源需要准确把握学习者的需求、学习风格和兴趣。在学习数据和算法的支持下，进行个性化定制，为学习者推送相匹配的资源，以获得高效的学习体验。对于收集和存储学生的学习数据，要采取必要的安全措施，防止数据泄露、滥用或未经授权者访问。推送的学习资源应该涵盖全面的学习内容和多样的形式，包括文字、图片、音频和视频，以满足不同学习风格和需求。同时，推送的学习资源也需要实时更新与调整，保证学生获取及时、最新、有用的学习资料。并非所有资源都可以被推送，利用技术筛选功能选择真实可信的学习资源供学习者参考，避免产生误导作用。考虑到不同年龄阶段学生的信息素养，学习资源推送的平台或应用程序应具有友好的用户界面和易用的操作，以方便学生浏览和使用。资源应该能按学科、主题、难度等进行分类和搜索，方便学生快速找到所需的学习资料。

（三）学习资源精准推送的常见工具

1. 在线学习平台

在线学习平台可以通过收集、分析和挖掘学习数据，了解学生的学习行为和学习需求。基于学习分析的结果，可以根据学生的学习特点为其推荐符合兴趣和学习需求的学习资源。监测学生的学习行为和成绩，对学生的学习进行智能分析和评估。通过学生在平台的交流互动表现，推送相关的学习资源和活动，提高搜索结果的准确性。

---

① 罗祖兵. 信息技术与教学深度融合的限度及其超越 [J]. 课程·教材·教法，2019（01）：60-65.

2. 智能搜索引擎

智能搜索引擎利用自然语言处理和机器学习技术对学习资源进行智能分析和索引。通过精准推荐，学习者可以快速找到符合自身需求的学习资料，节省时间，提高学习效率。同时，相关智能推荐还可以主动推介学习者可能未曾涉及过的学科领域或新颖内容，拓宽学习视野，激发学习兴趣，促进知识的跨学科整合和深度学习。

3. 个人学习助手

个人学习助手是一种基于人工智能和语音识别技术的学习伴侣。学生可以通过与个人学习助手对话，表达学习需求和问题。个人学习助手通过话语分析，推送符合学生学习需求和兴趣的学习资源，并提供个性化的学习支持。这种工具的操作难度相对较小，在基础教育阶段应用范围较广，例如单词笔、智能学习平板等。

四、聚类学习工具，促进深度理解

学习工具在教育中的应用已经成为许多研究的焦点，也是利用技术更好地实施教学的实证之一。"与传统的文字课堂教学相比，多媒体工具可以提供更多的刺激方式来激发学生的感官和认知过程，从而促进深度理解。运用学习工具不仅仅是简单的工具操作，更是在知识交流与应用中促进个人认知能力的提升和知识的深度理解。"①

（一）技术支持下学习工具的类型

1. 知识概念型辅助工具

认知心理学家奥苏贝尔认为有意义的学习需要学习者将新知识与认知结构中已有的相关知识建立起非人为的和本质性的联系，即非任意的、非字面的联系。学习者必须自己懂得新知识的意义并懂得运用。"概念地图是用图示的方式来呈现知识结构，展示概念之间的各种关系。在构思概念地图时需要对知识融会贯通，因此概念地图能提高对概念的理解及对整体

---

① Fredrickson, R. , & Branin, J. Multimedia-based instruction: A guide to selection andimplementation [J]. ERIC Clearinghouse on Information and Technology, 2005.

意义的把握。概念地图作为一个很好的学习工具，体现了学习的积极性和自主性"①，绘制概念地图时能构建自己的知识系统，从而帮助他们更深入地理解所学内容。

2. 实践操作型辅助工具

在理科学习中，实践操作一直是许多教师实施课堂教学的难点。由于实验器材设施不齐全或对学生动手实验安全问题的担忧，线上实验操作的虚拟特性成为实验教学中的巨大优势。国内外学者也在这方面做了许多尝试，比如，"Z＋Z智能教育平台——超级画板"融合了先进的智能技术和丰富的教学资源，旨在为学生提供更加丰富、个性化的学习体验。该平台配备了超级画板，具备多点触控和笔触识别等功能，使学生可以实时进行绘图、写字和互动，增强了学习的视觉和动手体验，让学生通过绘制几何图形来更深入地理解数学概念②；华中科技大学化学教育实验中心引入了"华科虚拟实验室"作为化学实验教学的一部分，学生可以进行虚拟化学实验，既获得同等体验又确保安全并节省实验成本。

3. 仿真教学程序

卡尔·威曼在关于PhET仿真程序应用于教学的研究中强调了仿真程序的特殊之处："它可以模糊讲课、作业、课堂活动、实验之间的界限。其原因在于一个仿真程序可以通过类似途径应用于以上所有的教学活动中……"③ 仿真教学程序的运用可以通过直观具体的方式呈现抽象的概念，比如，可以利用"函数构建器"来定义函数，让学生通过实践操作更深入地理解抽象概念。

---

① 钟志贤，陈春生. 作为学习工具的概念地图 [J]. 中国电化教育，2004 (01)：23-27.

② 唐彩斌. 大数据时代小学数学精准教学评的整体优化 [J]. 全球教育展望，2021 (06)：95-104.

③ 杨婉秋，李淑文. 美国信息技术与中学数学课堂教学"深度融合"的实践探索——以PhET数学互动仿真程序的研发与应用为例 [J]. 外国中小学教育，2019 (08)：63-72.

（二）学习工具对深度理解的价值

深度理解是"学习者以高阶思维的发展和实际问题的解决为目标，以整合的知识为内容，积极主动地、批判性地学习新的知识和思想，并将它们融入原有的认知结构中，且能将已有的知识迁移到新的情境中的一种学习"[①]。充分利用学习工具，对于深化理解具有重要价值。

1. 化"抽象"为"直观"

在技术的支持下，学习工具能够通过图表、动画、音频和视频等多种媒体形式来呈现知识，将抽象概念和复杂信息转化为具体形象。细胞分裂的发生过程、函数的爆炸式增长模型、各种化学物质的分子式模型等都是通过图片、视频等形式将抽象的概念直观化。学习者从不同角度和感官刺激中获得直观的信息，更容易理解复杂的知识和抽象的概念，为进一步运用知识解决实际问题奠定了基础。

2. 变"传授"为"互动"

传统课堂模式中，教师大部分时间都以单向传授为主，学生只是被动地接受、记忆知识，对于知识是否真正地理解未可知。与学习工具的互动可以使学生积极参与到学习过程中，主动构建属于自己的知识系统；与教师通过学习工具实时互动也有助于教师调整教学策略、给予有针对性的指导，从而激发学生的主动性，促进深度理解。

3. 变"演示"为"探索"

由于实验器材和安全问题的限制，一些实验较难进行。为此，教师通常会进行实验演示，学生则观察演示过程。然而，信息化学习工具可以打破这些限制，为学生提供实践和应用的机会。通过模拟实验、场景模拟或问题解决等活动，学习者可以锻炼和应用知识与技能，主动探索知识，培养批判性思维、解决问题的能力和创新思维。这有助于学习者将知识转化为实际能力，提高对知识的深度理解。

---

① 安富海. 促进深度学习的课堂教学策略研究 [J]. 课程·教材·教法，2014 (11)：57-62.

（三）如何利用学习工具促进深度理解

深度理解更加强调学生进行高水平的认知加工，而动态的知识构建有助于催生高阶思维和深度认知能力。① 如何利用学习工具使得知识构建更加多样化、动态化以提供更具有开放性、互动性的学习机会是促进深度理解的必要途径。

1. 提供多样化的学习体验与交互机会

利用学习工具促进深度理解的关键在于在教师引导的过程中还要提供多样化的学习体验和交互机会。不同的学习方式和学习体验可以激发学生的兴趣，帮助学生从多个层面和角度探索知识。在教师讲解的过程中，可以结合图片、视频、音频等多媒体将晦涩难懂的概念以直观的动画展示出来，学生以多感官的方式接触信息能够更容易理解知识，更加明白知识的产生和发展过程。同时学习工具还能提供模拟实验操作和虚拟场景，在操作中自主学习和探索，发现实验原理和发生机制，在虚拟场景中亲身体会感受学习内容，充分发挥自己的想象力和创造力，从而加深对知识的理解和记忆。

2. 引导学生更好地参与学习过程

互动学习活动能够让学习者更好地参与学习过程，并通过与学习工具的互动构建个人知识理解。通过与他人讨论、交流和合作，学习者能够从不同观点和思考角度获取信息和观点，进而促进深度理解和思考。学习工具提供在线讨论平台，促进学习者间以及学习者与教师之间的交流。此外，学习工具通过自身程序设置，激发学习者的主动性和积极性与学习内容互动。

3. 为学生提供及时反馈与评估

学习工具还应提供及时反馈和评估机会，帮助学习者纠正错误、加深理解，并加快学习进程。教师可以通过查看反馈和评估结果了解学生的学

---

① 何克抗. 深度学习：网络时代学习方式的变革 [J]. 教育研究，2018 (05)：111-115.

习情况，并及时给予针对性指导；学习平台通过分析反馈结果推送符合学生学习习惯和风格的学习资源和路径，提高学习效率；学习者通过反思自评和经验，总结所学内容，发现学习困难和不足，从而促进深度理解和持续学习提高。

五、智能学习诊断，规划学习路径

智能学习诊断和规划学习路径是根据学习者个体差异和需要利用人工智能技术和学习分析的数据生成个性化的学习建议和学习路径，以帮助学习者更高效地学习的教育创新方式。智能学习诊断是进行学习路径规划的前提，通过分析学习者的学习数据，例如，学习行为、答题情况、学习进度等，得出关于学习者的认知状态、学习偏好和学习困难的信息，再利用算法和模型定制可行的个性化学习路径。

（一）技术支持下的学习诊断

在技术支持下的学习诊断是指利用先进的技术手段和工具，对学习者的学习过程进行监测、分析和评估，以揭示学习者的学习特点、困难和需求，进而为其提供个性化的学习支持和指导。学习诊断的过程为：针对诊断目标梳理知识内容—构建知识体系—围绕知识点设计诊断试题—编制诊断测验—对学习者施测—完成诊断过程—通过数据分析得出诊断报告。①与传统的学习诊断不同，技术支持下的学习诊断不再采用统一的测验试卷，而是根据学习者自身的学习情况定制出个性化测验，以便于更好地对学习者的学习过程进行诊断。整个过程的核心在于数据的收集分析与利用，利用先进的技术手段，如人工智能、大数据分析、机器学习等，收集学习者的学习数据，包括学习行为、答题情况、学习时间、交互数据等。这些数据经过系统的分析和处理，可以揭示学习者的学习状态、学习偏好、认知状况，甚至学习困难，为进一步的诊断和支持提供了基础和依据。通过学习诊断，学生在学习过程中的需求和潜在问题被暴露出来，基

---

① 刘三好，李卿，孙建文，等. 量化学习：数字化学习发展前瞻 [J]. 教育研究，2016（07）：119-126.

于这些诊断进行一定的智能分析就可以为学生推送精准的学习资源、定制个性化的学习路径。同时学生可以基于诊断进行自我学习反思，教师可以适时因材施教。

（二）学习路径及其规划的要求

"教育现代化要求教育为学生提供高品质的个性化学习，让学习者能够主动学习、根据自己的需要学习、按照适合自己的方式学习、找到适合自己的环境和伙伴学习、得到最适合自己的教师帮助其学习，逐步形成系统的思维能力和创新性思维能力。"① 因此，在网络学习资源爆炸式增长的大数据时代，为学习者规划符合其认知水平和学习风格的学习路径显得尤为重要。"学习路径是学习者在学习过程中所经历的学习内容和学习活动的有序序列，学习者在经历该序列的过程中实现基本知识的学习、方法体系的掌握、问题解决与任务的完成，从而提升相应的能力。"② 传统的学习路径规划往往是宏观的，是专家学者基于对特定学生群体认知水平和学习过程的了解人工制定的。这类学习路径具有稳定性和普适性，但难以完美适应学习者个人以及学习过程中的一系列动态变化。而技术性学习路径规划则更侧重于微观，是利用数据分析和智能算法演变出的适配个人的学习路径。它能很好地适应个人学习过程的动态演变过程，但是无法大范围地进行推广。

一方面，学习路径规划需符合学习者的认知水平和学习习惯。在掌握学习者思维发展水平的前提下设定合适的学习内容和难度，辅以多样化的学习活动和资源，激发学生学习兴趣，提高学习动机。另一方面，学习路径规划需体现循序渐进的教育教学原则。将学习内容和难度分阶段展开，确保学生能跟上学习进度，理解每一个知识点，帮助学生逐步构建属于自己的知识框架。再一方面，学习路径的规划要具有动态适应性和可控性。

---

① 钟绍春. 构建信息时代教育新模式 [J]. 电化教育研究，2019（04）：23-29.

② 唐烨伟，茹丽娜，范佳荣，等. 基于学习者画像建模的个性化学习路径规划研究 [J]. 电化教育研究，2019（10）：53-60.

充分考虑学习过程中的各方面因素，如学习内容的重难点和易混淆的知识概念。针对重难点多设置讲解、练习和互动环节，确保学习者真正理解；针对易混淆的知识点设置对比分析和练习等环节；同时根据学习者的学习进展和反馈信息进行动态调整。学习路径还需在学习者的学习方向上有一定的控制，在方向确定的前提下，学习者能根据自身的学习进展和需求，灵活调整学习路径，确保学习的有效性和个性化。

（三）基于学习诊断的学习路径规划

基于学习者的行为数据，分析影响学习的情境要素，刻画学习者数据肖像模型，能够帮助学生设计基于情境感知技术的适应性学习路径以及个性化学习路径实施框架，学习路径的智能规划离不开学习诊断结果的支持。

1. 以学习过程诊断分析为基础

为学习者规划学习路径，要以学习者本身的情况为基础，需要利用技术对学习者进行画像建模。"学习者画像是一种包含多种子结构的标签的用户概念模型，是对反映其基本特征的个人数据进行搜集和描述。"[1] 收集和描述学习者的个人数据可以通过对学习诊断过程的分析，运用智能算法收集学习者的学习进度、答题情况、学习时间以及交互数据；通过对诊断结果的分析，从中获取有关学习者学习状态、学习习惯、认知情况以及潜在的问题；同时收集在学习过程中实时的反馈，及时发现学习困难和错误，更新学习者的学习数据。学习者画像是进行智能学习规划的基础和前提。

2. 以学习者学习情况为支撑

基于学习诊断，学习路径规划时可以考虑学习者的认知水平和学习习惯。通过分析学习数据，系统可以识别学习者的学习风格、偏好内容、学习速度等，帮助教育者了解学习者的个体差异和需求。这种个性化的信息

---

① 唐烨伟，茹丽娜，范佳荣，等. 基于学习者画像建模的个性化学习路径规划研究 [J]. 电化教育研究，2019（10）：53-60.

可以用于定制符合学习者认知水平和学习习惯的学习路径。

3. 以教师灵活运用为路径

基于学习诊断，学习路径规划时有了明确的学习目标和学习需求。通过分析学习者的学习行为和表现，系统可以了解学习者的学习需求和目标，进而为其定制个性化学习路径和规划。教师也应该积极发挥主观能动性，将路径规划的学习目标进行拆分，保证阶段性的教学任务顺利完成。

4. 以学习路径规划动态调整为良性循环

基于学习诊断，学习路径规划时可以实时调整和更新路径数据。学习诊断在动态学习过程中能够监测和分析学习者的学习数据，实时更新学习数据。与之匹配的学习路径也应该具备动态调整功能，及时帮助学习者调整学习策略，加强薄弱环节的学习，提高学习者的学习体验与学习效果。

第三节　技术与学习评价

21 世纪以来，大数据成为当今社会发展的一个重要的时代表征，改变着人们生产、生活和理解世界的方式。一般来说，大数据指常用数据库软件无法获取、存储和管理的数据集，具有大容量、高速度、多样性、价值性特点，需要有效的技术来分析与处理。[①] 教育与信息技术的深度融合使得大数据被运用于教育的方方面面，大数据在教育管理、个性化学习、智慧教学等领域的应用不断深化。2020 年，中共中央、国务院印发的《深化新时代教育评价改革总体方案》提出："充分利用信息技术，提高教育评价的科学性、专业性、客观性。"当前，大数据已成为重塑评价改革实践的重要驱动力量，不仅为评价过程提供丰富的数据支持，通过数据分析与管理教育评价活动的精准性也随之提升。然而在数据赋能教育评价的过程中，亦不能忽视数据伦理问题、主体性迷失等潜在风险。教育评价工作者

---

① Chen M., Mao S., Liu Y.. Big data: A survey [J]. Mobile Networks and Applications，2014 (2)：171-209.

应基于教育立场和人的立场，通过科学的判断，处理好数据与人之间的关系，真正发挥大数据的教育评价功能。

一、大数据时代教育评价的基本范式

教育大数据已成为教育评价的核心资源，大数据支撑下的教育评价不仅意味着拥有海量数据，更体现为多源数据采集、数据深度挖掘、数据实时呈现以及高效数据管理在教育评价中的应用。

（一）多源数据，实现全过程、全方位的立体评价

多源是大数据的一个重要特征，表现出对教育评价全过程与全时空数据信息的持续采集与追踪，内含对评价对象全景式呈现的意蕴。传统教育评价受到技术条件限制难以获取全面评价信息，从而易使一些关键维度的评价内容缺乏强有力的信息依据，评价的有效性与专业化难以保证，多源数据则"帮助我们以前所未有的视角判断什么可行、什么不可行；展示那些以前不可能观察到的学习层面"[①]，推动着教育评价从基于小样本数据的经验判断向基于整体性大数据的证据决策转变。

多源数据的重要价值在于促成教育评价活动实现时间维度上的连续性与空间维度上的全域性。在时间维度上，多源数据体现为相关主体能凭借数据采集平台与设备获取展现评价对象变化发展的过程性数据，如通过物联感知技术、可穿戴设备技术、传感器、视频录制技术、识别技术等数据采集工具获得各种状态、各个环节海量历史数据与实时生成数据，一些行为数据可以实现伴随式采集，促成过去与现在多时空数据联结，展现评价对象的变化与发展过程。[②] 在空间维度上，多源数据一方面表现为数据采集渠道更加多样，能够突破场所的限制，线上数据与线下数据也可以并存，形成多维评价空间；另一方面则是数据种类更加全面，能够展现评价

---

① （英）维克托·迈尔-舍恩伯格，肯尼思·库克耶. 与大数据同行：学习和教育的未来 [M]. 赵中建，张燕，译. 上海：华东师范大学出版社，2014：104.

② 刘邦奇，袁婷婷，纪玉超，等. 智能技术赋能教育评价：内涵、总体框架与实践路径 [J]. 中国电化教育，2021 (8)：16-24.

对象在学业成绩、情感态度、身心健康等各个方面的表现，充分反映评价对象的真实状态。同时，多源数据也意味着评价数据结构的完善与数据层次的明晰，如美国所建立起包括国家级、州级、学区级以及校级的各级各类教育数据系统，"这些数据系统之间相互关联，数据互通，形成立体化数据网络，为美国教育评价用大数据的获取提供了基本的依托"[1]。多源数据能够打破时间与空间的阻隔，是实现教育评价由模糊走向精确的重要因素，为构建全过程、全方位的立体化评价网络奠定基础。

(二) 深度挖掘，实现科学化、精确化的即时评价

教育数据是教育评价的事实与证据基础，但仅仅对教育数据进行简单采集、现状描述与浅层分析并不能充分实现其内在的价值与意义。长期以来，我国教育评价中存在数据来源与类型单一、数据的关联性缺失、数据使用缺乏深度等问题，未能真正发挥评价数据的应有功能，而大数据所具有的大容量、高速度、多样性等特征使得对数据进行深度挖掘成为可能。大数据在经过深度挖掘后所形成的结果能够呈现多种模态数据之间的关联情况，深入分析评价对象成长与发展的规律，实现对评价成效的追踪与问题预警。

大数据时代的数据挖掘分析以数据信息技术手段作为支撑，可以对海量数据进行对比分析、交叉检验以及聚类统计等，使得多样态数据经过整合与分析后形成更具针对性与实效性的评价数据，实现数据质量的提升，从而不断增强评价分析结果的精准度。[2] 此外，对于大量、丰富的评价数据，深度挖掘能够从数据的相关关系中寻找其价值，而这一点是单一微量数据很难实现的。例如，研究者可以通过 PISA 测试中所形成的庞大数据库进行数据挖掘与二次分析研究，从教育学、心理学、社会学、经济学等

---

① 郑燕林，柳海民. 大数据在美国教育评价中的应用路径分析 [J]. 中国电化教育，2015 (7)：25-31.

② 朱德全，马新星. 新技术推动专业化：大数据时代教育评价变革的逻辑理路 [J]. 清华大学教育研究，2019 (1)：5-7.

多个学科视角进行分析，使评价数据的应用价值得到充分实现。通过运用多样化技术对海量评价数据进行挖掘，可以为教育决策提供更加专业科学的依据，使得教育决策从基于经验的决策走向基于证据的精准决策。对于教师的教学而言，对数据的深度挖掘则能利用相关关系的"发声"捕捉学生的最新动态，构建个性化学生数字画像，为学生的学习提供及时反馈，实现即时评价。

（三）算法推荐，实现可视化、差异化的动态评价

算法是大数据时代的重要概念，数据的积累促成了算法研究的深入，大数据与智能化传播的本质，就是基于计算机的算法程序对各类数据信息进行搜集、整理、评估、分类以及应用，智能算法应用于教育领域也推动了教学、管理、评价等走向精准化、差异化与个性化。智能算法的基本要义即根据用户的历史数据，运用数学算法分析用户个人偏好并进行推荐，在教育评价中，仅凭单一的分析工具难以快速挖掘数据的多维功能，而智能算法则有助于可视化、差异化评价的实现。

用算法生产教育知识首先需要做的就是搜集足够的数据，然后通过适当的算法发现相应的知识，算法推荐应用于教育评价中能够更加精确地推送评价对象所需的数据信息，压缩评价数据反馈所具有的偶然性。基于大数据技术，研究者能够充分利用算法模型，凭借可视化工具等载体从海量的数据库中精准获取并反馈评价信息；可视化技术有助于分析和探索大规模复杂评价数据，对公众理解和发现教育规律起到极大作用，是教育价值最直接的呈现形式。智能算法借助相关工具将关涉个体成长发展的评价数据以可视化图表等更直观的形式进行输出，评价对象从中可以获取个性化的分析数据以及精准化的反馈结果，从而了解自身的优势与不足。此外，对学生个体差异与个性化的忽视一直是教育评价面临的问题，体现教育评价一致性与差异性的矛盾。由于差异性与个性化被忽视，教育评价陷入同质性的困境，难以为改善评价对象的发展状况提供帮助。在大数据时代，借助算法推荐则能呈现适用于特定群体和对象的评价内容，回应教育评价

中所存在的客观差异。智能算法对评价数据复杂性与差异性的关注促成了评价活动的动态性，从海量数据中发现复杂数据之间的关联，实现可视化、差异化的动态评价是算法推荐在教育评价中的重要价值体现。

（四）数据管理，实现预测性、前瞻性的发展评价

高质量的教育评价离不开大数据技术的支撑，然而，目前教育评价数据的运行中仍存在一些问题，如不同机构之间的数据获取难度大、数据缺失、数据壁垒等现象，使得大数据的应有价值未能充分实现。随着大数据管理技术不断提升，数据管理功能依托特定的技术或平台对所采集的海量数据进行分类、归纳、分析等处理，使复杂多样的评价数据处于有序的状态。

数据库是对海量数据进行整合分析的有效手段，教育评价活动在信息技术支撑下可以形成评价数据库，从而有效实现对海量评价数据的管理。目前的大规模教育评价项目均依托互联网实现大范围合作式评价开发、施测、过程与数据管理[①]，形成包含学生学业质量与多主体背景调查数据库，满足学生、家长、教师、教育管理部门以及教育研究者等相关主体对评价数据应用的需求。建立大规模的追踪数据库是实现预测性、前瞻性的发展评价的必要支撑，也是实施增值评价的前提条件，利用数据库能够对评价数据进行统一管理与持续追踪，系统掌握评价对象在一定时间段内的发展与成就变化。同时，数据管理有利于对数据进行横向与纵向分析，对于了解学生学业成绩的发展情况，建构学生学习过程常量，科学、全面地评价学生的学习过程，也能够提供重要的数据支撑[②]，真正实现发展性学生评价。维克托·迈尔-舍恩伯格曾提出了大数据改善学习的三大核心要素：反

---

① 张志祯，齐文鑫. 教育评价中的信息技术应用：赋能、挑战与对策 [J]. 中国远程教育，2021 (3)：1-11.

② 刘邦奇，袁婷婷，纪玉超，等. 智能技术赋能教育评价：内涵、总体框架与实践路径 [J]. 中国电化教育，2021 (8)：16-24.

馈、个性化和概率预测①，对大数据进行管理不仅仅是关注过去或现在，更重要的是能够对个体行为偏好以及成就表现等数据进行预测，帮助评价对象及早了解自我发展态势。不论是学校评价、教师评价抑或是学生评价，其中内含促进人的发展的最终要义，在大数据管理体系的不断完善之下，对评价对象发展路向进行规划的可能性随之提升，推动着教育评价向更具前瞻性的发展评价转变。

二、大数据时代教育评价的数据隐忧

人工智能时代的到来，促使我们已然进入到数字化世界之中。大数据何以可为，又有何不为？从评价数据采集到数据分析，再到评价结果的运用，都可能产生不可预测的风险，即大数据时代教育评价亦面临一定的数据隐忧。

（一）数据采集触发数据伦理威胁

数字化时代，大数据作为推动社会发展的关键力量，与数据有关的伦理问题也随之受到广泛关注。数据伦理是大数据时代所出现的一种新型伦理关系，与信息伦理有着密切关联，可以说是在数据运行中所形成的风险问题以及价值规范。② 大数据本身无好坏之分，但当其与其他因素相互作用下所产生的影响，可能远远超出技术和实践的直接目的。大数据时代教育评价所存在的数据伦理，首先表现为数据收集中对个体隐私的侵犯。教育评价中对评价对象进行全方位、全过程数据采集使得个体在进入数字世界后日趋透明化，大量评价数据极有可能触碰到评价对象个人敏感信息，加之相关主体对数据隐私保护不足，评价数据存在泄露风险。其次，海量评价数据的价值更多源于对其二次利用，但在实际评价过程中存在数据滥用问题。在大数据时代一旦将事物数据化便可以改变其用途，一些数据在

---

① （英）维克托·迈尔-舍恩伯格，肯尼思·库克耶. 与大数据同行：学习和教育的未来 [M]. 赵中建，张燕，译. 上海：华东师范大学出版社，2014：104.

② 梁宇，郑易平. 大数据时代信息伦理的困境与应对研究 [J]. 科学技术哲学研究，2021 (3)：100-106.

评价活动结束之后并未及时清理，可能会被未经授权的机构重新利用，数据主体的知情权未能得到保障，使得评价对象隐私被侵害的风险不断加剧。最令人不安的是未知和不可预知的辅助数据集所构成的风险，这些数据集可以被用在研究中重新识别个人数据。这意味着数据研究对象所面临的风险并不局限于项目研究本身的范围和寿命。最后，尽管在人工智能背景下评价数据采集手段日趋多样，但由于多样性、动态化情境的制约，数据的完整性难以保证，尤其是当多个数据集同时使用时，这些错误和差距也会被放大。在此情况下，可能形成对评价对象的认知偏差，所带来的身份固化在一定程度上加大教育评价的不平等。而大数据采集所具有的倾向性也可能会损害评价对象的正当权益，由于我国地域广阔、民族众多，地域文化和民族文化影响着当地教育，我国的教育存在很大的区域差异、民族差别，如果在评价数据采集中便具有偏向性则可能会导致算法歧视风险[①]，数据叠加算法容易造成对评价对象的偏见与歧视，从而产生新的教育不公平。

（二）数据使用陷入主体规训困境

自启蒙运动以来，人是理性自主的存在这一观点广为流行，人的主体性被推至极高的位置，"主体性问题是哲学的核心问题，也是教育的根本问题，人的主体性是教育追求的重要目标"[②]。大数据时代，海量数据支撑下个体的自主性与选择性似乎得以提升，但实际上"人的主体地位遭遇挑战，甚至可以说，是人类以一种乐观自愿的期盼把主体性让渡于自己创造的技术"[③]。个体所具有的认识主体地位意味着我们无法将评价对象视为可以规训与塑造的客体，但在大数据驱动下却极易陷入数据依从的沼泽。

① 罗江华，王琳，刘璐. 人工智能赋能课堂反馈的伦理困境及风险化解 [J]. 现代远程教育研究，2022（2）：29-36.

② 伍远岳. 人工智能背景下的认识主体与主体性培育 [J]. 南京社会科学，2021（2）：150-156.

③ 靖东阁. 后人类时代教育研究的主体性重塑、风险及其规避 [J]. 电化教育研究，2022（6）：11-17.

首先，教育评价中的数据取向促使人们似乎越来越相信只有通过大数据才能探寻评价对象成长发展的规律，个体对数据的依赖与日俱增，自我的批判性思考与判断力被迫让位于丰富的数据，在大数据的裹挟之下导致个体主体性的迷失，最终形成对数据绝对依从的尴尬局面。其次，大数据支撑下教育评价的主体规训还表现为将人存在的多样性和差异性抽象为统一的数据，正如将学生的认知活动、情绪体验以及教师的教学智慧等因素用无生命的数据进行简单化理解，个体沦为"单向度的人"将成为既定的事实①，进而导致个体在教育评价大数据所建构的数字世界中日益感到价值迷失与意义失落。最后，大数据所形成的数据权力支配着评价对象。大数据时代的数据权力成为支配他人的隐形力量，正如"算法权力从表象上看是一种技术权力，但其背后潜藏着控制算法设计和研发过程的资本的权力，而且在不远的将来，算法权力有可能会脱离人类的掌控并演化成人工智能对于人类的技术优势甚至是霸权"②。教育评价通过对海量数据进行深度分析从而为评价对象画像，基于技术手段掌握评价对象的个人偏好，在某种程度上可以引导个体的思维和行为选择，个体的自由意志得以消减，在个体有限理性之下，对评价数据的依赖不断增强。"我们流连于层层叠加的数字景观，却唯独看不见景观中的他人。"③ 人的主体地位受到挑战，只能被动地等待数据所呈现的结果，并以此来进行价值判断与行为选择，迫使个体放弃对数据之外空间的探求。

　　（三）数据使用存在边界迷失

　　数字思维范式在现代社会中备受推崇，计算主义的核心思想是一切认知都可进行计算。从本质上说，大数据则是人类探索理解和量化世界的新

---

　　① （美）赫伯特·马尔库塞. 单向度的人：发达工业社会意识形态研究［M］. 刘继，译. 上海：上海译文出版社，2008：89.

　　② 陈鹏. 算法的权力：应用与规制［J］. 浙江社会科学，2019（4）：52-58.

　　③ 邹红军，走出"数字洞穴"：数字化时代的生存隐忧与教育应对［J］. 重庆高教研究，2023（1）：61-75.

进展。[1] 大数据时代教育评价同样受到计算理性的支配，力求在评价过程中让数据说话，寻求其可确定的部分，从而避免评价中未知、不可预测的危害。但确定性与不确定性是客观世界的固有状态，任何对确定性寻求的努力都存在着不确定性。由于认识的不可穷尽性以及个体生命的无限可能性，教育评价活动同样内含复杂性与不确定性，这种不确定性使得评价数据本身以及数据结果的应用边界具有限度。

当数字技术主导教育评价时，评价者对数据的使用常常陷入边界迷失的漩涡。一方面，大数据时代的教育评价希望通过所获取的丰富数据建构出真实可信的世界，将不确定的因素用确定性的数据来进行表达，充分利用算法模型发现评价数据内隐价值，以此实现基于已知推测未知的美好愿景；通过大数据以及算法的运行使评价对象的成长发展可预测，努力揭示关于评价对象发展的确定性规律。另一方面，在技术主导下，大数据叠加算法强行对教育评价中的偶然性因素进行限定，如运用评价中获取的多源数据对评价对象进行概率预测含有对个体改进路径进行限制的意味，这本身就是对数据边界的一种忽略。基于大数据的教育评价建立在铲除风险的基础之上，这虽然具有数据上的合理逻辑，但当教育评价对数据的使用迷失边界时，学生的发展空间、教师的教学空间也随之受到束缚。在此之下，教育者需要深入思考：在数据越来越多地影响教育评价的环境下，人们使用大数据的目的是什么？某种程度上，评价者使用大数据是为了满足对可量化秩序的渴望，而这种对数据的信任使评价者可能会被数据的虚假魅力所迷惑，并赋予数字更多的意义，此时评价数据背后的教育本质可能被遮蔽。教育评价对数据价值的盲目扩大回避或者是缺少了对什么是好教育的追问，实际上，任何教育规律的揭示，都无法回避对理想教育追求的目的性规约。大数据时代下教育评价对数据的应用不应迷失其内在的边

---

[1] Cukier K., Mayer-Schoenberger V.. The rise of big data: how it's changing the way we think about the world [J]. Foreign Affairs, 2013 (3): 28-40.

界，从而忽略对美好教育的向往与追寻。

三、以三重判断破解大数据时代教育评价的数据隐忧

教育评价是基于事实与价值的实践性活动，价值判断是教育评价的本质特征，而合理的价值判断需要以科学的教育价值观为基础。在大数据时代，要充分实现数据的教育价值，评价者需立足人的发展立场，通过正当性判断、价值性判断与有限性判断三重教育判断来破解大数据时代教育评价遭遇的数据隐忧。

（一）正当性判断，化解数据伦理困境

正当是一种基本的价值评判，正当性是一切社会行为的准则，也是教育行为的前提和规准。教育的正当性基础是一个无法回避的教育哲学问题，"正当性的探寻"意味着教育哲学研究必须对教育行为作一个规范性的判断：何为正当性的教育行为。[①] 在计算主义的支配下，对教育行动在理性层面的正当性判断被忽视，而对正当性的探寻正是教育评价活动无法回避的问题。教育评价中的正当性判断表现为相关主体对评价过程做出规范性的判断、赋予数据以人文关怀，寻求数据理性与个体情感的融合。

在大数据时代的教育评价中，正当性判断首先意味着教育评价数据的采集、分析以及反馈等环节中的合法性。大数据的有效性并不意味其具有正当性，评价数据收集、分析与管理过程要遵守数据规范，评价者要明确哪些评价数据可以采集以及何种评价数据可以进行公开共享，应使数据运行合乎教育目的，评价对象的隐私边界应得到保护。其次，大数据背景下教育评价的正当性判断应始终坚持以人为本的评价原则，要让参与的实践主体都能享有一定的评价权利，让每个评价对象都能获得一个公平公正的评价结果和发展权利。[②] 教育评价的正当性并不能仅仅以满足多数人的要

---

① 曹永国. 正当性的隐退：教育哲学研究的现代转向及其后果 [J]. 高等教育研究，2015（2）：1-12.

② 刘志军，徐彬. 教育评价的实践定位及其实现：基于实践哲学的视角 [J]. 中国电化教育，2022（4）：64-70.

求为标准进行衡量，评价者需要明确教育评价所要实现的目标，提升理性思维能力，判断何种数据可以进入教育评价视野，充分关注到评价对象个体差异和其自身发展需要与内在潜能，减少对部分群体的偏见与歧视。最后，大数据时代教育评价的正当性判断需要坚守人文情怀，把人文关怀作为技术活动首要考虑的因素。教育评价中所获取的大数据只是提供一种事实参考，并不能代表评价对象发展的全部，当个体的成长受到过去数据的约束从而遭受不公正的待遇时，尤其需要评价主体以更具人文情怀的态度来审视评价大数据对个体发展带来的冲击，营造更具教育性的评价氛围，认识到评价对象并不是冷冰冰的数字，而是具有丰富情感的人，使评价对象在评价过程中能够获得积极的情绪体验。当评价对象被不断地数字化和算法化的时候，所引起的伦理困境应当引起人们的重视，而此时这种正当性判断也显得尤为重要，它显示着对更科学合理的教育评价的渴望。

（二）价值性判断，促成评价对象主体性的回归

人是事实性与价值性相统一的能动主体，人与客观世界之间既存在事实关系，也存在价值关系，价值性则反映了人与外界的价值关系。价值性判断是一种关于合理性的判断，是关于好与坏、善与恶、利与害、正当或不正当、合理或不合理等的判断，它解决的是客观事物对主体需要的关系"应怎样"的问题①，大数据背景下的教育评价需要回应并处理好人与数据之间的价值关系，因为教育世界是人类意义生成的世界，教育活动是一种价值关涉的活动，教育活动本身具有内在的价值向度。从教育的立场即人的发展立场出发，数据技术仅仅是认识主体的延伸，大数据时代的教育评价需要在主体价值观的引导下开展活动，需要满足个体的需要和意志，而不能任由技术来改变作为认识主体的基本属性。教育评价中的价值性判断表现为评价者不是仅仅利用大数据转化为特定的行动，更能够借助数据判

---

① 张书琛. 事实性判断·价值性判断·实践性判断：论辩证思维判断的三种类型和三个发展阶段 [J]. 内蒙古民族师院学报（社会科学汉文版），1988 (3)：41-47.

断何种行动对评价对象是适切的，以及这种行动为评价对象所带来的价值。① 在评价过程中始终追求着评价对象的发展以及个体主体性的生成，这也要求评价者所采取的行动始终是要面向未来的、开放的，而不是对过去或现在的重复。

在大数据时代的教育评价中，数据为评价主体采取行动提供了可能的途径，至于是否会转化为现实仍需要基于教育立场的价值性判断，要规避数据对个体可能带来的规训风险，摆脱对数字魔力的迷信②，避免沦为数据化的教育评价。这种数据化的教育评价本质上是一种外在性的教育评价，并未涉及对人的内在性进行描述和判断，仅仅关注能以数据所表示的指标维度，而个体发展复杂性与多样性被遗忘。事实上，教育评价过程不仅仅是数据采集与分析的过程，更是进行价值判断的过程，大数据叠加算法无法取代能够表征人类主体性的专业判断能力，教育评价中数据取向所导致个体主体性迷失必须要通过价值性判断予以弥补。大数据时代教育评价的价值性判断聚焦评价对象与评价数据之间的价值关系，注重评价对象的主体地位，评价者不仅要判断依据大数据所开展的事实判断和价值判断以及相应的评价行为方式对个体发展的影响，还要判断其教育潜力，这意味着评价者应具有一定的实践智慧，除了运用大数据衡量评价对象的发展之外，还要充分认识到个体发展的复杂性与无限可能性，为个体在数据之外建构可发展的空间。

（三）有限性判断，观照评价数据背后的教育本质

在大数据时代的教育评价中，有限性是指数据功能与作用的限度与边界，有限性判断则是指对数据功能与作用的限度与边界的评判。任何事物所起的作用均具有一定限度，都只能在合理的范围内发挥作用，如出现边

---

① （荷兰）格特·比斯塔. 测量时代的好教育：伦理、政治和民主的维度［M］. 张立平，韩亚菲，译. 北京：北京师范大学出版社，2019：43.

② （美）尼尔·波斯曼. 技术垄断：文化向技术投降［M］. 何道宽，译. 北京：中信出版社，2019：205.

界模糊，则可能会导致功能的泛化或僭越。正如海德格尔对技术与实践关系的分析，技术之所以在某些时刻不再是实践的手段，反而成为干扰活动的破坏对象，恰恰是因为在这些技术的使用中，使用者被"消散"了①。大数据时代的教育评价如果缺少对评价数据功能的限度与边界的考量，忽略数据背后真正的内涵与意义，尤其在评价目的之间发生冲突时，教育评价数据有可能被滥用。由此，在大数据时代的教育评价中需要进行有限性判断，这种有限性判断并不在于简单拒绝大数据在评价活动中的应用，而是不断寻求数据与人之间的平衡，明确数据及其使用的合理限度，促使大数据时代教育评价回归教育的育人本质。

在大数据时代，教育评价以看似客观公正的数据和确定的结果，为教育与个体发展指明方向，正是此不断导致人对数据的迷信而忽视数据背后的教育本质。首先，有限性判断需要体现评价理念的教育性，即基于大数据的教育评价应立足人的全面发展，对于评价对象而言，个体无法被完全数据化，大数据时代教育评价也无法表征个体发展的无限可能性，教育性是有限性判断的前提；其次，有限性判断需要彰显评价过程的伦理性，即评价活动的开展应该遵循数据伦理，大数据所具有的工具价值不能取代教育内在的育人价值，要避免教育评价中的"灯柱综合征"，寻求人的发展而不是陷入数据的泥潭。最后，有限性判断需要凸显评价结果的成长性，评价最终指向的是个体的可持续发展而不是反映当前的发展。关注数据背后的教育本质，促成评价数据教育价值的回归是大数据时代教育评价的应有之义，"如果我们怀疑纯粹本质的存在，或者不去问纯粹本质，而把现实的一切置于优先考虑的地位，那本质的问题就会被遮蔽"②。在大数据时代的教育评价中，如果评价者只关注评价数据所体现的现实意义，而忽略数据的教育本质，那么，数据背后的教育本质与功能就会被遮蔽。

---

① （美）唐·伊德. 技术与生活世界：从伊甸园到尘世 [M]. 韩连庆，译. 北京：北京大学出版社，2012：51.

② 金生鈜. 教育哲学的内在精神 [J]. 教育研究与实验，2010 (4)：27-31.

在大数据时代，大数据支撑下的教育评价所实现的立体评价、即时评价、动态评价以及发展评价构建起一幅教育评价的全新图景；然而，当教育评价中数据的教育本质被搁置，教育评价促进个体全面而有个性发展的功能就会因陷入数据泥沼而无法实现。意识到大数据背后的风险，警惕大数据运用于教育评价带来的隐忧，进行基于人的发展立场的教育判断，让大数据为教育评价服务而不至于使数据凌驾于人的主体之上，这是新时代教育评价改革中对技术、数据与人之间关系的理性回应。

第十章
作为学习的评价

学习评价在教学过程中扮演指导教学实践、促进学生发展、提高教育质量的重要角色。学习与评价的关系一直是教育评价研究的中心，有许多学者对此展开深入研究，形成了对学习的评价、为了学习的评价以及作为学习的评价三种评价范式。本章在总结学习评价相关理论研究的基础上，对三种评价范式的提出背景、内涵特征、意义价值及其局限性进行梳理，认为想要促进学习与评价的统一，最终需要实现作为学习的评价，并对作为学习的评价的实现路径进行探讨。

第一节　学习与评价的关系探讨

评价对学习具有重要的影响，二者之间的关系一直受到持续关注。教育评价的理念经历了三个阶段的变化，从对学习的评价（Assessment of Learning），到为了学习的评价（Assessment for Learning），再到作为学习的评价（Assessment as Learning）。教育评价理念的变化受到时代背景的影响，在此之下具有时代意义抑或局限，总的来说每种教育评价理念内含对学习与评价关系的探讨，而学习与评价的统一也是教育评价的一个终极目标。

一、对学习的评价与为了学习的评价的提出背景

在早期的评价理论中，教育评价研究者聚焦于阐明评价的作用。自20世纪以来，泰勒、斯塔弗尔比姆、斯克里文等人从不同角度明确了评价在发展、鉴别、诊断和改进方面的功能。随着教育评价研究的不断深入，形成了多种影响深远的评价理论。

（一）对学习的评价的提出背景

19世纪末至20世纪30年代，教育评价以测验为中心，追求评价的科学化、客观化，大量测验技术手段在教育评价中广泛应用，形成以"测量"为标志的评价理论。在教育评价发展历史中，泰勒的"八年研究"产生着深远影响。1933年至1940年期间，泰勒开展了为期八年的课程设置和成绩测验的改革实验，于1940年首次提出教育评价概念，对测验与评价进行了区分，现代教育评价正式诞生，取代教育测量形成"跨时代的教育评价宣言"。在泰勒看来教育评价过程在本质上是确定课程和教学大纲实现教育目标的程度的过程，并以此为依据设计了目标模式的学习评价。以目标为中心的评价模式重在描述目标与结果的一致程度，形成以描述为标志的评价理论。

随着泰勒目标中心评价模式的广泛应用，评价"目标"的合理性如何得到保证开始引发质疑，在此影响下，斯塔弗尔比姆提出了CIPP的改进评价模式，认为评价不是为了证明而是为了改进，学习评价本身并不会实现评价目标，而是通过评价结果反馈来进行教学改进。CIPP包含背景评价（Context Evaluation）、输入评价（Input Evaluation）、过程评价（Process Evaluation）和结果评价（Product Evaluation）四个环节，更注重信息收集以及为决策提供信息。斯克里文也针对泰勒注重预设目标达成，缺乏对评价中非预期结果的关注这一不足，提出了目标游离模式评价模式，认为评价应以学生经历课程学习后的实际结果为导向，而不应受到既定目标的束缚。随后，学习评价逐渐重视学生在学习过程中的表现，意味着评价不仅要实现既定目标，更要促进学生的发展。这一时期不同学者从多个角度对泰勒模式进行了批判和加以完善，实证化倾向占主要地位，人文化倾向开始萌芽。

随着教育中以人为中心这一理念的不断深入，教育评价指向人的需要，斯塔克提出了应答评价模式，认为评价是不断协商的过程，重视评价过程中参与者的观点与看法。在此阶段教育评价的核心是进行价值判断，强调个体经验，重视人文社会方法在评价中的应用。

（二）为了学习的评价的提出背景

在教育评价理论的不断探索中，泰勒的目标评价模式影响深远，斯塔弗尔比姆的改进模式衍生出了一系列关于学习评价的应用方法，而斯克里文的目标游离模式则规定了学习评价的价值判断标准。以人为中心的教育评价模式为评价促进学习提供了应用性基础与价值论基础，对于"评价的作用究竟是什么"这一问题进行了回应，形成了"设定评价目标—对是否达成目标进行判断—学习结果反馈"这一基本评价路径。然而，评价的根本意义在于彰显期望达到的学习结果，需要回答期望达到的学习结果是否以及如何可能[①]，评价如何促进学习的问题仍不够明晰。

自 20 世纪 90 年代以来，欧美学者重新对教育评价展开讨论，并寻求新的理论突破。布莱克和威廉姆在系统总结形成性评价作用后，提出"学习性评估"这一评价理念，"学习性评价是在形成性评价基础上发展演变而来的，为适应新一轮国际基础教育改革而产生的课堂评价理论及其指导下的课堂评价实践"[②]，重点强调课堂评估支持学习潜能的能力。剑桥大学与英国教育评价改革小组（Assessment Reform Group）探究了这一理论，在《"为了学习的评价"超越黑箱》的宣传册中第一次使用了"为了学习的评价"的概念，其核心是促进学生的学习，并进一步形成了《促进学习的评价的十项准则》：一体化准则、过程性准则、学习中心准则、专业性准则、刺激动机准则、鼓励性准则、共享性准则、接受指导准则、自我管理准则、成就认证准则。斯蒂金斯也对促进学习的评价这一评价理论进行了系列研究，通过英美两国学习评价理论界的努力，为了学习的评价（Assessment for Learning）指导着新的评价实践。

（三）由对学习的评价走向为了学习的评价

---

① 曾文婕，黄甫全，余璐. 评估促进学习何以可能——论新兴学本评估的价值论原理 [J]. 教育研究，2015（12）：79-88.

② 丁邦平. 从"形成性评价"到"学习性评价"：课堂评价理论与实践的新发展 [J]. 课程·教材·教法，2008（09）：20-25.

分析两种评价理念的提出背景可以得出，学习与评价关系发生转变的根本原因，是评价在教育中的功能定位得到了更新和拓展。在对学习的评价中，评价的功能是基于学生的学业成就对学生进行判断、筛选和分类，"这种评价人为地割裂了评价与教学、学习之间的联系，使评价游离于教学之外。教、评分离的评价往往导致评价滞后于教学，无法及时改进教学"①。在传统评价范式的影响下，学生的主体性和发展性得不到重视，教学只是为了帮助学生通过测试、达到标准，而那些没有"达标"的学生既无法通过评价得到肯定，也无法通过教学得到发展。为了扭转这种"有评无改"的现象，英国政府颁布了《知识经济的成功：教学卓越、社会流动与学生选择》白皮书，强调教师的教学和评价要具有有效性、改进性和延展性。为了学习的评价将评价与教学环环相扣，评价的功能定位由证实学习结果拓展到促进学生学习。相比对学习的评价，为了学习的评价能够给学生提供及时的反馈，教师需要基于反馈内容及时调整教学策略，学生的学习过程真正成为能力发展的过程。此外，走向为了学习的评价也要求教师转变评价观念、提升教学素养，在教学评价的实践中不断提升改善教学的能力。

二、对学习的评价与为了学习的评价的概念澄明

实现学习与评价相统一，需要对学习与评价的关系现状进行梳理。对学习的评价与为了学习的评价在对学习与评价关系认识存在不同，也导致了在评价目的、评价内容、评价方法、评价结果使用等方面具有差异，但均是以评促学的实践探索，有其独特的价值。通过澄明对学习的评价与为了学习的评价的相关概念，总结这两种评价理念的局限性，为探明作为学习的评价的实现方向提供基础。

（一）对学习的评价与为了学习的评价的内涵

---

① 叶倩，何善亮."为了学习的评价"的基本理念与实践要求 [J]. 教育测量与评价（理论版），2016（03）：23-28.

1. 对学习的评价

对学习的评价认为学习评价是对学生所具备的客观知识与技能的评价，即学生学什么，评价就评什么。对学习的评价主要发生在课程学习的末尾阶段，用于确认学生是否掌握了预期的学习知识，是否达到了个性化课程所提出的目标，判断学生对所学课程的熟练程度，并为学生未来的课程学习安排提供决策依据。对学习的评价在本质上是总结性的，关注学生考试成绩，并依据学生成绩对学生进行鉴别和选拔，用来确认学生知道什么和能做什么，证明他们是否达到了既定目标。对学习的评价也是一种公开性的评价理念，教师通过对学习情况的判断陈述，向学生、家长、其他教育工作者或者外部教育机构提供学生的已有学习成就报告，对学生的学业表现进行分类，回应学生学习是否达成既定课程目标的外在需要问题。对学习的评价的结果是筛选学生和升学选拔的重要依据，其基本逻辑和衡量标准必须具有严密的科学性和信效度。

2. 为了学习的评价

为了学习的评价是一种贯穿学生整个学习过程的评价理念，它将评价融入学生学习的每个阶段，其核心是促进学生的学习。为了学习的评价旨在使学生对学习内容的理解过程可视化，以帮助教师明确采取怎样的教学行为能够促进学生进一步的学习。不同的学生具有不同的学习风格，学生往往是以个性化的方式展开学习，然而，在个性化学习发生的初始阶段，学生作为学习的新手可能会经历一些由于先前经验而产生的学习困境。为了学习的评价为教师对学习过程进行观照提供了一种工具，使教师能够尽可能地了解学生知道什么、做了什么以及能做什么，挖掘学生潜在的学习困惑、先入为主的观念以及与预期学习之间的差距。在为了学习的评价过程中，教师需要收集关于学生学习过程的各种信息，为确定推动学生学习的进一步教学行为，如描述性反馈、分组依据、资源选择提供基础。

（二）对学习的评价与为了学习的评价的特征

在行为主义学习理论与测量技术手段的支撑下，对学习的评价表现为以科学化为导向，力求建立科学客观的评估机制，来掌握学生所具有的知识与技能水平。对学习的评价作为学习评价的经典模式，主要的评价流程表现为发现与目标达成相关的学习证据，进行分析与反馈，在此基础上采取行动以缩小与目标之间的差距。所采用的评价手段更多为通过期末考试以及各种形式的测验开展对学习成就的评价。在价值判断上，对学习的评价表现为价值无涉或价值中立，认为评价者通过观察或测量可以认识或反映学生的既定能力。这些标准化测验下的评价情境为人为设定，因此在对评价结果进行解释与反馈时提供的是可确定的信息。[1]

为了学习的评价过程是教师确定学生现在在哪里、应该到哪里以及如何更好地到达哪里而收集和解释证据的过程。[2] 为了学习的评价强调自觉地促进学生的学习，强调评价过程中教学和评价的统一，教师和学生具有同等的评价权力，在互动中生成评价标准。斯蒂金[3]围绕为了学习的评价特征提出了实现为了学习的七个评价策略：提供清晰可理解的学习目标；使用学生的作品作为范例；提供定期的描述性反馈；设计课程时一次只关注学习质量的一个方面；教会学生学会如何改进；引导学生自我反思、追踪和分享他们的学习。

为了更加直观地了解对学习的评价与为了学习的评价的特征，我们从评价目的、评价内容、评价方法、评价作用、评价保障以及对教师的要求等方面对两种方式进行对比，其中评价保障是指采取何种手段来保证评价的可靠性、精确性和有效性。详情见表 10-1。

---

① 张娜. 从对教育的评价到促进教育的评价——教育评价国际研究进展综述 [J]. 基础教育，2017 (04)：81-88.

② Assessment Reform Group. Assessment for Learning：10 Principles [R]. Cambridge：University of Cambridge，2002：2-3.

③ Richard J. Stiggins，Judith A. Arter，Jan Chappuis，Stephen Chappuis. Classroom assessment for student learning：doing it right，using it well [M]. Assessment Training Institute，Inc. Portland，Oregon，2004：42.

表 10-1　对学习的评价与为了学习的评价的特征对比

	对学习的评价	为了学习的评价
评价目的	向家长或其他相关人员呈现学生的课程学习成果	帮助教师确定能够促进学生学习的进一步教学行为
评价内容	学生对通过课程学习习得的关键概念、知识、技能和情感态度的熟练程度	每个学生的进步和学习需求与课程学习成果的关系
评价方法	在不同的学习模式下评估学习成果的一系列方法	在不同学习模式下使学生的技能和理解可视化的一系列方法
评价作用	诊断性评价	形成性（描述性）评价
评价保障	可靠性保障：基于高质量信息的判断的准确性、一致性和公平性 精确性保障：清晰详细的学习期望 有效性保障：公正准确的总结性报告	可靠性保障：观察和解释学生学习的准确性和一致性 精确性保障：个性化学习计划的学习成果 有效性保障：教师记录准确、详细的笔记，描述性的反馈给每个学生
对教师的要求	◇给出在特定的时间点对学习进行评价的理由 ◇对预期学习的清晰描述 ◇使学生有可能展示其能力和技能的过程 ◇开发对相同学习结果进行评价的一系列替代机制 ◇提供公开且有根据的评判指标，以及透明的评价指标解释方法 ◇对评价过程进行描述 ◇具备决策产生分歧时的求助策略	◇使教学与目标成果保持一致 ◇确定学生或群体的特定学习需求 ◇选择和调整教学材料和资源 ◇创建差异化的教学策略和学习机会，帮助学生在学习中取得进步 ◇为学生提供即时反馈和指导 ◇增强学生的学习动机和学习投入

	对学习的评价	为了学习的评价
对学生的要求	◇为了达到学习目标而学习 ◇参加测验取得分数 ◇避免出现无法达标的情况	◇自我评价并对学习进步进行追踪 ◇为制定学习目标提供信息 ◇对即时评价的结果采取行动以便下次做得更好

（三）对学习的评价与为了学习的评价的意义与局限

1. 对学习的评价的意义与局限

对学习的评价是一种对学生学习成就与学习目标达成一致程度的评价方法。通过客观、易于量化实行的方式判断既定目标是否实现，不仅能够明确学生在学习过程中存在的问题，更能揭示学生已达到的水平与程度，从而识别与既定目标之间的差距。分析评价数据与结果可为教师、家长等相关教育主体提供成就证据与反馈信息，有助于基于证据做出决策与改进。由于对学习的评价通常发生在一个单元或学习周期的末尾，对学习的评价的首要价值就是反馈给学生们考试分数和教师评价，作为学生了解自己学习熟练程度和学习成就的依据，并帮助学生对未来的学习选择做出规划。除学生外，对学习的评价还能为其他教育主体提供详细、可靠、公平的报告，以便不同的目标受众对学生的学习成果有一个清晰的理解。例如教师可以通过家长—学生—教师会议，为家长提供学生在课程学习的熟练度和表现水平的概况，最终目的是强化家长对学生学习的责任心。

其次，对学习的评价能够为差异化学习提供帮助，让学生有机会将特定的、自己擅长的学习成果表现出来。为了支持差异化学习，对学习的评价要求教师针对可能相同的学习结果采取多种不同的替代评价机制。例如，对于道德与法律课程中社会关系的概念理解，可以采取视觉呈现、口头讲述或戏剧表演的方式让学生展现自己的学习成果。在差异化学习过程中，对学习的评价还会影响教师的教学策略选择和教学资源分配，对学生的未来选择和发展有着深远的影响，这就使对学习的评价结果需要足够准确和详细，以便提出明智的建议。最后，报告有许多可能的方法来反映学生的熟练程度。

然而，对学习的评价理念认识局限于通过观察、测验或测量学生行为反应了解学生所掌握的知识技能水平，其目的主要在于判断学习效果，进而区分筛选学生，这种评价容易忽视个体的全面发展，对学生在评价过程中的主体性支持不足。此外，对评价有限目标的过分强调可能导致忽视评价之外的内容。人为设置的评价情境使得学习评价与学习过程相分离，评价内容主要是对学生过去习得知识的回顾，随时间推移，难以满足多样化的评价需求。标准化测试和考试等外部评估使得对有限形式的能力关注增加，这可能导致评价范围的缩小，因为人们往往只注重会被评估内容，而忽视可能对个体成长至关重要的方面。对外部评价的依赖可能会导致教育过程中通向评估的路径被扭曲。

2. 为了学习的评价的意义与局限

为了学习的评价作为一种新的课堂评价理论与实践方式，为我国评价理论与实践的发展提供了借鉴。为了学习的评价把评价运用在学习过程中，有利于学生学习能力的提升，其主要目的是为了促进和改善学习，不仅仅关注学习结果，而是以改善学习为目的，注重学生的学习动机，在学习活动中将价值判断与事实判断相结合，兼顾过程取向与目标取向，促进持续的学习。以往以分数或奖励为主的评价结果信息更多促进的是学生对外在事物的追求，例如与同伴的比较或对自身能力的关注，并未促使其投入到学习之中，为了学习的评价则以促进学生学习能力提升为目的，超越了终结性评价提高学生学业成绩的单一目标，这种以促进学生学习与改善的评价指向的是深度学习。

在差异化学习中，为了学习的评价为教师和学生提供了关于学生学习情况的具体信息，以便教师可以进一步设计最合适的教学行为。当教师专注于为了学习的评价时，"他们不断地将课程期望与学生个体的学习连续体进行比较，并调整他们的教学、分组实践和资源。然后，每个学生都可以获得进步所需的材料、支持和指导，而不会经历不必要的困惑和挫折"①。教师精心规划和针对性地帮助每个学生，能够为学生下一阶段的学习提供及时的支持。为了学习的评估过程一般是教师与学生及其家长就学习进展、教学中用来确保持续进展的方法以及各教育主体可能帮助推进学习的方式进行公开、频繁和持续的沟通，以最大限度地支持学生的学习。

　　为了学习的评价作为一种描述性反馈，是教师对学生的学习情况进行评价以及评价后该采取怎样的教学行动之间的重要联系。为了学习的评价反馈是描述性的和具体的，在学生的思维和预期的学习之间建立了明确的联系，对学生学业成就的增长给予认可，并鼓励学生基于反馈给出的建议进行积极的学习改进。为了学习的评价能够给学生提供需要改进的反馈信息，将学生理解与学习经验可视化，不仅为学生的进步提供依据，同时也指出学生学习中尚存在的问题与不足，并针对问题进行归因分析，进而为学生提供如何改进的建设性建议，对学生的学习情况进行全面的反馈和掌握，评价反馈信息也可以为教师及时更新课程资源、调整教育过程，反思自身教学提供依据，促使教、学、评紧密相连。可以说，为了学习的评价"不再停留在课程政策的宏观层面，而是进入到教师的日常教学与学生的日常学习的'黑箱'之中直接观察和研究学生的课堂学习，提供了学习评价效用分析的方法论与概念"②。

　　尽管为了学习的评价超越了传统的教育评价观不把问责作为评价的最主要目的也不再游离于课堂教学之外，但这样一种评价理念在充分肯定和

---

① Earl, L.; Katz, S.; The Western and Northern Canadian Protocol for Collaboration in Education (WNCP) assessment team. 2006. Rethinking Classroom Assessment with Purpose in Mind: Assessment for Learning, Assessment as Learning, Assessment of Learning. Winnipeg: Manitoba Education, Citizenship, and Youth, School Programs Division. Last accessed https://www. edu. gov. mb. ca/k12/assess/wncp/full_doc. pdf.

② 李鹏. 评价如何促进学习? ——从泰勒到厄尔的探索与反思 [J]. 外国教育研究，2020 (01): 31-44.

倚重教师做出的评价判断的同时，对教师的评价素养提出了很高的要求。这包括观念的转变、策略的提升和不断的反思和总结。如果教师不能在理念和实践上进行转变和提升，那么为了学习的评价很可能仅仅停留在"阶段性报告学生学习情况"这一表层意义上，难以向促进学习和改进教育的更深层次迈进。此外，作为一种形成性评价，为了学习的评价主要关注学生学习过程中的表现、所取得的成果以及所反映出的情感、态度、策略等方面的发展，是基于对学生学习全过程的持续观察、记录、反思而做出的发展性评价，会产生大量的评价结果和评价资料，要求教师能够精准提炼出有利于促进学习和改进教学的要点，其可靠度、精确度和有效度的保障需要教育评价主体做出进一步的努力。

三、作为学习的评价的提出与展望

从不同的评价目的出发，学习的评价、为了学习的评价、作为学习的评价是教育中的一个重要变化。这种变化也体现出思想上的转变，评价成为促进学生学习的关键因素并成为新的共识。因此，学习评价不能仅仅立足于实现预期目标或通过评价促进改进，而是要充分发挥评价的最大效用，通过评价促进学生的学习与发展。

（一）提出背景

随着人们评价认知以及评价技术的发展，学习评价也发生着相应的转向。在传统的学习评价实践中，对学习的评价占据主导地位，而在现代的学习评价活动中，为了学习的评价则成为主要的评价理论与制度。相关主体的关注点从知道学生学得怎么样到学生下一步怎么学习。为了贯穿整个学习过程的评价，通过一系列描述性反馈让学生在学习中的理解可视化，为教师改变教学资源和策略提供基础。然而，对于回答评价后如何学习这一问题仍不够清晰。通过为了学习的评价可以认识的反馈是影响学习的一个重要方面，但在某种程度上重要的不是反馈本身，而是学生通过反馈所获得的学习体验或学习动机等内容。自 21 世纪以来，终身学习这一概念受到人们的广泛关注。国际 21 世纪教育委员会向联合国教科文组织提交的

《德洛尔报告》，也即《教育：财富蕴藏其中》，以学习视角观照教育，开启学习为本的教育时代。报告中同样重视评价所发挥的重要作用，为了彰显评价促进学生学习的积极作用，以学习为本的评价方式受到人们的关注。在终身学习时代，学习主体将由学生向学习者转变，对学习者身份的认可是学习评价方式变革的基础。①

在传统的教育过程中，很少有教育实践者明确使用评价来培养学生适应自我学习的能力。厄尔（Earl）和邓恩（Dann）等人转向了研究评价中的学习过程，从而提出了作为学习的评价的概念。对学习的评价、为了学习的评价和作为学习的评价三者共同存在并相互作用，但它们各自具有不同的目标。在促进学生学习的大背景下，作为学习的评价的重要性仍有待提高。"作为学习的评价"不同于"对于学习的评价"与"为了学习的评价"，它更强调评价是一种学习活动，评价过程就是学习过程，评价标准就是学习标准。②

（二）研究与展望

随着评价理论的深入发展，"Assessment as learning"的概念受到广泛关注和认可，教育评价研究者也对此进行了更广泛的研究。邓恩提出，评价不仅仅是教学的辅助手段，更提供了一个过程，学生可以通过参与评价了解自己的学习进度与目标达成情况，使其成为学习的一部分，学生的自我评价是作为学习的评价的核心。③ 厄尔（Earl）就对学习的评价、为了学习的评价和作为学习的评价进行了区分，"对于学习的评价"是关于学习结果的反馈，"为了学习的评价"是关于学习信息的反馈，而"作为

---

① 邱德峰，李子建. 学习者身份：迈向终身学习的学生身份新图像 [J]. 全球教育展望，2020（05）：43-52.

② 王静慧. 作为学习的评价：思维进阶的重要方式 [J]. 基础教育课程，2022（5）：68-72.

③ Dann Ruth. Assessment as learning: blurring the boundaries of assessment and learning for theory, policy and practice [J]. Assessment in Education: Principles, policy & Practice, 2014（21）：149-166.

学习的评价"则是关于学习的可持续性的反馈,[①] 他认为评价和学习就像一枚硬币的正反两面,评价即学习的理念得到关注和认可。作为学习的评价是学生参与评价活动、监控学习进程的活动,强调学生在评价过程中的地位和作用,主张学生通过元认知能力的发展对自身学习过程和结果进行自我评价、自我监控和自我调节。作为学习的评价以学生为中心,旨在通过评价为学生提升学习独立性提供丰富的信息,从而了解学生在培养思维习惯和技能方面的进展情况,以监督、挑战和调整自己的学习。

作为学习的评价不仅强调学生在评价中的主人翁角色,也拓展了教师在评价中的角色。教师需要基于学生有能力在学习和决策中变得灵活和独立的理念进行评价设计,通过提供评价标准以及相关资源,帮助学生能够根据之前的理解和相关课程学习成果来思考自己的学习,让学生参与到评价过程中。评价内容关注学生对概念的理解,以及他们如何使用元认知分析调整他们的理解。同时关注学生对学习的思考,以及用来调整和改进学习所采取的策略。在作为学习的评价中,评价结果反馈尤为重要。有效的反馈为学生自我调节提供详细的表现信息与指导,不仅为学生指明学习的方向,更明确学生在学习中的角色,并在自我监控中促进学习的不断拓展。

对于学习的评价、为了学习的评价和作为学习的评价在对学习与评价关系认识上存在不同,也导致了在评价主体、评价内容、评价方法以及评价结果使用等方面具有差异,但均指向"促进学习"这一共同目的。学习评价在推动教育改革与发展的同时其负面效应也引起质疑,评价能否促进学习或者说评价何以促进学习引发新的思考,对于教育者来说,重新思考评价也是一个分析、反思和学习的过程。在评价促进学习这一课程评价改革所倡导的价值导向下,学习与评价的统一成为评价改革的着力点。

---

① 张生,王雪,齐媛. 人工智能赋能教育评价:"学评融合"新理念及核心要素 [J]. 中国远程教育,2021 (02):1-8+16+76.

第二节 作为学习的评价

在探讨评价与学习之间关系的过程中，评价作为学习的理念逐渐受到认可与推广，发挥评价的学习性作用得到重视，而传统的评价理念将评价与学习相分离，教师作为学习评价的主导者，学生在评价中的位置常常被忽视，现行学习评价所存在的问题导致评价促进学习的应有作用受到制约。随着社会变革对学习评价所提出的新要求，科技发展为学习评价提供技术支撑以及学生素养提升的迫切需求，应对作为学习的评价进行深入探索。

一、作为学习的评价的内涵

作为学习的评估是基于对学习如何发生的研究，强调通过元认知对认知学习的过程进行审视，从而设定学习目标、激活相关的背景知识、监控和调节认知策略以及对学习各方面的评价。作为学习的评估秉持这样一种学习观，即学习并不是单纯地实现知识的传递和转移，而是学习个体与需要学习的内容之间展开积极地互动，最终达成认知结构的重组与完善。作为学习的评价旨在让学生积极参与并建立他们自己的理解，学生必须学习如何成为批判性的评价者，不仅能够理解学习内容，将其与先前的知识联系起来，还能将所学知识运用于新的学习。作为学习的评价过程就是元认知的调控过程，即"学生熟练地亲自监控他们正在学习的东西，并利用监控中发现的东西来调整、适应，甚至是对他们的思维进行重大改变"[1]。

通过分析作为学习的评价学习观可以得知，学生是评价和学习之间的

---

① Earl, L.; Katz, S. The Western and Northern Canadian Protocol for Collaboration in Education (WNCP) assessment team. 2006. Rethinking Classroom Assessment with Purpose in Mind: Assessment for Learning, Assessment as Learning, Assessment of Learning [EB/OL]. Winnipeg: Manitoba Education, Citizenship, and Youth, School Programs Division. Last accessed https://www. edu. gov. mb. ca/k12/assess/wncp/full_doc. pdf.

关键连接者，教师则是引导和帮助学生评价自我的促进者。作为学习的评价以学生为中心，强调学生对自己的学习进行反思并进行调整，以达到更深层次的理解，当学生认识到他们的学习成果是批判性和建设性决策的一部分时，他们就会成为富有成效的学习者。知识不断变化的学习型社会要求个体能够持续、终身地进行学习，这就需要学生养成主动了解和接受新挑战的思维习惯，作为学习的评价也以让学生获得元认知的意识和技能作为最终目的，并更侧重于培养学生随着学习的进步和时间的推移提高独立性和评价力。要成为独立的学习者，形成元认知意识需要教师的建模和教学，以及学生的练习。

学生在评估过程中的高度参与并不会减轻教师的责任，相反，作为学习的评估对教师提出了更高的要求，在评价活动之外，教师还需要设计允许所有学生思考和监督他们自己的学习的教学。作为学习的评价希望学生能够在学习和决策方面的适应性变得强、灵活和独立，这需要教师为学生提供外部的、有组织地评估自己的机会。首先，教师需要在作为学习的评价中示范和教授自我评价的技能，指导学生设定目标，并与学生共同制定明确的良好学习行为准则；其次，教师要引导学生建立内部反馈或自我监控机制，以验证和质疑他们自己的思维，并适应在学习任何新事物时产生的不确定性；教师还需要定期提供具有挑战性的练习机会和描述性反馈，使学生能够变得自信，让学生主动参与学习和自我评价；最后，创造一个学生可以安全地冒险和随时可以获得支持的环境，让学生经历持续和真正的成功，这并不意味着学生不应该经历失败，而是他们需要学会寻找错误和不准确的地方，并在修正错误的过程中锻炼自己的学习策略和能力，以实现更完整和连贯的理解，成为自信、有能力的自我评价者。

二、作为学习的评价的特征

作为学习的评价是一种"以学习为中心的评估"，以学习独立性的发展为评价目标，以学生为评价主体，其评价内容指向学生在认知、情感、自我调节等维度的学习，倡导多元整合、创新批判的评价方法，评估结果聚焦学生基于反馈改进学习。

（一）评价目的

作为学习的评价旨在帮助教师和学生了解学习独立性的进展，使学生学会监控和挑战自己的理解，预测自身理解水平的发展结果，设定独立性学习的目标，为学习的进步和困难的解决做出合理的决策，基于反馈内容重新组织思想。对于教师来说，作为学习的评价使学生在培养独立学习的技能和思维习惯方面取得的进展和信息可视化，为教师决定采取何种措施来支持学生的学习独立性提供参考。对于学生来说，作为学习的评估的最终目的是学生成为独立的学习者，以强大的自我监控、调节能力，敢于挑战和反思批判的情感态度，适应知识不断变化的学习型社会。

（二）评价内容

在作为学习的评价中，评价的主要内容是学生如何理解概念，以及如何使用元认知策略分析和调整他们的理解。作为评价的主体，学生可以通过提问"我学习这些概念和技能的目的是什么""我原本对这个学习话题了解多少""我该怎样促进我对这个话题的理解""我真正理解这些概念了吗""我的理解与我的预期是否相符，还需要做哪些改进"，来监控和分析自己使用了何种学习认知策略，使用这些认知策略的规则是什么，什么时候以及为什么要使用这些认知策略。这些内容也是学生调整学习目标和学习方向的重要依据。

（三）评价方法

作为学习的评价方法主要是指能够在不同学习模式下引出学生学习和元认知过程的一系列方法，这些方法能够帮助教师和学生获得关于学生学习和他们的元认知过程的详细信息。教师在开发出这些评价方法后，需要教授学生如何使用这些方法，这样他们就可以监控自己的学习，思考他们在学习中哪里感到安全，在哪里感到困惑或不确定，并为学习计划的制订和调整提供决策。尽管大部分评价方法都能支持学生的反思，但作为学习的评价方法有其特殊性，它"允许学生根据提供成功学习图像的模型、范例、标准、规则、框架和核对表来考虑自己的学习"①。

（四）评价保障

作为学习的评价的质量是指评价在多大程度上吸引学生思考和挑战他们的思维，并对他们的观点和理解做出判断。为了进一步保障作为学习的评价质量，教师需要从可靠性、精确性和有效性三个方面制定更加严密的评价保障条件。

评价的可靠性与学生自我反思、自我监控、自我调节的一致性和自信心有关。随着学生练习监控自己的学习，并将其与预期的情况进行分析，他们最终会成为可靠的自我评价者，但在评价的初期，教师需要对学生的元认知过程进行引导。保障评价可靠性的教学措施主要有：搭建学生理解的脚手架；提供标准、范例和资源，帮助学生分析自己的学习；引导学生根据之前的理解和课程学习结果来思考他们自己的学习。评价的精确性是指作为学习的评价需要明确清晰的参照点，以支持学生将自己随着时间推移的学习与预期学习的描述和例子进行比较。学生依据这些参照点系统地记录自己的学习发生时的反思和见解，并成为他们在成为独立学习者方面的证据。评价的有效性是指学生只有对独立学习所需采取的各种步骤有了清晰的了解后，才能对自己进行评价。学生需要明确的标准和许多不同的例子来说明什么才是优秀的、独立的学习，这就要教师提供关于学习的正例和反例，以及及时的反馈。

三、作为学习的评价的意义价值

（一）作为学习的评价培养学生的元认知思维习惯

作为学习的评价能够帮助学生反思自己的学习并做出调整，以获得更

---

① Earl, L.; Katz, S.; The Western and Northern Canadian Protocol for Collaboration in Education（WNCP）assessment team. 2006. Rethinking Classroom Assessment with Purpose in Mind: Assessment for Learning, Assessment as Learning, Assessment of Learning ［EB/OL］. Winnipeg: Manitoba Education, Citizenship, and Youth, School Programs Division. Last accessed https://www. edu. gov. mb. ca/k12/assess/wncp/full_doc. pdf.

深入地理解，强调评价是学生对自我思维过程的认识，学习不仅仅是知识的传授，而是个人与新的学习内容互动时个人认知重组的过程。学生作为评价主体掌握自身学习的主导权，积极建构关于自我的内在评价体系，能够充分提升学生的主体意识和元认知意识。作为学习的评价这一理念将评价作为一种高级思维的学习活动贯穿学习过程始终，在此理念之下，学生是学习和评价的重要纽带，不再是被动的评价对象而成为评价中的重要主体，通过积极参与评价过程进行元认知调节，借助自我监控所获取的信息进行调整和适应，在不断地反馈与调整中将学习内化，学生在此过程中成为批判性的自我评价者，让评价切实成为推动学生改进学习方式、促进思维发展的有效手段。

（二）作为学习的评价关注学生素养的全面发展

作为学习的评价除了对学生元认知能力的关注，更聚焦于学生素养的发展，主张评价过程就是学生发展过程，在评价内容上更加注重学生的学习素养，不仅仅关注学习内容本身，更关注的是学生自我监控能力、批判性思考能力等方面的发展。"真正的全面发展是追求人的个性的卓越，全面发展是个性发展的积淀，个性发展则是全面发展的核心。"[①] 作为学习的评价是学生成长发展的重要推动力，在价值导向上，作为学习的评价回归育人原点，主张学生通过自我评价培养学习者的元认知管理和自我发展能力，有主意促进学生的持续发展，为未来的终身学习打下了坚实的基础。作为学习的评价活动鼓励学习者对自己的学习过程进行反思，发现自己的问题并寻求改进，既立足于学生发展的过去与当下，又关注学生发展的可能性与未来潜力。

（三）作为学习的评价促进学生学习质量的提高

作为学习的评价为学生和教师提供了条件，使其可以认知到学生在学习什么，运用了什么策略来推进自我的学习，是否达到了个人学习预期，

---

① 南雨娜. 促进学生全面而有个性发展评价体系的构建与实践策略［J］. 教育理论与实践，2023（02）：27-30.

458   学习发生论——深度教学的学习机制研究

以及可以设定哪些更具挑战性的目标。在此之下学生的学习轨迹变得更加清晰可见，学习者的内在动力大大提升，他们会更加主动地投入到学习中，进而实现学习动机与学习质量的良性循环。学生学习质量提升是学习与评价关系发展中的核心理念，但在过往的学习评价中存在着学习与评价相分离的实践困境。"学生的学习具有过程属性，尊重学习的过程属性，发挥学习的过程价值，客观上要求我们对学生的学习过程质量进行监测与评价。"[①] 学习与评价相分离的状态使教育主体难以把握学生的动态变化，学生的过程质量被忽视，作为学习的评价通过过程中的即时反馈为不同的学生提供差异化的学习路径，学生的个性化学习得以实现，使得学习质量提升在学习与评价相统一成为可能。

（四）作为学习的评价实现了评价标准、主体和过程的统一

作为学习的评价是学习与评价相统一的最终指向，具体表现为标准的统一、主体的统一以及过程的统一。无论是学习或是评价，都需要有愿景与目标，也要有达到评价目标或学习目标的路线与标准，明确标准是开展与推进工作的基本理念。作为学习的评价不同于以往的对学习的评价或者为了学习的评价，它更强调将评价作为一种高阶思维的学习活动，在开展学习活动之前需要提供明确的评价标准。在学习与评价统一之下评价标准与学习标准的统一对于学生开展自主有效学习、生成差异化思维成果发挥着重要作用。

随着时代的发展，学会学习成为一种普遍的学习观，教学改革更加注重学生的个性化学习，学生的学习需求得以被关注，在学习过程中主张进行自主学习与探究，力求获得极具个性化的学习体验，在这种学习观念的引领下，作为学习的评价将学生置于评价主体地位。"当学生成为学习主

---

① 伍远岳，周妍. 必要与可能：中小学生学习过程质量监测——来自国际大规模教育评价的启示［J］. 教育科学研究，2018（11）：62-67.

体时，其也必然从'评价边缘'走向'评价中心'，成为评价的主体。"①也就是说学生即是评价的主体也是学习的主体，他们能够认识到自我主体性与被动性的关系，通过自我评价等方式对学习质量进行自我认识，在学习过程中不断自我反思，明确自己的优点与不足，以便在未来的学习进程中不断改进。

从对学习的评价到为了学习的评价，突出的是评价功能的一种转化，在此之下评价与学习仍然处于一种分离的状态，而作为学习的评价意味着评价不再是学习之后的一个环节，而是融入学习过程之中，二者形成一个相互促进的有机整体，强调评价就是一种高阶思维的学习活动，②评估过程被视为学生学习的一个组成部分。学生在学习过程中进行自我监控、自我认知和自我调节的过程同样是学习的关键内容，这对学生能力提升和学习的可持续性具有重要影响。作为学习的评价提供了关于学生已有发展水平与未来要达到水平之间差距的反馈信息，其评价过程也是力求实现学生参与评价活动的过程，更是理解自我的认知学习过程。

四、教师和学生在作为学习的评价中的角色

作为学习的评价对于学生学习改进与教师教学改进均起着促进作用，教师与学生作为评价过程中的两大主体，必须要整体性地考虑其在评价中的角色，增强二者的实践可能性。

(一) 教师在作为学习的评价中的角色

作为学习的评价更多基于一种信念，即学生有能力在学习与决策中增强适应性与独立性，当学生在评价过程中的参与程度得到提升时，教师的责任并未得到减少，反而教师在作为学习的评价中角色被进一步拓展。

一方面，教师是学生学习的支持者。自我监控与评价是一个复杂而困

---

① 郭洪瑞. 学生评价素养的国外研究及其启示 [J]. 中国考试，2022 (12)：70-79.

② 张生，王雪，齐嫒. 人工智能赋能教育评价："学评融合"新理念及核心要素 [J]. 中国远程教育，2021 (02)：1-8＋16＋76.

难的技能，并不能如其他能力般自发发展，学生要思考并监督自己的学习，成为独立的学习者，必须将知识、技能、情感态度等多方面结合起来。教师的作用是通过作为学习的评价来促进独立学习者的发展，当教师让学生参与评价时，需要为学生提供进行自我学习的工具，成为学生的支持者。教师可以通过提供评价标准、评价案例与资源帮助学生参与到元认知过程，分析自身的学习；通过收集学生学习成果的证据使学生能够据此思考自身的学习；并且教师作为支持者"也可以为不同学习生活背景的学生设置贴近其学习生活场景的情境；为不同能力层级的学生制定符合其能力层级并且具有一定挑战性的评价细则，实现学习与生活的深度统整，从而实现高通路迁移"①，为学生提供定期并具有挑战性的表现机会，增强学生学习的独立性。

另一方面，教师在学习评价中扮演着专业判断者的角色。教师在评价中所面临的问题不仅仅是评价结果本身，从更深层的意义上说是哪些评价结果对学生学习本身是适切的，因此教师的作用也不是进行简单的评价结果反馈，而是利用结果采取有效行动，使学习机会最大化，这也意味着教师需要进行专业判断，例如对于学生学习成果表现的证据，教师要能够思考证据背后的内涵与意义，而不是局限于证据本身。对此需要提升教师发展基于教育立场的专业判断的精通水平。

（二）学生在作为学习的评价中的角色

为了学习的评价承认每个学生都有自己独特的学习方式，但也认为大多数学生遵循着可预测的发展途径，教师不仅能利用所得到的评价信息来确定学生知道什么，而且还能深入了解学生是否应用以及是如何应用其所知道的内容；作为学习的评价则是一个支持学生元认知发展的过程，强调学生作为评价与学习之间关键纽带的作用。作为学习的评价基于学习如何发生而展开，学习不仅仅是知识的传递过程，而是个人在与新的内容互动

---

① 向浩，李萍. 表现性评价："教"与"学"方式转变关键着力点 [J]. 语文建设，2023（03）：50-55.

时发生的认知重组过程，"学生是完成任务的主体，对学习过程和成果负责"①，因此学生在作为学习的评价中应表现出学习者与自我评价者的双重角色。

一方面学生应是以学习者的角色进行评价。学生具有将教育经历转化为宝贵的学习经验的可能，学习最终仍是由学生自身建构的，当评价旨在促进学生的学习与发展，学生需要理解并参与到学习之中。如果未能明确学生在评价中学习者这一角色，便难以了解自我监控、自我调节、反思评价等过程，也无法帮助学生更好地学习。另一方面，学生应成为自我评价者。学生作为评价与学习之间的关键纽带，要让学生积极参与到评价之中，学会成为批判性的评价者，培养学生成为自我最佳评价者的能力。当学生是积极的评价者时，学生能够将评价信息与先前学习内容联系起来，反思自己的学习并做出调整，并将具有建设性的内容用于新的学习。通过不断的元认知调节过程，学生善于监控自身的学习，并利用监控所发现的有益内容来进行适应，促进思维的转变。

为了对三种学习与评价之间的关系进行更加系统地了解，我们将对学习的评价、为了学习的评价与作为学习的评价三种评价理念的特征、意义性与局限性进行对比，形成下表 10-2。

表 10-2　三种学习与评价关系的特征对比

	对学习的评价	为了学习的评价	作为学习的评价
评价目的	向家长或其他相关人员呈现学生的课程学习成果	帮助教师确定能够促进学生学习的进一步教学行为	提供机会，引导每个学生监督和批判性反思自己的学习

---

① 孙宏志，解月光，张于. 核心素养指向下高阶思维发展的表现性评价设计 [J]. 电化教育研究，2021（09）：91-98.

462　学习发生论——深度教学的学习机制研究

	对学习的评价	为了学习的评价	作为学习的评价
评价内容	学生对通过课程学习得的关键概念、知识、技能和情感态度的熟练程度	每个学生的进步和学习需求与课程学习成果的关系	每个学生对自己学习的思考，使用什么策略来支持或挑战学习，以及使用什么机制来调整和推进自己的学习
评价方法	在不同的学习模式下评估学习成果的一系列方法	在不同学习模式下使学生的技能和理解可视化的一系列方法	在不同学习模式下引出学生学习和元认知过程的一系列方法
评价主体	教师	教师和学生	学生
评价作用	诊断性评价	形成性（描述性）评价	反思性评价
评价保障	可靠性保障：基于高质量信息的判断的准确性、一致性和公平性 精确性保障：清晰详细的学习期望 有效性保障：公正准确的总结性报告	可靠性保障：观察和解释学生学习的准确性和一致性 精确性保障：个性化学习计划的学习成果 有效性保障：教师记录准确、详细的笔记，描述性地反馈给每个学生	可靠性保障：学生自我反思、自我监控和自我调整的准确性和一致性 精确性保障：学生对自己学习的思考和思维的参与度的记录 有效性保障：明确的学习标准和范例

	对学习的评价	为了学习的评价	作为学习的评价
评价意义与局限性	意义性：反馈学生的学习熟练度和学习成就；为差异化学习提供帮助，让学生有机会将特定的、擅长的学习成果表现出来 局限性：忽视个体的全面发展；评价与学习过程相分离；难以满足多样化的评价需求	意义性：促进学习改善；教师精心规划和针对性地帮助每个学生，设计教学行为；促使教、学、评紧密相连 局限性：对教师的评价素养提出了很高的要求；评价的可靠度、精确度、有效度难以保障	意义价值：培养学生的元认知思维习惯；关注学生素养的全面发展；促进学生学习质量的提高；实现了评价标准、主题和过程的统一

第三节　实现作为学习的评价

对学习的评价、为了学习的评价以及作为学习的评价在不同程度上反映着评价与学习的关系，彼此之间并不是割裂分离的状态，而是互相依存、共同存在，推动着学习评价变革与学生学习发展，应在其中寻求一致性以最大限度形成以学习为中心的评价文化。评价如何与学习产生关联是改进评价的先决条件，通过对评价与学习关系的探究，可以发现作为学习的评价仍处于起步阶段，作为学习的评价并未形成可以直接应用的框架与工具，更多是引领一种促进学生学习的评价观念与行动策略。

一、评价理念与目标

评价理念与目标对作为学习的评价设计起着指引作用，积极的评价理念与明确的评价目标是评价活动得以展开的关键。

（一）评价理念引领

新的学习评价范式的出现必然受到新的评价理念的指引，评价理念是对实践活动进行价值判断的信念，评价理念影响着评价目标的确立、评价方式的选择以及评价结果的运用，评价理念引领是采取有效行动策略的关键。

评价对提高所有学生的学习具有重要影响，不仅影响学生对当前学习任务的理解，更影响着其对未来学习的理解，相关主体首先要认识到评价对促进学生学习所发挥的作用，形成评价即学习的理念。对学习的评价旨在通过评价来衡量学习，为了学习的评价表明在评价过程中对学习的认同，而作为学习的评价更强调学生对评价与学习过程的积极参与，想要真正实现以评促学，评价必须成为学习的一部分。以往的学习评价更多关注的是对可测的知识的评价与分数的提高，缺失对学生学习本身的关注，进而导致评价应有的促进学习的功能未能得到充分实现。评价即学习意味着评价包含对学习目标、学习过程以及学习结果等多方面的认识，指向学生个性化学习的需要。而评价即学习的理念需要用一致性思维对教学、学习、评价进行审视，充分考虑到教师与学生的行动可能性，帮助其进行反思与改进。学习评价不仅仅是实现评价本身的目标，更重要的是实现教育目标，落实立德树人根本任务，促进学生发展是教育的出发点、落脚点以及着力点，也应成为作为学习的评价基本理念。作为学习的评价在关注"学生目前在哪里"和"需要去哪里"问题的同时，更着力于回答"怎样更好地到那里"这一问题，最终指向的是个体的可持续发展而不是仅仅反映当下的学习。

（二）评价目标设定

对学习的评价、为了学习的评价和作为学习的评价都有各自不同的价值和目标。对学习的评价旨在为教育部门、家长和学生等相关主体提供关于学生学习情况的证明，既需要明确学生在学习过程中所具有的问题与不足，也需要确认学生已有学习成就，对学生的学业表现进行分类；为了学习的评价主要目的是为了促进学习和改善，在学习活动中将价值判断与事实判断相结合，不仅关注学习结果，更注重学生的学习动机。确定目标、监测进展和调整朝着目标采取的行动等调节过程是学习的核心,[①] 这一过程也是评价活动的核心。目标决定着评价是如何构建与推动的,作为学习的最终目的是培养学生的独立性,需要给学生提供一个适宜的环境让其进行锻炼,使用持续的评估和相关的反馈来推进学习。

首先,作为学习的评价目标的设定要与学习目标相一致。学习目标是对学生在学习活动后表现具体明确的陈述,为学生学习活动提供指引。学生在学习活动中是否达成学习目标以及学习目标的达成程度需要通过评价来体现,学习评价指向的是学生达成学习目标的程度,这也要求评价目标要与学习目标相匹配,二者保持内在的一致性。在评价目标的陈述时应注意描述的是学习而不是任务,通过运用学生易于接受的语言明确学生要从中学到什么。其次,评价目标要与学生当前学习成就表现相关联。评价的过程是一个以目标为中心的蓝图,当评价目标脱离学生当前学习表现时,评价结果的有效性便难以保证。最后,评价目标要具有素养导向。作为学习的评价侧重于培养学生成为自身最佳评估者的能力,因此在评价目标上要能够体现学生的高阶思维能力。例如对于化学学科中的问题解决这一素养,相应的评价目标可以是基于真实问题情境,依据常见金属的性质,初步分析和解决相关的综合问题,如金属腐蚀与防腐蚀的问题,根据实际需要,选择金属材料。[②] 而这种素养导向的评价目标能为学生学习改进提供依据,让学习活动紧紧围绕目标而展开实现。

二、评价原则

作为学习的评价主要关注的是评价如何能够促进学生的学习过程,而不仅仅是衡量学生的学习成果。作为学习的评价遵循的原则是构建有效学

---

① Schellekens L. H., Bok H., Jong L. H. D., et al. A scoping review on the notions of Assessment as Learning (AaL), Assessment for Learning (AfL), and Assessment of Learning (AoL) [J]. Studies in Educational Evalution, 2021.

② 周文叶,毛玮洁. 表现性评价:促进素养养成 [J]. 全球教育展望,2022 (05):94-105.

习环境和促进学生全面发展的关键。只有基于这些原则才能指导评价的实践，以及确保评价活动能够真正服务于学生的学习需求。作为学习的评价应当遵循以下原则。

（一）过程性原则

过程性原则强调学习者对学习过程的深入观察和评价，而不仅仅是关注学习者的学习结果。学习过程是学生知识构建、技能形成和思维发展的关键阶段，其中蕴含着丰富的信息和价值。通过关注过程，评价者能够更全面地了解学生的学习状态、思维方式和能力发展，为他们提供更有针对性的指导和反馈。其次，过程性评价有助于促进学生的主动学习和发展。当学生意识到评价不仅仅关注最终的成绩，而是重视他们在学习过程中的表现和努力时，他们会更倾向于积极参与学习活动，主动探索和解决问题。这种评价方式能够激发学生的内在学习动力，培养他们的自主学习能力和合作精神。通过对学生学习过程的观察和分析，评价者能够获得及时反馈，及时发现学生的学习障碍和偏差，为他们提供及时的帮助和支持。这有助于学生及时纠正错误，改进学习方法，改善学习效果，提高学习效率。最后，过程性原则也体现了教育公平和个性化发展的理念。每个学生都有自己的学习特点和节奏，过程性评价能够更好地适应不同学生的需求，为他们提供个性化的评价方案。这有助于避免一刀切的评价方式，确保每个学生都能在评价中得到应有的关注和帮助。因此，在实际教学中，我们应充分重视并遵循过程性原则，构建有效的学习评价体系。

（二）学生主体性原则

作为学习的评价在实践过程中，特别强调学生评价主体地位的彰显。这一原则的核心在于赋予学生在评价活动中的主动权和自主权，让他们成为评价过程的积极参与者和主导者。这一原则体现了教育的核心理念，即以学生为中心，关注学生的全面发展。首先，彰显学生评价主体地位有助于增强学生的自主性和主动性。学生是学习的主体，他们应该积极参与到评价过程中，通过自我评价和反思，了解自己的学习状况，发现自身的优点和不足，从而有针对性地调整学习策略，提高学习效果。这种自主参与和主动反思的过程，有助于培养学生的自我认知能力和自我管理能力，使他们成为真正的学习主人。其次，彰显学生评价主体地位还有助于培养学生的批判性思维和创新能力。在评价过程中，学生需要对自己的学习进行深入的反思和分析，这需要他们具备批判性思维的能力。同时，学生还需要根据评价结果提出改进方案，这需要他们具备创新能力和解决问题的能力。因此，通过彰显学生评价主体地位的评价，可以促进学生这些重要能力的发展。最后，彰显学生评价主体地位也是尊重学生个体差异和多样性的体现。每个学生都是独一无二的个体，他们具有不同的学习风格、兴趣和能力。通过让学生参与到评价过程中，可以更加全面地了解他们的学习需求和特点，为他们提供个性化的评价方案和支持，促进他们的全面发展。因此，学生主体性原则在作为学习的评价中具有重要意义，在实践中，我们应积极贯彻这一原则，构建以学生为中心的评价体系，促进学生的全面发展。

（三）发展性原则

学习评价应注重学生的发展潜力和进步情况，而非仅仅关注当前的表现。评价应鼓励学生自我反思和持续改进，促进其全面发展。评价应着眼于学生的长远发展，关注他们的潜能和进步。作为学习的评价的目的不是给出分数或等级，更重要的是帮助学生认识自己的优点和不足，为他们的未来发展提供指导。学生的发展是一个动态的过程，作为学习的评价也应当基于学生发展的动态生成，不能仅限于评价学生当前短时间内的表现，要遵循发展的观点，看到学生的进步和成长。发展性原则也有助于构建积极、和谐的教育环境。通过关注学生的成长和发展，评价能够成为教师和学生之间沟通的桥梁，增强师生之间的理解和信任。同时，这种评价方式还能够激发学生的学习热情和自信心，培养他们的团队合作精神和竞争意识，为他们的未来发展创造良好的条件。其次，作为学习的评价关注学生发展过程中内因和外因的相互作用。在评价学生时，要分析学生的内在因素（如兴趣、性格、能力等）和外在因素（如家庭、学校、社会等）如何共同影响他们的发展。评价时要综合考虑这些因素，避免片面地归责于学生本人。最后，作为学习的评价关注学生的全面发展。在评价学生时，不仅要关注他们的学业成绩，还要关注他们的品德、能力、情感态度等方面的发展。要鼓励学生积极参与各种活动和实践，培养他们的创新精神和实践能力，促进他们的全面发展。

（四）多元性原则

多元性原则强调作为学习的评价应从多个维度、多个角度来评价学生的学习成果和过程，使评价能够更全面地反映学生的学习状况，发现他们的优点和不足，为他们提供更有针对性的指导和帮助。首先，多元性原则使作为学习的评价能够更全面地反映学生的学习状况。每个学生都是独特的个体，他们在知识、技能、情感态度、价值观等方面都存在差异。多元评价从多个维度和角度出发，能够更全面地揭示学生的学习特点和能力，避免单一评价方式可能带来的片面性和误导性。其次，多元性原则还有助于提高评价的准确性和公正性。传统的评价方式往往采用单一的标准和方法，难以准确反映学生的真实水平。而多元评价则通过多种方式和手段，收集更多维度的信息，从而更准确地评估学生的学习成果和发展状况。最后，多元性原则有助于培养学生的反思与自我成长能力。通过参与多元评价，学生可以更好地认识自己的优点和不足，学会从多个角度审视自己的学习和成长。这种反思和自我成长的能力对学生未来的发展具有重要意义。因此，在教育实践中，遵循多元性原则作为学习的评价是非常必要的，我们应积极采用多元评价方式，为学生的全面发展提供有力支持。

（五）互动性原则

作为学习的评价不仅仅是对学生的单向评判，更是一个师生互动、生生互动的过程。互动性评价鼓励学生参与到评价中来，与教师、同学进行积极的交流和反馈。互动性原则有助于增强评价的准确性和有效性。通过学生与教师、同学之间的互动交流，可以获取更多维度的评价信息，更全面地了解学生的学习情况。互动性评价不仅能够反映学生的知识掌握程度，还能够揭示学生的学习态度、合作精神和沟通能力等方面，使评价更加全面、准确。其次，互动性原则有助于激发学生的学习兴趣和主动性。在互动评价中，学生不再是被动地接受评价的对象，而是积极参与到评价过程中来。他们可以发表自己的观点、提出疑问、与他人进行讨论和合作，这种参与感和主动性能够激发学生的学习兴趣，增强他们的学习动力。最后，互动性原则还强调评价过程的反馈的及时性。在互动评价中，教师和学生之间的及时反馈可以帮助双方了解存在的问题和不足，从而及时进行调整和改进。这种评价过程不再是单向的、终结性的，而是动态的、持续性的，有助于促进学生的持续发展和进步。

三、评价维度与标准

为了帮助学习者全面监控和调节自己的学习状况，我们从学习目标、知识理解、技能应用、情感态度价值观与学科核心素养制定了作为学习的评价标准体系，具体的评价内容和标准可以根据不同的学科、年级和课程目标以及具体的学习任务进行调整和完善。详见下表 10-3。

表 10-3　作为学习的评价的标准体系

评价维度	评价等级	评价标准
一、学习目标达成度	完全达成	学习者能够完成所有预设的学习任务，清晰阐述并达成学习目标，学习成果显著，超出预期水平
	基本达成	学习者能够完成大部分学习任务，对学习目标有大致了解，但可能在某些细节或复杂问题上存在不足，学习成果符合基本要求，但还有提升空间
	未达成	学习者未能完成大部分或全部学习任务，对学习目标缺乏清晰认识，学习成果未达到基本要求，需要进一步加强学习

评价维度	评价等级	评价标准
二、知识理解深度	深入理解	学习者能够系统掌握并灵活运用所学知识，形成自己的见解和观点，联系实际，将所学知识应用于新的问题情境中，能够提出新的想法和见解，推动知识创新
	一般理解	学习者能够掌握所学知识的基本框架和要点，能够回答与所学知识相关的基础问题，但缺乏深入分析和应用，在理解上可能存在一些模糊或遗漏的地方
	浅显理解	学习者对所学知识仅停留在表面，缺乏深入思考和理解，难以回答与所学知识相关的复杂问题，缺乏实际应用能力
三、技能应用熟练度	熟练	学习者能够熟练掌握并灵活运用所学技能，独立完成复杂任务，展现出高效、准确和创新的特点，能够针对实际问题提出有效的解决方案，并付诸实践
	基本熟练	学习者能够基本掌握所学技能，完成一般任务，但在技能应用过程中可能存在一些不足或错误，但能够及时纠正，需要进一步加强技能训练，提高熟练度
	不熟练	学习者难以掌握所学技能，无法独立完成任务，技能应用过程中频繁出错，缺乏准确性和效率，需要重点加强技能训练，提高技能水平

评价维度	评价等级	评价标准
四、情感态度与价值观	积极态度	学习者对学习保持浓厚兴趣，积极参与学习活动，具有团队合作精神，乐于助人，与同学和老师保持良好关系，具有正确的价值观，尊重他人，遵守规则，具有社会责任感
	一般态度	学习者对学习态度一般，能够完成学习任务但缺乏主动性，在团队合作中表现一般，缺乏积极性或领导能力，价值观基本正确，但在某些方面仍需加强引导
	消极态度	学习者对学习缺乏兴趣，难以积极参与学习活动，在团队中可能产生负面影响，缺乏合作精神或沟通能力，价值观存在问题，需要重点关注和纠正
五、学科核心素养	学科思维品质	学习者在学科学习中展现出高水平的思维品质，包括逻辑思维、批判性思维、创造性思维等，能够独立思考、解决问题并做出合理判断
	学科关键能力	学习者具备学科所需的关键能力，如语言理解与表达能力、文本分析能力、计算能力、信息处理能力、实践操作能力、分析评价能力等，能够灵活运用所学知识和技能解决实际问题
	学科价值观	学习者认同并践行学科价值观，具备科学精神、人文素养、社会责任感等品质，能够积极参与学科实践活动
	学科应用与创新	学习者能够将学科知识应用于实际情境中，具备创新意识和创新能力，能够提出新的观点、方法和解决方案

四、评价主体与形式

作为学习的评价强调以学习为中心，从"学习"视角来强化评价的功能，在这个过程中，学生既是学习者又是评价者，同时，教师在评价过程中的引导和启发也不容忽视。

（一）学生是作为学习的评价的主体

学生作为学习者以及评价者本身，最能第一时间获取自己的学习表现以及评价信息，继而采用多元的评价方式评价自己的学习过程和学习效果。

1. 学习日志或日记

学习日志或日记是学生进行自我评价的重要工具。学生可以通过定期撰写学习日志或日记来反思自己的学习过程，记录自己每天的学习内容、所遇到的困难、解决方法以及学习心得等。这种方式有助于学生深入了解自己的学习状态，识别自己的优点和不足，并据此调整学习策略。在记录学习日志时可以从以下几个方面入手：当天的学习任务以及相应的完成情况和时间分配，以此评估学习效率和进度；描述自己在完成学习任务过程中遇到的困难和挑战有哪些，分析问题存在的原因并思考解决措施，如果在记录之前已经解决了困难，则记录解决问题的策略和路径以及获得的经验；反思自己的学习方法和策略是否有效，思考下一阶段的学习是否需要进行相应的调整和创新；自己的学习体验、情感体验与合作交往体验。通过持久的记录与反思，有利于学生养成良好的学习习惯，提升自主学习能力与评价能力。

2. 学习目标设定

学习评价一定要基于明确的评价目标，评价目标应当与学习目标保持一致。因此在评价之前，学生可以为自己设定明确的学习目标，明确自己要学习什么内容，学到什么程度，即对自己的学习效果要有一个评价标准框架，根据自己的学习目标有针对性地定期评估自己的达成情况。目标可以是长期的，也可以是短期的，如每周或每月的学习计划，细化为具体的任务和时间表。对比学习目标与实际效果，这个对照分析的过程即是进行自我监控、自我评价。学生可以了解自己学习的阶段性情况，评估学习进度是否符合预期，找出需要改进的地方，及时调整学习计划。

3. 自我评价表或问卷

课堂教学中以及教材中会呈现学生自我评价卡，学生可以利用评价卡进行自我评价，自我评价卡主要针对学生"过去"的表现。此外，学生可以设计一份关于自己学习情况的自我评价表或问卷，可以包括关于学习方法、时间管理、学习兴趣等维度的问题。通过回答一系列问题，根据自己的实际情况进行打分或选择来评估自己的学习态度和效果。在填写自我评价表或问卷时，学生应注意确保评价内容客观、全面，涵盖学习的各个方面；诚实面对自己的实际情况，不夸大也不缩小；结合历史评价数据，分析自己的变化趋势和进步情况，为下一阶段的学习奠定基础。

　　4. 自我反思会议

　　学生可以定期召开自我反思会议，回顾过去一段时间的学习经历，总结经验教训，并制订未来的学习计划。这种方式有助于学生形成自我监控和自我调节的学习习惯。在进行自我反思时可以将自己的作业、作品或其他可视化材料进行整理展示配以讲解，做一个学习成果展示与分享，这也是检验学习效果进行自我评价的有效途径。自我反思会议为学生提供了一个合适的平台进行知识输出，既能加深自己对学习内容的理解和应用，还能锻炼自己的语言表达能力，同时也起到了自我反思评价的作用。

　　5. 学习伙伴互评

　　自我反思会议主要是学生个人单方面地输出自我认知，学生伙伴互相评价则是学生与学生双向之间的交流评价。学生可以与学习伙伴相互评价，通过对方的反馈来了解自己的学习状况。换位思考评价的过程也是学习的过程。互评可以涉及学习态度、合作能力、问题解决能力等方面。学生互评过程中应做到尊重他人的观点和想法，避免产生不必要的争执；认真倾听他人的反馈和建议，积极思考和回应；将同伴的评价作为自我提升的动力和参考，不断调整自己的学习策略和方向。通过同伴互评与讨论，学生可以拓宽视野，发现可能忽视的问题，有助于学生更全面地认识自己，同时增进同学之间的友谊和合作。

　　6. 利用在线工具与资源

随着科技的发展，越来越多的在线工具和资源可供学生使用进行自我评价。学生可以利用在线自我评价工具或应用程序进行个性化的自我评估，参与在线学习社区与其他学习者交流学习心得和经验，还可以利用网络资源查找相关的学习方法和策略进行自我提升。在使用在线工具和资源时，学生应注意选择适合自己的在线工具和资源，避免盲目跟风或浪费时间；积极参与在线学习社区的交流与讨论，与他人分享自己的学习经验和心得；结合自己的实际情况，灵活运用网络资源进行自我提升。通过利用在线工具和资源，学生可以更加便捷地获取信息和支持，促进自我评价的准确性和有效性。

（二）教师是作为学习的评价的引导者

"教师可以使用提问、作业、观察、表现性任务等方法创设评估情境，了解学情"，[①] 从而更加有效地指导学生的学习。

1. 有效提问

精心设计的提问是教师了解学情的重要手段。通过提问，教师可以即时获取学生对知识点的理解程度、思维方式和问题解决能力。提问可以分为开放式和封闭式两种。开放式提问鼓励学生深入思考和表达，有助于教师了解学生的思维深度和广度；封闭式提问则适用于检查学生对基础知识的掌握情况。教师在提问时，要围绕评价目标提出"真问题"，应注意问题的层次性和递进性，通过有逻辑有条理的问题链逐步引导学生深入思考，同时关注学生的反应和回答，及时调整教学策略。

2. 课堂观察

观察是了解学情最直接的方式。教师可以通过观察学生在课堂上的表现、参与度和互动情况，了解学生的学习兴趣、学习习惯和学习能力。观察不仅限于课堂表现，还可以包括学生的课后活动、学习态度和情绪变化等。通过观察，教师可以更全面地了解学生的学习状况，为个性化教学提

---

① 曾文婕，周子仪，赖静. 建构"以学习为中心的评估"——面向未来的中小学评估转型探析［J］. 教育发展研究，2019（24）：19-27.

供依据。教师在观察时，应注意客观性和公正性，避免主观臆断和偏见，同时记录观察结果，以便后续分析和总结。教师还可以借助技术手段记录学生课堂表现，比如课堂教学录像，课后再以第三视角来观察学生整节课的表现，获取的信息会更全面。教师之间也可以在征得对方同意的前提下，互相交换课堂实录进行评价，多元化的评价结果可以互相补充，减少可能遗漏的评价信息。教师理当为学生的自我评价提供信息资源。

3. 表现性任务

表现性任务是一种能够展示学生综合运用知识和技能能力的评估方式。通过完成表现性任务，学生可以展示自己的思考过程、创新能力和实践技能。教师在设计表现性任务时，应明确任务目标、要求和评价标准，确保任务能够真实反映学生的学习水平。在任务完成后，教师应及时给予学生反馈和评价，肯定学生的努力和成果，同时指出存在的问题和改进方向，帮助学生进一步提升自己的能力和水平。通过综合运用这些方法，教师可以创设多样化的评估情境，随时了解学情，从而更加精准地指导学生的学习。同时，教师还应根据学生的反馈和评估结果，不断调整和优化教学方法和策略，提高教学效果和质量。

五、作为学习的评价之策略与案例

核心素养导向的课堂改革，追求学生核心素养及学科高品质思维能力的提升与发展，其关键路径是积极践行"教学评一致性"理念，推动课堂实现"精准教""有效学"和"科学评"。[①] 期望实现作为学习的评价必须遵循"教、学、评一致性"的教育理念，我们在综合考察各个学者提出的作为学习的评价实现途径的基础上，提出了作为学习的评价策略，并配合案例理解作为学习的评价实施过程。

（一）作为学习的评价策略

学生是作为学习的评价主体，其评价过程主要围绕这样五个问题展

---

① 崔国立. "教学评一致性"课堂的三个关键环节 [J]. 中国教育学刊, 2024 (01)：106.

开，即"我应该去哪里、我现在在哪里、我怎么去那里、如何确信自己已经到达那里、怎么帮助未到的自己到达那里"[①]。教师在引导学生进行评价活动时也要考虑这样五个问题：学生应该到哪里、学生现在在哪里、如何帮助学生到那里、如何确信学生已经到达那里、怎么帮助未到的学生到达那里。基于这五个问题，作为学习的评价策略可以从以下几个方面入手。

1. 把握学情，明确学习目标与评价设计

在开始评价之前，教师需要充分了解学生的知识基础、学习兴趣、学习习惯以及可能存在的困难，以便更好地设计课程内容和评价方式。教师需要明确学生目前的认知发展水平，即"学生现在在哪里"。全面了解学情的途径包括查阅学生档案、与家长沟通、进行学前测试等。在此基础上，教师可以分析学生的共性和个性特点，为后续的差异化教学做好准备。学生本身也必须清晰地认识到自己目前的发展水平，即"我现在在哪里"。基于对学情的全面把握才能明确学生的发展最终要达到怎样的水平，教师需要知道"教到什么程度"，学生需要清楚自己应该"学到什么程度"，即"学生应该到哪里"和"我应该去哪里"。

在把握学情的基础上，教师和学生需要共同设立学习目标。学习目标是学习任务和评价任务的基础，其设计需要充分考虑学生的最近发展区和学习预期，根据学情分析的结果和课程要求，设定具体、可衡量的学习目标，指明学生学习的方向。"学习目标设计中需要回答的关键问题是：在课程或项目结束后，学生需要形成哪些正确价值观、必备品格和关键能力，要达到何种水平或程度，等等。"[②] 学习目标的设立需涵盖知识、技能、情感态度、学科素养等多个方面，以确保学生全面发展。

作为学习的评价不仅要设计学习目标，还需要对整个评价的生成过程

---

① 曾文婕，周子仪，赖静. 建构"以学习为中心的评估"——面向未来的中小学评估转型探析 [J]. 教育发展研究，2019（24）：19-27.

② 雷浩，周燕微，欧洋. 新课程背景下的教—学—评一致性及其实现路径 [J]. 人民教育，2023（22）：64-67.

进行大致的设计。评价设计要与学习目标紧密相关，以便学生对自己是否达到了预期的学习目标进行监控和调查。评价设计要具有多样性和灵活性，在评价方式上，教师可以根据学习目标的不同维度，设计多种评价方式，如课堂观察、提问、作业、表现性任务、小组讨论、项目实践等，以便全面评估学生的学习情况；在评价活动上，教师可以在课前设计探究性任务评价，课中设置研究性、开放性、挑战性等任务评价，课后可以实施实践性、项目式的作业任务评价，让"评价任务"贯穿学习的全过程，做到课中、课外一体化。[①]

2. 有效反馈，培养学生元认知学习习惯

在评价过程中，学生需要关注自己是否达到理想的发展水平以及自己是如何达到理想的发展水平的，即"我怎么去那里"和"如何确信自己已经到达那里。教师则应思考如何为学生提供脚手架辅助引导学生朝着理想的发展水平进步，即"如何帮助学生到那里""如何确信学生已经到达那里"。

为了提供精确的学习指导，教师要收集学生学习过程的表现信息，这些信息包括学生的思考过程、合作能力、创新能力等，有助于教师了解不同学生的学习风格和学习特点。在分析学生学习过程表现的基础上，教师可以进一步为学生提供准确的、描述性的反馈，帮助他们养成独立的学习习惯。当学生看到自己为学习所做的尝试是有效的时候，学习的动机就会提升，并积极地探索理解内容、解决问题的更优方案。这种由反馈带来的学习投入提升，能够锻炼学生的自主学习能力，在潜移默化中培养学生的自主学习意识。只有当不断得到反馈并练习使用元认知技能，如监控和自我调节，自主学习才会成为常态。

此外，有效的反馈需要引入更多想法，提供不同的解释，并为学生的自我反省和调节创造条件。在作为学习的评价中，学生是评价的主体，并

---

① 崔国立. "教学评一致性"课堂的三个关键环节 [J]. 中国教育学刊，2024 (01)：106.

在评价的过程中练习自我反思、自我分析、解释和重组知识的元认知技能。当这些技能发展得很好时，学生们将能够指导他们自己的学习，但也会出现这些技能发展不良的情况，学生需要寻求支持，通过与他人讨论来强化或质疑自己所做的决定。教师在作为学习的评价中要营造轻松安全的学习氛围，鼓励学生主动和他人讨论自己学习的发生状况，使每个学生都有可能找到推进自己学习的替代方案。虽然教师是反馈的主要提供者，但他们不是唯一的反馈者，同伴、家庭等其他教育参与者也是重要的想法来源。

3. 追踪报告，促进深度学习与可持续发展

在评价的后期阶段，学生要明确还能为自己的发展做出哪些努力，回答"怎么帮助未到的自己到达那里"的问题，教师应关注学生的学习成果和反馈，以便了解学生的学习效果并制订相应的改进措施，回答"怎么帮助未到的学生到达那里"的问题。在作为学习的评价中，追踪和报告是教师引导学生进行深度学习，促进学习可持续发展的重要途径。

教师可以通过作业、测试等方式，对学生的学习成果进行追踪评价。对于未达到预期目标的学生，教师在肯定他们的努力和进步的同时，也要指出他们学习过程中存在的问题和不足。在此基础上，教师应给予针对性的建议和指导，与学生共同制订改进计划，帮助学生逐步提高自己的学习能力。为了促进学生的深度学习，教师还可以引导学生对自己的学习过程进行纵向观察和横向分析，帮助他们制订进一步的学习计划与方案并予以实施。

学习情况的报告有助于各教育主体了解学生学习的真实情况，是教育评价中的必备环节，为教学改进和学生发展提供依据。作为学习的评价中的情况报告是学生的责任，学生主导的学习情况报告是学习与评价相统一的重要体现。学生需要在整个教学过程中作为学习深入参与评估，并能够向父母提供他们学习的凭证。这些凭证包括对他们学习进度的分析，以及他们需要做些什么来推动这一进程。教师应鼓励学生自主报告学习情况，

在报告的过程中，学生也在反思自己的学习并与他人展开关于自己学习进展和学习成果的交流。学生自主报告能够进一步加强他们对学习内容、自己的学习优势以及需要进一步发展的领域的理解，实现了评价促进深度学习和可持续发展的价值追求。

（二）作为学习的评价案例

厄尔等人基于对作为学习的评价目的、评价内容、评价方法以及评价保障，讨论作为学习的评价该如何实施。以下是一个作为学习的评价案例[①]，帮助我们更好地了解作为学习的评价的实施流程。

> • 我为什么要评价？
>
> 　我想帮助我的学生提高他们解决问题的能力和坚持不懈的意识，这样他们就可以在各种环境中推进他们的学习。

希拉最近开始和她的学生一起解决不同学科领域的复杂问题。她知道独立解决问题成功的关键因素之一是坚持不懈。她还知道，学生必须学会明确地思考自己解决问题的方法，并乐于尝试各种可能性。

解决复杂的问题需要学生在思考中承担风险，并探索不同的选择。最终，当面对新情况时，他们需要能够自己制定解决方案。

> • 我在评价什么？
>
> 　我在评价学生在解决复杂问题时监控自己的思维过程和策略的能力。

希拉想帮助她的学生了解如何解决问题，并认识到他们在找到解决方

---

① Earl, L.; Katz, S.; The Western and Northern Canadian Protocol for Collaboration in Education (WNCP) assessment team. 2006. Rethinking Classroom Assessment with Purpose in Mind: Assessment for Learning, Assessment as Learning, Assessment of Learning [EB/OL]. Winnipeg: Manitoba Education, Citizenship, and Youth, School Programs Division. Last accessed https://www.edu.gov.mb.ca/k12/assess/wncp/full_doc.pdf.

案（或放弃）之前需要做的思考。她知道，如果学生们提高了自我意识，他们就能利用更多的策略来增强他们的学习能力和解决问题的独立性。

> • 我应该采用什么样的评价方法？
>
> 　　当面对难题时，学生需要经常有机会思考和监控自己的坚持程度。他们还需要工具来表达他们的努力。该方法需要引出学生学习和元认知过程的证据。我需要观察学生的学习，并与学生分享和谈论他们的学习。

　　希拉意识到她需要为公开对话和自我评估创造一个安全和支持性的环境。她知道，在解决问题的策略中发展元认知和坚持是复杂的，需要在一学年的课程中发展。为了帮助学生监控他们的进步，她让每个人都在学习日志中记录他/她的反思，当学生们在小组和全班环境中学习时，她自己也记录了对话和集中观察。为了使她的观察和对话易于管理，她一次只集中关注三个学生。

　　为了引导学生探索问题解决中的坚持性，希拉与学生们讨论了她的期望以及坚持在问题解决中的价值。她提供了一些例子，说明什么是坚持，以及学生如何知道他们在一个问题上放弃得太快。她让学生们在学习日志中列出他们是如何识别自己什么时候在坚持，什么时候没有坚持。下面是一个学生的日志样本：

我知道当我做这些事情时我是在坚持：

①如果我不知道如何开始，我就重读问题并找到我所知道的东西；

②我试着找出我认为我能解决的那部分问题；

③我检查我的笔记中其他类似的问题；

④我读了课本中解释如何解决同类问题的那部分内容；

⑤我请求老师帮助我找出我所知道的关于这个问题的东西；

⑥我请求老师帮助我找出下一个我可以看的地方；

⑦我思考当我解决其他问题时我尝试了多少次以及尝试了多少不同的

东西；

⑧如果我还是不觉得自己可以坚持，我就思考为什么。

• 我如何确保评估过程的质量？

我需要确保学生在解决一个复杂的问题时坚持不懈地进行自我评价，保障学生对自己的学习作出了合理且一致的判断，并对自己的评价进行持续的记录，使自己的学习变化可视化。

希拉让学生们讨论他们在日志中列出的坚持的特征，以及这些特征在一系列解决问题的情境下是如何发挥作用的，无论是在校内还是在校外。在讨论过程中，她把这些特征记录在一张长长的清单上。他们一起通过排序和分组完善了这个清单。他们最终得出了一些简洁的标准，他们都同意这些标准描述了在任何解决问题的情况下持久性是什么样子的。以下是他们共同制定的标准：

我们坚持解决问题的标准：

• 为了完全理解问题，我仔细地反复阅读了几遍。

• 我把问题分成几个部分，找出我所知道的，以及我需要找到的信息。

• 我查看笔记、书籍和其他资源，寻找可能对解决问题有用的想法。

• 我会问别人一些有针对性的问题，试图找到有用的想法（但我不会问解决方案）。

• 我会绘制图表或使用对象作为模型，从多种角度思考问题。

学生们在解决问题和反思解决问题的过程时，用这些标准作为指导。希拉用这些标准来指导她对学生们的观察，观察学生解决复杂问题以及分享他们的思考的过程。在观察学生时，她注意到，例如，他们是否仔细重读了问题，他们参考了哪些信息来源，如果他们寻求帮助，他们的请求是试图获得解决方案还是获得如何生成自己的解决方案的提示。为了跟进她对每个学生的观察，希拉根据以下问题进行了简短的对话：

- 你怎么知道自己在坚持?

- 当你解决这个问题时,你在想什么?

- 在这个过程中你做过哪些决定?

- 你能告诉我更多关于这些决定的事吗?

- 你的想法和决策是如何符合你坚持的目标的?

希拉将每个学生的自我评估与她的观察笔记和学生制定的标准联系起来。她关注的是学生自己决定哪些策略可以提高他或她的坚持水平,并成功地解决问题,以及学生如何将自己的坚持水平与她的观察结果进行比较的。

希拉思考着如何确保她对学生坚持不懈地解释的有效性。她还需要了解他们解释的有效性。随着时间的推移,希拉意识到,尽管她的学生在解决复杂问题时的坚持程度有所改变,但仍有一群学生似乎对自己的坚持没有很好的认识。他们中的一些人认为他们在坚持,但实际上,他们只是简单地跳过难题或寻求同龄人的帮助,而没有尝试自己解决问题。另一些人认为他们不够坚持,然而希拉的笔记显示,他们只有在花费了很大的时间和精力之后才会要求提示。然而,她的大多数学生对自己的坚持程度的估计是准确的。

我(和学生)如何使用这次评估的信息?

通过理解和重视学生的思维。我可以支持他们的成长,并为他们进一步培养思维习惯提供方向,这些习惯将促进他们在任何学习情况下的坚持。(学生将能够利用他们对自己的毅力和技能的不断提高的认识来提高他们在各种情况下的学习)

根据他们从自我评估和希拉的观察中学到的东西,学生们回顾了解决问题的坚持是什么样子的。他们一起修改和完善了自己的标准。

希拉将学生分成两组：一组能够熟练监控自己的坚持，另一组仍在朝着这种意识前进。在接下来的几个星期里，这两组学生被要求定期使用他们的标准来评估他们在从事的任何活动中的坚持。在这一年中，学生们成为了自己最好的评估者，越来越独立地监督、调整和管理自己的学习。